Paul Brunton: Das Ich und die Wiedergeburt

Paul Brunton

Das Ich und die
Wiedergeburt

Aquamarin Verlag

Paul Brunton's „Notebooks" –
herausgegeben und übersetzt von Johanna Goehner

© The Paul Brunton Philosophic Foundation
Übersetzung aus der amerikanischen Originalausgabe
von Larson Publications durch Johanna Goehner

Layout: Annette Wagner

1. Auflage 1993

© der deutschen Ausgabe:
Aquamarin Verlag
Voglherd 1 · 85567 Grafing

Herstellung: P & P Lichtsatz GmbH, Grafing

ISBN 3-89427-038-1

Inhalt

Teil 1: Das Ego

Vorwort

Paul Brunton wurde im Jahre 1898 in London geboren. Nach Schulzeit und Studium arbeitete er mehrere Jahre sehr erfolgreich als Journalist, bis in den dreißiger Jahren sein Interesse für Meditation, Philosophie und östliche Weisheit seine ganze Aufmerksamkeit in Anspruch nahm. Er begab sich auf lange Auslandsreisen und widmete sich besonders dem Studium der Spiritualität Indiens und seiner Repräsentanten.

Im Jahre 1934 erschien sein Buch „A Search in Secret India" (dt. Yogis, Magier und Fakire), das erstmals den indischen Weisen Ramana Maharshi einer westlichen Öffentlichkeit vorstellte – und zu einem Klassiker der Literatur über östliche Weisheit werden sollte. Im Laufe der folgenden zwanzig Jahre verfaßte Paul Brunton elf weitere Bücher, die in alle großen Weltsprachen übersetzt wurden und ein Millionenpublikum erreichten. Er galt als *der* europäische Kenner östlicher Weisheitslehren. Allmählich wurde er aufgrund seiner großen Popularität in eine Guru-Rolle gedrängt, die er jedoch stets ablehnte.In seiner großen Bescheidenheit sprach er von sich selbst stets nur als von „einem Autor und Forscher, der einige Erfahrungen auf diesem Feld gesammelt hat... und das ist alles."

In Konsequenz dieser Haltung zog er sich Mitte der fünfziger Jahre aus der Öffentlichkeit zurück. Es gelang ihm so vollkommen, seine 'Spuren zu verwischen', daß im Laufe der Jahre zwei renommierte Zeitungen ausführliche Nachrufe auf ihn verfaßten.

Nachdem er einige Zeit in den USA und Australien verbracht hatte, kehrte er schließlich nach Europa zurück, um in der Südschweiz sein stilles, verborgenes Domizil aufzuschlagen. Hier widmete er sich der Meditation, der philosophischen Reflexion und dem Schreiben. Von einigen wenigen Interviews abgesehen, beschränkte sich sein Kontakt mit der Außenwelt auf eine umfangreiche Korrespondenz.

Die Jahre der Stille und Kontemplation sollten Jahre großer Fruchtbarkeit sein. Seine sich stets vertiefende Einsicht in die Mysterien des Seins schlug sich in der Abfassung seiner „Notebooks" nieder, die eine schier unerschöpfliche Quelle der Weisheit bilden. Es war Paul Bruntons ausdrücklicher Wunsch, die Veröffentlichung der „Notebooks" erst nach seinem Tode vorzunehmen. So geschah es auch.

Nachdem Paul Brunton am 27. Juli 1981 in Vevey in eine höhere Wirklichkeit zurückgekehrt war, begann das „Wisdom's Goldenrod-Center for Philosophic Studies" unter der Leitung von Anthony Damiani mit der Herausgabe der „Notebooks". Es sollte ein monumentales Werk von sechzehn Bänden ergeben. Alle, die mit der Herausgabe von Paul Bruntons Vermächtnis verbunden waren, widmeten sich in großer Liebe und Verehrung für „PB" dieser Aufgabe und überreichten der Nachwelt eine Perlenkette der Weisheit, die noch im kommenden Jahrhundert ihren Glanz ausstrahlen wird.

All diesen Mitarbeitern um Anthony Damiani ist der Aquamarin Verlag verbunden, besonderer Dank gilt jedoch der Herausgeberin und Übersetzerin der deutschen Ausgabe, Johanna Goehner, ohne deren selbstlosen Einsatz die deutsche Ausgabe der „Notebooks" nicht möglich gewesen wäre.

Möge dieses epochale Werk wie ein Komet am Himmel des Geistes leuchten, als Symbol der Hoffnung und Inspiration für eine suchende Menschheit.

Dr. Peter Michel

Teil 1
Das Ego

Die Gefahr der meisten pseudo-spirituellen Wege liegt darin, daß sie das Ego stimulieren, während der authentische Pfad es auflösen wird.

Der Grad, zu dem die Herrschaft des Egos schwindet, ist in den Anfangsstadien der beste Maßstab für Fortschritt, in den späteren ist es der Grad, zu dem das Ego selbst schwindet.

Kapitel 1

Was bin ich?

Egoselbst und Überselbst

1

Das Element im Bewußtsein des Menschen, aufgrund dessen man verstehen kann, daß man existiert, das einen veranlaßt, die Worte „Ich Bin" zu äußern, ist das spirituelle Element, hier Überselbst genannt. Es ist wirklich sein grundlegendes Selbst, denn die drei Tätigkeiten des Denkens, Fühlens und Wollens leiten sich daraus ab, sind Wellen, die sich von ihm ausbreiten, Attribute und Funktionen, die zu ihm gehören. Aber unser gewohnheitsmäßiges Denken, Fühlen und Handeln sind Tätigkeiten, die das Überselbst nicht zum Ausdruck bringen, weil sie der Macht einer anderen Wesenheit unterstehen: dem persönlichen Ego.

2

Die Quelle der Weisheit und Macht, von Liebe und Schönheit liegt in uns selbst, aber nicht in unserem Ego. Sie liegt in unserem Bewußtsein. Ihr Vorhandensein liefert uns in der Tat einen bewußten Gegensatz, der es uns möglich macht, vom Ego so zu sprechen, als ob es etwas Anderes und Getrenntes wäre: Sie ist das wahre SELBST, während das Ego nur eine Illusion des Geistes ist.

3

Stimmt es, daß die meisten Menschen unter einer falschen Identität leiden? Daß sie überhaupt nichts von dem schönen und tugendhaften, nach Höherem strebenden und intuitiven Wesen wissen, das ihr höheres Selbst ist? Die Apathie, die sie ihre niedrigere Natur, ihr alltägliches kleines Selbst, akzeptieren läßt, muß als das entlarvt werden, was sie ist.

4

Da die Person, an der ein Mensch am meisten Interesse hat, er selbst ist, warum sich nicht so kennenlernen, wie man wirklich ist, nicht bloß wie man zu sein scheint?

5

In jeder menschlichen Wesenheit wirkt ein stilles Ziehen, das ihn von innen zu seinem Mittelpunkt, seinem wirklichen Selbst zieht. Aber gleichzeitig wirkt auch ein stärkeres Ziehen von außen, das ihn zu seinen Instrumenten zieht – den Sinnen des Körpers, dem Intellekt und den Gefühlen – dem falschen Selbst. Die Wesenheit ist gezwungen, sich, ihr Leben und ihre Aufmerksamkeit, zwischen diesen beiden Gegensätzen zu teilen, unfreiwillig durch Wachen und Schlafen, freiwillig durch ein dem Überselbst anheimgestelltes Ego.

6

Was ist das Ego, wenn nicht das Überselbst, von Grenzen umstellt, bedingt durch seine Instrumente – den Körper, die Gefühle und den Intellekt?

7

Das Ego ist das Geschöpf, das dem Handeln und Denken des Menschen entspringt, langsam sich wandelnd und wachsend. Das Überselbst ist das Bild GOTTES, vollkommen, vollendet und unwandelbar. Was er, wenn er sich vollenden will, zu tun hat, ist, daß er das eine durch das andere erglänzen läßt.

8

Denkt! Wofür steht das „Ich"? In diesem einen und einfachen Wort steckt ein unsägliches Geheimnis. Denn außer der unendlichen Leere, in die es sich geboren sieht und zu der es wieder zurückkehren muß, hat es keinerlei Bedeutung. Das EWIGE ist sein verborgener Kern und Inhalt.

9

Das Ego ist schließlich nur eine Idee. Es leitet seine scheinbare Tatsächlichkeit von einer höheren Quelle ab. Stellen wir die innere Anstrengung an, nach ihrem Ursprung zu suchen, so werden wir früher oder später den GEIST ausfindig machen, in dem diese Idee zustande kam. Dieser Geist ist das Überselbst. Diese Anstrengung ist die Suche. Die Selbsttrennung der Idee von dem Geist, der ihr Dasein ermöglicht, ist Egoismus.

10

Was man für seine wahre Identität hält, ist nur ein Traum, der einen davon trennt. Man ist zu einem neugierigen Geschöpf geworden, das die beengende Finsternis des Lebens des Egos freudig akzeptiert und dem feurigen Licht des Lebens der Seele den Rücken zukehrt.

11

Ist diese Frage „*Was bin ich*" erst einmal beantwortet worden, dann gibt es keine anderen Fragen mehr. Im Licht dieser funkelnden Antwort weiß man, wie man seine ganzen Probleme anzugehen hat.

12

Jenes Selbst, das ihm ein persönliches Bewußtsein schenkt, ist nicht sein wahrstes.

13

Was erachtet ein Mensch als sein Selbst? Den bewußten Mittelpunkt von allem, was er denkt und erlebt, fühlt und tut.

14

Dieses elend beschränkte, kläglich endliche Geschöpf, das sich Mensch nennt (Wurzel: Sanskrit *manas*, Geist), weiß so wenig von dem, was es wirklich ist, *weil es seinen eigenen Geist nicht kennt.*

15

Dies ist der erstaunliche Widerspruch des Lebens des Menschen: er trägt das Göttliche in sich und ist sich doch nur dessen genauen Gegenteils gewahr und wird es nicht müde, hinter ihm herzujagen.

16

Das ist das Paradoxe an der menschlichen Existenz: Das Ego ist man selbst und das Überselbst ist man selbst, aber das erste kann mit dem zweiten nicht leicht in Berührung kommen.

17

Eine ungeheure Überraschung kommt, wenn das Überselbst ihm sein Wesen zeigt – wenn das Ego zum ersten Mal sehen kann, was es im Licht eines göttlicheren Selbst wirklich ist.

18

Das „Ich", das dieses Weltspektakel betrachtet, muß selbst einer Betrachtung unterzogen werden, wenn wir die Wahrheit über beide wissen wollen.

19

„Ich bin nicht ich." Für den Intellekt sind diese Worte sinnlos, er kann sich keinen Reim auf sie machen. Aber für die erwachte Intuition sind sie vollkommen verständlich.

20

Wenn schließlich die Antwort auf diese Frage „Was bin ich" wie ein Erwachen aus dem Schlaf kommt, so kommt damit auch ein Gefühl des Segens.

21

Für die Ohren der meisten westlichen Menschen mag der Rat, den klösterliche Einsiedler der leidenden Menschheit als ein Universalheilmittel geben, sich um nichts anderes zu bemühen, als „sich zu kennen", dumm und ärgerlich klingen. Dennoch zeugt er von einer tiefschürfenden Klugheit.

22

Es ist nicht leicht, die Wirklichkeit der eigenen Persönlichkeit als eine erfundene Sache zu betrachten. Wahrscheinlich wird es nur eine Handvoll überhaupt versuchen, so unerwünscht scheint es zu sein. Und die Chance, Erfolg zu haben, wäre gering, wenn man nicht auch gleichzeitig versuchte, die Wirklichkeit des Überselbst zu entdecken, wodurch die Fiktion vertrieben wird.

23

Das persönliche Ego leitet das eigene Licht des Bewußtseins und die Kraft zum Handeln vom Überselbst ab.

24

Das Ego wird vom Überselbst aufgestellt.

25

Das kleine Ego ist das einzige Wesen, das man kennt: Das größere Wesen philosophischen BEWUSSTSEINS läge und liegt jenseits seines Fassungsvermögens.

26

Das Ego bewegt sich durch alle drei Zustände, aber *Turiya* selbst ist reglos.

27

Wir dürfen Atman nicht mit Ego verwechseln. Das Ego wird zusammen mit der Nicht-Ego-Welt des Atman hervorgebracht.

28

Das Ego borgt seine Wirklichkeit, seine Wahrnehmungskraft, seine eigentliche Fähigkeit, gewahr zu sein, von seiner Verbindung mit dem Überselbst.

29

Das Ego ist eine vergängliche Angelegenheit, nicht aber seine Quelle.

30

Der Geist verfügt über verschiedene Schichten zwischen dem äußeren Oberflächenbewußtsein und dem inneren grundlegenden Bewußtsein. Jene Zwischenschichten stellen nicht das wahre SELBST dar, und aus diesem Grunde müssen sie, wo der Versuch angestrengt wird, das wahre SELBST kennenzulernen, durchquert und bestanden werden. Einige dieser Schichten sind z.B. bewußt, andere unterbewußt; es gibt Gedächtnisschichten und Schichten der Begierde; Schichten, die Vorratskammern der Ergebnisse früherer Erlebnisse in anderen Wiedergeburten sind – sie enthalten die Angewohnheiten und Richtungen, Komplexe und Assoziationen, die ein Vermächtnis jener früheren Zeiten sind. Wieder andere enthalten die Vergangenheit der gegenwärtigen Wiedergeburt mit ihren Einflüsterungen von ererbten Anlagen, Bildung, Erziehung, Umwelt und Kindheit. Und es gibt Schichten, die vollgestopft sind mit den sehnsüchtigen Hoffnungen, brennenden Wünschen und ehrgeizigen Zielen und Leidenschaften des Egos. Der Mystiker muß alle diese Schichten durchdringen, muß tiefer und tiefer sinken, sie unterschreiten, denn keine von ihnen stellt das wahre SELBST dar. Er darf es sich nicht erlauben, auf einer von ihnen steckenzubleiben. Sie befinden sich alle innerhalb der begrenzten Sphäre des persönlichen Egos, und in diesem Sinne sind sie Teil des falschen Selbst. Nur allzuoft halten sie den Suchenden auf seinem Weg auf oder lenken ihn ab von seiner Fahrt: Das wahre SELBST zu kennen, bedeutet einen Seinszustand zu kennen, an dem keine von ihnen Teil hat.

31

Höre nicht auf, über die Unterschiede zwischen dem persönlichen Ego und dem unpersönlichen Überselbst nachzudenken, bis du sie in- und auswendig kennst.

32

Das wahre Selbst des Menschen liegt in einem zentralen Kern von Ruhe versteckt, in einem zentralen Vakuum von Stille. Dieser Kern, dieses Vakuum nimmt nicht mehr Raum als eine Nadelspitze ein. Es ist von einem Ring von

Gedanken und Wünschen umschlossen, die das vorgestellte Selbst – das Ego – darstellen. Dieser Ring gärt unentwegt mit neuen Gedanken, wandelt sich ständig mit neuen Begierden, sprudelt entweder vor Freude oder seufzt vor Kummer. Der Mittelpunkt ist allzeit im Zustand der Ruhe, der Ring um ihn herum ist es nie; der Mittelpunkt stiftet Frieden, der Ring zerstört ihn.

33

Das Überselbst-Bewußtsein spiegelt sich im Ego wider, und das Ego stellt sich vor, es habe sein eigenes ursprüngliches und nicht ein abgeleitetes Bewußtsein.

34

Jeder Mensch ist drei Wesen: eines ein Tier, eines eine menschliche und das dritte eine spirituelle Wesenheit. Innerer Konflikt entsteht, wenn alle drei tätig sind.

35

Es ist eine ausgezeichnete Frage, die man jedermann stellen sollte, diese Frage *„Wer bin ich?"*, aber sie wird mit ihrer Schwesterfrage einhergehen müssen, der Frage *„Was bin ich?"*, wenn die geistigen Versuche des Anfängers, sich eine weniger rätselhafte Antwort zu verschaffen, voll in Gang kommen und unbeschwerlicher sein sollen.

36

Warum ich *„Was bin ich"* gewählt habe: (1) Weil ich mit der Idee eines Nicht-Ich-Bewußtseins anfangen wollte und nicht mit ihrem eigenen „Ich", mit dem sie fortwährend beschäftigt sind; (2) weil das Wort Brahman sächlichen Geschlechts ist, weder maskulin noch feminin. In uns ist Brahman Atman, das SELBST – aber völlig unpersönlich. „Was" eignet sich eher als „Wer", um die Idee der Unpersönlichkeit zu vermitteln; (3) Die Antwort auf *„Was bin ich?"* ist eine vielfache, aber sie beginnt mit „ein Teil der Welt!", darauf folgt eine zweite, die Frage „Was ist mein Verhältnis zu dieser Welt"? Die Antwort verlangt die Entdeckung des MENTALISMUS und führt uns zurück zu Brahman durch den Gedanken der Welt, des Denkers und Bewußtseins.

37

Uns obliegt, unentwegt zwischen der universellen Integrität ungeteilten Seins und dem endlichen individuellen Ego zu unterscheiden, mit dem dieses Sein verknüpft ist und mit dem man es aus diesem Grunde fälschlicherweise verwechselt.

16

Die Antwort auf die Frage „Was bin ich?" lautet „Eine göttliche SEELE". Diese Seele ist mit GOTT verbunden und wurzelt in ihm. Aber das setzt uns nicht mit GOTT gleich. Wer das behauptet, geht leichtfertig mit der Sprache um.

39

Es muß ein Ego geben, man braucht es, um in der Welt tätig zu sein; aber es braucht nicht die alleinige Verantwortung für den Menschen zu übernehmen. Es gibt auch noch dieses andere, höhere SELBST.

40

Es wirken in uns noch andere Kräfte außer jenen, die ein jeder erkennt. Einige sind höher und edler als unser übliches Selbst, andere niedriger, schändlicher.

41

Gewöhnlich ist das Ego das Agens des Handelns. Dies ist offenkundig. Wenn man aber eine Untersuchung in Gang bringt und seine Quelle und sein Wesen mit Erfolg durchdringt, wird man eine überraschende Entdeckung über das „Ich" machen. Seine wahre Energie leitet sich nämlich aus dem Nicht-Ich, dem reinen Sein, ab.

42

Diese ungewöhnliche Selbstbefragung, dieses Wissenwollen, *was man ist* – sie zu erfüllen mag die Spanne eines ganzen Lebens in Anspruch nehmen.

43

Der Mensch ist ein Punkt im universellen Geist. Als solcher ist er allein, so daß er mit anderen in der Welt lebt – in ihrer nächsten Nähe, gleichzeitig aber auch völlig getrennt.

44

Ramana Maharshis häufige Bezugnahme auf das „Ich-Ich" bedeutet einfach das Unwandelbare Selbst (im Vergleich zum ständig wandelhaften Ego).

45

Das Ego ist nicht im Besitz der endgültigen Antwort auf unsere tiefsten Fragen, noch könnte es sie besitzen. Wir müssen anderswo suchen.

46

Der Mensch gleicht einem Schauspieler, der so restlos in die Interpretation seiner Rolle verwickelt worden ist, daß er seine ursprüngliche Identität vergessen hat. Die Wirkung ist, daß er sich nicht erinnert, wer und was er ist.

47

Nicht das Motto Descartes: „Ich denke, also bin ich", sondern des Mystikers: „Die SEELE ist in mir, also bin ich." Denn Descartes „Ich" ist relativ und wandelbar, das des Mystikers absolut und dauerhaft.

48

Wenn es im Menschen nicht etwas Höheres gäbe als sein kleines Ego, könnte ihn nichts dazu bewegen, es jemals zu verleugnen – aber manchmal tut er genau das.

49

Das „Ich" kennt sich als das Überselbst, wenn es aufhört, sich auf die einzelne Wesenheit zu beschränken, und dadurch befreit es seinen Willen schließlich voll und ganz. Schrödingers Idee vom Selbst ist reines Bewußtsein oder „Grundstoff", auf dem sich unsere persönlichen Erlebnisse nur ansammeln.

50

Der Wesenskern des Menschen ist vollkommen, nicht aber das Ego des Menschen.

51

Die Abenteuer bei der Selbstentdeckung gehen nur dann in Erfüllung, wenn man entdeckt, was jenseits des Egos liegt.

52

Was ist des Menschen dauerhafte Identität? Ist es nicht logisch, daß es, wenn der Geist eines Menschen vor lauter „Ich" überläuft, keinen Platz geben kann, für das, was ihn übersteigt, für das Überselbst?

53

Wer ist dieses Wesen im Spiegel? Das reflektierte Bild deines Körpers, kommt die Antwort. Da hab ich's! Nein, heißt es weiter, der Körper ist nur ein Teil von dir, jener Teil, der das Objekt ist, dem deine Aufmerksamkeit gilt. Was ist mit deinem Gewahrsein von ihm? *Du* erlebst ihn doch! Also wer ist diese Wesenheit, die du bist? Um eine weitere Antwort zu erhalten, hielt ich es für notwendig, mich einer zweifachen Aufgabe zu unterziehen. Zuerst mußte ich mir, mit großer Sorgfalt in die Tiefe dringend, einen Weg durch ein kleines Stück psychologische Philosophie denken, das im Kern einer arabischen Geschichte versteckt lag, die vielleicht der Vorläufer unseres englischen Robinson Crusoe ist, aber einer höheren Verständnis- und Intuitionsebene entspricht. Es war Ibn Tufails *Awakening of the Soul* (Erwachen der Seele). Zweitens mußte ich etwas Grundverschiedenes als das Denken anstrengen, etwas, das ich später die STILLE nannte.

54
Es gibt das persönliche Selbst in mir. Es gibt auch das unpersönliche SELBST oder ÜBERSELBST in mir. Wir können falsch reagieren, durch des Egos beschränkte Sicht – oder das ÜBERSELBST erkennnen.

55
Unser wirkliches SELBST befindet sich nicht in Bewegung, wandelt sich nicht, hat keine Form. Wir müssen uns mit diesem unsichtbaren SELBST identifizieren.

56
„Erkenntnis geht vom ‚Was bin ich‘ zum ‚Ich bin‘ über“. – Abu Hassan el Shadhili, ein Sufi.

57
Genauso wie das GÖTTLICHE SEIN sowohl GEIST-an-sich als auch GEIST-in-Tätigkeit ist – je nachdem welchen Aspekt wir ins Auge fassen – und auch KRAFT-statisch und KRAFT-dynamisch, so ist sein Strahl im Menschen sowohl REINES SEIN/BEWUSSTSEIN, das als das geistig-tätige Ego erscheint, als auch LEBEN/KRAFT, die als physisch-tätiger Körper in Erscheinung treten.

Körper und Bewußtsein

58
Weder der Körper mit seinen Sinnen noch der Geist mit seinen Gedanken ist das höchste und letzte Wesen, das ich bin. Der Körper handelt und der Geist ist

in Bewegung, aber dahinter liegt das gedankenfreie GEWAHRSEIN, das PRINZIP des ERKENNENS.

59

Der erste große Irrtum, den es wegzuwerfen gilt, ist ein weitverbreiteter – der Glaube an den leiblichen Körper als das wirkliche Selbst, wo er doch lediglich ein Ausdruck und Kanal, ein Instrument und Träger des Selbst ist.

60

Jeder unserer Gedanken und jede unserer Stimmungen leidet unter dem Bezug auf den Körper.

61

Du hast einen Körper, aber das wirkliche *Du* ist nicht aus Fleisch und Blut. Du hast einen Intellekt, aber das wirkliche Du ist nicht intellektuell. Was bist du dann? Du bist das unendliche Bewußtsein des Überselbst.

62

Das Ego bringt Wünsche und Vorlieben zum Ausdruck, der Intellekt denkt und erinnert sich, die Sinnesorgane des Körpers erleben und nehmen die äußere Welt wahr. Keines von diesen dreien stellt das wirkliche „Ich"-sein eines Menschen dar.

63

Zu oft sagen wir, was wir sind, sind wir von Natur aus und von der Erbmasse her, zu oft lassen wir den wichtigeren Bestandteil des Selbstseins aus, den verborgensten, der am schwersten zu fassen, aber die eigentliche Quelle unseres persönlichen Lebens ist. Daß diese Auslassung durch Unwissenheit zustande kommt oder weil uns kein erleuchtendes Erlebnis widerfährt, stimmt, aber das ist keine Entschuldigung für unsere Faulheit und Gleichgültigkeit. Denn BEWUSSTSEIN schenkt uns das „Ich", gibt uns die Welt, den Wachzustand und den Schlaf. Es ist der Stoff, aus dem wir wirklich sind. Aber alles, was wir darüber sagen können, ist, daß wir es mit einem *Ding* verwechseln, dem Hirn aus Fleisch und Blut, und es mit dieser abwertenden Meinung bewenden lassen.

64

So, wie man sich selbst versteht, so wird man auch die Welt verstehen. Wenn man der Meinung ist, daß man ein materieller Körper ist, dann hält man auch die Welt für einen Körper. Wenn man keinen spirituellen Inhalt in sich findet, dann wird man ihn auch nicht in der Welt finden.

65
Man ist nicht der Körper, in dem man haust. Man ist nicht der Intellekt, mit dem man denkt. Aber man *ist* das Bewußtsein, mit dem man die Äußerung „Ich" tut.

66
Diese Fähigkeit, das Wort „Ich" auszusprechen – zu begreifen, daß *ich* ich und kein anderer bin – zeugt für ein Bewußtsein, welches das „Ich" übersteigt und mich aufrechterhält.

67
Es ist einseitig, im Menschen nur ein körperliches Wesen oder nur ein mentales Wesen zu sehen; noch ist es ganz richtig, ihn als etwas zu sehen, das diese zwei als getrennte Aspekte aufweist. Er ist beides zugleich, er ist ein psycho-physisches Wesen.

68
Der Körper ist ein Gedankenkomplex, den ich habe, und als ein Gedanke ist er sicherlich ein Teil von mir. Aber das macht ihn nicht zu meinem wirklichen Wesen.

69
Es steckt in jedem Menschen etwas, das „ich" sagt. Ist es der Körper? Das nimmt man meistens an. Könnte man aber eine tiefer schürfende Analyse aufstellen, dann würde man die Entdeckung machen, daß das Bewußtsein einen vom Körper-Gedanken weg in sich selbst hineinträgt. Dort, in dessen eigenem reinen Dasein, dort würde er auf die Antwort auf seine Frage „Wer bin ich" stoßen.

70
Dieser Sinn, diese Kraft oder dieses Gefühl in ihm, das sich *Ich* nennt, liegt in seinem innersten Teil verankert, in dem, das es beobachtet, im Überselbst.

71
Jeder kann der Feststellung beipflichten, daß er nicht seine physische Umgebung ist, aber nicht jeder kann der nicht minder richtigen Feststellung bei-

pflichten, daß er nicht seine Gedanken ist – das erfordert ein tiefschürfendes Verständnis.

72
Das „Ich" ist überhaupt *kein* Gedanke. Es ist das eigentliche Prinzip des BEWUSSTSEINS selbst, reines SEIN. Es ist weder persönlicher Geist noch physischer Körper, weder Ego noch kleines Selbst. Ohne es könnten sie nicht existieren oder funktionieren. Es ist ihr Zeuge.

73
Wir alle denken, erleben, fühlen und identifizieren uns mit dem „Ich". Wer weiß indes wirklich, was es ist? Um das zu tun, müssen wir in den Geist schauen, nicht auf das, was er enthält, wie die Psychologen, sondern auf das, was er an sich ist. Wenn wir durchhalten, können wir vielleicht das „Ich" hinter dem „Ich" ausfindig machen.

74
Es wäre ein Fehler zu meinen, in uns gäbe es zwei getrennte Geister, zwei unabhängige Bewußtseine – das eine der niedrige Ego-Geist, das andere der höhere Überselbst-Geist –, das eine der unbeobachtete Beobachter des anderen. Es gibt nur einen unabhängigen erleuchtenden Geist, und alles andere ist lediglich ein begrenztes Spiegelbild, das in ihm liegt. Das Ego ist eine Gedankenreihe, die von ihm abhängt.

75
Das Geheimnis der Persönlichkeit läßt sich lösen, wenn wir erstens einräumen, daß es nur ein wirkliches Selbst geben kann. Sobald das eingeräumt wird, wird man verstehen, daß alles andere, das den Anspruch erhebt, die Persönlichkeit zu sein, nur ein falsches Selbst sein kann.

76
Das Ego ist nicht ein völlig getrennt Existierendes, denn seine Gedanken und sein Fleisch kommen in gleichem Maße von dem, was außerhalb von ihm, wie auch von dem, was in ihm liegt.

77
Das Überselbst weilt in der Leere im Herzen. Ihr entspringt der „Ich"-Sinn des Egos. Nur legt das Ego die eigene Natur falsch aus und setzt das „Ich" falsch als den Körper an.

78

Es gibt in der Kamera des Geistes nur ein einziges Licht des Bewußtseins. Ohne es könnte die Welt nicht auf dem Film unseres Ego-Geistes fotografiert werden. Ohne es wäre der Ego-Geist selbst lediglich ein leeres Blatt. Dieses Licht ist das Überselbst.

79

Wenn man sich nur des eigenen Gewahrseins gewahr werden könnte!

80

Wie könnte einer sagen, er erlebe die Welt, wenn er nicht ein von ihr Getrenntes wäre und auf sie einwirken könnte? Aber diese Wahrheit muß sich auch auf den Körper erstrecken, der etwas ist, das ähnlich erlebt und empfunden wird, wenn auch in weniger auffallendem Maße. In seinem Irrglauben identifiziert er sich mit seinem Körper, wo es doch ein erlebendes PRINZIP geben muß, etwas, das fühlt, daß die Welt und der Körper da sind und das deswegen etwas anderes sein muß als sie, etwas, das von ihnen getrennt ist. Dieses PRINZIP kann nur das unerschütterliche SELBST sein, das Wirkliche und Dauerhafte eines Menschen.

81

Die Person ist einfach die Summe aller Gedankenformen der während des ganzen Tages gesammelten Erfahrungen. Das unter allen diesen sich ständig wandelnden Gedankenformen gleichbleibend fixierte Element ist das reine Gewahrsein von ihnen.

82

Wir müssen tatsächlich einen Unterschied machen zwischen dem bewußten Selbst, das so sehr an den Körper gebunden ist, und dem überbewußten Selbst, das die körperlichen Sinne nicht erreichen oder erfassen können.

83

Psychoanalytikern, die die tiefere Natur des Menschen untersucht haben und dort nur auf sexuelle Impulse oder Rassenkomplexe gestoßen sind, obliegt es, noch tiefer zu suchen.

84

Wenn ich in meiner Eigenschaft als Schriftsteller am Schreibtisch sitze und einen Kugelschreiber benütze, identifiziert mich der Begriff „Ich" mit dem Körper; aber in meiner Eigenschaft als Urheber der schriftlich niedergelegten Gedanken identifiziert er mich mit dem Geist. Es ist durchaus angebracht, den Begriff in beiden Fällen anzuwenden, aber welcher der Bezüge bin *ich* selbst? Weiter, wenn ich schlafe und wiederholt davon träume, während der Zeit der Revolution in Frankreich zu leben, dann wird der Begriff „Ich" doch der Figur zugeordnet, die vor der Guillotine bewahrt worden ist, denn wer ist der Träumer, wenn nicht ich selbst? Mein Ichsinn wandelt sich mit jeder dieser Situationen. Aber eine nähere Untersuchung fördert einen Faktor zutage, der allen „Ichs" gemein ist – das Bewußtsein!

85

Das Bewußtsein nimmt für gewöhnlich an, es sei auf den physischen Körper beschränkt. Diese Annahme nennt es „ich", es behauptet, sie sei das „Ich". Daß sie miteinander verknüpft sind, steht außer Frage. Aber weitere Nachforschungen werden ein zusätzliches und überraschendes Ergebnis zeitigen: Es wirkt *durch* den Körper und in diesem Maße verleiht die Verbindung dem Körper Leben und zeitigt die Annahme, es sei der Körper, wo es ihn in Wirklichkeit doch nur durchdringt. Was geschieht, ist, daß ein Teil (der Körper) sich dem Ganzen (dem Bewußtsein) aufdrängt.

86

Die normale Erfahrung veranlaßt einen Menschen dazu, sich mit dem Körper zu identifizieren, aber er geht nicht weiter und tiefer und fragt sich nicht: „Wer ist in diesem Körper vorhanden?"

87

Viel hängt davon ab, welche Bedeutung wir diesem Wort „Selbst" zuordnen. Wir können ihm eine geringere oder größere, eine oberflächlichere oder tiefere, eine falsche oder wahre beilegen.

88

Das Selbst eines Menschen, dessen Gedanken und Gefühle im Körper gesammelt sind, ist immer noch nicht vollständig, nicht einmal so wirklich, wie es scheint.

89

Er ist nur ein Mitglied der menschlichen Ameisenkolonie, die auf einem winzigen Fleckchen im Sonnensystem lagert, das selbst ein mikroskopisch kleiner Fleck in der Galaxie der Milchstraße ist. Das wäre vollkommen wahr, wenn er nicht mehr als sein physischer Körper wäre.

90

Ist der Mensch denn nichts mehr als ein kleines Tier, das durch die Entwicklung des Intellekts pervertiert und korrumpiert worden ist? Dies ist eine seichte Vorstellung von der menschlichen Wesenheit.

91

Das höchste und letzte „Ich" ist nicht das „Ich" der Sinne oder Begierden, sondern eine tiefere Wesenheit, frei und unverhaftet, heiter und selbständig.

92

Die materialistische Wissenschaft des neunzehnten Jahrhunderts brachte materialistische Lehren hervor, die besagen, der Mensch würde allein von physischen Kräften beherrscht, seine Geschichte allein von physischen Vorfällen gestaltet und sein Schicksal allein von der physischen Umwelt bestimmt. Dies stimmt nur zum Teil und beschränkt den Menschen auf tierische Interessen. Auch Ideen, Ideale und Glauben, tragen zu seiner Entwicklung bei.

93

Eben dieser religiöse oder okkulte Materialismus wird häufig in sogenanntes spirituelles Gedankengut getragen, wenn gelehrt und geglaubt wird, daß die Seele eine nicht materielle Kopie des Körpers sei.

94

Man darf den Menschen ebensowenig mit seinem Körper identifizieren wie Dr. Samuel Johnson mit seinem vor Suppenflecken strotzenden Mantel. Trotzdem war der Mantel ein Teil der Persönlichkeit des Gelehrten.

95

Die geistige Haltung ist entscheidend. Man mag auf die eine oder auf die andere Einflüsterung eingehen – daß man das schwache Ego ist oder das göttliche Überselbst; es kommt ganz darauf an, woran man glaubt.

96

Das letzte Ziel besteht darin, sich *in erster Linie* als ein geistiges Wesen zu betrachten und nicht als ein physisches, darin, diese götzenhafte Identifikation des Selbst mit Fleisch, Blut und Knochen aufzugeben.

Ich-Sinn und Gedächtnis

97

Wie kommt es, daß ich heute im wesentlichen derselbe Mensch bin, der ich gestern war – und es weiß –, daß ich mich an die Ereignisse des letzten Jahres erinnere? Die Antwort muß lauten, daß es in mir ein dauerhaftes Selbst oder Wesen oder einen dauerhaften Geist gibt, der sich von dessen Gedanken oder Erlebnissen unterscheidet.

98

Weder der Tiefschlaf noch eine Gehirnerschütterung hindert uns daran, den „Ich"-Sinn nach ihrem Ende wiederzuerlangen.

99

Wenn wir in diesem Durcheinander gegensätzlicher Instinkte und sich wandelnder Tendenzen nach dem Selbst suchen, dann stoßen wir auch nur auf ein Durcheinander. Diese Dinge stellen den *Inhalt* des Bewußtseins dar, nicht die *Fähigkeit* des Gewahrseins.

100

Selbst der an einer Bombenneurose krankende Soldat, der unter einer nahezu totalen Amnesie leidet, dem seine persönliche Identität und persönliche Geschichte entfallen ist, selbst er hat nicht das Bewußtsein verloren, daß *er existiert*. Seine alten Ideen oder Bilder mögen zwar verschwunden sein, aber der Geist selbst fährt fort.

101

Die Sinne können uns mit einer physischen Illusion einen Streich spielen, aber vermag das Selbst, uns mit einer mentalen zum besten zu halten? Liegt nicht die eine gewisse, nicht von sinnlicher Erfahrung abhängige Tatsache darin, daß wir als Individuen existieren und daß wir bewußt existieren? Ist nicht das Recht, „Ich bin" zu sagen, die eine Gewißheit, die unverbrüchlich ist, die eine Wahrheit, die sich nicht leugnen läßt?

102

Das persönliche Ego des Menschen bildet sich aus dem unpersönlichen Leben des Weltalls wie eine Welle aus dem Meer. Es begrenzt, beschränkt und engt dieses unendliche Leben auf ein kleines, endliches Gebiet ein. Die Welle hat dieselbe Wirkung auf das Wasser des Meeres. Das Ego schließt so viel von der

Macht und Intelligenz aus, die das universelle Wesen enthält, daß es zu einer gänzlich anderen und völlig geringeren Seinsordnung zu gehören scheint. Auch die sich nur an der Oberfläche des Wassers bildende Welle läßt in ihrer winzigen Statur nicht auf die ungeheure Tiefe, Weite und Masse des Wassers unter ihr schließen.

Haltet euch vor Augen, daß keine Welle aus und für sich selbst existiert, daß alle Wellen unentrinnbar ein Teil des sichtbaren Meeres sind. Auf dieselbe Weise kann sich ein individuelles Leben nicht vom All-Leben trennen, sondern ist allzeit auf die eine oder andere Weise ein Teil davon. Dennoch wird die Idee der Getrenntheit von Millionen vertreten. Diese Idee ist eine Illusion. Aus ihr rühren deren direkte Sorgen. Das Werk der Suche besteht einfach darin, das Ego aus seinen selbstauferlegten Grenzen zu befreien, die Welle bewußten Seins sich glätten und in den Gewässern versiegen zu lassen, aus denen sie stieg. Auf diese Weise wird die kleine Welle wieder zu dem unendlichen Überselbst verwandelt.

103

Es ist lächerlich, wenn der Teil des Geistes, der lediglich im persönlichen Bewußtsein, im Ego, liegt, sich anmaßt, den GEIST an sich zu leugnen – seine eigentliche QUELLE. Denn das Ego ist eingeschlossen in dem, was es erlebt und kennt – ein äußerst beschränktes Gebiet.

104

Der Lehrsatz des Advaita-Vedanta, der göttliche Geist sei von der Unwissenheit überwältigt worden, ist philosophisch nicht vertretbar. Was die Philosophie sagen würde, ist, daß etwas aus dem göttlichen Geist gekommen oder ausgestrahlt worden ist, und daß das von der Unwissenheit bezwungen worden ist. Aber der göttliche Geist selbst bleibt völlig unberührt. Jenes „etwas" ist das Ego, das wie das Bild in einem Spiegel ist. Wiewohl das Bild im Spiegel nicht das Objekt selbst ist, leitet es seine Existenz dennoch aus dem Objekt ab. Aber nichts, was mit dem Bild geschieht, wirkt sich auf das Objekt aus.

105

Ja, wir *sind* jenes BEWUSSTSEIN. Aber wir beschränken es auf die Formen, die es annimmt, während wir uns in den Ideen zusammenziehen, die es hervorbringt; wir verkürzen sie und schmälern sie herab auf die Gedanken des Egos.

106

Die hohe Eigenschaft und hehre Unermeßlichkeit des GEISTES läßt sich nicht in unser kleines Ego stopfen, noch dessen Wahrheit in seine Falschheit.

107

Wenn es heißt, Getrenntheit ist die Ur-Sünde, dann bezieht sich das nicht auf unser Verhältnis mit anderen menschlichen Wesen. Es bezieht sich darauf, daß man sich im Denken von seinem höheren Selbst getrennt hat.

108

Der Geist muß von seinen falschen Überzeugungen befreit werden. Die Illusion, die ihn am meisten verdunkelt, ist, daß das bekannte Ich wirklich sei. Weil er ein ganzes Leben lang falsch gedacht und geglaubt, sich geirrt, gemutmaßt und gemeint hat, liegt er in Fesseln. Der Ausweg erfordert den Mut, neue Wege zu gehen und eine scharfe Intelligenz, ohne die sich die wahre Identität nicht erfassen läßt. Das persönliche *Ich* trennt sich vom wirklichen *Ich*, legt die WIRKLICHKEIT falsch aus, weiß nicht, daß es selbst nur ein Gedanke im ALL-GEIST ist.

109

Selbst untadeliges Verhalten und geschliffene Umgangsformen gehören zum Ego und nicht zur Erleuchtung.

110

Wir nehmen die wirkliche Fähigkeit zu leben und die wirkliche Kraft zu denken aus dem Überselbst. Indes begrenzen wir sowohl die Fähigkeit als auch die Kraft auf eine kleine, bruchstückartige und in der Hauptsache physische Sphäre. In diesen Grenzen sitzt das Ego auf einem Thron, unsere Sinne in seinen Diensten und unsere Gedanken ihm Vorschub leistend.

111

Dieses enge Fragment des Bewußtseins, das diese Person darstellt, die ich bin, verbirgt in seinem Kern das Geheimnis des Lebens.

112

Der Unendliche Geist läßt sich nicht zu einer Person machen, und wir engen ihn nur dadurch auf das Ego ein, daß wir ihn gänzlich aussperren.

113

Wer zum ersten Mal in die philosophische Erfahrung tritt und infolgedessen in die wirkliche Natur des Egos eindringt, entdeckt zu seiner Überraschung, daß es nicht, wie es vorgibt, ein Lebenszentrum, sondern ganz im Gegenteil ein wahres Todeszentrum ist – denn es schmälert, blockiert und sperrt den geheimgehaltenen Lebens-Strom im Menschen völlig aus.

114

Es entstehen und vergehen die Gedanken an der Oberfläche des Bewußtseins genau wie die Wellen auf dem Meer. Sowohl die Gedanken als auch die Wellen verschwinden wieder in ihrer Quelle. Das Ego ist eine Gesamtheit von Gedanken, denen es inbrünstig verhaftet ist und die eine lange, uralte Geschichte hinter sich haben. So löst es sich schließlich auch im universellen Geist auf. Sein stützendes Bewußtsein ist nicht verloren, ist eben jener dauerhafte GEIST. Das persönliche Selbst stellt eine Individualisierung dieses Geistes dar. Es ist nicht aus nichts entstanden, und deswegen kann es bei seinem Tode auch nicht in nichts zurücksinken; es stirbt und verschwindet in diesem lebendigen Universellen Geist, wird von ihm aufgenommen.

115

Das SEIN kann nicht aufhören; diese Unsterblichkeit ist möglich, weil es universal ist. Aber der Strahl, den es wirft, das kleine persönliche Ego, das *kann* aufhören.

116

Wir verwechseln einen Teil des menschlichen Wesens mit dem ganzen und wundern uns dann, warum menschliches Glück so vergänglich und menschliche Weisheit so selten sind.

117

Der niedere Teil des Geistes des Menschen, der berechnet, analysiert, Kritik übt, Vorwürfe macht und organisiert, ist der Teil, der nichts von göttlichen Prinzipien versteht, und daher sind seine Pläne häufig umsonst. Der Mensch hat kein Recht, sich auf den niederen Geist zu beschränken; wenn er das versteht, wird er seine Zukunft in Gottes Hände befehlen und seine wirklichen Bedürfnisse alsbald gestillt sehen.

118

Was einer von anderen Personen sieht, stellt weder ihren Wesenskern, ihren wichtigsten Teil dar, noch ihren besten, sondern nur etwas, das unter äußerst beschränkten, täuschenden und verdunkelnden Bedingungen zur Selbstäußerung nutzbar gemacht wird.

119

Es ist eine Ironie des Lebens, daß ein Mensch das körperliche Ego deutlich sehen kann, er aber blind ist für das, wovon dessen Existenz abhängt, das Überselbst. Infolgedessen vernachlässigt er es oder schenkt er ihm nicht die nötige Aufmerksamkeit und verpaßt so viel von der günstigen Gelegenheit, die eine Wiedergeburt für die Förderung seiner inneren Entwicklung darstellt.

120

Die egozentrische Sicht der Durchschnittsmenschen ist nicht endgültig. Eines Tages werden sie zu der kosmischen Sicht evolvieren.

121

In einem gewissen Sinn ist das Ego sowohl ein Verfall als auch eine Schmälerung des göttlichen Bewußtseins.

122

Das alltägliche menschliche Bewußtsein ist einem göttlicheren aufgezwungen worden, es versteckt und verdeckt es, indem es alle Aufmerksamkeit des Denkens und Fühlens für sich allein in Anspruch nimmt.

123

Gleich, auf welche Fehler oder Mängel wir im Universum stoßen, wir müssen uns stets vor Augen halten, daß wir ein Urteil fällen, ein menschliches Urteil – und deshalb eines, das auf einer begrenzten Sicht fußt.

124

Unter dem kleinen „Ich" erstreckt sich das universelle BEWUSSTSEIN.

Ego als Gegenwart des Höheren

125

Es besteht keine Notwendigkeit, unsere Lage als ein Ego zu beklagen, das sich einer Welt gegenübergestellt sieht, als eine Dualität, als ein – oft vergeblich – nach dem Überselbst strebendes Selbst.

126

Nur wenn wir tiefer blicken, auf eine andere Ebene, in eine andere Größenordnung, nur dann vermögen wir zu sehen, daß diese klägliche Kreatur, dieser willensschwache, dem Fleisch hörige, vom Ego eingegrenzte Mensch ebensosehr eine Bekundung des Göttlichen Geistes, ein Fragment der Welt-Idee ist, wie alle anderen Seiner Ausdrücke.

127

Das Ego, an dem er so hängt, ist, so stellt sich auf Nachfrage heraus, nichts anderes als die Gegenwart des Welt-Geistes im eigenen Herzen. Überträgt man die Identifikation durch unablässiges Üben von dem einen auf das andere, dann hat man den Zweck des Lebens erfüllt.

128

Was wir als die Attribute des Egos erkennen, ist ein reflektiertes, beschränktes und wandelbares Bild von dem, was wir im Überselbst erkennen. Sie hängen letztlich vom Überselbst ab und zwar nicht nur in Hinsicht auf ihre Existenz, sondern auch in Hinsicht auf ihre Natur.

129

Gleich, wie schlecht wir alle das Überselbst in der Persönlichkeit widerspiegeln, gleich wie winzig, gebrochen und verzerrt das Spiegelbild gewöhnlich ist, es *ist* nach wie vor eine Spiegelung. Aber wir alle sind fähig, sie besser zu machen, und eine Handvoll ist fähig, sie vollkommen zu machen.

130

Laßt sie nicht so viele Worte über oder gegen unser kleines Ego verlieren, seinen Charakter anprangern oder seine Existenz leugnen; laßt sie vielmehr zu verstehen suchen, was sich wirklich in dessen kurzem Leben abspielt. Laßt sie ausfindig machen, was wirklich in ihm und um es herum ausgefochten wird. Laßt sie erkennen, daß der LENKER DER WELT mit ihm verwandt ist und wir von der GÖTTLICHKEIT durchtränkt sind, ob wir uns dessen gewahr sind oder nicht.

131

Anzunehmen, daß wir die manifestierten Formen der Vollkommenheit sind, aus der wir ausgestrahlt werden, ist nicht ganz richtig. Präziser gesprochen, sind wir Projektionen eines dichteren Mediums aus dem universellen Geist, und treten aufgrund eines bestimmten katalytischen Vorgangs in diesem Medium in natürlicher Abfolge zutage. Durch einen evolutionären Prozeß rüstet die kosmische Tätigkeit jede solche Wesenheit/Projektion mit einem individuellen Lebens- und Intelligenzmittelpunkt aus, wodurch dessen willensmäßig lenkbare Energien letztlich in vollkommener Einheit und Harmonie mit dem kosmischen Willen verschmolzen werden.

132

Die Bedeutung, die man dem eigenen Ego beimißt, ist nicht unbegründet. Sie leitet sich, wenn man es bis auf den tiefsten Grund verfolgt, aus dem Überselbst ab. Man hat seine wahre Identität verlegt, aber die falsche ist nicht völlig falsch.

133

Hier, in diesem kläglich begrenzten Ego, haben wir ein „Zeichen" des glänzenden unbegrenzten Überselbst, einen Hinweis darauf, daß es als die eigentliche Quelle zugegen ist.

134

Könnten wir diesen Sinn des „Ich"-seins, der hinter allem steckt, was wir denken, sagen und tun, festnageln und ihn zugleich auch von den Gedanken, Gefühlen und dem leiblichen Körper lösen, dann würden wir die Entdeckung machen, daß er in der höheren Macht, die hinter der ganzen Welt liegt, wurzelt und mit ihr verbunden ist.

135

Das Bewußtsein des Egos ist ein ungeheuer verkleinertes, unermeßlich schwaches Echo des ÜBERSELBST-BEWUSSTSEINS. Es wandelt sich unablässig, bis es schließlich vergeht, während das ANDERE stets gleich bleibt und unsterblich ist. Aber das Ego stammt aus dem ANDEREN und muß zu ihm zurückkehren, die Verbindung ist also vorhanden. Mehr, es besteht auch die Möglichkeit, aus eigenen Stücken und absichtlich zurückzukehren.

136

Wäre das menschliche Ego nicht selbst eine Emanation aus dem Überselbst, dann wäre es völlig außerstande, sich während des Vorgangs, den wir Sterben nennen, mit dem Gefühl der Trennung zu identifizieren.

137

Dieses Ding, welches das Überselbst in Raum und Zeit geworfen hat, hat die

Verbindung mit seiner Quelle nicht gänzlich verloren, so sehr der äußere Schein auch auf das Gegenteil schließen läßt.

138

Genauso wie der Schatten von Licht zeugt, so zeugt das Ego von seinem Ursprung im Überselbst.

139

Die Persönlichkeit wurzelt im Überselbst. Daher spiegelt ihre eigene Kraft und Bewegung etwas von den Attributen des Überselbst wider, wenn auch in einem außerordentlich kleinen und verzerrten Maße.

140

In weniger fremden, religiösen Worten ausgedrückt, kann man auch sagen, daß Gott in jeden von uns etwas von Sich Selbst gelegt hat. Aber es ist nur als ein Potential vorhanden; wir müssen die nötige Anstrengung machen, uns dessen in zunehmendem Maße bewußt zu werden.

Zwei Sichtweisen über Individualität

141

Die Substanz der menschlichen Persönlichkeit ist eine göttliche Individualität.

142

Das „Ich" des Egos wird von dem „Ich" des spirituellen Selbst getragen. Das erste leitet seine Wirklichkeit in der Tat aus dem zweiten ab und das zweite überlebt, wenn das erste vergeht.

143

Das persönliche Ego hat seine einzigartigen und besonderen Merkmale, seine gegenwärtigen Ziele und vergangenen Erinnerungen, sein Leben in der Zeit, sein eigenes Temperament und seine speziellen Kennzeichen. All dies läuft darauf hinaus: Es ist einzigartig. Die Individualität ist der höchste, feinste, ja sogar göttlichste Teil des Seins. Sie ist nicht in der Zeit. Sie ist reine Substanz, das andere ist eine zusammengesetzte Wesenheit. Für sie zerrinnen die Stunden nicht; für den anderen gibt es eine konstante Reihenfolge, eine Existenz, die von Augenblick zu Augenblick währt. Gelegentlich bekommen die Menschen es kurz zu sehen, dieses andere Selbst, das wirklich ihr eigenes bestes Selbst ist und nicht etwas, das schrittweise erlangt wird, da es auf alle Zeiten zugegen ist. Es hat keine Gedanken, noch braucht es sie. Jeder Augenblick, den sie dahingeben, sich mit ihm zu identifizieren, ist ihre Erlösung. Wenn dies einen weit weg von Freunden und Verwandten, vom Gespräch mit allen Personen trägt, dann trägt es einen auch zu einer göttlicheren Beziehung und Verständigung mit ihnen.

144
Als Egos sind sie sicherlich individuelle Leben und Wesen. Ihr Getrenntsein steht außer Frage. Aber als Manifestationen der Einen Unendlichen Lebens-Kraft ist ihre Trennung von Ihr eine ungeheure Illusion.

145
Worauf es wirklich ankommt ist das, was hinter dem Individuum steht, und nicht das Individuum selbst.

146
Der wirbelnde Derwisch, der sich um die eigene Achse, zur gleichen Zeit aber auch in einem größeren Kreis mit seinen Gefährten dreht, ist symbolhaft für die zentrale Lage des Egos, Seite an Seite mit seiner unbewußten evolutionären Bewegung.

147
Ob ich nach innen oder nach außen blicke, das „Ich" erweist sich als mein Mittelpunkt. An der Wahrheit dieser Feststellung ändert sich nichts, ob ich nun hinab, in die engsten Grenzen der selbstischen Persönlichkeit steige oder mich zu der größten Willensfreiheit emporschwinge; von der niedrigsten bis zur höchsten und edelsten ändert das Ego zwar seine Natur, aber nicht seine zentrale Lage.

148
Das Ego zu verlieren, bedeutet, es einer höheren MACHT zu überantworten, aber die Individualiät zu verlieren, bedeutet etwas anderes.

149
Das Ego ist der Mittelpunkt menschlicher Individualität.

150
Das, was einen Menschen von anderen trennt, was ihn zu einer Person macht, zu einem einzelnen Wesen, das ist sein Ego.

34

151

Könnte man es bis ins Detail untersuchen, dann würde sich herausstellen, daß jedes menschliche Wesen auf eine einzigartige Weise individuell ist, seinen spezifischen Charakter, seine angeborenen Gewohnheiten, Zwänge und Neigungen hat. Die menschliche Art ist unendlich vielfältig.

152

Was Merkmale und Anschauung betrifft, so gleicht kein einziges Ego auf der ganzen Welt genau dem anderen. Jedes ist einzigartig, von seiner eigenen Individualität geprägt. Aber alle Egos sind sich darin genau gleich, daß ihre Bindung an das „Ich" und ihr Bewußtsein, ein Selbst zu sein, überwältigend ist.

153

Der bewußte Denker, das „Ich", das Ego.

154

Dein Ego, du selbst, „Ich", das liegt hinter und unter den Gedanken und Handlungen, Gefühlsregungen und Leidenschaften.

155

Der individuelle Mensch, die Person, die man ist, ist einzigartig: Sie unterscheidet sich von anderen in Form und Charakter, ist von anderen existentiell getrennt. Er ist er selbst, sein eigenes Selbst, mit seiner eigenen Aura.

156

Seine Individualität muß, wenn er ein getrenntes menschliches Wesen ist, zur Kenntnis genommen werden. Äußerlich sind alle verschieden, aber in der tiefsten Wurzel des Bewußtseins sind alle gleich.

157

Ein Schüler meinte: „Wie kann einer – mag er spirituell noch so selbstverwirklicht sein – wie kann einer sagen, er hätte kein Ego? Denn wie könnte er in dieser Welt wirken? Es ist das Ego, welches dem Körper sagt, was er tun soll – eine Hand zu heben, zu gehen und so weiter." Was man richtigerweise sagen könnte, ist, daß es ein Kanal geworden ist. Aber um Verwirrung zu vermeiden, wäre es besser, diesen Kanal „die Individualität" zu nennen.

Vollkommenheit durch Überantwortung

158

Wie soll sich der Mensch voll ausdrücken können, wenn er sich nicht voll entwickelt? Die spirituelle Evolution, die verlangt, daß er das Ego aufgibt, läuft parallel zur mentalen, die verlangt, daß er es vervollkommnet.

159

Trotz all der vernichtenden Beschreibungen des Egos ist es nicht falsch, sondern lobenswert, die beste Persönlichkeit zu entwickeln, die man entwickeln kann, und sie auch nutzbar zu machen. Ihr Charakter läßt sich läutern, ihre Leidenschaften lassen sich beherrschen, ihre Schwächen sich bezwingen, ihre Unwissenheit sich beheben. Es können neue Tugenden eingeführt und neue Kräfte entwickelt werden. Von einer solchen Persönlichkeit kann und sollte man dann besseren Gebrauch machen, – um des eigenen Vorteils willen und um anderen zu dienen.

160

Man muß lernen, das eigene Ego zu transzendieren, aber gleichzeitig auch seinen Platz in der Welt fordern und dabei nicht aus dem Gleichgewicht geraten; lernen, den Egoismus der Familienmitglieder zu transzendieren, aber gleichzeitig auch ihre Pflichten und Rechte respektieren.

161

Alle Erlebnisse spielen in der Entwicklung des ganzen Bewußtseins des Egos ihre Rolle. In den Frühstadien ist diese Entwicklung auf das Sehen, Hören, Riechen, Schmecken und Fühlen von Dingen beschränkt; aber in den späteren erstreckt sie sich auch darauf, die Dinge zu verstehen. Noch später wendet sich des Egos Aufmerksamkeit dem eigenen Selbst zu und lernt das verborgene kreative Prinzip, das es hervorbrachte, durch die intuitive Geisteskraft kennen.

162

Wir sind auf diese Erde gekommen, um uns selbst zu verstehen, Stück für Stück.

163

Eben diese Egozentrizität hat ihrem eigenen Zusammenbruch den Weg geebnet und daher der spirituellen Denkart, die sie übersteigt und die es als nächstes zu entwickeln gilt.

Wenn die Philosophie den Menschen einerseits heißt, der Linie der Natur zu folgen und das Ego aufzubauen und alle diese vier Elemente seiner Persönlichkeit – Willen, Denken, Fühlen und Intuition – zur Entfaltung zu bringen, so heißt sie ihn andererseits und paradoxerweise auch, alles Persönliche zu verneinen. Wenn das Ego akzeptiert werden soll, weil man es nicht zerstören kann, so hat man nach wie vor die Pflicht, es zu meistern und die Herrschaft, die es über einen ausübt, zu zerstören.

165

Das Ego ist ein Teil der göttlichen Ordnung des Daseins. Es muß hervortreten, wachsen, versklaven und schließlich selbst zum Sklaven gemacht werden.

166

Darin liegt das Paradox oder die Ironie der Evolution: Zuerst wächst das Ego durch Pflanzen-, Tier- und Menschenform zu vollem Sein heran; dann dreht es das Ziel um und willigt ein in die eigene Wandlung und den eigenen Tod.

167

Der Widerspruch in der menschlichen Situation ist ungeheuer. Da muß man das Selbst-Leben aufgeben und doch auch die Selbst-Natur entwickeln. Da muß man die Begierden des Egos zerschmettern und es doch auch in seiner ganzen Fülle sich entfalten lassen.

168

Wenn die Lehre die Wichtigkeit des menschlichen Egos in gewisser Weise auch kleiner macht, so macht sie den Sinn für den Wert des Menschen in gewisser Weise doch auch größer.

169

Hört man auf, das eigene Leben aus der engen Sicht des kleinen Egos zu betrachten und betrachtet es statt dessen aus der weitwinkligen Sicht der Rolle, die es im Wiedergeburtszyklus der Entwicklung spielt, dann wird es sich mit neuen Bedeutungen füllen, reich werden mit höheren Wichtigkeiten. Die persönliche Idee in Gleichklang mit der Welt-Idee zu bringen, wird ihm dann nicht nur eine Pflicht, sondern auch sein Glück.

170

Ist es nicht ironisch, daß das Überselbst das Ego so weit projiziert, daß es seinen Ursprung verleugnet und dann auf alle Zeiten wartet, bis das Ego sich selbst zurückgibt?

171
Es ist an der Zeit, davon zu sprechen, das Ego ärmer zu machen – geschweige denn, es zu vernichten – wenn das Ego genug entwickelt und reich gemacht worden ist und etwas zu bieten oder zu verlieren hat. Es ist auch an der Zeit, davon zu sprechen, die Welt aufzugeben, wenn weltlicher Besitz oder persönliche Bindungen oder soziale Stellung hinreichen und sie aufzugeben ein wirkliches Opfer bedeutet.

172
Erst nachdem die körperlichen, intellektuellen, ästhetischen und spirituellen Fähigkeiten des Egos entwickelt worden sind, ist der richtige Zeitpunkt gekommen, aufzugeben, und nicht vorher! Aber die Selbstigkeit und Disziplinlosigkeit des Egos, die kann und sollte jederzeit aufgegeben werden.

173
Macht das Ego die Entdeckung, daß es ein Teil des Ganzen ist, dann hört es ganz von selbst auf, nur um des eigenen Nutzens willen zu leben und beginnt, auch für den der Allgemeinheit zu leben.

174
Wenn die frühen Erlebnisse des Lebens dazu dienen, das Ego vom primitiven animalischen zum voll humanen Stadium zu entwickeln, so dienen die späteren dazu, im Menschen das Bedürfnis zu wecken, dem Überselbst das Ego als eine Opfergabe darzubringen.

175
Das Ego an sich ist nicht schlecht, was es schlecht zu machen scheint, ist seine Weigerung, das Überselbst, dem es dienen sollte, anzuerkennen und sich ihm unterzuordnen.

176
Wenn es wahr ist, dann muß das menschliche Rüstzeug hinreichend entwickelt und empfänglich sein, um überhaupt fähig zu sein, es als solches zu erkennen. Nicht nur das, es muß auch die menschliche Bereitschaft vorhanden sein, sich im Denken und Handeln Selbstdisziplin aufzuerlegen, wenn es eine *gelebte* Wahrheit sein soll, das heißt, ein Ego-Sein. Ohne diese Voraussetzungen ist es

indes dennoch möglich, einen Bruchteil zu finden, wenn das Ganze abgelehnt wird. Es liegt aber in diesem Fall von Verzerrung und Verfälschung eine Gefahr, den Begierden des Egos zu willfahren, indes kann man ihr mit einer vollen und aufrichtigen Ernsthaftigkeit aus dem Wege gehen.

177
Obschon die Natur die Entwicklung des Egos zunächst mit der Blindheit der Unwissenheit schlägt, klärt sie es später mit Erkenntnis auf.

Ego wird überantwortet, nicht zerstört

178
Wenn man schließlich entdeckt, daß man das Bewußtsein wahren, ursprünglichen Seins ist, es gründlich durchdacht hat und gefühlsmäßig weiß, dann braucht man das zweite nicht zu enteignen, nicht als nicht existent zu erklären und zu unterdrücken, wie so oft gelehrt wird. Weil es aber ein Tyrann ist, muß man seiner widerrechtlichen Machtergreifung Einhalt gebieten und es in seine rechtmäßigen zweitrangigen Schranken weisen; und weil es unwissend ist, muß man ihm auch die Umschulung zum Mentalismus auferlegen.

179
Es geht nicht so sehr darum, das Ego zu vernichten, sondern darum, es ins Gleichgewicht mit dem Überselbst zu bringen, denn es ist wichtig zu erkennen, daß es entwickelt werden muß. Dadurch wird ihm nicht die gleiche Macht übertragen, vielmehr wird es dadurch in seine eigentlichen Schranken gewiesen, so wie die Individualität eines Kindes notwendigerweise ins Gleichgewicht mit der der Eltern gebracht werden muß.

180
(1) Wie, warum und in welchem Ausmaß ist das Ego wirklich? (2) Es ist absurd, das Ego als nicht existent abzutun, wenn individuelle Erfahrung ohne es nicht möglich wäre, da sie den Körper beinhaltet. (3) Es liegt ein semantisches Durcheinander vor, wenn advaitische Darlegungen über es hinweggehen und die Welt in Abrede stellen. „Wer die eigenen Existenz bestreitet, ist ein Dummkopf". – Dalai Lama.

181
Jedes einzelne Leben, vom mächtigen Elefanten bis zur mikroskopischen

Zelle, ist eine selbst-evolvierende, sich durch Zeit und Raum bewegende Wesenheit. Hier hat es eine Bedeutung, einen Zweck und schließlich eine Erfüllung. Warum dann davon sprechen, das eine, mit dem ihr am vertrautesten seid – euer eigenes Ego – zu zerstören?

182
Soll das Ego durch so viele Leben aufgebaut werden, nur, um am Ende zerstört zu werden?

183
Sich vom Bewußtsein des Selbst zu befreien, gleich wie kurz, ist eine Leistung, die unmöglich scheinen mag. Aber ihre Behauptung führt häufig zu einem verworrenen Verständnis und muß enger gefaßt werden. Sie bezieht sich darauf, daß das persönliche Bewußtsein dem unpersönlichen Überselbst überantwortet wird. In beiden ist eine Art von Selbst vorhanden.

184
Nicht seiner Existenz wird das Ego ein Ende bereiten, sondern seiner Vorherrschaft.

185
Nichts kann das Ego während der Lebzeit des Körpers auslöschen, aber sein Wirken kann sich auf den einen Zweck beschränken: dem Überselbst dienstbar zu sein.

186
Es ist dem Ego beschieden, in der Welt zu leben, seine Bedürfnisse aus seiner Umwelt zu befriedigen. Aus diesem Grunde hat es ein Recht auf seinen Gesichtspunkt. Der Fehler liegt darin, ihn tyrannisch zum einzigen Gesichtspunkt zu machen.

187
Diese von vielen vertretene Vorstellung, das Ego sei (a) des Menschen größter Feind und (b) ein nicht existentes Nicht-Ding, löst sich angesichts seiner neueren Einsicht auf. „A" ist eine Idee, die bei dem ersten flüchtigen Einblick des Anfängers entsteht. „B" entsteht, wenn ein Versuch gemacht wird, mit anderen zu kommunizieren, denn er endet in einer falschen Kommunikation; Worte können nicht völlig genau sein, wenn sie das beschreiben, was ein Paradox ist, was den menschlichen Intellekt verwirrt. Stille allein enthält Wahrheit.

„A" läßt sich später richtigstellen, stellt indes eine nützliche Stufe dar, vorausgesetzt, man gestattet sich nicht, auf ihr steckenzubleiben. „B" ist eine in Worte gekleidete Vorstellung, die einen anderen erreicht, der versucht, sie zu seinen eigenen Gedanken zu schmieden. Aber genauso wie das Bewußtsein nach Eintritt in den Tiefschlaf nicht-existent scheint, so kann das Ego vorübergehend abklingen und sich verlieren; aber später kehrt es, wie das Bewußtsein, wieder zurück. Was geschieht also, wenn der Mensch wirklich im Überselbst aufgeht? Das Ego wird in seine Schranken gewiesen, der kleine Kreis sieht sich von dem größeren, scheinbar unermeßlichen Kreis umgeben und gehalten. Es ist nicht mehr der despotische Herrscher. Seine Tyrannei ist vorüber. Es sieht, wie das Spiel gespielt, die Szene inszeniert wird, aber die Initiative kommt von nun an nicht mehr von ihm selbst, sondern vom Welt-Geist. Wenn die Großen Lehrer die Verleugnung des Egos lehren, dann ist das ihre Art und Weise, andere moralisch von der Selbstbeherrschung zu überzeugen und intellektuell von der Loslösung von der eigenen Person.

188

Das Ego wirkt nach wie vor zu jedem Zeitpunkt seines Fortschritts, – außer in der tiefen, gedankenfreien Kontemplation, wenn es unterdrückt ist – aber es entwickelt sich in klar umrissenen Etappen zu einem besseren und feineren Charakter, der zunehmend mit dem Überselbst harmoniert. Indes kann der totale Verzicht auf das Ego nur mit dem totalen Verzicht auf den Körper geschehen, das heißt, zum Zeitpunkt des Todes.

189

Das höchste Ziel der Suche stellt nicht die durch Zerstörung des Egos erlangte Erleuchtung dar, sondern die Erleuchtung, die durch seine Vervollkommnung erlangt wird. Das Wirken des Egoismus ist es, was es zu zerstören gilt, und nicht das, was wirkt. Die Herrschaft des Egos soll schwinden, nicht das Ego selbst.

190

In aller menschlichen Tätigkeit spielt das Ego seine Rolle, und solange diese Tätigkeit fortfährt, solange fährt das Ego fort. Über diesen Punkt herrscht viel Verwirrung und Mißverständnis. Man heißt uns, das Ego auszumerzen; man verkündet uns auch, daß es nicht existiert. Tatsache ist, daß es existieren muß, wenn Tätigkeit existiert. Was soll der spirituelle Sucher nun tun? Er kann – und früher oder später muß er – das Ego der höheren MACHT unterwerfen. Es ist nach wie vor vorhanden, aber es ist dort, wo es richtigerweise hingehört. Aber warum heißt man uns dann, das Ego abzutöten, wenn es nicht möglich ist? Die Antwort lautet, daß es möglich ist, aber nur in dem, was der tiefste Punkt der Meditation ist, auf Sanskrit *nirvikalpa* genannt, wo alle Gedanken ausgelöscht sind, alle Sinnenberichte zu Ende kommen und eine Art von Versenkungszustand eintritt. In diesem Zustand vermag das Ego nicht zu existieren; es wird außer Kraft gesetzt, aber es ist mit Sicherheit nicht tot, denn sonst würde es nicht wiederkehren, wenn der Zustand zu Ende kommt, wie er es ja muß. Es hilft nicht wirklich zu behaupten, daß das Ego nicht existiert oder daß es, wenn es existiert, getötet werden muß. In Tatsache kann es niemand, der nach dem höheren Leben trachtet, außer Acht lassen; gleich welche Theorien man über das Ego hat, es ist vorhanden, man muß mit ihm rechnen, muß es konfrontieren. Ein Teil der Verwirrung rührt daher, daß das Ego eine Sache ist, die sich wandelt; es wandelt sich mit der Zeit und aus Erfahrung, während das Unendliche Wesen, das Höchste und Letzte, unwandelbar ist. In diesem Sinne kann dem Ego keine Wirklichkeit zugeschrieben werden, sondern nur in diesem höchsten. Wir aber leben hier unten, in Zeit und Raum, und sich über diese Tatsache hinwegzusetzen, bedeutet, intellektuelle Taubstummheit zu pflegen.

191

Ein Ego haben wir, sind wir; seine Existenz ist unausweichlich, wenn der kosmische Gedanke aktiviert werden und die menschliche Evolution in ihm sich entwickeln soll. Warum ist es dann eine Quelle des Bösen, der Mißhelligkeit, des Leides und Entsetzen? Die Intelligenz und Sehnsucht, die in jedem individualisierten Bewußtseinsfragment, in jedem zusammengesetzten „Ich", enthalten sind, sind an sich nicht ursprünglich böse; wenn man ihnen aber zu stark verhaftet ist, nimmt die Selbstsucht überhand. Das Gleichgewicht wird erschüttert und die sanfteren Tugenden werden zerdrückt, das Verständnis, daß andere Rechte haben, das Gefühl des Wohlwollens und der Sympathie, der Anpassung um des allgemeinen Wohles willen – all das ist dahin. Die natürliche und richtige Berücksichtigung der eigenen Bedürfnisse nimmt ein übertriebenes, an Tyrannei grenzendes Ausmaß an. Das Ego ist dann nur dazu da, die eigenen Interessen um jeden Preis zu fördern, wobei es alle anderen angreift und ausnützt. Es muß noch einmal gesagt werden: Wenn es eine Welt-Idee geben soll, dann muß es auch ein Ego geben. Indes muß es in seine Schranken gewiesen und dort gehalten werden (was nicht hartgesottener Egoismus ist). Es hat sich zwei Dingen anzupassen: dem Allgemeinwohl und dem Ursprung seines Seins. Das Gewissen ermahnt ihn an seine erste Pflicht, ob es ihm Folge leistet oder nicht; die Intuition an die zweite, ob es sie übergeht oder nicht. Denn die Beziehung zwischen dem Bösen und dem Menschen darf – übergangen oder falsch ausgelegt – nicht die Tatsache verbergen, daß die für das Böse nutzbar gemachte Energie und Intelligenz anfänglich aus dem Göttlichen im Menschen stammen. Sie sind GOTTESGABEN, die aber im Dienste der Gottlosigkeit eingesetzt werden. Darin liegt die Tragödie, daß die Kräfte, Talente und das Bewußtsein des Menschen, die doch in Harmonie mit der Welt-Idee wirken könnten, so oft für Haß und Krieg vergeudet werden; daß die eigene Disharmonie das eigene Leid heraufbeschwört und andere mit hineinzieht. Indes muß jede Entwicklungswelle ihren Lauf nehmen, und letztlich muß sich jedes Ego unterwerfen. Wer so verroht, daß er nur an sich selbst denkt und seine spirituelle Seite verwirft, der wird sein eigener Satan und führt sich selbst in Versuchung. Durch Ehrgeiz oder Habgier, durch Abneigung oder Haß, den er in anderen weckt, schafft er ein KARMA, das ihn zum Schluß durch die eigene negative Seite zerstört.

192
Dies bedeutet nicht, daß man das Ego zerstören soll – als ob man das könnte! Nein, es bedeutet, daß man seiner Tyrannei ein Ende machen soll und den persönlichen Willen auf den der Welt-Idee abstimmt.

193
Das Ego kann unterdrückt, aber nicht ausgelöscht werden, was z. B. dann der Fall ist, wenn die höhere Macht von einer Person Gebrauch macht, um eine Botschaft, einen Rat oder eine Offenbarung zu verkünden.

194
Auf jeder Stufe dieser Suche, von der des bloßen Bewerbers, der sie gerade begonnen hat, zu der des wissenden Meisters, ist es vonnöten, das Ego allzeit in Zaum zu halten.

195
In den *Upanishaden* der Hindus und in den meisten buddhistischen Texten wird die Getrenntheit der Person als unwirklich entlarvt; als eine Illusion ist sie indes nach wie vor vorhanden, wird sie nach wie vor erlebt und gelebt. Dies ist die spezielle mißliche Lage des menschlichen Wesens. Laßt uns diese Erfahrung, die uns allen – dem Rishi so gut wie dem Unerleuchteten – zuteil wird, doch nicht in Abrede stellen und unsere Lage dadurch noch komplizierter und rätselhafter machen. Laßt uns die Dinge so sehen, wie sie sind: das wird unsere höhere Natur nicht schmälern und unserer spirituellen Würde keinen Abbruch

tun. Warum sie nicht als das akzeptieren, was sie ist, sie aber in ihre bescheidenen Grenzen verweisen?

196

Das leichtfertige Geschwätz von der Loslösung vom Ego, das den modernen Lehrern oder Propagandisten der alten „Philosophie" – ob im Osten oder Westen – so leicht über die Lippen kommt, ist gelegentlich Blendwerk, manchmal lächerlich, allzuoft reine Einbildung und zu selten ausgeführt oder ausführbar. Diese Personen sind Theoretiker, Träumer, die sich des eigenen Egos bedienen, um andere aufzufordern, das ihrige loszuwerden! Als ob man das könnte! Aber was man mit dem Ego tun kann – und tun sollte –, das geht ihnen über den Verstand. Und weil es sich auf die Philosophie der Wahrheit gründet, stellt es den einzig durchführbaren Weg dar. Bei näherer Untersuchung erweist sich das Ego als eine aus Körper, Gedanken, physischen Sinnen und mentalen Tendenzen bestehende Gesamtheit. Den Menschen zu predigen, sie sollten sich von allen diesen Dingen losmachen, ist meistens vergebliche Liebesmühe, denn das Bewußtsein ist so sehr mit ihnen verknüpft, daß es sich nicht von ihnen lösen läßt. Wie könnte einer ohne sie in der Welt tätig sein! Loslösung – wenn vollständig und echt – würde bedeuten, daß man sich der Welt nicht gewahr ist: das Ego ist ein notwendiger Teil des Daseins. Wäre ein Mensch gänzlich von seinem Ego befreit, dann würde er gänzlich unfähig werden, die gewöhnlichen Angelegenheiten seines Daseins zu besorgen! Aber wenden wir uns doch von diesem Unsinn ab und betrachten wir Körper und Welt im Lichte der Philosophie der Wahrheit. Wir erfahren, daß sie lediglich Erscheinungen in der persönlichen Erfahrung sind; daß diese, trotz ihrer Festigkeit und Stärke, letzten Endes mental ist; daß das „Ich" sich auf einen einzigen Gedanken reduzieren läßt; daß man seine Beziehung zu und Abhängigkeit von seinem wirklichen Sein und seiner Substanz aufdecken kann; daß der Geist sich so umschulen und beherrschen läßt, daß das Ego auf seinen rechtmäßigen Platz zurückfällt und einen nicht mehr tyrannisiert. Dies mag spontan geschehen, in einem plötzlichen Durchbruch der Sonne, oder, was wahrscheinlicher ist, allmählich, unmerklich und sanft. Diesen Prozeß kann man Loslösung nennen und eine Aufgabe besteht darin, an ihm mitzuwirken. Aber denkt daran: das Verständnis, das ihr aus der Reflexion über die Philosophie der Wahrheit und aus den von ihr vorgeschriebenen Meditationen gewinnt, löst euch auf eine natürliche Weise los. Da gibt es keine forcierte, künstliche und falsche Anstrengung.

197

Über diese Sache, das Ego, herrscht so viel Verwirrung und wird so ungenau und leichtfertig gesprochen. Man heißt uns, das Ego auszumerzen und das persönliche Selbst auszulöschen. Aber die Tatsache ist, daß wir, solange wir auf dieser Erde weilen, einen Körper und einen Geist benützen und eine ganze Ansammlung von Faktoren, Tendenzen und Wesensmerkmalen erben, die aus früheren Leben stammen und nun zusammen unsere Persönlichkeit bilden. Sie sind und werden solange vorhanden sein, solange wir am Leben sind. Eine völlige Zerstörung des Egos würde notwendigerweise eine völlige Zerstörung des physischen Körpers bedeuten, der ein Teil von uns ist und die Entfernung unserer speziellen Individualität beinhalten, die uns von anderen scheidet. Das ist nicht möglich, aber es ist möglich, das Ego zu einem Diener des höheren Selbst zu machen, zu einem willfährigen Instrument des höheren Willens.

198

Vielleicht schreibt ein kluger Mensch eines Tages ein Buch mit dem Titel *Inspirierter Egoismus,* um den Menschen klar zu machen, daß auch das Ego seinen Platz im Plan der Dinge hat. Es stellt den kleinen Kreis im größeren Kreis des Überselbst dar, und wenn es sich seiner wahren Beziehung zum Überselbst bewußt bleibt, mag es dort ruhen und seinen Pflichten nachgehen.

199

Scheint das Ego denn trotz aller frommen Predigten und moralisierenden Argumente, trotz aller intellektuellen analytischen Abhandlungen nicht ein nicht zu vereinfachendes und unwiderstehliches Element in der menschlichen Natur zu sein? Das ganze großspurige Geschwätz, das die Institutionen von sich gaben oder jenen, die sich mit Religion, Mystik und Metaphysik beschäftigten, so leichtfertig über die Lippen kam, ändert nichts daran, daß das Ego die wahre Grundlage ihrer eigenen Existenz, ihrer eigenen Tätigkeit ist. Dieselbe Person, die seine Wirklichkeit bestreitet, muß dazu ein Ego benützen!

200

Sich selbst zu leugnen, scheint die Leugnung alles Menschlichen zu bedeuten. Das ist aber nicht notwendigerweise der Fall, außer wir haben es mit einer unausgeglichenen Person oder mit einem Fanatiker zu tun. In Wahrheit entrinnt keiner seiner Menschlichkeit: er erhöht, erniedrigt und verdreht sie nur, oder er läßt sie einfach verkümmern.

201

Die Philosophie macht dem Ego die endgültige Herrschaft über den Menschen streitig, gesteht ihm aber die notwendigen Tätigkeiten des Menschen zu. Wie sonst vermag er in dieser Welt zu leben? Das Ego kann dort bleiben, wo es von Rechts wegen hingehört und für das Wohl des Körpers und Geistes sorgen, aber stets als ein dem höheren Selbst Untergeordnetes und in Gehorsam gegen den höheren Willen.

202

Langfristig gesehen, ist das individuelle Bewußtsein nicht verloren. Es gibt Zeiten, da es vorübergehend abgeschwächt ist und für eine Weile sogar ganz in Vergessenheit gerät. Dies geschieht sowohl während des Lebens im Körper als auch außerhalb des Körpers. Wenn es durch einen Schlag oder in der Narkose verschwindet, dann ist es lediglich in einen Latenzzustand übergegangen und wird wieder geweckt werden.

203

C.G.Jung war der Meinung, die meditative Anstrengung, das persönliche Ego zu transzendieren, würde in völliger Vergessenheit resultieren, weil ohne es alles Gewahrsein verschwinden würde. Darin irrte er sich, und in den letzten Jahren seines Lebens änderte er, so meine ich, seine Ansicht.

204

Wie könnten wir ohne das Ego leben und unsere Rolle in dieser Welt spielen? Es ist ein Werkzeug, von dem wir Gebrauch machen. Ein Mensch, dessen Ego zerstört und zusammengebrochen ist, wird meistens als verrückt erklärt und isoliert.

205

Was ist schon falsch an der Idee von der Persönlichkeit, wenn sie richtig verstanden wird, wenn man ihre Zeichen und Muster nicht höher einstuft als sie wirklich sind? Laßt es als ein sich wandelndes, vergängliches Ding gelten, wenn ihr wollt; laßt es stets der allzeit gegenwärtigen Wirklichkeit des Überselbst dienstbar sein: aber warum seinen Ausdruck fürchten?

206

Es stimmt – und stimmt auch nicht –, daß wir das Ego nicht mit ins Leben der mystischen Erleuchtung hinaufnehmen können. Das Ego ist schließlich nur eine äußerst beschränkte und häufig verzerrte Spiegelung des Höheren Selbst ...

aber es *ist* eine Spiegelung. Könnten wir es richtig auf das Höhere Selbst einstellen und es ihm untertan machen, dann würde es kein Hindernis für das erleuchtete Leben darstellen. Solange wir in einem Körper stecken und seine Dienste brauchen, kann das Ego freilich nicht zunichte gemacht werden; aber es läßt sich bezwingen und zu einem Diener machen, es braucht nicht Herr im Hause zu bleiben. Wenn das klar ist, dann wird man das philosophische Ideal eines voll entwickelten, gemeisterten und reichen, abgerundeten Egos, das als ein Kanal für die Inspiration und Lenkung des Höheren Selbst dient, besser zu schätzen wissen. Ein armseliges Ego bildet natürlich einen beschränkteren Kanal für die Äußerung des Höheren Selbst als ein höher evolviertes. Der wirkliche Feind, den es zu bezwingen gilt, ist nicht die Wesenheit Ego, sondern das Wirken des Egoismus.

Das Ego nach der Erleuchtung

207

Ist das Ego in dieser Verwirklichung gänzlich verloren, ein für allemal ausgelöscht? Ich vermag nur zu sagen, daß man dem Ergebnis mit keinem unserer üblichen Begriffe gerecht wird, es sich kaum schildern läßt und die Beschreibung hier der Andeutung weichen muß. Denn das Ego und das Überselbst verschmilzen und vereinigen sich, aber die Vereinigung zerstört nicht des Egos Fähigkeit, sich zu äußern oder in der Welt tätig zu sein. Seine eigene Vernichtung ist ein vorübergehendes Erlebnis während der Kontemplationsstufe. Aber das nächste und endgültige Ziel besteht darin, wieder am weltlichen Leben teilzunehmen, als ein Ego, das in vollkommener Harmonie mit dem Überselbst lebt und ihm vollkommenen willfährt.

208

Wäre ein Mensch imstande, sich so weit von seinem Ego zu entfernen, daß dessen Interessen und Begierden ihn nicht mehr überwältigen könnten, dann ließe er dadurch Frieden in seinem Herzen einziehen. Das wahre Paradies, das eigentliche Himmelreich, das eine unwissende Geistlichkeit auf eine Welt nach dem Tode und dadurch in eine schwer erfaßbare Ferne verschoben hat, ist in Tatsache so nahe bei uns wie unser eigenes Selbst und so gegenwärtig wie der heutige Tag. Wenn wir es betreten sollen, dann können und müssen wir das, solange wir noch im Körper stecken. Es ist weder eine Zeit noch ein Ort, sondern eine Lebenslage und eine Entwicklungsstufe. Es ist das ego-freie Leben. Es wird nicht verlangt, daß das Ego sich zerstört, es wird nur verlangt, daß es sich züchtigt. Das Persönliche in einem Menschen muß leben, indes lediglich als ein Sklave des Unpersönlichen. Diese beiden Identitäten machen sein Selbst aus.

209
Führt das Ego seine Aufgaben, die ihm auch nach der ERFÜLLUNG nicht erspart bleiben, nun weiterhin aus, dann nicht mehr als der Meister, nicht mehr als das eigentliche Selbst des Menschen. Denn von nun an leistet es dem Überselbst Gehorsam.

210
Für den Menschen, der in jenem hohen Bewußtsein lebt und sich damit identifiziert, ist das Ego einfach ein offener Kanal, durch welchen sein Sein in die Welt von Zeit und Raum fließen kann. Es ist nicht, wie für den Unerleuchteten, er selbst, sondern ein Anhängsel, das seinem Willen gehorcht und Ausdruck verleiht.

211
Auf eben jener Stufe wird das Ego zu einem bloßen Werkzeug, welches das Überselbst augenblicklich niederlegt oder aufhebt. Es hat keine Gewalt mehr über seine eigenen Gedanken, Emotionen, Begierden oder Gelüste; jene werden statt dessen voll und ganz von der höheren Macht gelenkt.

212
Man wird die Kraft besitzen, das Ego auf Wunsch fallenzulassen.

213
Nur in besonderen, augenblicklichen, mit der Versenkung vergleichbaren Zuständen hört das Ego restlos zu existieren auf. Zu allen anderen Zeiten, und sicherlich zu allen gewöhnlichen, alltäglichen Zeiten, fährt es zu existieren fort. Daß dieser wichtige Punkt nicht gelernt und begriffen wird, löst in mystischen Kreisen stets eine große Verwirrung aus. Die in tiefer Meditation erlangte Stufe ist eine Sache; die Stufe, auf die man danach zurückkehrt, eine andere. Auf der einen verschwindet das Ego, während es auf der anderen wieder auftaucht. Indes hat dieses Erlebnis gewisse nachhaltige Wirkungen, die allmählich einen Wandel in seiner Beziehung zum Überselbst zeitigen. Es unterwirft sich, gehorcht, spiegelt das Überselbst wieder und bringt es zum Ausdruck.

Wenn einem unwiderruflich klar ist und man bis ins Innerste fühlt, daß sein Ego nicht existiert, unwirklich und erfunden ist, wie kann man dann behaupten, man hätte GOTT, WAHRHEIT oder ERLEUCHTUNG gefunden? Denn dann ist einem genauso klar, daß es niemanden gibt, der diese Behauptung aufstellt. Jene anderen, die es tun, zeigen damit, daß sie immer noch ein Ego haben; infolgedessen bleiben sie nach wie vor draußen vor der WAHRHEIT. Ihr Anspruch auf Erleuchtung wird durch ihre eigenen Worte als falsch abgestempelt.

Wenn einer sein Ego so restlos und völlig verliert, daß es nicht die leiseste Spur hinterläßt, dann muß er sterben, denn sein Körper ist ein Teil des Egos. Er lebt aber weiter. Das beweist, daß das, was er wirklich verliert, nicht die *Ego-Natur* ist, sondern der *Ego-Wille*. An seine Stelle tritt der höhere Wille.

Das Ego lebt in der inneren Welt des Suchenden verschanzt. Wird man ein Heiliger, dann geht es von Zeit zu Zeit in der Meditation verloren, aber man findet es jedesmal, wenn man aus ihr zurückkehrt, wieder. Wird man ein Weiser, dann ist es auf alle Zeiten verloren. Das ist ein Unterschied.

Ja, als eine Individualität, eine getrennte Identität, bleibt das Ego übrig. Aber es wird wiedergeboren, geläutert, demütig vor der höheren Macht, wird in seinen Interessen nicht mehr engstirnig sein, den Menschen nicht mehr tyrannisieren, nicht mehr im Sinne des Wortes egoistisch sein. Denn es darf als ein erleuchtetes Wesen bleiben, keinem Lebewesen eine Gefahr, gutwillig gegen alle Geschöpfe, stets auf ein zeitloses Bewußtsein reagierend, das seine gewöhnliche Persönlichkeit umhüllt. Der kleinere Kreis vermag im größeren weiterzuleben, bis ihn der Tod befreit. Es ist nicht mehr die Quelle der Unwissenheit und des Bösen; *dieses* Ego ist aufgelöst und ausgelöscht. Das neue Wesen ist einfach körperlich, gedanklich und gefühlsmäßig von anderen getrennt, aber nicht von dem universellen, formlosen Wesen hinter ihnen. Dort sind alle eins.

Diese geheimnisvolle neue Beziehung hindert einen nicht daran, sich des Egos gewahr zu sein, obschon einen jetzt das Überselbst lenkt. Indes herrscht eine Einheit zwischen ihnen, die es früher nicht gab.

219

Das Ego verblaßt zu einer Art von Nicht-Wesenheit, sinkt wie eine Welle ins Meer des universellen Lebens zurück.

220

Wenn das Individuum im reinen SEIN verschmilzt, was ist dann das Ego, das zu existieren aufhört? Denn der physische Körper bleibt bestehen und muß in die Überlegungen eines Menschen einfließen. Dies ist ein Grund, warum selbst die höchste mystische Errungenschaft integriert und sogar in sein normales Leben als Haushaltsvorstand, Berufstätige oder Intellektuelle eingebaut werden muß. Dann funktioniert man auf drei Ebenen – auf der des Tieres, des Menschen und des Engels –, aber sie passen harmonisch zusammen wie ein getäfeltes Wandmosaik. Wer anders denkt, bringt zwei verschiedene Lagen durcheinander, zwingt dem Wissenden den Sucher auf. Räumt man zum Beispiel nur den Mönchen die Möglichkeit ein, dann setzt man dem GRENZEN-LOSEN eine Grenze und verkleinert das Gebiet seiner Gegenwart. Denn der Mensch, der fest im LICHT verwurzelt ist, wird von innen und in ihm handeln, gleich ob er dem Werk der Welt nachgeht, gleich ob er verheiratet ist oder nicht.

221

Der Beweis, daß die meisten Mystiker zu ihrer mystischen Erfahrung etwas beitragen, das aus der eigenen Person, dem eigenen Ego stammt, liegt in der Tatsache, daß die innere Erfahrung der Mehrheit der christlichen Mystiker sich im allgemeinen nur auf Jesus Christus bezieht und nicht auf irgendeine andere spirituelle Leitfigur. Ähnlich nehmen die mystischen Erlebnisse der Mehrheit der indischen Mystiker ausschließlich Bezug auf indische spirituelle Führer, wie Krishna, und nicht auf andere. Der Grund dafür ist darin zu sehen, daß ihnen der Glaube, zu dem sie sich bekennen, der ideelle Heiland oder Guru, an den sie ihre Gebete richten und dem sie huldigen, geistig unablässig vor Augen steht; er wird der beherrschende Gedanke, weil sie der Meinung sind, daß ihnen diese Erfahrung aufgrund seiner GNADE zuteil geworden ist. Widerfährt ihnen ein mystisches Erlebnis, dann erwarten sie, daß es mit ihrem speziellen Glauben zusammenhängt, und die Erwartung ist erfüllt worden. Indes ist der Punkt, der hier psychologisch von Interesse ist, der, daß das Ego auf irgendeine Art anwesend ist, entweder kurz vor oder unmittelbar nach dem Erlebnis – davor in der Erwartung und danach in der Interpretation. Was hat sich nun während dieser zwei Augenblicke ereignet, als das Erlebnis tatsächlich geschah? Wenn die Gedanken während dieser Zeit zeitweilig außer Kraft getreten, wenn alle Gedanken vorübergehend zur Ruhe gekommen waren, dann auch der Gedanke an den Heiland oder Guru; nun lag er indes am Anfang und am Ende am äußersten Rand des Erlebnisses, und er war das Allererste, was sie, als sie wieder zu denken begannen, erneut aufgriffen. Freilich ist es eine Seltenheit, daß das Denken zu einem so vollkommenen Stillstand kommt, eine Stufe, die der entspricht, die die Hindus *nirvikalpa samadhi* nennen. Es gibt bei ihnen aber eine andere, die nicht so weit geht und die sie *savikalpa samadhi* nennen; auf ihr dauern die Gedanken während des mystischen Erlebnisses fort, aber das Denken wird sozusagen von dem höheren Erleben gehalten. Eben dies geschieht in einer Großzahl der Fälle der Mystiker. Die Charakterzüge oder geistigen Tendenzen mögen während des Erlebnisses verschwinden, und er taucht daraus auf, als sei er ein neues, völlig gewandeltes Wesen; aber nach und nach verblaßt die Wirkung des Erlebten, und er entdeckt, daß er noch immer der alte ist. Das Ego ist nicht aus seinem normalen Leben verschwunden, denn er benützt es, um sich um die Angelegenheiten seines Wachbewußtseins zu kümmern. Hat er sich zusätzlich zur Ausübung der Meditation auch einer philosophischen Schulung unterzogen, dann finden im Charakter des Menschen wirkliche Umwälzungen statt, und die negative Seite seines Egos schrumpft zusehends, während die höhere und positive zusehends zunimmt, bis sein Charakter einen Punkt erreicht, wo man ihn selbstlos und egolos nennt. Indes sind derartige Begriffe eigentlich irrtümliche Bezeichnungen. Im moralischen Sinne benützt, sind sie vielleicht richtig, nicht aber im psychologischen. Er ist ein Individuum und wird ein ganzes Leben lang eines bleiben.

222
Ja, es gibt und muß ein Ego geben, wenn wir auf dieser Ebene leben sollen. Indes kann es spirituell wiedergeboren werden und braucht nicht mehr der Tyrann zu sein, der uns unser spirituelles Geburtsrecht und spirituelles Bewußtsein streitig macht, sondern kann eher zu einem Kanal werden, der diesem Bewußtsein dient.

223
Das Ego wird immer seine Schwierigkeiten haben. Unter immer versteht man die ganzen Jahre von der Geburt an bis zum Tode. Das trifft bei jedem Menschen zu, wiewohl ein überragender Mensch sie auf eine überragende Art und Weise anpacken wird.

224
Wenn das Ego nicht vorhanden ist, dann ist etwas anderes vorhanden; irgendeine Kraft, die tut, was es tun soll.

Bei den Unterschieden zwischen Personen handelt es sich um die Unterschiede körperlicher und mentaler Tendenzen. Diese gehören in ihrer Gesamtheit zum Ego. Selbst der spirituell Erleuchtete weist sie auf, wiewohl er sich nicht mehr von ihnen tyrannisieren läßt. Einem Kandidaten zu sagen, man müsse sie loswerden, töten und zerstören, ist nicht richtig. Vielmehr müssen sie transzendiert werden. Denn selbst der Erleuchtete benützt noch immer ein Ego, durch das er die Tätigkeiten des Körpers lenkt, seien es so einfache wie das Einnehmen einer Mahlzeit oder so komplizierte, wie die Lösung eines Problems. Sein Ego, transzendiert und deswegen ein Kanal geworden, stellt kein Hindernis dar. Der Durchschnittsmensch sieht sich und seine Tätigkeiten von ihm beherrscht.

Der Körper ist Teil des Egos; der vitale Körper (das ätherische Doppel) und der astrale, emotionale Körper sind auch ein Teil davon; auch der mentale Gedankenkörper ist ein Teil des Egos. *Alle diese Körper existieren auch nach der Verwirklichung weiter, da sie lebensnotwendig sind; zu sagen, dann gäbe es kein Ego, ist UNSINN.* Es gilt, diese Körper zu läutern und zu überantworten.

Der Erleuchtete ist sich seiner Individualität auch weiterhin bewußt, aber es ist eine andere, eine gewandelte.

Das „Ich" ist noch immer vorhanden, freilich nicht das alte, vertraute, kleinmütige, unsichere Geschöpf, sondern ein anderes „Ich", ein herrlich umgestaltetes.

Das Ego, die Person, ist nach wie vor vorhanden; wer seine Existenz in Abrede stellt, ist gezwungen, die Existenz des Körpers in Abrede zu stellen und damit seine ganze körperliche Erfahrung. Wäre es nicht besser, weniger irreführend, dem Ego den Platz einzuräumen, der ihm gebührt, und ihm jede Wirklichkeit abzusprechen, die über die einer Idee hinausgeht?

Reinkarnation

230

Jener Teil des Menschen, der in der materiellen Welt, dem Ego, steckt, sieht sich zum Schluß gezwungen, seine höhere Individualität anzuerkennen und zu ehren, wiewohl sie vielleicht nicht sichtbar und unbekannt ist. Dies erfordert eine Entwicklung durch die Zeit, durch viele Wiedergeburten.

231

Was man das „Ich" nennt, wird nicht, wie man glaubt, in weiteren Körpern wiedergeboren, noch war das in der Vergangenheit jemals der Fall. Indes scheint es so zu sein. Aus der Hypnose dieser selbstgemachten Idee vermag einen nur ein tiefschürfendes analytisches Denken zu wecken, das mit mystischer Meditation verbunden ist.

232

Es wäre ein Irrtum zu meinen, das Überselbst sei dasjenige, das sich wieder ins Fleisch begibt. Das ist nicht der Fall. Aber sein Abkömmling – das Ego – das tut es.

233

Dies ist das Ego, von dem wir fälschlicherweise annehmen, es sei unser wirkliches Selbst. Dies ist das Ego, an das uns die Erinnerung kettet. Dies ist der Teil unserer doppelten Persönlichkeit, der sich unserem Zugriff entzieht; dies ist der bekannte Teil unseres Seins, ein bloßer Schatten, den der unsichtbare Teil wirft, der unermeßlich viel größer ist. Dies wandert von einem irdischen Körper zum anderen, von Traum zu Traum durch die Fata Morgana des Daseins, ohne aufzuwachen und sich der Wirklichkeit bewußt zu werden.

234

Unsterblichkeit von der Art, nach der die meisten Menschen sich sehnen, kann in einem Aspekt des Überselbst gefunden werden, der aufgrund seiner historischen und psychologischen Verbindung mit seinem Abkömmling eine gewisse Individualität beibehält. Wenn daher geschrieben steht, daß die Unsterblichkeit des Wahren Selbst verhältnismäßig dauerhaft ist, dann wurde der Begriff „relativ" vom höchstmöglichen und *nicht* vom menschlichen Standpunkt aus benützt. Aus der Sicht des Menschen genügt es und ist es keinesfalls falsch, die Aussage anzunehmen, daß die Unsterblichkeit des Überselbst die wahre, wenn nicht die höchste Unsterblichkeit ist, weil erstere erst einmal erlangt werden muß.

235

„Mein innerer Lebensquell/Unablässig vergießt er Tränen für meine Sünden."
Wie sehr sich William Blake irrte, als er diese Zeilen schrieb!

236

Die Wesenheit, die nach dem Tode in der Geisterwelt lebt, ist dasselbe Ego, das
auf Erden weilte, und wird von ein und demselben Überselbst ausgestrahlt
und erhalten. In dieser Beziehung sind sie nach wie vor unterschiedliche und
getrennte Wesenheiten, obschon sie so innig miteinander verbunden sind wie
Mutter, Vater und Kind.

237

Wie sinnlos es ist, auf die Dauerhaftigkeit und Unsterblichkeit eines Egos zu
pochen, dessen innere Natur und äußere Form bereits unzählige Wandlungen
durchgemacht hat, vermag nur der entschlossene Wahrheitssucher einzuse-
hen, der nicht von Illusionen leben will.

238

Ein ewiges Überleben des kleinen Egos, die ganze endlose Zeit hindurch, ist
unmöglich, nicht wünschenswert und lächerlich. Aber als eine vorübergehende Stufe ist der Himmel zweierlei: ein Bedürfnis und eine Tatsache.

239

Unsterblichkeit im wahrsten Sinne ist und kann nur die völlige Überantwortung der Individualität sein und die letzte Verschmelzung des kleinen Geistes
im Absoluten, Einen Geist.

Kapitel 2

Der Ich-Gedanke

Ich-Sinn und Ich-Gedanke

1

Was wir gewöhnlich für das „Ich" halten, ist eine Idee, die sich von Jahr zu Jahr wandelt. Dies ist das persönliche „Ich". Aber was wir am innigsten, als ein unter allen diesen verschiedenen „Ich"-Ideen stets Gegenwärtiges empfinden, das heißt, der Sinn zu sein, zu existieren, das wandelt sich niemals. Eben dies ist unser wahres, dauerhaftes „Ich".

2

Wenn Vergangenheit und Zukunft jetzt nur Ideen sind, dann muß auch die Gegenwart nur Idee sein. So lautet die mentalistische Erklärung. Indes kann und sollte das noch weitergeführt werden. Wenn der Erlebende der Vergangenheit und der Erlebende der Zukunft jetzt eine Idee ist (weil er ein Teil von ihnen ist), dann muß auch der Erlebende der Gegenwart (und in der Gegenwart) Idee sein. Als etwas anderes als eine Idee war (und ist) er nur eine Annahme, was der Festellung gleichkommt, daß das Ego nur eine scheinbare Wesenheit ist und nicht mehr (oder weniger) Wirklichkeit hat als jeder beliebige Gedanke.

3

Alles, an das man sich erinnert, ist ein Gedanke im Bewußtsein. Das trifft nicht nur auf Objekte, Ereignisse und Orte zu. Es trifft auch auf Personen zu, auch auf die eigene, auf den, an den man sich erinnert, auf das „Ich", das ich war. Das bedeutet, daß meine eigene Persönlichkeit, das, was ich „Ich" nenne, in der Vergangenheit ein Gedanke war, mag er noch so stark und beharrlich gewesen sein. Aber die Vergangenheit war einst Gegenwart. Also bin ich *jetzt* nicht weniger ein Gedanke. Die Frage ist, was war es, das ich damals hatte und auch jetzt noch habe, ungewandelt, genau das gleiche. Das "Ich" als Person, das kann es nicht sein, denn das ist jedesmal auf irgendeine Weise verschieden. Es ist und kann nur „Ich" als BEWUSSTSEIN sein.

4

Alles, was ein Mensch wirklich besitzt, ist sein „Ich". Alles andere kann ihm augenblicklich weggenommen werden – durch den Tod oder vom Schicksal, durch die eigene Dummheit oder die Böswilligkeit anderer Menschen. Aber kein Ereignis und keine Person kann ihn seiner Fähigkeit berauben, das „Ich" zu denken.

5

Das „Ich"-Bewußtsein ist die Substanz des Ichs, des scheinbaren Selbst.

6

Mit dem Körper, den Gedanken und den Emotionen scheint sich das Ego als eine Wesenheit zu erfühlen. Aber woher bekommen wir dieses Gefühl des „Ichs"? Es gibt nur einen Weg, um die Antwort auf diese Frage in Erfahrung zu bringen: der Weg der Meditation. Jene gräbt unter den drei besagten Bestandteilen und dringt in den Rest ein, den, wie sich erweist, nichts Besonderes auszeichnet, nur der Sinn, zu sein. Und dies ist die wirkliche Quelle der „Ich"-Vorstellung, des Selbstgefühls. Aber ach, die Quelle offenbart sich gewöhlich nicht, und daher leben wir allein in ihrer Projektion, dem Ego. Wir geben uns damit zufrieden, klein zu sein, wo wir doch groß sein könnten.

7

Das, was das „Ich" zu sein beansprucht, ist, so zeigt sich, nur ein Teil von ihm, der geringere, und überhaupt nicht das wirkliche „Ich". Es ist eine Ansammlung von Gedanken.

8

Wo das „Ich" für den Körper gehalten wird, hat der Schein die Wirklichkeit ersetzt.

9

Dieses Gefühl des Ichseins mag mit dem Körper, den Emotionen und Gedanken – deren Totalität das persönliche Ego ausmacht – verbunden sein oder in tiefer Meditation in die wurzellose Wurzel des Seins, die das Überselbst ist, verlagert werden; oder es mag mit beidem verbunden sein, wenn das eine die Wirklichkeit und das andere ein Schatten von ihr sein wird.

10

Die Idee von einem Selbst taucht erstmals im Bewußtsein auf, wenn ein Kind sich mit den körperlichen Gefühlen identifiziert und später, wenn es die emotionalen beifügt. Noch später baut sich die Idee mit logischen Gedanken aus, bis sie sich schließlich mit der Entdeckung der Individualität vervollständigt.

11

In seinem Satz „Ich denke, also bin ich" bezieht Descartes sich einfach auf sich als eine Person, als ein auf Körper, Emotion und Denken begrenztes Selbst, das heißt, auf die gewöhnliche Erfahrung und nicht auf etwas Höheres oder Tieferes als sie, auf ein Wesen, dessen Bewußtsein nicht untersucht worden und unerforscht ist.

12

Ego bedeutet das Bewußtsein des Selbst.

13

Wir sind Bruchstücke des Geistes in augenblickliches Bewußtsein geworfen.

14

Wenn wir das Ego analysieren, stellt sich heraus, daß es eine Ansammlung vergangener Erinnerungen an Erlebtes und zukünftiger Hoffnungen oder Ängste ist, die das Erleben vorwegnehmen. Wenn wir versuchen, es am Schopfe zu pakken, es zu isolieren, dann machen wir die Entdeckung, daß es im gegenwärtigen Augenblick nicht existiert, sondern nur in dem, was vergangen ist und dem, was geschehen wird. Tatsächlich existiert es wirklich niemals im *JETZT*, es erweckt nur den Anschein. Das bedeutet, daß es ein Phantom ohne Substanz ist, eine falsche *Idee*.

15

Seine erste mentale Handlung besteht darin, daß er sich ins Sein denkt. Er ist der Schöpfer seines eigenen „Ichs". Das bedeutet nicht, daß das Ego nur seine eigene, persönliche Erfindung ist. Der ganze Weltprozeß bringt alles zustande, auch das Ego und des Egos eigene Selbstschöpfung.

16

Im Unterschied zur Lehre des Advaita-Vedanta und der Christlichen Wissenschaft gibt uns die Philosophie nicht die unmögliche Aufgabe auf, den Körpergedanken jederzeit und überall ganz aus dem Bewußtsein zu bannen, sondern sie fordert, daß wir aufhören, den Ich-Gedanken ausschließlich auf den Körpergedanken einzugrenzen, was keineswegs dasselbe ist.

17

Jeder, der will, daß das „Ich" sein rätselhaftes und ungeheures Geheimnis preisgibt, muß verhindern, daß es ständig in den Spiegel blickt, muß den Zauber brechen, den das Bild des kleinen Egos auf sich selbst ausübt.

18

Unser Gebundensein an das Ego ist natürlich. Es entsteht deswegen, weil wir unbewußt an das hinter ihm Liegende, an das Überselbst, gebunden sind. Nur führt die Unwissenheit dazu, daß wir uns fälschlicherweise ganz auf das scheinbare „Ich" konzentrieren und das unsichtbare, dauerhafte Selbst, von dem es nur ein vergänglicher Schatten ist, ganz außer Acht lassen. Das in der Zeitreihe lebende oder sich freuende „Ich" ist nicht das wirkliche „Ich".

19

Alle Gedanken lassen sich auf einen einzigen Gedanken zurückführen, der auf dem wahren Grund ihrer Arbeitsvorgänge liegt. Könnt ihr jetzt nicht sehen, daß der Gedanke der Persönlichkeit, der „Ich"-Sinn, ein so grundlegender ist?

20

Das "Ich", welches sagt, „ich sehe so und so" oder „ich fühle so und so" oder „ich handle so und so", ist der erste Gedanke, der auftaucht, und auch der letzte, der stirbt. Dieses „Ich" ist das persönliche Ego. Es kann kein Denken oder Fühlen oder Wollen geben ohne einen vorausgehenden Sinn für die Identität der Person, in der diese Tätigkeiten sich manifestieren. Der Ego-Gedanke ist stets der vorausgehende, aber seine Tätigkeit folgt so rasch, daß sie gleichzeitig scheint. Die mentalen, emotionalen und willensmäßigen Tätigkeiten sind in der Tat ein Ausfluß der eigenen Tätigkeit des Egos – demzufolge kann das Denken, Fühlen oder der Körper nicht wirklich unterjocht oder beherrscht werden, solange das Ego selbst nicht unterjocht worden ist. Ist es das, so folgt der Sieg über sie automatisch. Ist es das nicht, dann unterdrückt ihre Unterjochung zwar ihre Manifestation, läßt ihre Wurzel aber unangetastet. Die Art, diese Wurzel anzugreifen, besteht darin, die Aufmerksamkeit auf die Quelle zu konzentrieren, aus der der Ego-Gedanke entsteht.

21

Das Ego ist einfach jene Idee, die ein Mensch sich von sich selbst bildet.

22

Der Körper, die emotionalen Gefühle und der Intellekt, sie alle liegen auf der *Kreislinie*. Das, was am *Mittelpunkt* des Seins liegt, ist Bewußtsein an sich.

23
Das „Ich" einer Person hat mehrere verschiedene Gesichter und jedes gehört zu den verschiedenen Tätigkeiten, Rollen, Beziehungen und Segmenten ihrer menschlichen Natur.

24
Welche Erfahrung ist die unmittelbarste von allen? Das „Ich". Denn alle anderen sind Erfahrungen eines Objekts, sei es ein Ding oder ein Gedanke – des Körpers, der Welt oder des Geistes; aber dies ist ihr Subjekt, die erste Identität im Leben, die letzte vor dem Tode.

25
Gibt es eine Erfahrung, die nicht meine Erfahrung ist? Alle Erfahrung kreist um ein *Ich*. Was ist dieses Ich außer einer Reihe von Bewußtseinszuständen, ein Strom von Gedanken und eine Anhäufung von Gefühlen? Was ist das, wenn nicht eine Erklärung, daß das Ego, dem Ursprung und dem Wesen nach, ganz und gar mentalistisch ist?

26
Das Subjekt, an dem jeder das größte Interesse hat, ist er selbst. Auch das Objekt aller seiner Gedanken ist er selbst oder es ist, wenn seine Gedanken sich auf irgendeine andere Person beziehen, mit dem Verhältnis verbunden, das jene Person zu ihm hat. Daraus können wir ersehen, daß die Natur jedem die Idee des Egos, das Ich bin, stark eingeprägt hat.

Das Existieren des Egos als eine Reihe von Gedanken

27
Die Lehre, daß das Ego nicht existiert – so oft auf eine so papageienhafte Art nachgesprochen –, kann niemandem helfen, kann nur ein intellektuelles Durcheinander schaffen und der Suche nach der Wahrheit schaden. Aber die Lehre, daß das Ego nur eine Idee ist – so sehr der Geist ihr auch verhaftet sein mag – und nur als eine solche existiert, kann jedem in seinem Kampf um Selbstbeherrschung helfen und intellektuell ein Licht auf die Suche nach der Wahrheit werfen.

So rasch folgen unsere Gedanken aufeinander, daß sie in uns das Gefühl von einer bestimmten Persönlichkeit aufrechterhalten, das der Körper uns gibt.

Das Ego ist nicht mehr als ein Schatten. Sein Stoff und seine Wirklichkeit sind lediglich jenes vorübergehende, sich ewig wandelnde Spiel von Licht und Farbe. Es existiert – ein Wort, dessen eigentliche Bedeutung, „außerhalb aufgestellt sein", auch metaphysisch wahr ist. Denn wer sich dem Bewußtsein des Egos hingibt, stellt sich außerhalb des Bewußtseins des Überselbst auf.

30

Wenn wir meinen, im Film ein einziges, sich gleichmäßig bewegendes Bild von einem laufenden Menschen zu sehen, sehen wir in Wirklichkeit tausende von einzelnen stillstehenden Bildern von ihm. Die Erfahrung einer gleichmäßig überzeugenden Persönlichkeit ist eine Illusion, die auf dieselbe Weise aus unserer mentalen Fusion einer Reihe von getrennten Ideen zu einem einzigen menschlichen Wesen entsteht. Der hier verwendete Begriff „Illusion" darf nicht falsch ausgelegt werden, er will nicht sagen, daß der Mensch nicht existiert. Im Gegenteil, dieser Satz würde nicht geschrieben oder gelesen werden, wenn es ihn nicht gäbe. Ja, er bedeutet, daß er existiert, aber nur als eine vorübergehende Erscheinung und sonst nichts. Er ist nicht grundlegend *wirklich*.

31

Es gibt kein wirkliches Ego, sondern nur eine Reihe von rasch aufeinanderfolgenden Gedanken, die den „Ich"-Prozeß ausmachen. Es gibt keine getrennte Wesenheit, die das persönliche Bewußtsein gestaltet, sondern nur eine Reihe von Eindrücken, Ideen, Bildern, die um einen gemeinsamen Mittelpunkt kreisen. Letzterer ist völlig leer; das Gefühl, daß da etwas ist, rührt von einer völlig anderen Ebene her – der des Überselbst.

Wenn festgestellt wird, daß das Ego eine fiktive Wesenheit ist, heißt das, daß es nicht als eine wirkliche Wesenheit existiert. Dennoch existiert es als Gedanke.

Identifiziert man sich mit dem Ego als einer wirklichen Wesenheit und nicht als einer Ansammlung von Gedanken und Tendenzen, die es ist, dann hat man sich im Netz der Illusion verstrickt und kann nicht mehr aus ihm heraus.

34

Unter der Anleitung des Mentalismus führt ein unpersönlicher Standpunkt nach und nach zu der Entdeckung, daß das Ego ein im Geist und vom Geist gemachtes Bild ist, ein Bild, in das wir unauflösbar verwickelt worden sind. Aber mit dieser Übung beginnen wir uns loszuknüpfen und uns frei zu machen.

35

Das Ego mag freilich eine vorübergehende Erscheinung und eine metaphysische Erfindung sein. Und doch ist es, klagt einer, alles, was ich kenne. Auf allen Seiten bin ich von seinem „Ich" umringt und ganz und gar auf sein „Mein" beschränkt.

36

Das Ego ist nur ein Kraftfeld, nicht eine wirkliche Wesenheit aus eigenem Recht. Oder es ist eine Zusammensetzung, die aus Ansammlungen von Gedanken besteht, und nicht ein wirkliches Individuum.

37

Das Ego ist eine Sammlung von Gedanken, die um einen festen, aber leeren Mittelpunkt schwirren. Hätten die Angewohnheiten zahlloser Reinkarnationen ihnen nicht eine so große Kraft und Hartnäckigkeit verliehen, dann könnten sie aufgelöst werden. Dann könnte die Wirklichkeit – GEIST – sich offenbaren.

38

Das „Ego" – das ist alles, von dem du weißt, daß es dein Ich ausmacht.

39

Es ist nicht nur, daß der Mensch seine spirituelle Natur nicht kennt, es ist auch das, daß er, und das ist schlimmer, eine falsche Vorstellung von seiner Natur hat. Er hält den Schatten – das Ego – für die Substanz, für das Überselbst. Er hält die Wirkung – den Körper – für die Ursache, für den Geist.

40

Die Idee von einem dauerhaften Ego, die uns die allgemeine, alltägliche Erfahrung aufzwingt, sieht sich durch die philosophische Analyse und das philosophische Erleben zunichte gemacht.

41

Jedermanns Anschauung ist durch mehrere Faktoren bedingt: durch elterliche Erziehung, häusliches Milieu, evolutionäre Stufe, herkömmliche Religion, herrschendes Kulturleben, persönliche Umstände und Reinkarnationsfaktoren. Seine Reaktionen werden für ihn gestaltet und machen sein „Ich" aus. Es stellt eine äußerst beschränkte Wesenheit dar, die sich von den Konsequenzen ihrer eigenen Grenzen verfolgt weiß.

42

Descartes wollte einfach nicht an die Wahrheit der Gedanken glauben, die ihm sein Geist gab. Und doch war er durchaus bereit und so unvorsichtig, dem Geist selbst zu trauen! Denn was ist dieser alltägliche Geist, den er für sein „Ich" hielt, wenn nicht eine ununterbrochene Reihe wiederkehrender Gedanken? Was ist dieses „Ich", wenn nicht eine Wesenheit, die die Macht der Gewohnheit und Bequemlichkeit aus ihrer Gesamtheit geschaffen haben?

43

Das persönliche Ego ist nicht ein metaphysisches, dauerhaftes Ding. Aber es ist ein praktisches Werkzeug, das dem bequemen Zweck persönlicher Identifikation dient. Man braucht es nicht in Abrede zu stellen. Warum es nicht-existent, eine fiktive Wesenheit nennen, unterdessen aber vollen Gebrauch von ihm machen?

44

Das Ego ist eine in vormaligen Leben, aus Tendenzen, Gewohnheiten und Erfahrungen aufgebaute Struktur, die ein spezielles Muster aufweist. Aber letzten Endes ist das ganze Ding nichts als ein Gedanke, wiewohl ein stark ausgeprägter und fortgesetzter.

45

Wenn er sich seiner selbst bewußt ist, dann ist er sich seiner Idee von sich selbst bewußt, dem Phantasiegebilde, welches das Ego für ihn gemacht hat.

46

Wenn wir vom Ego geschrieben haben, als ob es eine getrennte und spezielle Wesenheit, eine feste Sache, eine Wirklichkeit aus eigenem Recht wäre, dann nur deswegen, weil die Zwänge logischen menschlichen Denkens und die Grenzen herkömmlicher menschlicher Sprache es unentrinnbar erforderlich machen. Denn in Wahrheit läßt sich das „Ich" nicht von seinen Gedanken trennen, weil es sich aus ihnen, und allein aus ihnen, zusammensetzt. Kurz gesagt ist das Ego nur eine Idee oder ein Streich, den der Gedankenprozeß sich selbst spielt.

47

Weil sich dieses ausgestrahlte Bewußtsein des Überselbst so restlos und so ununterbrochen an die Gedanken-Reihen knüpft, die schließlich alle ihre eigenen Schöpfungen sind, identifiziert es sich mit dem unwirklichen Ego, das ein Produkt ihrer eigenen Tätigkeit ist, und vergißt seinen eigenen, größeren, weniger begrenzten Ursprung.

48

Es gibt *keine* Wesenheit, genannt Intellekt, Ego, oder persönliches „Ich" oder individueller Geist, die allein als ein von den Gedanken selbst Getrenntes existierte. Aufgrund ihrer eingefleischten Haltung, ihrer lebenslangen Überzeugung schreiben die Menschen ihr eine solche vermeintliche Existenz zu. Das ist ein Beweis für die Kraft der Autosuggestion und für die Kraft des Gedächtnisses, ein rein fiktives Wesen zu schaffen. Was es aufrechterhält, und die Wirklichkeit und das Leben, das es hat, ist unecht, unwirklich. Geist als solcher ist ohne alle Gedanken.

49

Alle unsere Gedanken existieren notwendigerweise im Nacheinander der Zeit, aber der Gedanke des Egos ist eine verwickeltere Angelegenheit und existiert auch in Zeit und Raum, weil der Körper Teil des Egos ist. Was immer wir tun, das Ego als solches wird in seiner Existenz fortfahren. Aber wir brauchen uns nicht mit ihm zu identifizieren; wir können einen gewissen Abstand zwischen uns und ihm schaffen. Je größer er wird, um so unpersönlicher werden wir werden und umgekehrt.

50

Was nützt es, einen Menschen so zu blenden, daß er sich einbildet, sich des Egos nicht gewahr zu sein, oder daß er glaubt, keines zu haben?

51

Während er die ganze Zeit davon spricht, daß es kein Ego, überhaupt keine Wesenheit gibt, spürt er den Druck seiner Sinneswahrnehmungen, hört er den Klang seiner Worte.

52

Jede menschliche Einrichtung, jeder menschliche Wert wird durch ständigen Gebrauch abgenutzt und muß Platz für einen neuen machen. Selbst die heiligsten und frömmsten Behörden verlieren im Laufe der Zeit ihre Macht. Wenn das ganze Universum rings um uns so ungewiß und unruhig ist, dann braucht uns die Entdeckung nicht zu wundern, daß selbst das *Ich* des Menschen vergänglich ist. Der Mittelpunkt unserer Schwerkraft verschiebt sich ständig.

53

Descartes, der im Abendland der Vater der Philosophie genannt worden ist, begann sein Denken mit der Gewißheit des persönlichen Selbst. Zweitausend Jahre davor endete Buddha sein Denken mit der Gewißheit der Unwirklichkeit des persönlichen Selbst!

54

Von Kindheit bis ins Alter geht der Mensch von einem Wandel in sich zum anderen – in seinem Körper, seinem Fühlen und Denken. Und damit wandelt sich auch die Idee von sich selbst, seiner Persönlichkeit. Wo und was ist das „Ich", wenn es keine ununterbrochene Ganzheit aufweist?

55

Mag sein derzeitiges Selbst sich nicht genauso sehr ändern oder gar verschwinden wie sein altes?

56

Die Züge und Gewohnheiten, körperlichen und mentalen Tätigkeiten, die wir aus unserer Vergangenheit mit herübergebracht haben, setzen sich und erstarren zu dem, was wir unser persönliches Selbst nennen, unsere Individualität, unser Ego. Doch das Leben läßt es nicht zu, daß diese Zusammensetzung mehr als eine zeitweilige ist, und wir hören nicht auf, uns mit der Zeit zu wandeln. Wir wiederum identifizieren uns mit jeder dieser Wandlungen, sind aber stets der Meinung, sie sei unser wirkliches Selbst. Nur wo wir diese Tätigkeiten zur Ruhe kommen lassen und uns für eine kurze Weile aus diesen Angewohnheiten in die Meditation zurückziehen, machen wir zum ersten Mal die Entdeckung, daß sie doch nicht unser wirkliches Selbst ausmachen. Dann stellt sich tatsächlich heraus, daß sie unser falsches Selbst sind, weil wir erst dann das innere Wesen entdecken, das das wirkliche Selbst ist, das sie verstecken und zuschütten. Aber ach, ihre uralte Macht ist so groß, daß wir uns bald wieder von ihnen tyrannisieren lassen und bald wieder der großen Illusion des Egos zum Opfer fallen.

Wenn alle Gedanken in der STILLE verschwinden, verschwindet auch die Ego-Persönlichkeit. Dies ist Buddhas Behauptung, daß es kein Selbst gibt, auch Ramana Maharshis Behauptung, daß das Ego nur eine Ansammlung von Gedanken ist.

Wir hausen in einem Weltall der Illusion, denn die Wirkungen und Formen, die wir wahrnehmen, besitzen eine Festigkeit, die einfach nicht vorhanden ist, und eine Wirklichkeit, die vorgestellt ist. Selbst die Zeit, der Raum und die Bewegung des Weltalls hängen von den Sinneswahrnehmungen ab, die sie verkünden, oder vom Geist, der sich ihrer gewahr ist. Das enthüllt uns die aufblitzende Erleuchtung des mystischen Sehers, während die Überlegungen der Naturwissenschaften über ihre atomaren Entdeckungen auf dieselbe Idee hinweisen. All dies ist in *Die Philosophie der Wahrheit – tiefster Grund des Yoga* und *Die Weisheit des Überselbst* dargelegt und gelehrt worden. Aber die Erleuchtung des Sehers ist nicht dort stehengeblieben. Er sah, daß auch der Wahrnehmende nicht weniger trügerisch war als seine Erfahrung des Universums, nicht weniger unstabil, nicht weniger unwirklich. Er sah, daß das menschliche Ego nur eine menschliche Idee war. Es mußte transzendiert werden, wenn Wahrheit und Wirklichkeit erlebt werden sollten.

Subjekt – Objekt

Der Sinn der Existenz des Egos geht dem Sinn der Existenz der Welt voraus und ruft ihn ins Leben.

Das Ego erscheint im GEIST, das Universum erscheint dem Ego; sie bilden zusammen die Subjekt-Objekt Dualität, die ein Merkmal der Gedanken ist.

Hinter jeder Tätigkeit eines Menschen liegt der Ego-Gedanke. Er ist stets mit dem Objekt-Gedanken gekoppelt.

Das „Ich" ist das Erkennende der Außenwelt (der Dinge) und der Innenwelt (der Gedanken). Indes ist es nur ein relativ Erkennendes, weil es selbst nur ein Objekt ist, von dem eine höhere Macht Kenntnis hat.

63

Das „Ich" denkt: dies ist das Subjekt. Aber das „Ich", an das es denkt, ist das „Ich"(„me"), welches ein Objekt ist. Das Bewußtsein muß gewöhnlich ein Objekt des Bewußtseins haben. Diese Verkopplung ist eine wesentliche Bedingtheit unseres mentalen Lebens.

64

Genauso wie die grammatische Analyse eines Satzes ein Subjekt und Objekt unterscheidet, so unterscheidet der gewöhnliche Denkvorgang zwischen dem Denker und dem gedachten Gedanken, dem Ding oder der Person, auf die sich die Aufmerksamkeit richtet, zwischen dem "Ich" und dem anderen.

65

Das Ego, dessen wir uns bewußt sind, ist nicht dasselbe wie der Geist, *kraft dessen* wir bewußt sind. Wer nicht locker läßt, bis er das verstehen kann, öffnet die erste Tür der Wohnstätte der Seele.

66

All euer Denken über das Ego ist notwendigerweise unvollständig, weil es den Ego-Gedanken selbst ausläßt. Versucht, ihn mit einzubeziehen, und er entwischt euch. Nur etwas, das das Ego transzendiert, vermag ihn zu begreifen.

67

Der Körper ist in Wirklichkeit ein Objekt für den Geist, der dessen Subjekt ist; und es wird nicht nur der Körper ein Objekt, sondern auch alles, was das Ego denkt oder fühlt. Daß dieses Ego, dieses Subjekt, selbst ein Objekt für einen höheren Teil des Geistes ist, ist ein Punkt, der weniger leicht zu sehen ist, aber unbedingt verstanden werden muß.

68

Unsere Beziehung zu äußerem Eigentum, wie Stühle und Teppiche, verstehen wir richtig, aber nicht unsere Beziehungen zu Eigentum wie Hand und Gedanken. Hier wird unser Verständnis wirr. Unsere gebräuchliche Sprache verrät das. Wir sagen „ich bin verletzt", wo es doch in Wirklichkeit der *Körper* ist, der verletzt ist, oder „ich freue mich", wo ein *Gedanke* der Freude in uns auftaucht. Im ersten Fall ist und bleibt der Körper trotz seiner Nähe ein Objekt unserer

Erfahrung. Im zweiten Fall ist das Denken eine von uns ausgeübte Funktion. Beide müssen von unserem *Wesen* unterschieden werden, so innig sie auch mit unserer *Tätigkeit* verbunden sind.

69

Das Ego wird das beobachtete Objekt, wenn es schließlich und vollständig im Sinne des Gewahrseins analysiert wird. Es ist nicht mehr das beobachtende Subjekt.

70

Das Ego ist eine Idee, die so vergänglich ist, wie die sogenannten materiellen Objekte, die es wahrnimmt. Sowohl das Ego als auch die Objekte treten zusammen als Gedanken im Universellen Geist auf und brechen miteinander zusammen.

71

Für die wirkliche Person sind Bewußtsein, Körper, Nerven und Sinnesorgane nur Objekte, die als Mittel und Kanäle nutzbar gemacht werden.

72

Überall, wo menschliches Bewußtsein existiert, überall, wo ein Denker ist, da sind auch Gedanken. Subjekt und Objekt verbinden sich und ermöglichen die bewußte Existenz eines Egos, sowohl im Traum als auch in Wachzuständen.

73

Der Welt-Gedanke ist ein Objekt für den Ego-Geist, der dessen Subjekt ist. Aber der Ego-Geist ist selbst ein Objekt: seiner gewahr zu sein bedeutet einfach, des Ego-Gedankens gewahr zu sein.

74

Das Ego ist ein Objekt. Der Geist kennt nur Objekte. Daher kennt der Mensch sich nicht selbst, wo er nur Ego kennt.

Kapitel 3

Die Psyche

Ego als Knoten in der Psyche

1

Das Ego ist ein Knoten in der Psyche unseres inneren Wesens, ein Knoten, der seinerseits aus einer Anzahl von kleineren Knoten besteht. Da gibt es nichts Neues einzusammeln, denn S E I N ist immer vorhanden, es gilt nur, etwas ungeschehen zu machen, wieder zu lösen.

2

Das Ego gleicht einer Verdrängung, die man aus dem unterbewußten Geist ausgraben und von allen Seiten als das verstehen muß, was sie ist, und die man dann fahren lassen muß, bis sie verschwindet, wodurch sie ihre ganze geheime Macht verliert.

3

Die meisten neurotischen Verhaltensweisen sind auf die Weigerung zurückzuführen, das persönliche Ego fahren zu lassen. Wie das Ego die eigenen Ängste und Leiden schafft, wird in dem berühmten buddhistischen Bild, genannt „Das Rad des Lebens", veranschaulicht, das aus sechs Reichen des Daseins bestehen soll, in Wirklichkeit aber sechs Arten psychologischen Bedingtseins darstellt, vom Biest zum Menschen bis hin zu den Göttern.

4

Das Ego, wiewohl selbst eine Projektion, schöpft aus seiner schöpferischen Quelle genug Kraft, um seinerseits eine eigene kleine Welt zu projizieren.

5

Die Tätigkeit des Egos erstreckt sich auf fünf Gebiete – Denken, Imagination, Gedächtnis, Gefühl und Handeln.

7

Der Charakter, den ein Mensch die Welt offen sehen läßt, ist keinesfalls derselbe, wie der, der in ihm versteckt liegt. Das ist nicht ein aus Verlogenheit resultierender, sondern ein aus der Polarität resultierender Umstand, die die Natur und daher den Menschen spaltet.

8

Der Ort, an dem man geboren wurde oder lebt, die Tageszeit oder Epoche, zu welcher man auf die Welt kam, das von den Eltern Geerbte – all das trägt zu seiner Persönlichkeit bei.

9

Wir mögen das Ego an gewissen Zeichen erkennen: es ist nicht beständig, denn seine Merkmale schwanken; es ist nicht schuldlos, denn irgendwo in seiner Natur wird die eine oder andere Schwäche liegen, ganz gleich, welcher Prüfung man es unterzieht; es fühlt sich nicht restlos sicher, denn da wird eine Furcht vor der Zukunft herrschen, ein Zweifel an ihr, eine Ungewißheit über sie.

10

Was ist das Ego, außer eine Last gemischter Erinnerungen?

11

Gedanken bilden sich, Emotionen entstehen, Gefühlslagen kommen und gehen in einem steten Rhythmus; hinter ihnen allen lebt und bewegt sich das Ego.

12

Er ist ein klägliches Geschöpf, abgespalten vom Gewahrsein seines Überselbst und in seinem Egoselbst in zwei feindselige Lager geteilt.

13

Das Netz von Interessen, Bindungen, Begierden, Ideen und Identifikationen ist das Ego.

14

Die Sinnesorgane des Körpers verlangen nach Befriedigung, aber an der Wurzel ihrer Begierden liegt das Ego, ein Schlund emotional-mentaler Tendenzen.

15

Das Ego ist das Schattenselbst, das mit dem Lichtselbst oder dem Überselbst einhergeht. Das Ego enthält alles, was am Charakter des Menschen in Finsternis gehüllt ist.

16

Wir reden vom Ego, aber welches Ego meinen wir nun? Denn in jedem von uns stecken mehrere.

17

Die Persona, die Maske, die er der Welt zeigt, ist nur ein Teil seines Egos. Die bewußte Natur, die aus Gedanken und Gefühlen besteht, ist der zweite. Der dritte ist der versteckte Vorrat an Tendenzen, Impulsen, Erinnerungen und Ideen, früher zum Ausdruck gebracht und dann wieder begraben, oder aus früheren Leben mit herübergebracht – und alle latent.

18

In uns haust nicht nur ein, sondern mehrere Egos. Wir leben in einem Zustand wiederkehrender Gefühle, die sich der Reihe nach widersprechen, sich gegenseitig Lügen strafen oder Schande bringen. Das „Ich" wird wirklich in Stücke gerissen, wobei jedes Anspruch auf Vorherrschaft erhebt, keines sie aber auf Dauer erringt. Das Tier, der Mensch und der Engel drängen sich mit den Ellbogen in unsere Herzen. Heute werden wir erniedrigt und morgen erhöht. Die Suche trachtet danach, alle diese verschiedenen Egos zu einem Ganzen zusammenzufassen.

19

Wenn wir vom Ego sprechen, dann meinen wir Geist, Körper, Sinne und Gedächtnis. Nimmt man sie weg, dann sind wir wie nichts.

20

Die vielen Stimmen im Innern, die um Gehör flehen, sind ein Beweis für die vielen Selbste, für die sich das jubelnde und falsch unterrichtete Ego selbst hält.

21

Ein Mensch besteht aus vielen verschiedenen Faktoren: was er von seinen Eltern ererbt hat; was er aus der Umgebung aufgelesen hat; was er aus früheren Inkarnationen mitgebracht hat; was er denkt, fühlt und tut; was seine Reaktionen auf andere Menschen sind. Die Kombination aller dieser Elemente ist es, die einen Menschen ausmachen.

22

Diese Spaltung in seinem Ego wird jedermann erkennen, der sich selbst nichts vormacht.

23

Die Gesamtsumme unserer vergangenen Handlungen und Gedanken, und insbesondere unserer Tendenzen, stellt unseren Charakter dar und macht uns zu dem, was wir heute sind.

24

Das Ego bewegt sich von Kindheit bis zum Alter, von Wachsein zum Träumen, aber es bewegt sich in einem Kreis. Es bewegt sich nicht auf Freiheit zu, nicht auf Wirklichkeit oder Frieden.

25

Jedes Bewußtsein des persönlichen Selbst beinhaltet nicht nur Gedanken, sondern auch Gefühlsregungen und Willensäußerungen.

26

Wir sind seltsame Geschöpfe, vom wirklichen menschlichen Ideal so weit entfernt wie vom selbstsüchtigen Tiertypus.

Das „Unterbewußte"

27

Unter der Bewußtseinsebene sind Kräfte am Werk, die zu zwei unendlich weit auseinanderliegenden Polen des menschlichen Charakters gehören, – zum wilden und spirituellen.

28

In Wirklichkeit gibt es keinen unterbewußten Geist. Es gibt nur den denkenden Geist und den stillen Mittelpunkt hinter dem Geist.

29

C.G.Jung war der Meinung, er hätte in dem, was er das Unbewußte nannte, die Quelle gefunden, die die Ideale des Egos verdrehte, leugnete oder ihnen entgegenarbeitete. Diese Quelle war der Schatten. Er hätte weiter und tiefer gehen müssen, denn dann hätte er gewußt, daß der Schatten das Ego selbst ist.

30

Was wir denken, streift die Oberfläche des Bewußtseins und sinkt auf den Grund, wo es verwahrt und gut versteckt wird.

31

Was auf der Oberfläche des Bewußtseins liegt, fällt einem leichter ins Auge, weil es in einem gewissen Sinne offen zur Schau gestellt ist. Was indes an der Wurzel liegt und die Ursache der Dinge an der Oberfläche darstellt, liegt im Innern verborgen und ist nicht so leicht aufzuspüren. Dort liegt es in der sogenannten unterbewußten Schicht des Egos, ist aber nach wie vor ein Teil des Egos – es liegt nicht in jener unendlich größeren Tiefe oder Höhe, wo das Überselbst anzutreffen ist.

32

Die Menschen leiden unter einer Vielzahl von Krankheiten und strömen in Scharen zu Ärzten, in Kliniken und Krankenhäuser, um ein Heilmittel zu finden. Aber sie lassen die eine Krankheit außer Acht, die tiefer wurzelt als alle anderen und sie nie verläßt. Sie ist der unentrinnbare Griff, mit dem sich das Ego wie ein Tintenfisch an jedem Atom ihres Seins festklammert.

33

Bei den psychoanalytischen Untersuchungen des Egos geht es nicht direkt darum, eine Befreiung vom Ego selbst zu erzielen, vielmehr darum, es zu bessern, anzupassen oder eine Veränderung in seinen mentalen Haltungen und emotionalen Belastungen zu bewirken.

34

Die sogenannte Befreiung in der Psychoanalyse und der dianetischen Therapie.

Das UNENDLICHE ist eine wunderbare Maschine, die Erfahrenes behält, vergleicht und wieder ins Gedächtnis ruft. Es tut das in Form von Worten oder Bildern.

Indes enthält es so viele Aufzeichnungen aus der Vergangenheit, daß der Stoff seines gegenwärtigen Lebens unbewußt eine Reaktion des Gedächtnisses darstellt, die die Vergangenheit aufwühlt.

Psychoanalytische und dianetische Therapien versuchen, diese alten Muster mittels der Anwendung der Reaktion auf Impulse oder mittels der Wiedererinnerung unterbewußter Inhalte, unter besonderer Berücksichtigung der Kindheit, auszulöschen. Aber daß der Geist, der sich mit Erfolg zurückversetzt, laut Psychoanalyse frei oder laut Dianetik klar sei, ist eine Behauptung, die eine unverantwortliche Forderung darstellt und keine Notiz nimmt von dem kolossalen Umfang ihrer Aufgabe. Denn alles, was eine solche Therapie wirklich bewirkt hat, ist die Befreiung des Patienten von einigen seiner bekannten unwiderstehlichen Zwänge. Was aber mit der ungeheuren Anzahl von unbekannten Zwängen? Was mit dem schrecklichsten aller Triebe – dem Ego selbst? Wie vermag ein Analytiker, der selbst noch von so vielen Komplexen beherrscht wird, derer er sich nicht einmal bewußt ist, andere Personen vollkommen zu befreien? Er selbst ist das Opfer eines Illusionen schaffenden Mechanismus, der unglaublich einfallsreich ist.

In jedem Geist herrscht ein unbewußter Konflikt, mit dem fertig zu werden man unter gewöhnlichen Umständen nicht imstande ist – der Konflikt zwischen der vom Überselbst für die Person vorgezeichneten Evolutionslinie und der Linie blinder Begierde, der das Ego zu folgen sucht.

Nochmals, was nützt es, einige wenige kleine Teile der Vergangenheit, wie zum Beispiel die Kindheit oder den späteren Abschnitt der Jugend, ins Auge zu fassen und den Versuch zu machen, nur mit ihnen fertig zu werden, wenn doch die wahre Vergangenheit des Egos unzählige unterbewußte Erinnerungen aus früheren Leben enthält und eine Vielzahl von Tendenzen, die aus Begebenheiten rühren, die eben jener verschwundenen Geschichte angehören? Die einzig erschöpfende und vollständige Art und Weise, mit dem Ego fertig zu werden, besteht darin, sich nicht nur mit seinen an der Oberfläche erscheinenden Manifestationen zu befassen, sondern darin, sich einerseits Zugang zu seiner versteckten Existenz zu verschaffen und andererseits mit Streben, Meditation und Reflexion über das Überselbst zu arbeiten.

35

Nichtsdestoweniger schützt das egoistische Motiv ewig vor, nicht vorhanden zu sein, lauert es allzeit in allen unseren Taten. Freud zeigte die Kraft unbewußter Motive auf, und wir mögen ihn für diese neue Darlegung ehren, auch wenn wir seine Sicht der menschlichen Persönlichkeit, die in gewisser Hinsicht ebenso falsch wie richtig war, nicht teilen. Er hatte gewiß recht, darauf hinzuweisen.

36

Die Vorurteile und Neigungen zugunsten des eigenen Egos spielen größtenteils eine unbewußte Rolle.

List und Verschlagenheit des Egos

37

Jedesmal, wenn man die Chance hat, einen Schritt voranzukommen, wird man vom Ego überlistet, hintergangen, in die Irre geführt oder gar zurückgedrängt – wenn man zu zerstreut ist und nicht merkt, was es im Schilde führt.

38

Die Feststellung, daß das Ego uns gefangenhält, ist nur eine Art, das Problem darzulegen. Daß wir in es vernarrt sind, ist eine andere.

39

Das Ego simuliert gewisse Eigenschaften des Überselbst und spiegelt etwas von dessen Bewußtsein wider. Aber das dadurch geschaffene Bild ist ein falsches.

40

Das „Ich" wird wütend, wenn man es provoziert, denkt dann aber daran, daß es Selbstbeherrschung erlangen muß, faßt sich und gestaltet so einen höheren Zustand für sich, aber einen, der noch immer im persönlichen Ego-Bereich liegt. Es ist sich nicht selbst entronnen, sondern hat lediglich eine negative Emotion mit einer positiven Gefühlsregung vertauscht.

41

Die Menschen sind nicht nur willens, sich von den Illusionen, die ihr Ego ausgebrütet hat, täuschen zu lassen, sondern sie heißen sie geradezu willkommen.

42

Es ist natürlich, daß das Ego negativ auf seine Erfahrungen reagiert, wenn diese Verluste bringen oder ihm entgegenarbeiten. Aber das ist nur so, wenn ein Mensch noch immer unbewußt, unwissend, unbeherrscht und außerstande ist, sich auf höhere Seinsstufen zu begeben, was freilich die Regel ist.

43

Das Ego ist gezwungen, das Nicht-Ego nachzuäffen, gezwungen, die Engstirnigkeit seiner Haltung hinter einem Mantel vorgetäuschter Gerechtigkeit, Wahrheit, ja sogar vorgetäuschter Nächstenliebe zu verbergen.

44

Wenn das Ego eure Kräfte ganz für seine eigenen übernatürlichen Machenschaften oder eure ganze Zeit für die Entwicklung seiner Okkultkräfte in Anspruch nehmen kann, hält es euch davon ab, daß ihr sie der Suche nach dem Überselbst widmet, womit es natürlich die eigene Existenz schützt.

45

Das Ego erfindet jede Art von Vorwand, um sich vor der Übung zu drücken, die von ihm verlangt wird.

46

Die Erkenntnis, daß es am besten ist, seine Kräfte in den Dienst einer Sache zu stellen, die edler ist als die endlose Fortsetzung seines fehlerhaften Egos, erfordert eine subtilere Intelligenz oder ein einfacheres Herz. Dann nimmt die Parabel vom Verlorenen Sohn eine persönliche Bedeutung für einen an. Bei ihrer Lektüre mag man sich an die ganzen unangenehmen Folgen erinnert sehen, die aus der Tätigkeit des niedrigen Egos resultierten, und zu einer ernüchternden Einsicht gelangen. Nur allzuoft gleichen sie einem Blinden, der seinen Weg zitternd ertastet und mit jedem falschen Schritt von einem Mißgeschick zum anderen geht.

47

Wie wenige sind schon willens, ihre eigenen Motive zu verdächtigen, das kommt ihnen erst in den Sinn, wenn ihnen ein Lichtblitz aus dem Überselbst die Wahrheit zeigt, weil er es ihnen möglich macht, einen gewissen Abstand zu sich selbst zu gewinnen und aus der neuen Perspektive einen Nutzen zu ziehen.

48

Hinterlistig schmiedet das Ego Pläne, dich durch deine bessere Seite einzufangen, wenn es ihm nicht durch deine schlechtere gelingt.

49

Laßt sie sich selbst untersuchen und selbst herausfinden, wie ihr Ego sich an die Spitze der ganzen Schar von anderen Fähigkeiten setzt oder sich unter ihnen versteckt hält, wie es sich durchsetzt oder sie hinters Licht führt. Wenn es seinen Einfluß durch hochtrabende Eitelkeit fortsetzen kann, wird es ihre maßlos übertriebenen Tugenden zur Schau stellen und sie vor Selbstgefälligkeit triefen machen; wenn durch Demut, dann wird es ihren traurigen Haufen von Fehlern hervorstreichen und sie neurotisch auf sich bezogen und morbide machen.

50

Nur eine Handvoll von Anfängern verfügt entweder über den Willen oder die Empfindung, die Kenntnis oder den Rat, an den Winkelzügen vorbeizukommen, mit denen ihr Ego ihre höheren Bestrebungen zu umgehen trachtet, und deswegen gelangen so wenige an das Ziel, das sie sich gesetzt haben.

51

Die Vorwände des Egos kennen keine Grenzen. Heute gibt es sich als der demütige Schüler, morgen indes als der würdige, autoritäre Meister.

52

Das Ego verbirgt ihre häßlichen Motive vor ihnen, denen ihre Handlungen entspringen.

53

Das Ego weiß, es schwebt in Todesgefahr, wenn es dich in seine Höhle eindringen und dich einen Blick auf es werfen läßt.

54

Das Ego weiß sich sehr wohl zu schützen, weiß, wie es den Suchenden daran hindern kann, vor der Gewalt, die es über ihn hat, wegzulaufen.

55

Das Ego ist genauso mächtig, ob man es duldet oder verdammt, denn in beiden Fällen nimmt es den Menschen mit einer selbstbezogenen Suche gefangen.

56

Jeder Bewegung, die das Ego macht, liegt das Verlangen nach dem eigenen Überleben zugrunde, nach der eigenen Selbsterhaltung.

57

Das Ego ist durchaus fähig, alle möglichen Kompromisse oder Waffenstillstände mit sich zu schließen – moralische mit seinem Gewissen, logische mit seinem Intellekt, spirituelle mit seinen höheren Bestrebungen – kann sehr wohl alle möglichen Ausflüchte, Spitzfindigkeiten, Vorwände und Verschleierungen ersinnen, ob es dabei nun um Dinge geht, die auf der höchsten oder auf der niedrigsten Bezugsebene liegen.

58

Wie stark weist dieser Redefluß, man diene der Menschheit, wirklich in die glatte Gegenrichtung – daß man dem Ego dient? Wieviel übermäßige Aufmerksamkeit wird ihm in Wirklichkeit sogar durch das Geplapper von der Aufopferung des Egos geschenkt und endet damit, es stärker zu machen? Und wie häufig setzt es dem Verlangen nach größerer Macht in Wirklichkeit eine Maske auf?

59

Kann sich das Ego nicht offen durchsetzen, dann schleicht es sich heimtükkisch ein.

60

Das Ego gibt vor, das einzige Selbst, das wirkliche Selbst, das ganze Selbst zu sein.

61

Das Ego verfügt über viele Verstecke. Bloßgestellt in einem, zieht es bald in einem anderen ein.

62

Was die eigenen Motive betrifft, so scheint das Ego über eine kolossale Begabung zur Hintertriebenheit und Vortäuschung zu verfügen.

63

Das Ego wird eher Disziplinierung und Leid erdulden, als seine Selbstaufgabe.

64

Das Ego mag schlummern und nicht wirklich tot sein. Oder es mag leblos scheinen und doch nur auf seine Chance warten.

65

Das Ego ist imstande, viele Ausflüchte zu erfinden und viele Vorwände geltend zu machen, die es ihm ersparen, die erste erniedrigende Geste mentaler Überantwortung zu machen. Damit will es das eigene Leben und die eigene Macht schützen und euch durch Stolz daran hindern, ein bißchen Platz für das Überselbst zu machen.

66

Das Ego hat sich selbständig gemacht, was es nur dadurch tun konnte, daß es eine Fiktion zu einer Wirklichkeit machte, nur dadurch, daß es annahm, es sei, was es in Tatsache nie gewesen ist.

67

Wenn diese Wahrheit für einige Leser zu kalt, für andere zu grausam klingt, dann ist die emotionale Reaktion verständlich und entschuldbar. Aber heißt das, daß sie weniger wahr ist?

68

Es gibt vielerlei Arten, auf die das Ego sich deinem Griff entwindet, sobald du den Versucht machst, es einzufangen.

69

Kein Sucher weiß, wieviel das Ego tun kann, um sein Denken mit Hirngespinsten zu hintergehen und seine Schritte mit eitlen Schmeicheleien in die Irre zu lenken.

70

Allen jenen Typen, die so sehr im Ego und seinen Begierden eingeschlossen sind, bleibt der Zutritt zum Reich Gottes verwehrt, aber einzig und allein durch die eigene Hand.

71

Mit der ganzen List seines logischen Intellekts und dem ganzen verführerischen Reiz seines nach Genuß strebenden Wesens arbeitet das Ego daran, einen Menschen von der Suche fernzuhalten.

72

Das Ego mag ihn verschroben machen mit Stimmungen ungerechtfertigter Verzweiflung und Vorstellungen grundloser Schwarzseherei oder mit Gefühlen übertriebener Leistung und Vorstellungen von unberechtigtem Optimismus.

73

Dein Versuch, dem Ego Widerstand zu leisten, mag einfach bewirken, daß du das Gebiet seiner Tätigkeit verlegst, dir dabei aber einbildest, du hättest seine Tatkraft geschwächt.

74

Natürlich ärgert sich und kämpft das Ego unerbittlich gegen den einzigen Weg, der zu seinem endgültigen Sturz führt.

75

Dem eigenen Hunger nach Macht und Berühmtheit kann das Ego die Maske der Besorgnis um den Dienst an der Menschheit aufsetzen.

76

Ist das Ego je wirklich glücklich? Bestenfalls gelegentlich, wenn es sich für einen Augenblick in etwas Höherem vergißt oder verliert, aber wie könnte das die Regel sein? Es ist mit seinem Los nie völlig zufrieden, ist immer auf etwas versessen, das es braucht oder begehrt. O ja, es mag sein Unglücklichsein verbergen, sogar vor sich selbst, aber dieser Trug muß nun einmal ein Ende nehmen.

77

Beim Versuch, das wirkliche Bild von sich nicht anzusehen, sehen sie das bequemere an – das Ego. Die Weigerung, sich ihrer selbst voll bewußt zu werden, führt dazu, daß sie ganz unter den Einfluß von Leidenschaften und Begierden, Tendenzen und Gefühlen geraten, die selbstgefällig, aber hinterlistig an den Platz einer solchen Bewußtwerdung rücken.

78

Das Ego ist trotzig, verschlagen und leistet Widerstand, bis zum Ende.

79

Das Ego ist ein geborener Betrüger und lügt in allem, was es tut. Denn wenn es die Dinge so sichtbar machen würde, wie sie wirklich sind, oder davon spräche, was zutiefst wahr ist, dann wäre es gezwungen, das eigene Selbst als den Erzschwindler zu entlarven, der vorgibt, der Mensch selbst zu sein und falsche Glücksvorstellungen weckt.

80

Jeder wird vom eigenen Ego ans Kreuz geschlagen.

81

Das Ego ist arrogant, hochmütig, eingebildet und betrügt sich selbst.

82

Wenn das Ego dich dazu beschwatzen kann, daß du die Hauptaufgabe seiner Zerstörung in den Wind schlägst und du dich stattdessen einer nebensächlicheren widmest, dann wird es das mit Sicherheit tun. Freilich stößt es dabei viel häufiger auf Erfolg als auf Mißerfolg. Nur einige wenige gehen ihm nicht auf den Leim. Das Ego arbeitet mit den durchtriebensten Mitteln, sich in das Denken und Leben des Suchers einzuschleichen. Es hintergeht, überlistet, erhöht und erniedrigt ihn reihum, wenn er es zuläßt. Anatole France schrieb, das größte Talent trete in eben der Fähigkeit zutage, sich selbst hinters Licht zu führen. Es ist eine uralte Angewohnheit und instinktive Reaktion, daß du das eigene Ego dauernd gegen das Zeugnis der unglückseligen Folgen seiner Handlungen verteidigst. Immer wieder wirst du dich davor schützen müssen, denn die Kräfte des Egos sind ergreifend unzureichend, sein Mangel an Voraussicht geradezu schreiend.

83

Das Ego lügt sich selbst an, lügt den Menschen an, der sich mit ihm identifiziert und lügt seine Mitmenschen an.

84

Solange die Herrschaft des Egos geschützt wird, solange werden die karmischen Tendenzen geschützt, die mit ihm einhergehen. Aber durch eine Schwächung seiner Herrschaft verlieren sie automatisch an Kraft und verkümmern. Um diesen Vorgang einzuleiten, sollte man anfangen, einen unpersönlichen Standpunkt zu beziehen.

85

Wahrer Altruismus philosophischer Prägung wird nicht vom, sondern durch das Selbst geübt, nicht vom Ego, sondern durch das Überselbst, welches vom Ego Gebrauch macht. Nur eine Handvoll werden in diese Klasse aufgenommen. Die meisten üben einen Altruismus, der mit egoistischen Motiven gemischt ist, manche einen, der diese Motive so völlig übertüncht, daß die eigenen falschen Vorstellungen und die anderer ja nicht durcheinandergeworfen werden.

86

Worte, deren Wahrheit beißt, haben dem Ego gewöhnlich etwas mitzuteilen, wovon es nichts hören will.

Daß der Neu-Vedantist sich weigert, die sündvolle Natur des Menschen anzuerkennen, nützt ihm herzlich wenig. Was er in seinem tiefsten inneren Wesen ist, muß sicherlich kundgetan werden, aber deswegen darf nicht übersehen werden, was er in seinem äußeren alltäglichen ist. Die philosophische Sicht des Menschen, die eine angemessen ausgewogene ist, verbindet beide Bewertungen zur gleichen Zeit. Sie sagt, daß der Mensch im wesentlichen göttlich, aber unmittelbar sündig ist. Daher verkündet sie die Notwendigkeit der Selbstläuterung.

88

Das Ego muß nicht um Vorrang kämpfen; es *ist* vorrangig.

89

Um seine Macht zu sichern, wird das Ego in seinem Handeln auf Ausflüchte sinnen und seine Denkweise unbemerkt mit versteckten Ausreden spicken.

90

Wo die Vernunft der Eitelkeit dient und die Imagination sich ausschließlich auf Geheiß des Körpers in Bewegung setzt, da gräbt ein Mensch sich seine eigenen Fallen.

91

Das Ego kommt den eigenen Schwächen auf jede erdenkliche Weise entgegen und weiß seine schlechten Angewohnheiten auf jede erdenkliche Weise zu fördern.

92

Das Überselbst ist da, aber das Ego fängt seine Mitteilungen ab.

93

Ohne sich selbst und ohne das Wirken des Welt-Geistes zu verstehen, maßen die Menschen sich ein Urteil über andere, über das Leben im allgemeinen und über Gott an.

94

So groß ist die Kraft des Egos, daß es die Idee von einer moralischen Erneuerung, deren Notwendigkeit in einer Zeit innerer Stille offenbar wurde, bald wieder auslöschen kann.

95

Die schlauen Argumente, mit denen das Ego dich davon überzeugen kann, daß deine Motive erhaben sind, wenn sie es nicht sind, sind zahlreich und nicht leicht zu erkennen.

96

Mit Schmeichelei ist das Ego bald besänftigt, mit Kritik bald angeschlagen; aber wer seine Tyrannei übersteigt, der ist imstande, beides richtig zu bewerten.

97

Allzuoft ist der Standpunkt des Egos ein verzerrter, mit Vorurteilen beladener und deswegen ein falscher. Bei einem etwas Fortgeschritteneren mag es ein gemischter sein und deshalb ein von Verwirrung geprägter.

98

Die Haltung, die das Ego einzunehmen vermag, zeigt sich in vielerlei Schattierungen, sowohl hohen als auch niedrigen, nicht nur vermeintlich spirituellen, sondern auch rein materialistischen.

99

Äußerlich mag es den Anschein erwecken, als ob der Mensch allein um der Sache, der Bewegung, der Partei oder der Institution willen arbeite. Er mag erklären und sogar glauben, daß dies der Fall ist. Aber innerlich mag er in Wirklichkeit für sein eigenes Ego, für sich selbst arbeiten.

100

Einer der größten Irrtümer des Egos tritt in der Überzeugung zutage, sein Vorausplanen, sein durchdachtes Sachwalten und seine scheinbaren Lösungen von Problemen seien wichtiger, als sie es in Wirklichkeit sind.

101

Ihr starkes Eigeninteresse täuscht sie so sehr, daß ihre Scharfsicht häufig außer Kraft gesetzt ist, wenn sie sich einbilden, sie gingen besonders klug vor!

102

Das Ego setzt die ganze Breite deiner Emotionen ein, nützt zu verschiedenen Zeiten die gegensätzlichsten und umstrittensten aus, nur um die eigenen Ziele zu erreichen.

103
Ein Mensch mag zwar der größte Trottel in der Stadt sein, aber sein Ego mag noch größer sein und ihn nicht sehen lassen, was er ist.

Abwehrmechanismen

104
Das Ego, das sich so prompt beschwert, wenn es von anderen mißhandelt wird, und seine eigenen Verhaltensfehler nur widerwillig eingesteht, ist dein erster und schlimmster Feind.

105
Das Ego verfügt über äußerst starke, meistens emotionale Abwehrmechanismen, auf die es stets zurückgreift.

106
Das Ego sucht immer nach Ausreden, und es findet sie auch. Es wird alles, was in seinen Kräften steht, lieber tun, als die eigene Gemeinheit oder Schwäche oder den eigenen Irrtum einzugestehen. In seiner Verbohrtheit wird es sich lieber an ihnen festklammern, als sich die Tatsache einzugestehen, daß eine grundlegende Umwälzung vonnöten ist.

107
Das Ego verfügt über eine unendliche Fähigkeit, alle seine Handlungen, mögen sie noch so falsch oder töricht sein, günstig auszulegen oder gutzuheißen.

108
Wittert das Ego in irgendeiner vorgeschlagenen Richtung oder Entscheidung eine Gefahr für die Fortdauer der eigenen Existenz, so erschafft es Ängste, erfindet es falsche Hoffnungen und übertreibt die Schwierigkeiten – alles nur, um diese Gefahr zu bannen.

109
Die Selbstrechtfertigungen des Egos sind allen seinen Dummheiten und Sünden gewachsen. Seine Selbstwidersprüche sind eine Schaustellung höherer Bestrebungen, die sich von niederen Handlungen verhöhnt sehen.

Ein verletztes Ego wird hochmütig.

Alle sind bereit, sich selbst zu rechtfertigen und über andere ein Urteil zu fällen; nur eine Handvoll ist bereit, ein Urteil über sich selbst zu fällen und andere
zu rechtfertigen.

Wäre das Ego geneigt, sich so leicht zu verurteilen, wie es sich preist oder andere so leicht zu preisen, wie es sie verurteilt, wie schnell und einfach würde
die Suche dann sein.

So stark und tief ist der Einfluß, den das Ego auf einen ausübt, daß man
Schmeicheleien, die diesen Einfluß gutheißen, lächelnd befürwortet, aber jede
Kritik, die ihn untergräbt, verärgert von sich weist.

In seiner Hinterlist wird das Ego euch davon zu überzeugen trachten, eure är-
gerlichen Schwierigkeiten auf alles zu schieben, nur nicht auf die richtige ursprüngliche Ursache – in euch selbst – und auf alle anderen, nur nicht auf die
richtige ursprüngliche Person – euch selbst.

Das Ego, dessen Leben in Gefahr schwebt, setzt sich zur Wehr. Es trachtet zu
verschiedenen Zeiten danach, uns zu beschwatzen, uns in Versuchung zu führen und uns zu erschrecken.

Das Ego versteht sich nur zu gut darauf, seine widerwärtigsten Handlungen
mit den edelsten Selbstrechtfertigungen zuzudecken.

Das persönliche Ego ist von Abwehrmechanismen umgeben, die das Werk, in
seinen Unterstand einzudringen, erheblich erschweren.

118

Je größer die intuitiven Fortschritte, um so größer die Spitzfindigkeiten, mit denen das Ego euch in die Irre zu führen gedenkt.

119

Das Ego nimmt lieber automatisch die Haltung der Rechtschaffenheit an und verteidigt sich spontan, als zu untersuchen, ob es wirklich im Recht ist.

120

Freud machte vieles bekannt, was letzten Endes mehr Schaden anrichtete als es nützte. Indes beinhalten seine positiven Beiträge die Aufdeckung der Abwehrmechanismen.

121

Schließlich überfällt die niedrige Natur des Egos die Angst, ausquartiert zu werden. Um diesem Schicksal zu entgehen, zieht es mit jeder Waffe in den Kampf, von offenem Widerstand bis zu aalglatten Täuschungsmanövern.

122

Doch! Das Ego verfolgt einen überall, wohin man geht. Das ist schlimm genug, wenn man es aber nicht merkt und nur anderen Egos die Schuld für die eigenen Schwierigkeiten in die Schuhe schiebt, dann ist das erbärmlich und sogar traurig.

123

Das Ego steckt voller Vorwände, mit denen es dein Entkommen zu verhindern trachtet. Diese reichen von reinem Größenwahn bis zu der Vorstellung, daß es nicht existiert. Es nimmt jede Kritik übel, so wahr sie auch ist, heißt aber jedes Lob willkommen, gleich, wie unverdient es ist.

124

Stets sucht das Ego nach Ausreden für seine Disziplinlosigkeit, nach guten Gründen für seine Fehltritte, Schutz vor den Anklagen, die seine eigene, persönliche Geschichte geschrieben hat, – und es findet sie auch.

125

Das Ego mag seine offensichtlicheren Manifestationen sorgfältig unterdrükken, und zwar vor anderen und vor sich selbst.

126

Man kann sich darauf verlassen, das Ego führt jeden erdenklichen Grund für seine Schwierigkeiten an, nur nicht den richtigen. Auf diese Weise stellt es den Schutz der eigenen Person sicher und verhindert Angriffe gegen sich selbst.

127

Immer und immer wieder wird das Ego einen zu Versuchen anstacheln, die von dem Wunsch erfüllt sind, seine alten Fehler zu rechtfertigen. Man sieht sich gezwungen, sich entweder für jenes angenehme Blendwerk oder für die unangenehme Wahrheit zu entscheiden.

128

Die Erfindungskunst des Egos zeigt sich in vielen verschiedenen Phasen, durch die man womöglich zu gehen hat. In allen diesen Phasen wird es die eigene Herrschaft fortzusetzen trachten, indem es irreführende Illusionen nährt und falsche Impulse anregt.

129

Zu behaupten, das Vertraute und Gewohnheitsmäßige sei richtig und angemessen, ist ein semantischer Schlich, mit dem das Ego die Aufmerksamkeit von seinen eigenen Fehlschlägen ablenkt.

130

Das Ego ahnt die Gefahr, in der es steckt und greift zu Tricks, Täuschungsmanövern und Ausflüchten, um sich selbst in Sicherheit zu bringen.

131

Das Ego führt die bestechendsten Argumente an, um dich daran zu hindern, die Wahrheit zu erlangen, Argumente, die an deine unterbewußte Selbstsucht, deine intellektuelle Gefräßigkeit oder an deine nach Okkultkräften trachtende Eitelkeit appellieren.

132

Wenn sein Verhalten unentschuldbar ist, wird das Ego ihm einen Anlaß geben, es zu entschuldigen.

Selbstverherrlichung

133

Daß das Ego nicht GOTT anbetet, sondern sich selbst, und daß es diesen Götzendienst in eine KIRCHE trägt, wenn es fromm, oder auf die SUCHE, wenn es mystisch ist, ist eine Tatsache, die man sich von Anfang an mit völliger Offenheit eingestehen muß.

134

Faßt es als eine Binsenwahrheit auf, fast jeder ist in sich selbst verliebt! Soll der göttliche Einfluß in euch fahren und euch berühren, soll er sich eurer vor allem bemächtigen, dann muß euch diese Eigenliebe entzogen werden.

135

Das eigene Ego anzubeten, ist lediglich Götzendienst auf einer anderen, auf einer verfeinerten und unmerklicheren Ebene als der physischen.

136

Seine persönlichen Angelegenheiten werden so behandelt, als seien sie von kosmischer Wichtigkeit.

137

Das Ego trachtet nach dem eigenen Vorteil: Das ist sein erstes und auch sein letztes Anliegen.

138

Allen Rückschlägen zum Trotz, leidet das falsch angebrachte Selbstvertrauen des Egos keinen Abbruch.

139

Das Ego ist auf sich selbst versessen.

140

Wie das kleine Ego bewundert werden möchte, ob verdienter- oder unverdientermaßen! Wie es sich selbst bewundert und vor allem, wie es die ganze Zeit nur über sich selbst nachdenkt!

141

Der Egoist sieht nur sich selbst.

Die Eigenliebe, die das Ego in allen Lagen und durch alle seine Gestern, Heute und Morgen so unbeirrbar an den Tag legt oder so schlau zu verkleiden weiß, ist einfach eine völlige Extraversion der Liebe, die der Welt-Geist für sich selbst empfindet und die er auf das ganze Universum ausstrahlt. Als eine Projektion, die letzten Endes auf diese göttliche Quelle zurückzuführen ist, ist das Ego Träger einer Liebe, die keine geringere und keine andere ist als eine göttliche. Aber in ihrer personifizierten Schmälerung ist diese heilige Kraft nicht mehr als das zu erkennen, was sie wirklich ist. So häßlich, schrecklich oder verbrecherisch die menschliche Selbstigkeit gelegentlich auch sein mag, ihre wesentliche Natur bleibt, was sie unwandelbar ist – die Liebe, die am Herzen GOTTES und sogar am Herzen der Welt liegt. Es läuft darauf hinaus, daß der Mensch nicht imstande wäre, sich selber zu lieben, wenn GOTT sich nicht selber liebte, noch wäre er imstande, die Liebe seines Mitmenschen zu begehren, noch wäre der Mann imstande, sie der Frau zu schenken. Und wenn GOTT den Menschen nicht liebte, dann würde kein Mann und keine Frau GOTT lieben, GOTT suchen und sich für GOTT verleugnen. Aus all dem folgt, daß der Haß, da er das glatte Gegenteil von Liebe und so oft die Ursache des Tötens ist, den menschlichen Geist durch seine Geburt im menschlichen Herzen entschiedener aus dem Licht des Überselbst ausschließt als jede andere negative Leidenschaft. Niemand, in dem Haß wirkt, kann Erlösung finden, noch wird die kriegführende Menschheit mit Frieden gesegnet sein, bis er ausgemerzt ist.

143

Die Eigenschmeichelei des Egos schiebt den meisten Andeutungen, daß seine Motive womöglich gefärbt sind, seine Dienstfertigkeit nicht so uneigennützig ist, wie sie scheint, und seine Demut ein anmaßender Mantel für versteckte Eitelkeit, den Riegel vor.

144

Außen zieht die Erde ihre Kreise durch den Raum, und innen dreht sie sich um ihre eigene Achse. Es verfügt auch jede von dieser Erde getragene Person über ihre eigene unsichtbare Achse, um die sich ihre innere Natur dreht: diese ist ihr Ego.

145

Das Ego ist immer sein eigener Schwerpunkt.

So stark ist die Eigenliebe des Egos, so verbissen sein Festhalten an alten Denkweisen, so blind seine Rechtfertigung falscher oder törichter Handlungen, daß
die Wahrscheinlichkeit, seine Herrschaft zu brechen, verschwindend klein ist.
All dies zeigt, wie absurd des Menschen faule Selbstgerechtigkeit und hoch-
mütige Tugendhaftigkeit ist.

Die Eigenliebe des Egos ist es, die uns dazu bewegt, daß wir jedesmal, wenn
wir ganz offensichtlich im Unrecht sind, den Versuch machen, uns zu verteidigen. Und das, um unsere Handlungen zu rechtfertigen, wo die Folgen gezeigt
haben, daß sie schmerzlich falsch waren.

Eines Menschen Stolz auf die eigene Fähigkeit, die Wahrheit zu finden, Erleuchtung zu erlangen und Lauterkeit zu erzielen, schließt die Demut aus, die
man braucht, um das Ego fahren zu lassen und dem Überselbst Eintritt zu gewähren.

Egoismus, Egozentrizität

Egoismus, die Eingrenzung des Bewußtseins auf individuelles Leben als ein
von dem einen unendlichen Leben Getrenntes, ist die letzte Schranke vor der
Erlangung der Einheit mit dem unendlichen Leben.

Die Chance, daß der Egoist wirklichen inneren Frieden findet, ist so groß wie
die Chance, daß der Historiker in der Politik Wahrheit findet.

Solange das Ego in einem lebt, solange werden alle seine Motive, Handlungen, Impulse und Ziele mit Egoismus angesteckt sein.

Egoismus mag unterschiedliche Formen annehmen und die eine, hinter der er
sich mit größtem Erfolg versteckt, ist die religiös-mystische, deren Motto
ganz „mein" oder „mir" oder „ich" oder die Erwartung persönlicher Vorteile

ist. Ob das aber einem harten, entseelten Materialismus vorzuziehen sei, darüber läßt sich fraglos streiten.

153

Jene, deren Egoismus einen undurchdringlichen Panzer gegen inspirierte Weisheit oder religiöse Gebote bildet, werden ihn notgedrungen durch Mißgeschick durchlöchert sehen.

154

Wenn dir der eigene Egoismus zuwider und sogar unerträglich wird, magst du darin ein Zeichen des Fortschritts sehen.

155

Ein Mensch hat zu verschiedenen Zeiten seines Lebens an vielen Lasten zu tragen, aber die schwerste von ihnen allen ist die Last des eigenen Egos.

156

Alle unsere Bewegungen geschehen im „Ich". Alle unsere Entscheidungen und Urteile, inneren Erlebnisse und intellektuellen Beobachtungen sind das Produkt egoistischer Tätigkeit.

157

„Egoitis" ist eine Krankheit, die weder leicht noch rasch zu heilen ist.

158

Alle eure Gedanken und Vorstellungen gründen auf Egoismus, sind eingetaucht in der Überzeugung, daß das Ego existiert und wirklich ist.

159

Diese Erweiterung des persönlichen Egoismus, diese Pseudo-Bekehrung von Einzahl zu Mehrzahl, diese als Nächstenliebe verkleidete Selbstsucht – wie leicht kann dies den Kandidaten hinters Licht führen!

160

Sie können ihre Gedanken nur auf sich selbst richten, können niemals entspannen und das Ego fahren lassen.

161

Ist euer Egoismus zu stark, dann ist der höchste Teil des Überselbst völlig außerstande, euer Bewußtsein zu erreichen, mögt ihr euch noch so sehr danach verzehren.

162

Wenn ich das Ego liebe, dann fürchte ich mich vor anderen oder vor der Meinung anderer. Ich werde so handeln, daß ich sie lieber befriedige als den höheren Willen.

163

Es ist nicht falsch, daß wir uns lieben und dienen – denn wer ist uns näher? Falsch ist nur, daß wir dabei den höheren Lebenszweck aussperren.

164

Der Mensch, der sein Ego im Alltag durchsetzt, ist oft der Mensch, der erfolgreicher ist als seine bescheideneren Mitmenschen. Indes bleibt die Frage offen, ob es wert ist, seine Art von Erfolg zu haben.

165

Jeder ist dem eigenen „Ich" ergeben, das ist ganz natürlich und läßt sich nicht vermeiden. Aber die Bedeutung des Begriffs „Egoist" muß auf einen Menschen eingeschränkt werden, der andere immer zu übervorteilen trachtet oder immer probiert, den eigenen Willen durchzusetzen, ungeachtet der Bedürfnisse anderer.

166

Man mag bestimmten Situationen oder seiner Umgebung entrinnen, aber da gibt es eine Sache, der man nicht zu entrinnen vermag: sich selbst.

167

So unbedeutend es in den Augen anderer auch sein mag, das Ego stolziert mit einer grotesken Selbstgewichtigkeit einher. So trivial seine Schwierigkeiten, es selbst hält sie für unermeßlich groß.

168

Wenn der Egoismus eine Sünde ist, dann dürfen wir nicht vergessen, daß er in der grundlegenden Wahrheit wurzelt, daß der Mensch wichtig ist für sich selbst und in einem geringeren Maße auch für andere.

Sieht sich das emotionale Leben stark vom Egoismus beherrscht, dann zeichnet sich das auf dem körperlichen Gesicht ab. Ihr könnt nicht fortwährend gemein denken und zugleich einen feinen Gesichtsausdruck haben.

170

Die Überzeugung, der Mensch sei, da er ja keine Verantwortung für die Erschaffung der Welt trägt, auch nicht für ihre Verbesserung zuständig, hat etwas Einleuchtendes. Wenn er bemüht ist, niemandem ein Leid zuzufügen, dann könnte man ihn nicht zu Recht der Selbstsucht bezichtigen, sondern nur des Auf-sich-Bezogenseins.

171

Es mögen sowohl die emotionalen Reaktionen als auch die wohldurchdachten Überzeugungen falsch sein, solange ein Mensch nicht von diesem Egoismus reingewaschen ist.

172

Von dem Augenblick an, zu dem sich das niedere Ego manifestierte, von dem Augenblick an begab es sich auf einen Werdegang, der es zunehmend von den anderen Egos trennte und ihn immer mehr zu einem außerhalb seiner heiligen Quelle Existierenden machte.

173

Das Ego sucht überall nach Unterstützung, und deswegen bleibt es nicht aus, daß es sich hin und wieder selbst widerspricht.

174

Sein Ego schwankt zwischen Haß und Liebe gegen sich selbst.

175

Das Ego ist dazu da, ihm zu dienen, indessen ist der Unerleuchtete fälschlicherweise der Meinung, es sei umgekehrt dazu da, von ihm bedient zu werden.

176

Während des Großteils der SUCHE wird sein Charakter dasselbe Gemisch von Egoismus und Idealismus aufweisen. Erst auf den fortgeschritteneren Stufen wird der Egoismus dünner und immer dünner, bis er schließlich völlig erlischt.

Kapitel 4

Loslösung vom Ego

Ihre Wichtigkeit

1

Unsere Erlösung vom Elend und Leid des Lebens hängt allein von unserer Erlösung aus der Bindung an das Ego ab.

2

Ein wichtiger Grund, aus dem die großen spirituellen Lehrer ihren Schüler stets die Notwendigkeit vorschrieben, das Ego zu überantworten, das Selbst aufzugeben, liegt in der Tatsache, daß der Geist, der unablässig ganz mit eigenen, persönlichen Belangen in Anspruch genommen ist, den eigenen Möglichkeiten enge Grenzen steckt. Er ist außerstande, die unpersönliche Wahrheit zu erreichen, die so anders ist und so fern liegt von den Themen, über die er Tag um Tag, Jahr um Jahr nachdenkt. Nur wenn der menschliche Geist seine sich selbst auferlegte Engstirnigkeit durchbricht, vermag er, das UNENDLICHE wahrzunehmen, die göttliche Seele, die sein allerinnerstes Sein und Wesen ist.

3

Eine richtige Bewertung der Kraft des Egos erklärt, warum einige so langsam Fortschritte machen.

4

Alle Dinge haben einen entsprechenden Preis. Zahle für das Gewahrsein des Überselbst mit dem, das dir den Weg verstellt – opfere das Ego auf!

5

Dem unwichtigsten Teil des GEISTES gilt unser ungeteiltes Interesse. Das von Illusionen befallene, bewußte Ego – selbst eine Illusion – zwingt uns fast die ganze Zeit über, die Sinneswelt oder seine eigenen eitlen Gedankenformen und Traumbilder zu sehen und zu hören. Der wirkliche Teil des GEISTES wird außer Acht gelassen und übergangen, als ob er illusorisch wäre!

6

Der Durchschnittsmensch kennt sich nicht wirklich selbst. Er kennt nur seine Idee von sich. Die zwei sind nicht das gleiche. Will er sein wirkliches Selbst kennen, dann muß er sich zuerst von diesem falschen befreien, diesem vorgestellten, dieser Idee.

7

Man identifiziert sich mit allen diesen Bewegungen der Gedanken, Emotionen oder Leidenschaften – und verpaßt damit das, was man wirklich ist.

8

Das Ego, das einen in Schwierigkeiten bringt, wird ihm kaum wieder aus ihnen heraushelfen – außer es bessert sich, lernt dazu oder läßt etwas Weisheit herein.

9

Ohne das Ego an der Wurzel auszureißen, werden die Lösungen für unser Problem über kurz oder lang selbst zu Problemen.

10

Will ein Mensch ununterbrochen Zugang zum Überselbst, dann darf er nicht vergessen, daß er nicht kostenlos ist; er hat einen hohen Preis dafür zu bezahlen – den Preis, daß das Ego ein für allemal untertaucht.

11

Jedem ist bekannt, daß ein Planet einer kreisförmigen Laufbahn folgt, aber fast niemand weiß, daß auch der spirituelle Weg einer ähnlichen folgt, wo diese Wahrheit und Lehre vom Ego nicht bekannt ist, nicht aufgenommen wird und zur Anwendung kommt. Denn im Herzen eines jeden spirituellen Anwärters verbirgt sich das Ego, wo es in jede mögliche Verkleidung schlüpft, um ihn auf diese Kreisbahn zu bannen, die dort endet, wo sie anfing – im Selbst. Aus diesem Grunde, so klagt die *Bhagavad Gita*, gelangt nur eine Handvoll aus tausenden von Suchern ans Ziel.

12

Ohne irgendeine Art von innerem Fegefeuer übertragen sie den gleichen Egoismus, den sie zuvor auf der materialistischen Ebene zum Ausdruck brachten, auf die religiöse oder mystische.

13

Ihr mögt noch so viele Vorurteile ausmerzen und noch so viele Illusionen auslöschen, wenn deren Quelle – das Ego – bleibt, dann entstehen neue, die an
ihre Stelle rücken werden.

14

Das Ego ist SATAN, der Teufel, das Prinzip des Bösen, solange es nicht er-
kannt und gemeistert wird.

15

Solange man das eigene Ego in jeder Lage in den Vordergrund schiebt, solange
arbeitet man den günstigsten Gelegenheiten entgegen, die sich einem bieten.

16

Wiedergeburten, Erinnerungen, Okkultkräfte – alle diese Dinge existieren
und fahren fort, weil sie das Ego fortsetzen – eben jene Sache, der wir zu entrinnen suchen sollten!

17

Bewußtsein als Ego hat uns von der QUELLE abgeschnitten. Indes muß es
das nicht auf alle Zeiten tun. Durch die Suche können wir der Wiederaufnahme
eines untertänigen Egos in seiner QUELLE immer näher kommen, die von da
an durch uns handelt.

18

Solange das Leben des Egos in dessen eigenem Bewußtsein abgeschnitten ist
von dem des Überselbst, solange vermag es aus den ganzen Vorteilen, die aus
einer Verbindung in sein Unterbewußtsein strömen, keinen Nutzen zu ziehen.

19

Solange der Mensch dem Glauben verhaftet ist, daß sein Ego wirklich und
dauerhaft ist, und solange er so denkt und handelt, als ob es das wäre, solange
bleibt er materiellen Werten und weltlichen Begierden verhaftet. Denn das
eine bildet die Wurzel des anderen.

20

Jenen, die sich abwenden und ihr höheres Selbst verraten, um uralten Lockru-
fen zu folgen, jenen obliegt es, die ganze Straße der Erfahrung bis zu ihrem bitteren Ende zu gehen.

21

Will einer das Beste, das ihm das Leben bieten kann, dann ist er gezwungen, umgekehrt alles zu geben, was er hat. Er muß sich selbst darbringen. Bei diesem Opfer kann es keine versteckten Vorbehalte oder hintertriebenen Vorwände geben, wenn es angenommen werden soll.

22

Das Ego muß abgeworfen werden, erst dann läßt sich das Überselbst entdekken.

23

Vielleicht leidet das kleine Ego unter der so unverdaulichen, so harten Wahrheit. Dennoch muß es am Ende zu der Erkenntnis kommen, daß die Wahrheit nicht unerbittlich ist, sondern genau in die göttliche Ordnung paßt.

24

Erst wenn das Ego verdorrt ist, vermag man zu erkennen, was wirklicher innerer Friede ist.

25

Ein freundschaftliches Zusammenleben der Menschen ist nicht möglich, solange das Ego über sie herrscht. Alles, was sie tun können, bis jene Ursache aller Zwistigkeit selbst beherrscht ist, besteht darin, daß sie die Hauptanlässe für ihre Mißhelligkeiten und damit die Mißhelligkeiten selbst verringern.

26

Nur dadurch, daß man sich von der Situation, der Person oder dem Vorfall, den man untersucht, losmacht, vermag man ein wahres Verständnis für das eine oder andere zu erlangen.

27

Allzeit fordert das Höhere Selbst diese bewußte Verbindung; allzeit weigert sich das Ego, dieser Forderung nachzukommen.

28

Solange das kleine Selbst meint, es sei klug genug, alle seine Entscheidungen zu fällen und alle seine Schwierigkeiten zu lösen, solange bleibt die Barriere zwischen ihm und der Höheren Macht bestehen.

29

Der Mittelpunkt, aus dem er lebt, ist das Allerwichtigste in einem Menschen.

30

Wenn die Menschen ihre Quelle vergessen und ihr innerstes Wesen verleugnen, werden sie zu Geschöpfen, in deren Leben es keinerlei höhere Bedeutung gibt – mehr als Tiere, ja, aber kaum Mensch genug, der Würde dieser Art gerecht zu werden.

31

Ein Mensch vermag nur einen Gedanken auf einmal zu fassen. Selbst wo er zwei verschiedene zu fassen scheint (indem er gleichzeitig zwei verschiedene Handlungen ausführt), zeigt sich bei näherer Untersuchung, daß die Ideen aufeinanderfolgen, aber mit einer so großen Geschwindigkeit auftreten, daß sie zusammen erscheinen. In der Anwendung folgt, daß *allein* das Fassen des Gedankens von einem persönlichen, getrennten Ego ihn daran hindert, die Identifikation mit dem Überselbst zu erlangen. Sagt Jesus nicht das gleiche, nur auf eine andere Art?

32

Die dem Ego zugefügten Verletzungen stellen den Preis dar, den wir für den Segen des Überselbst bezahlen müssen.

33

Euer Nachteil ist das mächtige Ego, das „Ich", das im Wege steht und emotional im Blut des Herzens geopfert und überantwortet werden muß. Ist es aber erst einmal aus dem Weg, dann werdet ihr eine ungeheure Erleichterung verspüren und inneren Frieden gewinnen.

34

Erst wenn du lernst, daß das Ego, mit allen seinen mentalen und emotionalen Haltungen, dein eigentlicher Feind ist, drehen sich deine Bemühungen, dich spirituell zu befreien, nicht mehr im Kreise.

35

Uns obliegt es, eine Bildungsstufe zu erlangen, die hinausgeht über rein persönliche Meinungen. Dazu sind wir freilich nur imstande, wenn wir unpersönlich und nicht persönlich sehen, wenn wir das Ego bei unseren Beurteilungen und Berechnungen fallen lassen.

36

Solange sich der Geist so stark auf die eigenen persönlichen Angelegenheiten, ob kleine oder große, konzentriert, hat er keine Möglichkeit, seine höheren Ebenen zu erschließen. Wo Aufmerksamkeit und Emotionen so eng gehalten werden, verpaßt man die Möglichkeit dieses höheren Nutzens. Der Friede, die Wahrheit und das Gute, die man hätte haben können, sind unberührt.

37

Wer ganz in seinem Ego lebt, lebt in einer geschlossenen Welt, auch wenn sie in ihm liegt. Er kann keine direkte Kenntnis vom Überselbst erlangen und nicht die Weihe jener Wahrheiten erleben, die von den Offenbarungen großer Propheten auf ihn gekommen sind. Dies ist ein Grund, warum er sie in Frage stellen oder gar gegen sie sein kann.

38

Der Durchschnittsmensch ist unerleuchtet. Er lebt in einer Art von Finsternis, wiewohl er diese Tatsache selten begreift. Seine Verfassung ist durch die Stellung bestimmt, die sein „Ich" in seinem Bewußtsein einnimmt. Ist es Herr über alles andere oder wird es umgekehrt von der QUELLE beherrscht, der es entspringt und von der es seine Wirklichkeit borgt?

39

Mit der Einräumung, daß das Ego nur ein Existierendes ist und nicht eine Wirklichkeit im höchsten und letzten Sinn, übersteigt man das Leben des Egos, das in der Dualität ist, zu jedem Augenblick, in dem man es lebt. Eine derartige Übersteigung macht die alltägliche Kleinarbeit zu einer heiligen und göttlichen Sache; dennoch bleibt sie völlig normal, völlig gewöhnlich, völlig undramatisch, ist sie nicht etwas Besonderes oder vom spirituellen Leben Getrenntes.

40

Wir werden die WAHRHEIT über das, was wir wirklich sind, in dem Maße entdecken, in dem wir den Irrtum unserer Überzeugung entdecken, daß wir das Ego sind und nichts mehr. Und diese Entdeckung wird nur wirksam sein und uns auf dem Weg zur Verwirklichung und Erlösung voranbringen, wenn wir sie leben, denn die Philosophie ist nicht Philosophie, wenn sie nicht praktiziert wird.

41

Der Mensch beginnt seine Suche nach der höchsten WAHRHEIT mit seinem Ego und steigt von einer seiner höheren Schichten zur anderen, aber wenn er die WAHRHEIT finden will, muß er das Ego zum Schluß fallen lassen. Dergestalt ist die Art und Weise, auf die er die Wahrheit findet, daß er die Grenzen des Egos hinter sich lassen und seinen Ursprung, seine universelle Quelle, ins Auge fassen muß.

42

Wir sitzen im Ego, mit allen seinen Grenzen, wie in einem Gefängnis und wissen nicht, daß wir Gefangene sind, weil wir uns mit ihm identifizieren und uns blind machen mit eben diesen Grenzen. Es gibt es und es muß es geben, aber es braucht nicht dazu da sein, uns gefangen zu halten oder uns die Sicht zu versperren. Das Ego hält uns zum Beispiel mit seinen Erinnerungen gefangen, die uns ganz in der Vergangenheit versinken lassen, während uns die Weisheit des Geistes doch im ewigen Jetzt leben heißt – das in Wirklichkeit alles ist, was wir haben, und das allein wirklich ist, denn weder die Vergangenheit noch die Zukunft besitzen irgendeine Wirklichkeit.

43

Je angemessener er sich auf die Wucht dieser Erfahrung vorbereitet hat, um so wahrer wird die Erleuchtung sein. Je geläuterter und gezügelter sein Ego, um so weniger wird es sich in jene Erleuchtung einmischen.

44

Habt ihr den Wunsch, in Harmonie mit der Ordnung des Universums zu leben, mit ihr zusammenzuarbeiten und euch nicht mit Gewalt gegen sie zu stemmen, dann müßt ihr aufhören, ihr das Ego – euer Ego – aufzudrängen.

45

Es gilt, die Gegenwart der Seele zu verwirklichen, ihr Bewußtsein zu erlangen. Indes überschattet die Einbildung des Egos das eine, und sein Aufgewühltsein verhindert das andere.

46

Am Mittelpunkt der zu Schmerzen führenden Konflikte steht das Ego. Sich von ihnen zu befreien, ist erst dann möglich, wenn wir uns vom Ego befreien. Da gibt es keinen Ausweg.

47

Der Mensch bewegt sich vom Überselbst zum Ego und daher ins Leid.

48

Wer für seine Tätigkeiten und Unternehmen keine andere Stütze hat als das Ego, und keinen anderen Mittelpunkt für seine Gedanken und Gefühle, ist wahrlich unsicher. Er durchlebt die Ereignisse und Lagen des Lebens von Ängsten und Sorgen gepeinigt, die aus der Vergangenheit stammen oder von der Zukunft sich herleiten.

49

Wenn Ego auf Ego prallt und keines von beiden nachgibt, nicht dem anderen, sondern der Wahrheit, dann werden und müssen beide leiden.

50

Im Bewußtsein des Egos muß sich ein Mensch mit anderen Menschen messen und die aggressivsten oder talentiertesten mögen gewinnen. Aber im Bewußtsein des Überselbst gibt es keinen Wettkampf untereinander.

51

Wenn das Überselbst sich einfach nicht in eurem Bewußtseinsbereich zeigen will, dann deswegen, weil euer Ego sich dort zu breit gemacht hat.

52

Wie wahr ist die metaphorische Behauptung der Bibel, daß der Mensch das Antlitz GOTTES nicht erblicken und leben darf. Ja, er, das Ego, muß sterben, wenn GOTT zugegen sein soll.

53

Dem Beispiel eines spiritueller Lehrers zu folgen, seine Handlungen nachzuahmen, sein Verhalten und seine Rede, all das mag zwar hilfreich sein und zur Verbesserung des Selbst beitragen; es auszulöschen, vermag es aber nicht. Seine Verbesserung mag noch so groß sein, es ist nach wie vor das alte Selbst. Der Mensch ist noch immer nicht aus seiner Knechtschaft befreit und sitzt noch immer im Käfig von Gedankenmustern, die ein anderer vorgibt.

54

Was er in egoistischer Tatsache zu sein meint, versteckt, was er als spirituelle Substanz wirklich ist.

55

Solange sein Ego in allem, was er tut, seine Vorherrschaft zur Geltung bringt, solange es alles für ihn ordnet, solange ist er das Opfer seiner Unwissenheit und Blindheit.

56

Solange das Ego der Mittelpunkt seines Seins ist, wird man von Begierden und Gelüsten getrieben, ist das eigene Denken und Fühlen von der Wolke bedeckt, die die QUELLE vor ihm versteckt hält.

57

Es gibt eine Reihe von Hindernissen, die der Wahrheit im Weg sind, aber das größte ist der Suchende selbst – seine Grenzen, sein Gebundensein an das Ego.

58

Niemand sperrt ihn aus der Erleuchtung aus, außer er sich selbst.

59

Wer in einem Konflikt mit anderen das eigene Ego durchzusetzen sucht, fordert sie damit heraus, das ihrige durchzusetzen!

60

Die Wahrheit läßt sich nicht auf Grund von Dingen finden, die dem Ego Freude bereiten werden. Eben dieses Gefühl der Befriedigung mag ihre Entdeckung verbauen und unser Denken in die Irre führen.

61

Wir müssen darauf achten, nicht den Zwängen unserer Identifikationen, der verschiedenen Aspekte unseres Egos, zu erliegen.

62

Wenn man sich nicht vom Ego hindern läßt, ist sein Blick nicht mehr von Illusionen verstellt oder von Leidenschaften getrübt.

63

Alle unsere mitmenschlichen Beziehungen werden in hohem Maße davon geprägt sein, wie wir unser Ego gebrauchen und in ihm funktionieren.

64

Unter dem Einfluß ihrer persönlichen Standpunkte und Tendenzen führen die Menschen entweder heftige Diskussionen oder vorsichtige Gespräche. Sie merken nicht, wie sehr das Ego ihre Gedanken und Darlegungen färbt.

65

Ein Mensch ist nicht imstande, die reine Wahrheit über eine Lage oder über das Universum herauszufinden, wenn ihn sein persönliches Vorurteil und seine Hintergedanken daran hindern, über sein eigennütziges Interesse an der Lage oder dem Universum hinauszusehen.

66

Eben dieses persönliche Ego macht uns in seiner List glauben, daß es unser Selbst, unser wahres Selbst ist, ewig habgierig und ewig verlangend, ewig neue Illusionen und Irrglauben erzeugend; dieses Ego mit seinen gerissenen Manövern ist es, das uns die Entdeckung der Wirklichkeit versperrt.

67

Wie können die Menschen Frieden finden, solange sie in einem inneren Widerspruch leben, durch den der tiefere Teil von dem an der Oberfläche erstickt wird.

68

Wenn jeder Gedanke und jede Gefühlsregung auf euer kleines Ego gerichtet ist, wenn die großen Fragen des Lebens selbst nie gestellt werden, weil sie nie von Belang sind, dann muß eine wahre Beurteilung euer privates Versagen verkünden, gleich wie erfolgreich ihr im öffentlichen Leben seid.

69

Solange die menschliche Wesenheit von dem Bewußtsein ihres eigenen wirklichen Selbst getrennt lebt, vermag sie innerlich nicht in Frieden zu leben. Sobald sie aber fähig ist, völlig in jenem SELBST zu ruhen, gibt es kein zweites Ding, das sie aus diesem Frieden reißen könnte.

70

Im Elend des Egos verloren, hören sie nicht die frohlockende Stimme, die aus einer tieferen Schicht ihres Wesens nach ihnen ruft, wissen sie nicht, daß es eine Gnade gibt, auf die sie ihre Hoffnung setzen sollen.

71

Das Ego gräbt sich in alle unsere Emotionen ein, und wenn wir frei sein sollen, muß es wieder ausgegraben werden.

72

Wenn seine vielfältigen Gedanken und Gefühle als Objekte für sein „Ich" zu erscheinen beginnen, so ist darin ein willkommenes Zeichen zu sehen, daß die Bindung an sein Ego nicht mehr so stark ist wie bisher.

73

So groß ist der trennende Einfluß, den das Ego auf die meisten ausübt, daß sie zwar den göttlichen Schatz tragen, ihm aber dennoch keine Beachtung schenken.

74

Ein Geist, der verstopft ist mit Erinnerungen, die sich aus der vergangenen Erfahrung des Egos angesammelt haben, ist nicht imstande, sich vom Ego zu befreien und „heimzukehren".

75

Das Ego ist ein Schleier, den ein Mensch zwischen sich und der Wahrheit vorfindet.

76

Mit der Zeit fahren sich die Denk- und Verhaltensmuster so fest, daß die Einführung eines neuen Lebensstils, mag er noch so wünschenswert scheinen, den Auftakt zu einem langwierigen Kampf darstellt.

77

Wir sind Gefangene unseres Egos, weil wir Gefangene unserer Vergangenheit sind.

78

Das Ego ist ganz in seine eigenen Theorien und Konzepte verstrickt, wird von seinen eigenen Ideen gefangen gehalten. Für die Erleuchtung sind diese nicht vonnöten.

79

Die meisten Menschen sind Gefangene ihrer eigenen Meinungen und Urteile, ihres eigenen Gesichtpunkts. Die intellektuelle Demut, die man braucht, um das zu lockern oder fahren zu lassen, woran man sich so verbissen festklammert und wofür man oft so arrogant oder aus Unwissenheit eintritt, ist eine der ersten Eigenschaften, die es zu kultivieren gilt, wenn die Suche nach der Wahrheit richtig angefangen werden soll. Solange die Menschen so stark an ihrem persönlichen Willen und beschränkten Urteilen hängen, kann nicht erwartet werden, daß sie den unpersönlichen Lehren und den den Intellekt übersteigenden Geboten der großen Propheten Folge leisten.

80
Thoreau: „Sich selbst zu sehen, ist so schwierig, wie nach rückwärts zu blicken, ohne sich umzudrehen." Das Selbst ist in die eigentliche Handlung des Sehens verstrickt und kann die Beobachtung färben, verzerren oder verhindern.

81
In der Regel entrinnen die Menschen dem eigenen Gesichtspunkt nicht. Dies ist eine Bedeutung der von Anatole France getroffenen Feststellung, daß „alles Ansichtssache ist". Denn alles hängt vom Ego selbst ab, weil letzteres an allem Geschehen beteiligt ist, sowohl an dessen Zustandekommen als auch an den Gedanken, die man sich darüber macht.

82
Die fortwährende Bewegung der Gedanken und des Egos narzistisches Interesse an sich selbst, verbergen das göttliche Überselbst vor uns, aus dem sich beides ableitet.

83
Die Menschen weigern sich, den wirklichen Tatsachen ins Gesicht zu sehen, wenn sie nicht ihren Erwartungen entsprechen, sondern sehen nur das, was ihrer Meinung nach da sein sollte.

84
Klagt einer, er könne das Überselbst trotz all seiner Anstrengungen nicht sehen, dann kann das nur deswegen sein, weil er bei jeder Anstrengung unweigerlich darauf besteht, das eigene „Ich" zu sehen. Das ist es, was ihm die Sicht auf das andere versperrt. Und daher ist es das, was er beseitigen muß.

85

Überall, wohin er geht, bringt er dieses Ego mit, betrachtet er die Welt durch dieselben Augen, dieselben Begierden und Grenzen.

86.

Das Ego begleitet ihn auf Schritt und Tritt. Laßt ihn daher nicht der schreienden Selbsttäuschung verfallen und sich einbilden, er habe es aus dem Weg geschafft.

87

Selbst wenn die höchste Wahrheit in ihrer ganzen glänzenden Fülle vor seinem Geist erschiene, ohne Vorbereitung oder Läuterung, wäre er nicht fähig, sie als das zu erkennen, was sie ist – geschweige denn fähig, sie zu verstehen. Er wäre nicht einmal frei, sie zu betrachten, wenn das Ego ihn im Kreis seines Netzes festhalten würde.

88

Das Ego vermag nur zu sehen, was in ihm steckt; daher kommt es nie über den eigenen Schatten hinaus. An dieser Tatsache ändert sich auch dann nichts, wenn seine Gedankengänge auf hoher Wahrheit fußen.

89

Das Hindernis für eine vollkommen klare Sicht der Wahrheit – ist das Ego.

90

Das Ego stolpert über die eigenen Füße und sperrt die Wahrheit aus. Es ist so ausschließlich mit sich selbst in Anspruch genommen, daß es nur die eigenen Ansichten, die eigenen Meinungen sieht und nichts anderes. Und das trifft auch dann zu, wenn es allem Anschein nach einer geistigen Umwälzung oder emotionalen Bekehrung unterworfen wird, denn letzten Endes *ist es das Ego selbst*, das die neu angenommene Idee oder Überzeugung bewilligt.

91

Der Durchschnittsmensch steht niemals außerhalb seiner selbst, sondern immer in seinem Ego.

92

Das Ego versperrt sich selbst den Blick, ob es eine Situation in seinem Leben ins Auge faßt oder Gott in der Meditation.

93

Das Ego sollte durch die höhere Natur gespeist und inspiriert werden, aber stattdessen blockiert es, so stellt sich heraus, den Weg zu dieser Natur.

94

Die Sehnsüchte, die in ihm, in seinem bewußten und unbewußten Selbst wirken, wirken sich auf seine Einstellung, seine Überzeugungen und Meinungen aus, sind indes nicht die einzigen Faktoren, die es beeinflussen. Auch Familie, Umgebung, Ereignisse und Umstände spielen eine Rolle.

95

Sein Weg zum Ziel wird vom Ego blockiert; das flüchtige Aufblitzen der Wahrheit wird vom Ego untergraben; sein Streben nach dem Überselbst steht in Widerspruch zu den Sehnsüchten des Egos.

96

Man nimmt nur jenen Teil der Wahrheit, der dem eigenen Ego paßt, und wirft den Rest weg.

97

Vom Ego getrieben, die eine oder andere Seite übermäßig zu betonen, ist einem nicht daran gelegen, die Wahrheit zu finden. Ist das Übergewicht gar zu groß, dann geht es einem darum, die Wahrheit zu vermeiden!

98

Meinungen herrschen dort, wo das „Ich" vorherrscht; Wahrheit dort, wo das Ego eine untergeordnete Rolle spielt.

99

Das Ego sieht sein eigenes Bild der Welt, ein Bild, das von seinen eigenen Merkmalen gefärbt und in seinen eigenen Grenzen enthalten ist. Und deswegen sieht es die Menschen selten so, wie sie wirklich sind.

100

Durch seine Unkenntnis über karmische Wirkungen und Auswirkungen, beschwört das Ego viele seiner eigenen Widersacher und viele seiner eigenen Schwierigkeiten herauf.

101

Die Erinnerung schafft für uns die Muster, überlieferten Bräuche, Werte und Gewohnheiten, nach denen wir leben. Ihre Autorität ist überragend. Aber sie ist auch die Tyrannin, die uns gefangenhält und uns die Freiheit entzieht – ein Entzug, der uns effektiv daran hindert, die Wahrheit zu finden und eine Schranke vor der Wahrheit errichtet. Ein jeder vermag sich auf diese Weise der vom Ego gefärbten Vergangenheit zu erinnern, aber nur der Weise ist imstande, sie zu vergessen und alle diese Muster aufzulösen.

102

Jede Diskussion, die aus einem egoistischen Blickwinkel stattfindet, ist von Anfang an verdorben und kann nicht zu einem absolut unanfechtbaren Schluß führen. Das Ego stellt die eigenen Interessen voran und verdreht jedes Argument, jedes Wort, ja sogar jede Tatsache, um diesen Vorschub zu leisten.

103

Ich bezweifle, ob ein Mensch vollkommen aufrichtig sein kann, wenn seine Handlungen nicht aus dieser tieferen Quelle kommen. Er mag meinen, er sei es, und andere mögen diese Meinung teilen, aber wie können und sollen seine Handlungen einen Standard erzielen, der sich auf völlige Wahrheit und die höchste und letzte Wirklichkeit stützt, wenn sie aus seinem Ego kommen müssen, das selbst ein Kind der Täuschung ist und von der Illusion aufrechterhalten wird?

104

Das Ego als „klein" zu beschreiben und die Persönlichkeit als „engstirnig", bedeutet, es von außen zu betrachten, wo es verloren ist unter der so großen Vielfalt von anderen; aber es von innen her, im Menschen selbst zu betrachten, bedeutet, seine ungeheure Wichtigkeit zu entdecken, zu entdecken, daß es sein Bewußtsein beherrscht und ihn auf eine ungeheure Weise nicht aufstehen läßt. Es ist da, und nach all den verbalen Analysen, die es zu nichts machen, trumpft seine Gegenwart erneut auf.

105

Unter der Oberfläche des alltäglichen Bewußtseins erkennt und erinnert er sich an die Wahrheit, wenn sie ihm durch einen Menschen oder ein Buch dargebracht wird. Aber die Irrtümer, die seine Eltern ihm vermacht haben, und die vorgefaßten Meinungen, die seine Umgebung ihm eingeimpft haben, veranlassen ihn, ihr Widerstand zu leisten.

106

Mit einem Teil seiner selbst sucht er ehrlich nach der Wahreit, aber mit einem anderen versucht er, ihr aus dem Weg zu gehen.

107

Ob man nur das Opfer des eigenen Egos oder auch das Opfer des Egos anderer ist, – weil man die Vorschläge annimmt, die sie ihm von Kindheit an aufzwingen – das Endergebnis ist dasselbe.

108

Aufgrund einer unterbewußten Abneigung mag das Ego am Anfang eine Wahrheit übersehen, wenn diese nicht willkommen und unerfreulich ist. In diesem Fall wird es überall suchen, nur nicht am richtigen Platz, vorausgesetzt, es behauptet, ein Sucher zu sein.

109

Emotional-sentimentale Menschen verraten sich dadurch, daß sie der Gefühlsnatur persönliche Grenzen stecken; die Intellektuellen dadurch, daß sie in persönlicher analytischer Kritik vertrocknen; die Fanatiker durch ihre persönlichen Hirngespinste. Bei allen drei Gruppen beschränkt und gestaltet das Ego die Ergebnisse. Sie suchen nach GOTT, wo GOTT nicht ist.

110

Unsere Sicht des Lebens ist meistens zu persönlich, als daß sie uns seine tieferen Wahrheiten ausloten ließe. Denn die Person zwingt dem Sehvorgang und dem Verstehen des Gesehenen ihre eigenen intellektuellen Grenzen und emotionalen Begierden auf. Ihre versteckten Bindungen manipulieren ihre Tätigkeiten und trüben ihre Intelligenz und ketten sie damit an eine oberflächliche Sichtweise und an ein Verständnis, das zu einfach ist.

111

Nicht immer ist man sich der eigenen Motive gewahr, und gelegentlich macht man sich selbst etwas über sie vor; und das entweder deswegen, weil einige von ihnen in den dunkleren Teilen seines Wesens liegen oder deswegen, weil die Illusionen erzeugende Kraft des Egos sie selbst versteckt.

112

Seine persönlichen Interessen lassen ihn nichts unvoreingenommen beurteilen, während seine äußeren Bedingungen vielen seiner Gedanken Gestalt geben.

113

Er lebt fast ausschließlich in den durch seine Sinne gewonnenen Eindrücken und in den Emotionen, die sie hervorrufen können.

114

Du versuchst, dich vor der Erkenntnis zu drücken, daß dich das eigene Ego in Unkenntnis und Schmerzen gefangenhält, daß dessen Lage ungesund und einseitig ist und du herausfinden mußt, wie du dich aus dessen Knechtschaft befreien kannst.

115

Eigensinnig besteht er darauf, dem Ego zu folgen, aber nicht weil es anderen überlegen ist, sondern einfach deswegen, weil es sein eigenes ist. Dergestalt ist die Lage des Durchschnittsmenschen und dergestalt ist das Hindernis, das seiner Erkenntnis der Wahrheit den Weg verstellt.

116

Das Licht kann nicht an deinem Ego vorbeikommen oder es kann – sollte letzteres augenblicklich gedämpft sein – nicht bei dir bleiben, auch wenn es ihm gelingt.

117

Das Ego verstellt den Weg, außer zu solch seltenen Augenblicken, zu denen der Betreffende sich vergißt oder ein Aufleuchten der Wahrheit hereinbricht.

118

Solange das Bewußtsein ganz unter dem Einfluß des persönlichen, intellektuellen und tierischen Egos steht, solange irrt es von einem Fehler zum anderen.

119

Mit seiner kläglichen Einbildung und seinen privaten Begierden sperrt ihn das Ego in sich selbst ein und schneidet ihn ab vom universellen Leben und dessen Wahrheit, Wirklichkeit und Kraft.

120

Der Neurotiker hat sowohl die Aufmerksamkeit als auch das Interesse in sein kleines Selbst zusammengezogen.

121

Jedes Ego verfügt über seine eigene, persönliche Version der Wahrheit, die nur soweit mit den Versionen anderer Egos zusammenfällt, soweit diese seine Vorurteile und Begierden, Ängste und Lieblingsthemen und besonders seine Grenzen widerspiegeln. Daher stimmt es sicher nicht mit vielen übereinstimmt.

122

Eine Situation, die an der Oberfläche in Erscheinung tritt, mag Faktoren enthalten, deren Gegenwart den Mitbeteiligten verborgen bleibt. Denn in dieser Sache mögen ihnen der Egoismus und die Emotionen den Blick trüben.

123

Es ist eine alte, bekannte Tatsache, daß die Wahrheit außerordentlich störend sein kann, und aus diesem Grunde wird sie mehr geachtet als praktiziert. Laßt uns aber die Frage stellen: „Wen stört sie?" Wir werden sehen, daß die Antwort auf das persönliche Ego weist.

124

Es dauert lange, zahlreiche Leben, bis der Verstand einsieht, daß die eigenen Ideen bildenden und spekulativen Tätigkeiten ihn auf seinem Weg zur Wahrheit hindern, daß er das Opfer mächtiger Einflüsterungen von außen ist und ihn solche Tätigkeiten nähren oder stärken.

125

Die Erfahrung ist ganz in eurem Kopf. Ihr seid der Meinung, sie sei etwas Einzigartiges für euch, und daher fällt es euch nicht so leicht, den Beitrag eurer Einbildung oder eures Egos von dem zu trennen, was aus der authentischen Quelle des Überselbst kommt.

126

Die Art von Denken und Fühlen, über die ein Mensch verfügt, wird seinen Versuchen, die WAHRHEIT zu finden und zu verstehen, natürlich Grenzen setzen. Jene Grenzen sind nicht nur die gemeinsamen aller Menschen, sondern sie sind auch von einem zum anderen verschieden.

127

Wir selbst stellen gewisse Grenzen auf, ob absichtlich oder unwissentlich, Grenzen, die unsere Denkweise und unsere Haltungen beschneiden oder uns selbst oder anderen schaden können.

128

Die Menschen sind in ihren kleinen Egos eingeschlossen. Sie sitzen im Gefängnis und wissen es nicht. Infolgedessen bitten sie nicht um Freiheit, geschweige denn, daß sie danach trachten.

129

Kein Geist, der hinter einem solchen Schirm vorgefaßter Annahmen wirkt, kann zur Wahrheit kommen.

Warum die meisten es unterlassen

130

Wir müssen uns mit der Tatsache abfinden, daß die meisten über eine ungeheure Fähigkeit verfügen, sich in den Grenzen des Egos restlos wohl zu fühlen und nicht den Wunsch haben, auf eine höhere Ebene zu entrinnen.

131

So groß ist ihre Zufriedenheit mit dem Ego, daß sie nicht einmal sein Recht, ihr Denken und Fühlen zu beherrschen und ihr Verhalten vorzuschreiben, in Frage stellen.

132

Vielmehr an sich selbst als an GOTT glaubend, an das eigene Ego als an ihr ÜBERSELBST, handeln sie auf eine Art, die ihrem wahren Wohl schadet und ihre höheren Interessen gefährdet.

133

Die Hindernisse, auf die die Ausbreitung der Philosophie unter den Massen stößt, sind nicht nur der Mangel an Kultur, an Freizeit und Interesse. Das mächtigste von ihnen allen wirkt sich unterschiedslos auf alle Klassen aus – es ist das Ego selbst. Die eigensinnige Art, auf die sie es lieben, die Leidenschaft, mit der sie sich an ihm festklammern und der ungeheure Glaube, den sie ihm schenken, bilden alle zusammen einen Schutzwall gegen die stillen, heiteren Darlegungen über das, was ist. Stattdessen fordern die Menschen das, was sie begehren. Daher ist es leichter, ihnen zu sagen, und sie können es leichter fassen, daß GOTTES Wille alles entscheidet und die geduldige Unterwerfung unter seinen Willen immer der beste Weg ist, als ihnen zu sagen, daß ihre blinde Bindung an das Ego einen so großen Teil ihrer Schmerzen schafft und es, wenn sie das Leben nicht unpersönlich angehen, keinen anderen gibt, als die schmerzlichen Ergebnisse einer falschen Einstellung zu ertragen. Dies ist der Weg der Religion. Indessen besteht die Philosophie darauf, ihren Schülern die volle Wahrheit darzulegen, selbst wenn ihre unpersönliche stille Stimme ihre Egos bis auf die Knochen erschauern läßt. Die Annahme des philosophischen Standpunktes beinhaltet eine Aufopferung des egoistischen. Dies ist eine Anpassung, die nur die moralisch Heroischen leisten können. Daher brauchen wir nicht zu erwarten, daß die Leute scharenweise zu Philosophen werden wollen.

134

So kostbar ist unser klägliches Ego, daß wir es nur widerwillig der scheinbaren Leere der Nichtzweiheit überlassen.

135

Die Menschenwesen wollen im allgemeinen nicht an ihr Ende, an ihre Sterblichkeit erinnert werden. Um wieviel mehr würde ihnen diese Vorstellung von ihrem Nicht-Selbstsein mißfallen!

136

Die Philosophie ist für die Starken. Schwache Seelen zittern in ihrer Gegenwart und klammern sich noch stärker an ihre dürftigen Egoismen.

137

Die meisten Menschen sind so unfähig oder sonst so unwillig, ihre Fehler zu sehen, daß sie sich, selbst wenn man sie darauf aufmerksam macht, weigern, sie einzugestehen. Sie ziehen es vor, die Maske der Selbsttäuschung zu tragen. Warum? Weil die vernichtende Wahrheit ihr Ego verletzt.

138

Die Tatsache ist, daß sie Angst haben, sie könnten auf ihre Frage „Wer bin ich?" die Antwort erhalten. Sie mag verlangen, daß sie ihrem kleinen Ego den Rükken kehren.

139

Keiner ist darauf erpicht, sich als eine Person zu verlieren.

140

Der durchschnittliche Mensch weiß nur vage oder gar nicht um das spirituelle Element in seiner Persönlichkeit.

141

Sie sind viel zu sehr damit in Anspruch genommen, über andere Menschen zu urteilen, als daß sie je mit sich selbst ins Gericht gingen.

142

Sie würden gerne ihren Himmel und ihr Ego haben. Sie würden die Größe des einen gerne mit der Kleinheit des anderen vereinen. Aber das ist ein Ding der Unmöglichkeit.

143

Ganz von ihrem persönlichen und familiären Leben in Anspruch genommen, verschließen sie sich den zarten Strahlen aus ihrem allerinnersten Wesen und leben, als ob es sie nicht gäbe.

144

In andere Länder reisend, um dort ihre Freizeit oder Ferien zu verbringen, versuchen sie vergeblich und ohne es zu wissen, aus sich selbst zu reisen, aus den Zwängen der Kleinheit zu den Freiheiten des größeren Seins.

145

Es ist vielleicht nicht, daß die Masse der Menschen schlecht ist, sondern daß sie so gänzlich darin aufgeht, ihren Lebensunterhalt zu verdienen, Kinder zu erziehen, irgendwelche Freuden zu finden, daß das kleine Ego ihr einziges Sein darstellt. Wieviel sie verlieren, wenn sie sich nur darum kümmern und sich nie die Frage stellen: „Warum bin ich hier?"

146

Sie sind so sehr daran gewöhnt, im Sinne des Egos zu denken, daß es ihnen unmöglich scheint, auf irgendeine andere Weise zu denken.

147

Die Erfahrung der Entwurzelung ist so unerfreulich, daß die universelle Weigerung, Jesu Aufforderung Folge zu leisten und das Ego aufzugeben, leicht zu verstehen ist. Die Menschen meinen, diese Forderung könne unmöglich erfüllt werden.

148

Die meisten Menschen verstecken sich vor sich selbst oder leben nur in einem kleinen Teil von sich selbst.

So stirbt er vergessen, verstrickt in den engen Grenzen seines kleinen Selbst, selten danach trachtend, darüber hinauszugehen, ohne Interesse oder Streben außerhalb eines halbtierischen Daseins.

Ein reiner spiritueller Weg

150

Wenn es uns gelingt, uns von den Ansprüchen vergangener Erinnerungen und der Vorwegnahme zukünftiger Ergebnisse zu lösen, dann gelingt es uns, uns vom Ego zu lösen. Es ist dies eine praktische Methode, das Ziel zu erreichen, ein wahrer Yoga-Weg.

151

Das Ego zu überantworten, bedeutet, den Gedanken an es zu überantworten, und das bedingt, daß man den Geist jedesmal stillt, wenn man sich im täglichen Leben seiner selbst bewußt wird. Sobald er gestillt ist, verschwindet das Ego. Es ist dies eine tiefe, geistige Auslöschung des Gedankens, „XY" zu sein, dieses rasche Stillen der Idee, eine spezielle Person zu sein, diese heitere Ablehnung der Bewegung des Intellekts und des emotionalen Aufgewühltseins des Egos, worin das „Sich-selbst-Aufgeben" besteht, eine Plicht, die sowohl Jesus als auch die großen Mystiker unermüdlich vorgeschrieben haben. Man könnte diese Kunst, das Ego durch dieses Stillen des Geistes, durch dieses schlagartige Anhalten der sprudelnden Gedankenflut auszulöschen, nicht auf Befehl und augenblicklich ausüben, wenn man sie früher nicht häufig und mit gezielten, regelmäßigen Übungen gepflegt hätte. Es ist dies nicht eine Kunst, in die sich der Mensch auf der Straße so ohne weiteres zu stürzen vermag. Dazu ist er nicht bereit. Ihm obliegt es, sich durch tägliche Meditation zunächst eine disziplinierte geistige Natur zu verschaffen und mit gestähltem Willen die Bändigung seiner emotionalen Natur zu bewerkstelligen. Erst nachdem diese Bemühungen vollendet sind, kann das Kunststück des Aufgebens des Egos selbst vollendet werden.

152

Nur tägliches Üben in der Kunst, durch Verleugnung des Egos gezielt und verständnisvoll mit dem Überselbst zusammenzuarbeiten, wird ihn schließlich auf die höhere Stufe bringen, auf der er *bewußt* mit ihm zusammenarbeiten kann

153

Erst wenn er darauf aufmerksam gemacht wird, mag ihm klar werden, daß das Idol, zu dessen Füßen er fortwährend Andacht hält, das Ego ist. Wenn er so oft an GOTT denken könnte, wie an sein Ego, dann könnte er bald jene Erleuchtung erlangen, um die andere viele Leben lang unter großen Anstrengungen ringen.

154

Letztlich gibt es nur eine einzige Quelle für alle Kraft – die kosmische Quelle; und für alle Intelligenz – den kosmischen Geist. Aber das Ego schwächt und schmälert sowohl die Kraft als auch die Intelligenz in erheblichem Maße, weil es sich mit großer Verbissenheit nur an der eigenen kläglichen Individualität festklammert. Wenn es seine Sicht durch die Praxis der philosophischen Mystik erweitert und seine Denkart auf den kosmischen Geist abstimmt, in dem es selbst wurzelt, so wird die daraus resultierende Inspiration sich als eine ungeheure Umwälzung seines ganzen Lebens entfalten.

155

Es lohnt sich, alles zu versuchen, was hilft, ihn aus der Tyrannei des Egos zu führen, sei es eine Idee oder eine äußere Lage, eine herbeigeführte Stimmung oder ein spezieller Dienst. Das wird insofern leichter sein und ein Ergebnis zeitigen, das erfolgreicher ist, insofern er sich aus seiner vergangenen Geschichte löst.

156

Ein solches Leben zu leben, verlangt einen großen Einsatz und beinhaltet ständige Schwierigkeiten. Das Ideal der Zügelung und Zermürbung des persönlichen Egos läßt sich nur dadurch ertragen, daß man sich frohen Mutes ein Bild des befriedigenden spirituellen Zustandes eines vom Ego befreiten Menschen vor Augen hält.

157

Könnte man seinem Verliebtsein in das eigene Ego nur ein Ende setzen und anfangen, sein Überselbst zu lieben, dann käme man schneller voran.

158

Es erhebt sich die Frage: Ist es möglich, das Leben mit einer Denkart anzugehen, die frei von Egoismus ist? Die Philosophie hat diese Frage sehr ernst genommen und sagt: Wenn der Wunsch besteht und die Anstrengung gemacht wird, packt man es zumindest mit weniger Egoismus an, als sonst. Aus diesem Grunde hat sie ein System entwickelt, das das Denken und Fühlen schult und das menschliche Wesen relativ, und soweit es menschlich möglich ist, freimacht von den übertrieben-egoistischen Versuchen, an die WAHRHEIT heranzutreten.

159

Es gibt eine nützliche Methode, die uns hilft, dieses Ziel zu erreichen. Sie besteht in der Weigerung, sich mit dem eigenen „Ich", mit dem persönlichen Ego zu identifizieren. Dies erfordert ein häufiges, wenn auch augenblickliches Sichgewahrsein der Gedanken, der Emotionen und des Körpers. Sie kann allzeit praktiziert werden, ist aber nicht als eine Meditationsübung zu betrachten.

160

Die erste Sache, die es aus dem Weg zu schaffen gilt, ist die Arroganz und Einbildung, die erbärmliche Eitelkeit des irdisch-weisen und körper-gebundenen Egos.

161

Je mehr er gegen sein Ego anzukämpfen versucht, umso mehr denkt er über es nach und konzentriert er sich darauf. Es hält ihn nach wie vor gefangen. Es ist besser, ihm den Rücken zuzukehren und über das höhere Selbst nachzudenken und sich auf es zu konzentrieren.

162

An dem Tag, an dem er das Ego abweist, an dem Tag fängt ein Mensch an, seinen rechtmäßigen Besitz zu erlangen. Seine Abweisung mag nicht länger als eine oder zwei Minuten währen, denn das falsche Selbst ist stark genug, sein Opfer zurückzufordern. Aber damit hat der Prozeß begonnen, durch den es zu Ende gebracht werden wird.

163

Es ist nicht nur, daß er das Ego während gewisser beflügelter Stimmungslagen beiseite wirft, sondern daß er diese Verweigerung auch während der Erfahrung von Augenblick zu Augenblick unverbrüchlich aufrechterhält.

164

Es ist klüger, dem eigenen Ego und seinen Motiven aus Gewohnheit nicht über den Weg zu trauen, als nicht.

165

Mit der Kraft, mit der man das Ego und die Illusionen zum eigenen Schaden aufrechterhält, könnte man genausogut die Suche nach dem Überselbst aufrechterhalten, die einem nur nützt.

166

Da weihen sie ihr Leben der Anbetung des Egos, wo sie es doch der Anbetung der Unendlichen Macht weihen könnten, die ihre Seele und ihren Körper speist.

167

Wenn man willens ist, danach zu suchen, wird man die geheimen Wirkweisen des Egos in den unvermutetsten Winkeln entdecken, sogar mitten in den eigenen höheren Bestrebungen. Das Ego ist nicht gewillt zu sterben und wird diese weitreichende Zermürbung seines Wirkkreises sogar willkommenheißen, wenn das der einzige Ausweg aus dem Tode ist. Da es bei diesen Versuchen der Selbstverbesserung notwendigerweise die aktive Kraft ist, ist es in der besten Lage, dafür zu sorgen, daß sie in einem scheinbaren Sieg über es enden, und nicht in einem tatsächlichen. Ein tatsächlicher kann nur durch eine direkte Konfrontation erzielt werden, bei der das Ego unter der Inspiration der GNADE direkt erschlagen wird; dies ist etwas völlig anderes, als die Konfrontation und Ausmerzung irgendeiner seiner unendlich vielfältigen Ausprägungen in Schwächen und Fehlern. Sie sind keinesfalls das gleiche. Sie sind die Zweige, während das Ego die Wurzel ist. Wenn der Kandidat diesen niemals zu Ende kommenden Langen Weg des Ringens mit der eigenen niederen Natur, die sich in einer Ausprägung besiegen läßt, nur um in einer anderen wieder in Erscheinung zu treten, satt hat, wenn er gänzlich erschöpft ist von den Selbsttäuschungen der erfreulicheren eingebildeten Errungenschaften auf dem Kurzen Weg, dann wird er endlich bereit sein, sich an die letzte und einzige Hilfsquelle zu wenden. Hier kommt er endlich an das Ego selbst heran, indem er es völlig überantwortet, statt sich mit seinen unzähligen Verkleidungen zu befassen – die so häßlich wie der Neid oder so anziehend wie die Tugend sein mögen.

168

Not tut nicht wirklich ein Wandel des Inhalts des Egos, so anziehend das durchaus sein mag, sondern ein Wandel, der es uns möglich macht, ganz und gar aus ihm zu treten.

169

Das Ego hat sich selbst auf den Thron gesetzt. Es setzt seine Herrschaft in allen Dingen durch. Diese Situation mag haltbar sein für den Durchschnittsmenschen in den üblichen Angelegenheiten des Alltags, aber für den nach Wahrheit Trachtenden in den schwerer wiegenden Angelegenheiten der Suche kann sie es nicht. Der Suchende muß es sich tatsächlich angewöhnen, im Ego seinen Widersacher zu sehen, muß ihm eher widerstehen als schmeicheln.

170

All dies dient nur dem einen Zweck, den Menschen zu seinem besten Selbst zurückzurufen, tief nach innen, dahin, wo er im Bild GOTTES gemacht ist.

171

Wenn es für eine einzige Sekunde zugleich das Beobachtete und der Beobachter selbst sein könnte, würden die zwei mentalen Bedingungen sich mit Sicherheit sofort gegenseitig auslöschen. Die Aufgabe ist so schwierig und kann so wenig gelingen wie der Versuch, sich selbst direkt ins Gesicht zu blicken. Damit ist die inhärente Unmöglichkeit einer solchen Situation offenbar. Es gibt also nur eine letzte Hoffnung auf Erfolg bei einer Suche wie dieser, und sie besteht in der Einstellung aller Versuche, es mit den üblichen Erkenntnismitteln kennenzulernen. Was würde ein solcher Ansatz notwendigerweise beinhalten? Zwei Faktoren: Erstens eine Vereinigung des persönlichen „Ichs" mit und im versteckten Beobachter, von dem es ein Ausdruck ist, wenn auch die Verschmelzung nicht so absolut sein darf, daß das Ego restlos ausgelöscht wird; zweitens ein Aufgeben der intellektuellen Methode, die das Bewußtsein in getrennte Gedanken aufsplittert.

172

Die tatsächliche Wandlung, bei der aus dem Ego der Beobachter des Egos wird, ist eine plötzliche.

173

Daher steht der Kandidat bei seiner Weiterreise vor der Aufgabe, seine Sinneswahrnehmungen und Emotionen, seine Gedanken und vernunftsmäßigen Überlegungen, ja alles zu überwinden, was er bisher für sich selbst hielt, denn erst dann kann er aufwachen und sich der Existenz des verborgenen Beobachters bewußt werden.

174

Sein Werk besteht erstens darin, daß er herausfindet, wo das „Ich" anfängt; zweitens darin, und das ist viel wichtiger, daß er herausfindet, wo es aufhört und abstirbt.

175

Es ist unendlich viel einfacher, sich mit dem eigenen Ego zu identifizieren, als mit dem Überselbst. Aus diesem Grunde ist es vordringlich, unablässig zu diesen Ideen und Übungen zurückzukehren.

176

Mein liebes Ego: „Es ist offenkundig, daß ich nicht ohne dich in dieser Welt zu leben vermag. Deine Gegenwart ist überwältigend, erfüllt jeden Instinkt, jeden Gedanken, jede Gefühlsregung und jede Handlung. Aber es ist auch offenkundig, daß ich nicht mit dir leben kann. Es ist die Zeit gekommen, unsere Beziehung anzupassen. Daher muß ich dich um einen Gefallen bitten: Gehe mir gefälligst aus dem Weg!"

177

Wir können es nicht ändern, daß wir in einem menschlichen Ego leben oder seine Wünsche und Begierden empfinden, denn die meisten von uns sind in es vernarrt. Indes kann man es ein für allemal in seine Schranken weisen, erstens durch ein tiefschürfendes Verständnis, zweitens durch unser Bestreben, es zu überwinden und drittens dadurch, daß wir die Suche bis an ihr wirkliches Ende verfolgen.

178

Eine Analyse unserer eigenen Person hilft, das Ego zu zerschmettern. Aber nur dann, wenn die Analyse vorurteilslos ist und mit den Haltungen des Kurzen Weges ausgeglichen wird. Andernfalls entartet sie zu einem übermäßigen und morbiden Inanspruchgenommensein mit der eigenen Person, was dem Ego freilich sehr recht ist!

179

In allen Situationen muß man darauf bedacht sein, die Führung der SEELE zu unterscheiden und zu beherzigen und das Geschrei des Egos zu dämpfen. Erstere wird ihn so lenken, daß sich, was sein spirituelles Wohl angeht, alle Dinge zum Besten wenden werden, letzteres mag schlimme Lagen nur noch schlimmer machen.

180

Was liegt in deinem Herzen? Ramakrishna war mit der Göttlichen Mutter angefüllt, so nannte er GOTT. Es dauerte nicht lange, bis er sie fand. Der Heilige Franziskus von Assisi räumte der Demut den höchsten Platz in seinem Herzen ein. Er wurde der demütigste Mensch seiner Epoche. Mache in deinem Herzen ein Ideal fest! Das ist der erste Schritt, es zu finden.

181

Diese innere Erforschung muß ausgedehnt werden, bis sie in das letzte Geheimnis der Existenz des *Ichs* eindringt.

182

Zum Schluß muß er den Knoten seines Egos lösen und sein Bewußtsein glätten.

183

Die meisten Menschen sind sehr darauf bedacht, ihr Ego zu besänftigen, aber der ernsthaft Suchende muß gegen diese Neigung ankämpfen.

184

Sobald das niedrige Ego einwilligt, sein eigenes Leben im Leben des höheren Egos aufgehen zu lassen, wird die evolutionäre Wende unserer Zeit sich völlig manifestiert haben.

185

Dieser geteilte Zustand der Persönlichkeit muß zu einer heiligen Integration geführt werden, dieser innere Bürgerkrieg muß in einem rechtmäßigen Frieden zu Ende gebracht werden. Wieviel mentale Erschöpfung, unstimmige Nervosität und emotionaler Aufruhr kann ihm zugeschrieben werden!

186

Das Werk beginnt mit der Ausräumung aller Hindernisse, die dem Geist die Sicht auf die Wahrheit verstellen, der Ausräumung jener Eigenschaften und Bedingungen, die es ihm unmöglich machen, die Wirklichkeit so zu sehen, wie sie ist.

187

Der wirkliche Kampf ist nicht der offensichtliche. Der wirkliche Feind ist ein versteckter.

188

Täglich soll man für kurze Intervalle das üben, was die alltägliche Erfahrung einen nicht üben läßt – nach innen zu gehen, unpersönlich zu sein und das „Ich" zu kennen.

189

Jene, die frustriert sind, weil ihnen die mystische Erfahrung im Leben fehlt, setzen sich unnötigerweise selbst herab. Denn ihr Vordringen zu höheren Werten, ihr Übersteigen des Egoismus und ihre Hinwendung zum Prinzipiellen, die Tatsache, daß ihnen wahres Wohlergehen wichtiger ist als reines Vergnügen, – all das spricht von ihrer Reaktion auf das Überselbst und ist ein besseres Kennzeichen für ihren wirklichen Fortschritt, als es irgendeine vergängliche emotionale Erfahrung je sein könnte.

190

Wir müssen lernen, das individuelle Selbst, die Person, das Ego als ein geistig erzeugtes Ding zu erkennen, und deswegen müssen wir lernen, uns aus ihm zurückzuziehen, weg von ihm, um einen Freiraum zwischen ihm und uns zu schaffen und uns mehr und mehr und mehr von ihm loszubinden. Mit der Entfaltung dieses Vorgangs treten wir zunehmend in die WAHRHEIT, in die Erleuchtung.

191

Je mehr wir versuchen, mit Unpersönlichkeit an unser Denken und Leben heranzutreten, umso unwahrscheinlicher ist es, daß wir uns mit dem Ego identifizieren. Das macht Platz, schafft einen Freiraum, in dem das hinter dem Ego Liegende sich zu manifestieren beginnen kann.

192

Es verleiht unserem Leben einen ausgeprägten Brennpunkt, der uns auch mit der regelmäßigen trivialen Routine des Alltags und den langweiligen Begegnungen mit halb-tierischen, völlig egoistischen Leuten versöhnt.

193

Es ist jenes Bewußtsein, nach dem die Menschen in der Ekstase oder Verzweiflung so unterschiedslos suchen, bereits vorhanden, aber verschüttet, erstickt von ihrem eigenen kleinen Selbstbewußtsein. Tag und Nacht bleiben sie nur im Engstirnigen, Persönlichen stecken, gleich ob in Ekstase oder aus Verzweiflung. Sie rennen zu anderen, zu Gurus oder Göttern, und flehen um Erlösung. Aber zum Schluß müssen sie sich selbst erlösen.

Überantwortung ist unerläßlich

194

Die krampfhafte Verbissenheit, mit der wir am Ego festhalten und die uns vom Leben des Überselbst trennt, sowie die Überspanntheit, mit der wir uns in dem alten, elend-beschränkten Dasein vergraben, sind eine Auswirkung der Gewohnheit. Wenn wir in die freie Schaffenskraft des größeren Lebens entrinnen sollen, werden wir ihren Teufelskreis durchbrechen müssen. Es mag uns dies aufgezwungen werden durch eine Erschütterung, die die Auswirkung drastischer Ereignisse ist; oder es mag uns durch die Gnade eines Erleuchteten möglich gemacht werden; oder wir mögen es durch die entschlossene Erweckung eines verzweifelten Willens erlangen. Auf welche Weise es auch geschieht, es wird den Anfang des Endes des Egos bedeuten und den Anfang des Besten für uns.

195

Ein Meister riet zur Geduld. „Könnt ihr Eisen mit euren Händen zerbrechen?" fragte er. „Feilt es Schritt um Schritt ab, und eines Tages werdet ihr fähig sein, es auf Anhieb in zwei Stücke zu brechen. So ist es mit dem Ego."

196

„Gesegnet sind die geistig Armen", sagte Jesus. Was meinte er damit? Im mystischen Sinne „arm" zu sein, bedeutet des Eigentums des Egos beraubt zu sein, das heißt, ego-frei zu werden.

197

Ein weiser Lehrer war es, der zu mir sagte: „Verlange nicht eine Selbstlosigkeit von den Menschen, zu der sie nicht fähig sind; verlange nur, daß sie verstehen, dies ist die Richtung, in die sie die göttliche Welt-Idee zwingt. Letzten Endes werden sie ihr Ego auf die eine oder andere Weise zermürbt sehen, bis schließlich nur noch eine völlige Dienstbarkeit gegenüber dem Überselbst von ihm übrigbleibt."

198

Auf der SUCHE wird jener am weitesten kommen, der die größten Anstrengungen unternimmt, sich vom Ego zu trennen. Es wird ein langwieriger, zermürbender Kampf sein, und es wird ein harter sein, denn der Irrglaube, das Ego sei sein wahres Selbst, hält ihn mit hypnotischer Kraft gefangen. Dieser Kampf, den Irrtum auszuräumen und die Wahrheit aufzustellen, erfordert den

Einsatz aller Kräfte seines ganzen Wesens, denn es handelt sich nicht allein um einen Irrtum des Intellekts, sondern auch um einen Irrtum der Emotionen und des Willens.

199

Jesus hieß seine Jünger, ihr Ego-Selbst aufzugeben, wenn sie das Überselbst finden wollten. Aber *wie* soll ein Mensch etwas aufgeben, das er so lange geliebt hat, so innig und mit solcher Inbrunst? Was soll er, konkret, tun?

200

Wenn man alle Gedanken des Menschen zusammenstellt, so stellt die Gesamtsumme sein Ego dar. Überantwortet man sie der STILLE, dann gibt man sein Ego auf, leugnet man, wie es bei Jesu heißt, sein Selbst.

201

Hat ein Mensch den Wunsch, zum Bewußtsein des Überselbst zu finden, so muß er das Gewahrsein des kleineren Selbst fahren lassen, muß sich aussperren aus dessen eigener enger Welt. Indes läßt sich das effektiv nur bewerkstelligen, wenn es *innerlich* getan wird.

202

Ihm obliegt die Aufagbe, sich aus der Tyrannei des Egos loszumachen und es so, ohne unnötiges weiteres Ringen, zu übersteigen.

203

„Verliert euch, wenn ihr euch finden wollt", sagte Jesus. Verliert die Vorstellung, daß das Selbst etwas Selbständiges ist, fähig, getrennt und alleine zu stehen, sich von euch, dem Subjekt, als ein erkennbares Objekt betrachten zu lassen. Laßt los von dieser Unwahrheit, und ihr werdet die Wahrheit finden. Hört auf, euch mit der Persönlichkeit zu identifizieren, und ihr werdet das Überselbst finden.

204

Solange wir nur das Ego kennen, bleibt das, in dem es eingebettet ist, unbekannt. Der Ausweg besteht darin, das Ich aufzugeben.

205

Jeder Versuch, sich vom Ego loszusagen, es im Denken und Handeln zu beobachten, sich aus den Fesseln seiner Begierden und Gelüste zu befreien, wird nur in dem Maße erfolgreich sein, in dem er gnadenlos ist.

206

Jeder Frontalangriff auf das unverstellt zutagetretende Ego beinhaltet den Einsatz des Egos selbst. Vielleicht gelingt ihm die Ausmerzung einiger bestimmter Fehler, aber die Ausmerzung dessen, was hinter allen Fehlern liegt – des Egoismus –, kann ihm nicht gelingen. Da wirkt nur die Überantwortung des Willens und des Geistes.

207

Es geht darum, das eigene Selbstbild zu wandeln, überzugehen vom Bild eines persönlichen Egos zum Nicht-Versuch, sich überhaupt kein Bild zu machen, buchstäblich frei zu bleiben von jedweder Identifikation. Dabei handelt es sich nicht um eine aktive Anstrengung, das Ego zu leugnen, sondern um eine passive, darum, einfach zu sein, leeres SEIN zu sein! Denn das Ego wird *immer* bestrebt sein, sich selbst zu erhalten, nötigenfalls auf die versteckteste Art und Weise, voller Tücke und Falschheit, Verschleierungen und Arglist. Es nimmt reine spirituelle Verfahren in sich auf und verdreht oder mißbraucht sie so, daß sie ihm zum Vorteil gereichen.

208

Er hängt so unnachgiebig an seinem Ego und ist nicht imstande, sich in der schönen Anonymität des Überselbst zu entspannen.

209

Es ist vonnöten, einem möglichen Mißverständnis vorzubeugen. Die Unterordnung des eigenen Egos bedeutet keinesfalls, daß man es dem Ego eines anderen unterordnet!

210

Die Bereitschaft, die eigene niedrige Natur der höheren zu überantworten, den eigenen Willen aus Gehorsam gegen Gottes Willen aufzugeben, das Ego dem Überselbst zuliebe beiseite zu schieben, stellt einen seiner Mitmenschen weit voran, aber setzt einen auch gewissen Gefahren und Mißverständnissen aus. Die erste Gefahr liegt darin, daß man den eigenen Willen nur dafür aufgegeben hat, um sich dem Willen anderer zu fügen und das eigene Ego nur deswegen überantwortet hat, um unter den Einfluß des Egos anderer zu geraten. Das erste Mißverständnis besteht darin, daß man niedrigere Stimmen für die Stimme Gottes hält. Die zweite Gefahr liegt darin, daß man persönlich faul wird und sich einbildet, diese Faulheit sei mystische Passivität. Und beim zweiten Mißverständnis vergißt man, daß die eigenen Anstrengungen an sich zwar nicht genügen, das Kommen der GNADE zu sichern, sie aber nach wie vor unerläßliche Voraussetzungen dafür sind. Ohne die eigenen intellektuellen, emotionalen und moralischen Kasteiungen vermag man jene Gnade ebensowenig an sich zu ziehen, wie ohne die sehnsüchtigen Bestrebungen und Gebete um sie. Man kann nicht erwarten, daß GOTT ein Werk für einen tut, das man selbst verrichten sollte.

211

Niemand kann für einen Menschen das tun, was die NATUR ihn für sich selbst zu tun lehrt, nämlich, das Ego dem höheren Selbst anheimzustellen. Ohne eine solche Überantwortung vermag niemand das Bewußtsein jenes höheren Selbst zu erlangen. Es ist sinnlos zu erwarten, daß ein Meister diesen ungeheuren inneren Wandel für ihn bewirke. Dazu wäre keiner imstande. Die angemessene und einzige Weise liegt darin, dieses klägliche Sichanklammern an der eigenen Macht, an der eigenen Kleinheit und an den eigenen Grenzen aufzugeben. Sich so völlig gegen sich selbst zu wenden, fordert eine äußerste emotionale Anstrengung von einem Menschen, die von der seltensten und der schmerzlichsten Art ist. Denn das Ego zu überantworten bedeutet, es ans Kreuz zu schlagen.

212

„Die Wahrheit wird euch frei machen", verhieß Jesu. Von welcher Art von Freiheit sprach er? Die Antwort kann nur lauten – von der Freiheit vom Ego! Und dies wird von seinen eigenen, zu anderen Zeitpunkten geäußerten Darlegungen bestätigt, die von der Notwendigkeit sprechen, sich selbst den Rücken zu kehren.

213

Wo die Zermalmung des Egos über die Kräfte eines Menschen hinausgeht und sogar seine innere Entwicklung lähmen mag, mag ein Fußtritt gegen das Ego genau das sein, was er braucht und was seine zukünftige Entwicklung fördern wird.

214

Im Bereich des weltlichen Lebens vermag das Ego ungeheure Leistungen zu erbringen, aber im Bereich des spirituellen kann es nichts ausrichten. Hier besteht seine beste und einzige Leistung darin, seine Anstrengungen einzustellen, zu schweigen und still zu lernen.

215

Wenn man gewillt ist, den intuitiven Kräften die Macht in sich zu geben, wird man seinen Willen gegen die egoistischen anstrengen müssen.

216

Wer nicht fähig oder willens ist, die Herrschaft des Egos von innen her zu zerstören, muß dessen Zerstörung von außen ertragen. Der erste Weg ist zwar mit emotionalen Schmerzen und geistiger Aufwühlung verbunden, aber der zweite bringt darüber hinaus zusätzliche Schwierigkeiten, Enttäuschungen und Schicksalsschläge mit sich.

217

Letztlich muß alle Persönlichkeit transzendiert werden. Auch die des MEISTERS – da gibt es keine Ausnahme.

218

An einem gewissen Punkt des Weges hat das Ego nicht nur Demütigungen zu ertragen, man wird es sogar ans Kreuz schlagen müssen.

219

Jeder Pilger auf dieser Suche kann sie nur zu Ende bringen, indem er am eigenen Kreuz stirbt. Erst nachdem das niedrige Selbst gekreuzigt ist, vermag er sich zu erheben und sich mit seinem höheren Selbst zu vereinigen.

220

Bevor wir das Beste in uns pflegen können, sind wir gezwungen, das Schlimmste in uns zu überwinden. Das Ego muß stufenweise gekreuzigt und genagelt werden, wenn das Überselbst wieder in unserem Bewußtsein auferstehen soll. Aus diesem Grunde ist es so wichtig, unsere Emotionen zu läutern und unser Denken zu berichtigen. Die Begierden und schädlichen Seiten müssen besiegt werden, um der Wahrheit, dem Schönen und Guten, einen Weg zu bereiten.

221

Die Selbstkreuzigung des Egos ist die Endstation einer langen Linie von Selbstdemütigungen, der Höhepunkt eines jahrelangen stufenweisen Rückzugs aus dessen Knechtschaft.

222

Sich vom Ego loszusagen bedeutet, sich von den Gedankenrillen zu befreien, von denen sich sein Leben meistens beherrscht weiß.

223

Ihm obliegt es, das Ego, mit seinem ganzen Stolz, seiner ganzen Habgier und Leidenschaft, aufzugeben und seine Abhängigkeit vom Überselbst verstehen zu lernen.

224

Wenn er reumütig erkennt, daß sein scheinbar spirituellstes Verhalten und seine vermeintlich selbstlosesten Taten unwirklich waren, wenn er schließlich einsieht, daß er, auch als die Welt seine Selbstlosigkeit bewunderte, nur für sein kleines Selbst gelebt hat, dann ist die Zeit gekommen, nicht in erster Linie für andere, sondern für das andere Selbst zu leben, für sein höchstes und größtes.

225

Es gilt, das Ego aufzugeben, niederzuringen, bis es nicht mehr als eine bloße Möglichkeit ist.

226

Man kann dem Ego, sobald es diszipliniert, veredelt und spiritualisiert ist, einen vernichtenden Schlag versetzen.

227

Das Wirkliche Wesen ist nicht ein Ding. Das heißt aber nicht, daß es nichts ist. Der Mensch ist so angelegt, daß er normalerweise nur Dinge kennen kann. Soll er an GOTT herantreten, so ist er gezwungen, sein Ego-Selbst, sein individualisiertes Wesen, fahren zu lassen.

228

Die Begierde, das Leben im Ego fortzusetzen, enthält alle möglichen weiteren Begierden. Dies erklärt, warum der schwierigste aller Verzichte, um die man einen Menschen bitten kann, der Verzicht auf das eigene Ego ist. Er ist sogar gewillt, lieber Kasteiungen des Fleisches oder Demütigungen des Stolzes zu ertragen, als diese letzte und schlimmste Kreuzigung.

229

Wenn ihn das eigene Ego in zunehmenden Abständen anwidert, dann mag er darin ein gutes Omen sehen, daß er auf diesem Pfad vorankommt.

230

Jesu Erklärung, wer sein Leben rettet, verliert es, ist kompromißlos. Sie ist eine ewige und zugleich auch eine universelle Wahrheit. Nötig haben sie sowohl die Naiven als auch die differenziert Denkenden. Nur jene, die sich angesichts der zu diesen schwierigen Zeiten so großen Belastungen des Alltags brennend nach dem Frieden des Sich-selbst-vergessens sehnen, können anfangen, sich einen Begriff vom ersten schwachen Echo jener Zufriedenheit zu machen, die sich mit dem Verlust des Lebens einstellt. Einfacher gesagt bedeutet das, daß jene, die in irgendeinem tiefen, versteckten und grundlegenden Teil ihrer selbst nach Erlösung suchen, den festen Entschluß zu fassen gezwungen sind, daß die körperlichen, emotionalen und intellektuellen Tätigkeiten des persönlichen Selbst weniger zählen sollen. Dazu werden sie nur imstande sein, wenn ihr Wunsch nach Erlösung größer ist als jeder andere in ihrem Leben. Jesu Darlegung bedeutet, daß sie den Versuch machen sollen, das Leben, das in ihnen ist, von der außerordentlich engen Idee zu befreien, die das persönliche Ego um es spinnt und die es ausschließlich auf die körperlichen, emotionalen und intellektuellen Ebenen bannt, und daß sie es auch auf der intuitiv-spirituellen tätig werden lassen sollen. Es bedeutet, daß die unerbittliche Bedingung, die das Überselbst stellt, bevor es sich in seiner ganzen Schönheit, Großartigkeit, seinem ganzen Frieden und seiner ganzen Macht offenbart, darin besteht, daß sie dieses einseitige Interesse an den niedrigen Tätigkeiten dieser Welt, die sie so völlig in Anspruch nimmt, aufgeben sollen. Wenn dieser Verzicht bis an die Grenze des Rückzugs aus der Welt führt, müssen sie dazu bereit sein und die Folgen ertragen. Da es sich dabei aber grundsätzlich um eine innere Sache handelt, wird ein Mensch sich nicht notwendigerweise dazu veranlaßt sehen, diese äußerste Maßnahme zu ergreifen – solange er sein inneres Leben und Wesen auch beim Verkehr mit der Welt unverletzbar erhält.

Eine derartige Leistung scheint weit über das menschlich Mögliche hinauszugehen, und in der Geschichte finden wir tatsächlich nicht viele, die daran interessiert waren oder sie verwirklichen konnten, denn sie ist viel zu schmerzlich für das Ego. Indes sind hier die metaphysischen Wahrheiten von den aufeinanderfolgenden Wiedergeburten und der Unwirklichkeit der Zeit ein Trost. Die erste lehrt eine große Geduld, während die Menschen täglich an der Aufgabe der Selbsterneuerung arbeiten. Die zweite lehrt, daß das Überselbst selbst jetzt in allen zugegen ist, daß es im ewigen JETZT keine Zukunft gibt und die Möglichkeit seiner Verwirklichung theoretisch nicht unbedingt zu einer fernen Wiedergeburt gehört.

231
Der Versuch, das Ego zu unterwerfen, wird eher gelingen, als der Versuch, es zu erdrosseln.

232
Wenn es einen einzigen Geheimtip zur Entwicklung gibt, den uns der erfolgreiche Mystiker geben kann, dann den, daß das Ego aus uns fahren muß und wir aus ihm!

233
Der ernsthaft Forschende, den die Frage quält, wie er die Last der Verantwortung für sich selbst und der Pflicht gegen andere weiter tragen könne, wenn er das Selbst verachtet, muß sich noch eingehender mit der Lehre über diesen Punkt befassen.

234
Stellt das Ego DEM anheim, das über es hinausgeht!

235
Selbst wo man sich nicht mehr vor anderen fürchtet, sollte man sich nach wie vor vor sich selbst fürchten – so riet einer der Denker im alten Rom. Bis das Ego restlos erobert ist, ist Wachsamkeit stets vonnöten.

236
Die Weisheit des vierundsechzigsten Psalms – „Sei still und wisse, daß ich Gott bin" – mag durch einen Versuch auf die Probe gestellt werden. Denn im Schweigen des Egos wird die Offenbarung geflüstert, auf die wir alle warten.

237
Wer genug Selbstachtung hat und erkennt, er könnte (und sollte) ein besserer Mensch werden, wird die Entdeckung machen, daß die Linie der Selbstverbesserung bis ins Unendliche reicht. An welchem Punkt soll er aufhören? Denn gleich wie sehr er das Ego verfeinert und vervollkommnet, zum Schluß muß es sich dem Überselbst ausliefern.

238

Gebt die äußeren Illusionen auf und gewinnt die innere Wirklichkeit! Hört auf, den Körper als das Selbst zu erachten und erringt das Gewahrsein des Überselbst!

239

Hat das Werk der Läuterung hinreichende Fortschritte erzielt, dann muß mit dem Werk der Entledigung vom Egoismus begonnen werden. Es soll durch Reflexion *und* während des Handelns, durch Meditation *und* durch Wachsamkeit ausgeführt werden.

240

Alles und jedes mag in die Dienste des Egos gestellt werden und es fetter machen. Und doch mag es – auf die richtige Weise von innen her betrachtet – auch dazu beitragen, daß es schrumpft. Die besondere Aufgabe der der Wahrheit Verpflichteten besteht darin, diesen Weg aufzuzeigen.

241

Jedesmal, wenn man dem Impuls, aus Zorn zu handeln oder dem Drang giftiger Schelte widersteht, widersteht man dem Ego. Das gesammelte Ergebnis vieler solcher Kasteiungen soll das Ego verdünnen und das Heranrücken der Stunde seiner endgültigen Zerstörung beschleunigen.

242

In jenem Augenblick, in dem wir unsere egoistischen Tendenzen der durch das IDEAL auferlegten Selbstzucht unterwerfen, verdünnen wir das Ego und öffnen dem Licht der WAHRHEIT das innere Wesen.

243

Ich sage nicht, man solle den vergeblichen Versuch anstrengen, das Ego auszurotten, sondern vielmehr seine Tyrannei.

244

Man wird Kraft brauchen, um sich von der Masse abzusetzen, mehr Kraft, den Schmeicheleien der Welt zu widerstehen und nicht an ihrem Überfluß teilzunehmen, aber das eigene Ego zu leugnen und sich von ihm zu befreien, wird einen die meiste Kraft kosten.

Das Gebot Jesu besagt, man solle das alte Selbst aufgeben, damit man ein neues finde, man solle sich als ein denkendes Tier verlassen, damit man sich als ein von der Intuition gelenktes erleuchtetes Wesen wiederfinde.

246

Bedenkt die Beziehung, in der unser Körper zu seinen Eltern steht. Während seiner Kindheit wurde er von jenen Eltern genährt, gekleidet, beschirmt und geschützt, solange er bei ihnen blieb und diese Vorteile von ihnen erwartete. Wenn er von ihnen wegrennen und sie verlassen würde, würde er wahrscheinlich einige oder alle von ihnen verlieren; vor allem aber würde er die damit einhergehenden sichtbaren Wahrzeichen der Liebe verlieren. Der endliche Geist, das, was im Körper weilt, steht in der gleichen Beziehung zu seiner eigenen Eltern-Quelle, dem unendlichen GEIST-GOTT. Wenn er im Herzen und Tätigsein von jener Quelle abirrt, sieht er sich auf die eigenen kleinen, beschränkten und ungestützten Hilfsquellen angewiesen. Von da an ist sein Leben von Gefahren überkommen, von Schwierigkeiten gezeichnet und von Irrtümern überschattet. Wenn er aber aufwacht, seine Fehler eingesteht und zurückkehrt; wenn er anfängt, dem höheren Willen seinen persönlichen Willen durch Glauben, Gebet, Handeln und Meditation zu überantworten; wenn er täglich nach Lenkung und Kraft aus der SEELE trachtet, dann beginnt Hilfe in sein Leben zu kommen.

247

Was bedeutet die Parabel vom verlorenen Sohn, außer daß er der MENSCH ist, der sich selbst abtrünnig geworden ist und sich von der Spreu des irdischen Lebens ernährt, wo ihm doch das Brot des Überselbst angeboten wird?

248

Je weniger man gewillt ist, die Urteile und Begierden des Egos aufzugeben, umso länger werden seine Schmerzen fortdauern.

249

Man lernt, auf das Ego zu trampeln, dessen Stolz beiseite zu schieben und dessen Leidenschaften zu widerstehen.

250

Ihr werdet gerettet werden, indes nicht durch die Schmerzen eines Menschen, den man vor zweitausend Jahren an ein Holzkreuz schlug, vielmehr durch eure eigenen Leiden, wo euer Ego sich heute aus freiem Willen selbst ans Kreuz schlägt.

251
Der drängend aggressive Wille des persönlichen Egos soll durch den passiven, überantworteten Willen eines botmäßig gemachten Egos ersetzt werden.

252
Je tiefer man sich in sein innerstes Wesen zurückzieht, umso weiter zieht man sich aus dem persönlichen Selbstsein zurück.

253
Züchtigt das Ego, seid hart gegen es, drückt es nieder, bis an den Rand der Zermalmung. Eine solche Tätigkeit hat durchaus ihren Nutzen.

254
Man muß den Mut schaffen und die Wirklichkeitsnähe, um den wahren Tatsachen über sich selbst ins Gesicht zu sehen und muß den hochfährtigen Anmaßungen des eigenen Egos endlich einmal einen Riegel vorschieben.

255
Wir sind gezwungen, durch das Leben des Egos zu gehen, aber nicht, wie Sklaven an es gekettet zu sein.

256
Wir alle suchen uns selbst zu erfüllen, jeder auf seine eigene Weise. Laßt uns nicht blind suchen, sondern laßt uns so voll bewußt als möglich versuchen, das, was wir tun, von einer Warte zu sehen, die über das Persönliche hinausgeht.

257
Akhlar-I-Jalali, ein Sufi-Mystiker, sagte, „ein kleiner Schritt über mich selbst hinaus, war alles", was er zur Erlangung der Erleuchtung für notwendig hielt.

258
Das Ego muß mit seiner Arroganz aufhören und seine Unabhängigkeit aufgeben. Es muß sich führen lassen.

Krankheitssymptome lassen sich lindern, vielleicht hören sie sogar völlig auf, ohne die Ursache für die Krankheit zu beseitigen. Genauso verhält es sich mit dem Ego. Solange es das Bewußtsein beherrscht, solange kann jeder körperliche, emotionale oder intellektuelle Wandel nicht tief genug greifen. Es bedarf einer radikalen Umwälzung: Die Vorherrschaft des Egos muß einfach schwinden.

260

Den Geist all seiner Inhalte zu entleeren, ist an sich ein bewundernswerter Vorgang und wegen der Vorteile lohnt sich der Versuch. Philosophisch gesehen stellt er indes nicht einen hinreichenden Vorgang dar. Er vergißt den Ausführenden – das Ego. Auch es sollte zusammen mit seinen eigenen Gedanken ausgeleert werden.

261

Es muß, ob in dieser oder einer späteren Geburt, eine Zeit kommen, da das Ego gezwungen ist, seinen Kampf aufzugeben, der gleichzeitige ein Kampf mit sich selbst und ein Kampf mit der Höheren Macht ist.

262

Jede Erfahrung in dieser wirren Welt stellt eine Chance dar, uns weiter von unserer üblichen Selbstsucht zu entfernen.

Ihre Schwierigkeit

63

Allem darüber Gesagten und Geschriebenen zum Trotz, gelingt die volle mystische Überantwortung des Egos nur einigen wenigen Menschen.

264

Diese aus Unwissenheit erworbene und aus Gewohnheit aufrechterhaltene Vorstellung vom Ego fährt das ganze Leben über so unverrückbar fort, daß der Durchschnittsmensch sich trotz des Kummers und Leids, die sie ihm ständig zufügt, völlig außerstande sieht, sie zu ändern.

265

Nur die tiefste Art von Reflexion oder die erregendste Art mystischen Erlebens oder die zwingende Kraft der Offenbarung eines Propheten, vermag einen Menschen zu der großartigen Entdeckung zu bringen, daß sein persönliches Ego nicht den wahren Mittelpunkt seines Wesens darstellt.

266
Der Rückzug aus den Sinnen ist schwierig, der aus den Gedanken noch schwieriger, aber der Rückzug aus dem Ego stellt die schwierigste aller Yoga-Übungen dar.

267
Eine zeitlich begrenzte Pause vom Ego zu erlangen, ist für alle Jünger dann und wann möglich, es aber endgültig abzustreifen, ist nur für jene seltenen Menschen möglich, die im Begriff sind, ein Weiser zu werden.

268
Wenige Menschen sind sich ihres eigenen Egoismus gewahr, noch wenigere verstehen ihn, und verschwindend wenige unterziehen sich der Aufgabe, ihn zu besiegen.

269
Der Unterschied zwischen der sonntäglichen Frömmigkeit des normal Religiösen und dem verneinenden Kampf eines strebsamen Philosophen ist so groß wie der Unterschied zwischen einer Theaterlandschaft und einer wirklichen.

270
Es erfordert übermenschliche Kraft, die selbstauferlegte Zucht zu üben, getrennt von den Begierden des Egos zu leben.

271
Sollte einer den Versuch machen, das zu widerlegen, was den stärksten Teil seiner selbst darstellt – das Ego – so stellt er wahrscheinlich fest, wie stark verhaftet seine Begierden sind. Er hat den Gegenstand seiner Aufmerksamkeit von der weltlichen auf die spirituelle Ebene verlagert, indes ist das Ego nach wie vor tätig. Wenn seine Meditationen an die Schwelle der WAHRHEIT gelangen, macht er entsetzt halt, weil er das Gefühl hat, sein eigentliches Selbst zu verlieren. Das Thema, das ihn wirklich interessiert, ist seine kleine persönliche Welt.

272

Es ist dumm und sinnlos, einem Menschen zu raten, er solle bei der Erwägung einer Situation, die eine moralische Beurteilung erfordert, immer das Ego beiseite schieben. Das ist so, als ob man von ihm verlangen würde, sich an den eigenen Hosenträgern aufzurichten.

273

Der eine sucht, sich von dem einen, der andere sucht, sich von dem anderen zu lösen, wer sich aber von seinem Ego zu lösen trachtet, der hat sich das höchste – und das schwierigste – Ziel gesteckt.

274

Für den Ungeschulten ist es nicht leicht zu unterscheiden, welche unter den vielfältigen Inhalten seines Bewußtseins aus dem Überselbst stammen und welche aus dem Ego.

275

Da ist man der Meinung, man überantworte sich seinem Höheren Selbst und überantwortet sich die ganze Zeit über doch nur dem eigenen Ego.

276

Jedesmal, wenn ich daran denke, wie schwer es ist, das Ego zu überwinden, wie vergeblich, die Menschen aufzufordern, sich einer allem Anschein nach so hoffnungslosen Aufgabe zu unterziehen, bleibt mein Schreibstift wie gelähmt stecken.

277

Nur wer unablässig danach trachtet, sein persönliches Ego auszulöschen, kann wissen, was für eine langwierige, beschwerliche Arbeit es notgedrungen ist. Denn sie erfordert nicht nur eine absolut ehrliche Selbstuntersuchung, sondern auch eine von völliger Bescheidenheit geprägte Einstellung.

278

Wo das Ego eines Menschen in Eitelkeit entbrannt ist, kann nichts für ihn getan werden. Dann muß er bei der Auswirkung seiner Eitelkeit Nachhilfeunterricht nehmen – der letzten Endes nur schmerzlich sein kann.

279

Zieht in Betracht, daß die Tätigkeiten des ganzen Tages den Sorgen oder Interessen des Egos dienlich sind und von ihm ausgehen! Dann macht euch klar, wie schwer es sein wird, die Loslösung von ihm sicherzustellen.

280

Der Irrtum liegt darin, daß ihr glaubt, diese Erfahrung würde euch ein für allemal von der eigenen niederen Natur erlösen oder euch auf Dauer in eurer höheren verankern.

281

Wenn sich der rastlose Geist des Menschen schon so schwer zähmen läßt, dann läßt sich sein Ego noch schwerer in Ketten legen.

282

Wie oft verachtet der Kandidat sein Ego, aber wie selten gelingt es ihm, es fahren zu lassen!

283

Das Ego steckt so voller Hinterhälte und Tücken, verteidigt seine Irrtümer und Sünden so prompt, daß der Kampf gegen es ein langwieriger, extremer sein muß.

284

Das Ego leistet den ganzen Weg entlang Widerstand, zieht jeden Meter seines Vorstoßes in Zweifel und läßt sich ohne ständiges Ankämpfen gegen seine Verräterei und Irreführung nicht bezwingen.

285

Das Gemisch aus Gedanken und Gefühlen, zusammen mit dem Körper, das ein Mensch für sich selbst hält und die Identität darstellt, die er akzeptiert, läßt sich nur unter Schwierigkeiten absichtlich „und in der Vorstellung" in einen Zustand der Vergessenheit und Unbewußtheit bannen. Noch schwieriger wäre es, alle Bindungen an die eigene Person aus dem Bild zu bannen und die Attribute des Bewußtseins in es zu stecken.

286

Es ist bekannt, daß Männer im Krieg, beim Angriff auf andere, einen ungeheuren Mut bewiesen haben, aber wenn es darum geht, eine andere Sorte Feind – sich selbst oder vielmehr jenen gemeineren und beschämenderen Teil – anzugreifen, kneifen sie.

287

Das Leben muß dem Ego nur allzuoft böse mitspielen, bevor sein Selbstvertrauen zerstört werden kann.

Das Ego korrumpiert spirituelle Bestrebungen

288

Das Ego ist schlau, kaum wahrnehmbar, heimtückisch. Selbst wenn der Kandidat eine gröbere Art von Leben längst hinter sich gelassen hat, unterwandert es seine Gebete und Meditationen und mischt sich in einen Großteil seines inneren Werkes ein.

289

Wie leicht verkleidet sich das Ego als ein ernsthafter spiritueller Sucher!

290

Solange das Ego eure spirituellen Tätigkeiten beherrscht oder sich hinter ihnen versteckt, solange sind sie, was das Zuteilwerden eines erfolgreichen Aufleuchtens betrifft, umsonst. Aber was z.B. die Verbesserung des sittlichen Charakters oder die Beschaffung intellektueller Informationen betrifft, sind sie freilich nicht nutzlos, sondern, im Gegenteil, von großem Wert.

291

Gleich, wie vorsichtig man zu sein versucht, die Anstrengung, die persönliche Voreingenommenheit für das Ego abzubauen, mag nur dazu führen, daß man sie von der gröberen auf eine subtilere Ebene überträgt. Und je größer das kritische Vermögen bei anderen ist, umso blinder ist der Geist für den eigenen Egoismus.

292

Um euch weiterhin an euch selbst zu binden, wenn auch auf eine subtilere Art, wird sich das Ego eben jene spirituellen Übungen zunutze machen, mit denen ihr zu entrinnen hofftet.

293

Wenn das Ego nicht mehr imstande ist, euch durch eure tierischen Instinkte zu halten, wird es sich als euer höheres Selbst ausgeben, euch ob eurer erhabenen Bestrebungen schön tun, sich in eure Intuitionen einmischen und euch selbst im Gebet oder in der Meditation zu hintergehen suchen.

294

Es gibt heutzutage sehr wenige, die ihr „Ich" transzendiert und DAS erlangt haben, was hinter ihm liegt. Nahezu das ganze derzeitige glatte Geschwätz von spirituellen Dingen und fast alle neumodischen inserierenden Lehrer und Propheten spiritueller Erfahrung, legen ein innerliches Zeugnis von der versteckten Gegenwart des Egos ab, was immer die äußeren Zeichen sein mögen.

295

Das Ego kann unter vielen Lügen, Illusionen oder Vorwänden Schutz suchen – und sie sind sowohl spiritueller als auch weltlicher Art.

296

Endlos ist die Prozession von Illusionen, durch die der Mensch sein Ego am Leben erhält. Ihre Beschaffenheit wird zunehmend subtiler, ihre Qualität feiner, sie steigen sogar von der materialistischen Ebene zur spirituellen auf, aber das ändert nichts an ihrem trügerischen Charakter.

297

Bei beiden, dem Unerleuchteten und dem spirituell Bestrebten, ist das Bewußtsein angefüllt mit der Struktur egozentrischer Interessen, Bindungen, Tendenzen und Emotionen. Beim spirituell Strebenden ist es entweder nur inhaltlich erweitert worden und erstreckt sich auch auf religiösen Glauben und Dogmen, religiös-mystische Erfahrungen und Gefühle, oder es hat sich verengt und dient asketischen Leistungen und fanatischen Handlungen.

298

Oft mögen den Suchenden Botschaften aus seinem höheren Selbst heimsuchen, Botschaften, die einen Rat enthalten oder warnen, Anweisungen geben und inspirieren; und doch mag er sie nicht richtig empfangen. Wenn sich seine Emotionen nicht störend einmischen, dann womöglich sein Intellekt; wenn nicht seine Begierden, dann vielleicht seine Vernunft. Aber hinter allen diesen Störungen steckt das Ego, gelegentlich unverhüllt und leicht zu sehen, aber manchmal auch versteckt, verschwiegen und nur schwer aufzuspüren. Es lauert auf jede intuitive Botschaft, nimmt sie just im Augenblick ihres Zutagetretens in Beschlag, bestrebt, den Suchenden zu verfälschen und in die Irre zu führen.

299

Gerade, wenn er im Begriff ist, GOTT zu preisen und den GEIST zu loben, preist und lobt das Ego sich selbst – so hinterhältig ist die Doppelbödigkeit, mit der es einem Menschen einredet, er sei sehr spirituell oder werde sehr fromm.

300
Das Ego ist so gerissen, daß es sich jeder Stufe seiner inneren Entwicklung anpaßt und so imstande ist, in allen seinen Beziehungen und Tätigkeiten zu bleiben.

301
Sie suchen nach allerlei Fluchtwegen und bilden sich ein, der neue würde der letzte sein. Aber das ist eitler Selbstbetrug, solange das Ego erwartet, es könne die eigene Vorherrschaft aus eigenen Kräften brechen.

302
Durch das Wirken unvorhergesehener Ereignisse oder nicht angestrebter Erfahrungen werden wir teilweise vor uns selbst enthüllt als das, was wir schon immer waren, aber um das wir nicht immer wußten. Indes ist die Stärke und Tücke des Egos so groß, daß es sich – dem wirklichen Übeltäter – niemals eine Blöße gibt und uns die wirkliche Wurzel unserer Schwierigkeiten verschweigt. Es wird uns mit hochspirituellen Gedanken ganz in Anspruch nehmen, wird uns zu der selbstgefälligen Annahme verleiten, daß wir Fortschritte machen, uns aber nicht den wahren Feind – sich selbst! – sehen und zunichte machen lassen.

303
Genauso wie man schlechten Lebenslagen letzten Endes etwas Gutes abtrotzen kann und sie dazu dienen, den evolutionären Prozeß zu unterstützen, so macht die Machtergreifung und Hinterlist des Egos aus den guten Lagen etwas Schlechtes. Es wird gerade mit seinen spirituellen Bestrebungen gegen ihn arbeiten und sie pervertieren. Wenn man zum Beispiel ein kleines Maß an innerem Frieden gewinnt, mag sich ein großes Maß an Selbstgefälligkeit, Stolz oder gar Hochmut daruntermischen.

304
Wie leicht vermag sich das Ego in falsche Nächstenliebe zu kleiden oder hinter hochklingenden Worten zu verstecken! Wie schnell vermag es andere um des eigenen Vorteils willen auszunützen! Wie glatt vermag es eine echte Bestrebung auf einen Umweg zu führen oder, schlimmer, in eine Falle zu locken!

305

Hinter den meisten seiner Handlungen liegt Eigenliebe, sie verfolgt ihn sogar in das sogenannte spirituelle Gebiet, wo sie sich undurchdringlichere Masken aufsetzt.

306

Wird das Ego genötigt, sich zu verteidigen und seine Gepflogenheiten zu rechtfertigen, dann wird es sie rationalisieren und von ihrer „evolutionären Notwendigkeit" oder des Kandidaten „höherer Mission und historischen Aufgabe" sprechen. Dieses ganze Geschwätz stellt ein irreführendes mentales Gespinst dar und keinesfalls eine echte intuitive Lenkung. Der Kandidat, der seinen eigenen mental erfundenen Ausreden, Mutmaßungen, Einbildungen oder Alibis zum Opfer fällt, ist den Ränken des Egos auf den Leim gegangen. Anstatt es als die wirkliche Quelle seiner Schwierigkeiten anzuprangern, ist er so dumm und unterstützt es und macht den vergeblichen Versuch, dessen Fehler zu kaschieren.

307

Da hockt das Ego neben ihm und wartet, bis es dich unmerklich dazu bringen kann, daß du die falschen Entscheidungen fällst und die Dinge falsch auslegst, falls dich das daran hindert, in die Wahrheit hineinzuwachsen, und es dadurch die eigene Existenz schützen kann.

308

Klüger wäre es, selbst in seinen spirituellsten Bestrebungen, Reflexionen und Erfahrungen die Gegenwart des Egos zu vermuten.

309

Es ist zu erwarten, daß das Ego sich schützen wird, selbst wenn es so weit gehen muß, sich auf eine Suche einzulassen, die allem Anschein nach mit seiner eigenen völligen Erniedrigung endet.

310

Mit welcher Oberflächlichkeit übernimmt das persönliche Ego Ideen und Übungen, die zur Entfaltung der Unpersönlichkeit dienen.

311

Das Ego ist da, stets am Werk, selbst dann anwesend, wenn es abwesend sein soll.

Man wird dem Ego nicht so leicht entkommen. Überträgt sich sein Interesse auf die spirituelle Ebene, dann wird sich auch dessen Vorstellungskraft dorthin verlagern und ihm mit übernatürlichen Erfahrungen oder Visionen schmeicheln.

Das Ego wird zu allen möglichen Kunstgriffen greifen, um am Leben zu bleiben. Es wird sich sogar zu allen möglichen spirituellen Züchtigungen oder Maßnahmen bereit erklären, mögen sie noch so hoch klingen, nur nicht zu der einzigen, die ihm einen Todesstoß versetzen wird.

Kann dich das Ego nicht in formalen Schwächen gefangenhalten, so wird es sich erneut verkleiden und ihre Stärke in subtile und sogar spirituelle Kanäle lenken. Vermag es dich nicht an deinen offensichtlicheren Schwächen zu pakken, dann wird es sich an deine subtileren wenden; wenn es dich nicht durch seine Fehler zu fassen kriegt, dann durch deine vermeintlichen Tugenden. Mit all seiner Hintergründigkeit und Tücke macht es ihm nicht viel Mühe, deine glühendsten spirituellen Bestrebungen zu verhüllter Selbstanbetung zu pervertieren und deine spirituellen Erfahrungen zu unverhohlener Eitelkeit. Oder es wird sich dein Gefühl der Reue, Scham und Demut zunutze machen, um die Vergeblichkeit deiner moralischen Verbesserungsversuche und die Unmöglichkeit deiner spirituellen Bestrebungen zu unterstreichen. Wenn du der Doppelbödigkeit und Pervertiertheit solcher Gefühlslagen nachgibst, dann gibst du die Praxis der Suche sehr wahrscheinlich auf und läßt sie als etwas Theoretisches in der Luft stehen. Aber die Wahrheit ist, daß es sich dabei wirklich um eine falsche Scham und um eine falsche Demut handelt.

Das Ego wird sich sogar in dein spirituelles Werk und Streben einschleichen, mit dem Erfolg, daß du dir nur das aus der Lehre nehmen wirst, was deinen eigenen, persönlichen Zwecken förderlich ist und den Rest übergehst, oder daß du nur das nimmst, was dir persönlich behagt und dich der Rest abstößt.

Obgleich das Ego den Anspruch erhebt, einen Krieg gegen sich selbst zu führen, können wir gewiß sein, daß es nicht die leiseste Absicht hat, einen wirklichen Sieg zustandekommen zu lassen, sondern nur einen vermeintlichen. Der leichtgläubige Geist ist dieser Hintertriebenheit einfach nicht gewachsen. Dies ist ein Grund, warum so wenige von den vielen spirituellen Suchern wirklich die Vereinigung mit dem Überselbst erzielen, warum sich um selbstverblendete Meister in Kürze Anhänger scharen, während die wahren in Ruhe gelassen werden, ungestört von solchem Eifer.

317

Ununterbrochen erfindet das Ego Mittel und Wege, das Vorhaben der Suche zu vereiteln. Und wo es vorgibt, die Suche zu unterstützen und ihre Erfahrungen zu teilen, ist die Ausdauer und Hintertriebenheit, mit der es gegen sie arbeitet, größer als je zuvor.

318

Um die Wahrheit zu vermeiden, sagen sie ja zu ihren Nachahmungen.

319

Jener durchtriebene alte Fuchs, das Ego, ist sehr wohl imstande, sich auf jede Art von spiritueller Übung einzulassen und bei seinen spirituellen Bestrebungen jeden Grad von Wärme an den Tag zu legen.

320

Das Ego ist nicht geschrumpft, es hat lediglich seine Interessensgebiete vertauscht, selbst aber nichts von seiner vormaligen Stärke eingebüßt. Das Nichtweltliche ist in seine eigene Gerichtsbarkeit geraten, um der eigenen Entwicklung und der eigenen Macht willen.

321

Das Ego versorgt ihn nicht nur geflissentlich mit einem spirituellen Weg, der ihn einige Jahre ganz in Anspruch nehmen und davon abhalten soll, es bis in seine Höhle zu verfolgen; es versorgt ihn sogar mit einer spirituellen Erleuchtung, um ihm diesen Weg glaubwürdig zu machen. Muß gesagt werden, daß diese gefälschte Erleuchtung eine andere Schattierung der eigenen Verherrlichung des Egos ist?

322

Mit unmerklicher List stellt der Ego-Schatten seinen Anteil an der inneren Erfahrung oder der intuitiven Darlegung her, der sich unter den wirklichen höheren Anteil mischt.

323

Wenn das Ego seine Bestrebungen dadurch überlisten kann, daß es ihn zu falschen Lehrern lenkt, ihn mit zungenfertigen Scheinargumenten in die Irre führt oder ihn durch außergewöhnliche Emotionen mitreißt, wird es die Umstände so manipulieren oder die Situationen so auslegen, daß es dazu imstande ist.

324

Es entspricht dem beschränkten Maß der Entwicklung der Masse der Menschheit, daß die Volksreligionen, sowohl des Abend- als auch des Morgenlandes, dem Ego schmeicheln. Dies ist aus einer Vielzahl von Punkten zu ersehen, wie zum Beispiel aus der Lehre über das Gebet und den Zustand nach dem Tode. Nun hatten sich jene Religionen auf die weniger Entwickelten einzustellen, und infolgedessen trachteten sie in ihrer moralischen Zielsetzung danach, das Ego des Menschen dünner zu machen, da er nicht bereit war, den Versuch aufzugeben, es fortzusetzen.

325

Das Ego ist stolz auf die eigenen Anstrengungen und macht den Menschen glauben, es könne ihn deswegen zum gewünschten Ziel führen. Nach einer solchen Ansicht ist die Macht alles, die Kraft der Gnade nichts.

326

Die Tugenden, die es pflegt, mögen noch so fein sein, sie sind nach wie vor vom Ego gewählte und vom Ego entwickelte, nach wie vor egozentrisch – was vielleicht hilfreich ist, Jesu Feststellung auszulegen, daß unsere ganze Rechtschaffenheit für GOTT wie dreckige Lumpen ist.

327

Wo die Menschen die eigenen Begierden oder eigenen Annahmen fälschlicherweise für den Willen GOTTES halten, hat das Ego sein Tätigkeitsgebiet einfach vom Tierischen auf das Pseudo-Spirituelle verlegt.

328

Dem Schüler wird nahegelegt, sich vor dem eigenen Ego in Acht zu nehmen, das seine Eitelkeit und Anmaßung mit der falschen Vorstellung schüren mag, er sei wesentlich fortgeschrittener, als er es in Wirklichkeit ist.

329

Selbst wo der Kandidat den Sieg über die animalische Natur in sich errungen hat, sieht er sich häufig von der menschlichen Natur geschlagen, denn eben sein Sieg kann ihn spirituell hochmütig machen.

330

Die Menschen stellen ihre eigenen Interessen zufrieden. Sie mögen das mit hochtrabendem Gerede oder einfacher Heuchelei verdecken. Sie mögen den Versuch machen, andere oder sogar sich selbst mit einem äußerlich zur Schau gestellten Idealismus in die Falle zu locken.

331

Er hat es gut getan, aber nicht gut genug. Denn wenn der eine Teil seines Selbst aus Kräften bestrebt ist, seine Suche zu fördern, so verbaut ihr ein anderer – seine Eitelkeit – den Weg.

332

Eine gute spirituelle Technik mag dadurch verfälscht werden, daß man sie zu einer anderen Art von Bindung an das Ego verkehrt, eine unterschwellige, versteckte Methode, mit der der bewußte Geist hinters Licht geführt wird.

333

Meistens ist das Bild, das die durchschnittliche Person sich von einer gut entwickelten Spiritualität macht, besser als die Realität.

334

Trotz seines Eifers, sein Verhalten zu spiritualisieren, seine Handlungen zu veredeln und die Ebene seiner Bestrebungen zu erhöhen, vergißt das Ego niemals sich selbst.

335

Bei der Reise auf dem Langen Weg sitzt das Ego die ganze Zeit über im Sattel.

336

Der offen zerstörerischen Charakterzüge ist man sich häufiger und leichter gewahr, als der subtil egoistischen.

337

Ein Mensch vermag seine Selbstsucht mit in seine Regeln der Selbstzucht hineintrag, seine Ambitionen mit in seine höheren Bestrebungen und seine Eitelkeit mit in seine Meditationen. Die Ergebnisse werden das Ego nur anstacheln und nicht schwächen.

338
Das Ego schleicht sich in die Spiritualität ein und bewirkt, daß sie in ihrem Kontakt mit anderen auf ihren eigenen Vorteil bedacht ist oder ein kleinmütiges Verständnis für sie aufbringt.

339
Das „Ich" wappnet sich gegen alles, was den völligen Glauben an die eigene Wirklichkeit, Dauerhaftigkeit und Getrenntheit bedroht. Infolgedessen sieht es in metaphysisch-yogischer Beschäftigung eine Gefahr, die es durch Besitzergreifung und Inanspruchnahme zu beseitigen gilt. Eine derartige Beschäftigung wird alsbald mißbraucht, um dem Ego zu dienen und es zu stärken, während es das Ego bloßzustellen scheint.

340
Daß das Ego den Versuch macht, aus den ihm auferlegten Einschränkungen auszubrechen und so einen Rückfall herbeiführt, läßt sich nicht vermeiden. Seine natürliche Gier nach hemmungslosem Genuß gerät in Konflikt mit diesen Einschränkungen. Aus diesem Grunde sollte der Anfänger, der der Meinung ist, große Fortschritt gemacht zu haben, sich nicht zu früh freuen, andernfalls mag er feststellen müssen, daß seine Fortschritte längst nicht so solide sind, wie sie scheinen.

341
Wer in diesen Übungen nach eigenem Ruhm trachtet, mag ihn wohl finden, indes sperrt er damit die Gnade aus.

342
Er hat das Ego, das so selbstsüchtig und habgierig ist, das eine so arrogante Selbstgefälligkeit an den Tag legt und überhaupt nichts von seiner eigenen Quelle weiß, von seinen weltlichen Tätigkeiten auf seine spirituellen übertragen – das ist es, was er getan hat. Das Ego wird alles mögliche tun, um die eigene Existenz zu schützen und alle möglichen Mittel und Wege ersinnen, mit denen es die eigene Zukunft sichern kann. Das ist der Grund, warum der Mensch selbst selten eine Ahnung hat, was da vor sich geht, und warum das Schicksal ihn niederschmettern mag, um ihn aus seinem Schlaf zu rütteln. Fin-

det dieses Ereignis in seinen vergleichsweise jungen Jahren statt, wenn seine Kräfte stark sind, und nicht gegen Ende des Lebens, da sie nachgelassen haben und nicht mehr so wirksam sind, dann hat er schlechterdings Glück, wenn er auch zu diesem Zeitpunkt mit Sicherheit anderer Meinung sein wird.

343

„Diese Meine göttliche Illusion läßt sich schwer durchdringen", heißt es in der *Bhagavad Gita*. Jene, die meinen, es sei leicht und schnell getan, bewegen sich lediglich von einem Punkt in ihrem kleinen Ego zu einem anderen. Sie halten das Falsche für das Wahre, die Illusion des Lichtes für das LICHT selbst.

344

Solange die Verteidigungsmechanismen des Egos intakt bleiben, solange lebt der Mensch und alle seine spirituellen Erfahrungen in dessen Trugbildern. Sie mögen auffallend, dramatisch, erregend, verzückend und außergewöhnlich sein, aber sie fußen nach wie vor auf der Identifikation mit seinem kleinen persönlichen Bewußtsein.

345

Es ist die Sünde des spirituellen Stolzes, des Stolzes auf die Tatsache, daß man ein Sucher ist. Indes sieht man nicht, daß man fast immer im Mittelpunkt dieser Suche steht: *Seine* Beziehung mit GOTT ist es, auf die es ankommt. Stets dieses Sichfestklammern am Ego!

Demut ist vonnöten

346

Das Eingeständnis, Unrecht zu haben, erfordert eine Stimmung wirklicher Demut. Eine solche Stimmung wird einem in zweifacher Weise nützen. Sie wird eine falsche Richtung richtigstellen, und sie wird das fette Ego dünner machen.

347

Es wird eine Zeit kommen, da man sich selbst wird entrinnen müssen. Man wird lernen, den eigenen Stolz mit Füßen zu treten, die eigene Eitelkeit hinunterzuschlucken.

Er weiß, er hat die Pflicht, über sein kleines Ego hinauszusehen, sich irgendwie aus dem ununterbrochenen Verstricktsein in der eigenen Persönlichkeit zurückzuziehen, einzukehren. Wenn es ihm in diesen kurzen Zeiträumen gelingt, Unpersönlichkeit und Anonymität zu erlangen, wird die Nützlichkeit des Ergebnisses in keinem Verhältnis zu der geopferten Zeit stehen. Und wenn es ihn in der Gesellschaft auch bescheidener macht, so wird es ihn doch auf einen höheren Platz im Himmel heben.

349

Wenn ein Mensch GOTT die ganze Qual seines vergangenen Unglücks vergeben kann und wenn er anderen Männern und Frauen das Unrecht vergeben kann, das sie ihm zugefügt haben, dann erlangt er inneren Frieden. Denn das ist etwas, das das Ego nicht zu tun vermag.

350

Das Ego pocht mit kämpferischem Geschrei oder schlüpfriger Tücke auf die eigene ungehinderte Äußerung. Indes rät das von innen, durch Intuition, und das von außen, durch Andeutung, gebildete Ideal zur Zurückhaltung.

351

Lao Tse pries Bescheidenheit im sozialen Verhalten und an Schweigen grenzende Zurückhaltung im Gespräch mit anderen. Beide Ratschläge waren als Hilfe gedacht, das Ego in seine Schranken zu weisen und demütig zu machen.

Sehnsucht nach Freiheit vom Ego

352

Die Sehnsucht, von der sich der Suchende ergriffen weiß, erklärt sich aus dem, was das Überselbst ist und aus dem, was das Ego nicht ist. Die Reaktionen zwischen ihnen sind widersprüchlich. Das Ego fühlt sich angezogen durch einen evolutionären Zwang außerhalb seiner selbst, aber gleichzeitig auch abgestoßen durch seinen eigenen Selbsterhaltungstrieb. Deswegen ist die Sehnsucht nicht stets vorhanden: Es tauchen immer wieder Konflikte auf, und der Kampf muß erneut begonnen, der Sieg erneut errungen werden.

353

Der in der Sehnsucht, unter keinen Umständen wiedergeboren zu werden, in der Sehnsucht nach dem Frieden des Nirvana zutagetretende Lebensüberdruß, mag daher rühren, daß man ein zu tiefes Leid ertragen hat. Indes mag er auch daher rühren, daß man sich während einer Reihe von Inkarnationen, die weitaus länger war als die durchschnittliche, an allen Arten von Erlebnissen sattgegessen hat. Dann handelt es sich dabei in Wirklichkeit um den Wunsch, das müde Ego auszulöschen.

354

Wird, so mag man sich fragen, wird wohl je der Tag kommen, an dem das Ego nicht mehr weiter weiß und still und reglos liegt?

355

Es liegt die Ironie und Tragödie des Lebens darin, daß wir seinen streng begrenzten Anteil an Jahren mit dem Verfolgen von Zielen aufbrauchen, die wir später als wertlos erachten und mit Wünschen, deren Erfüllung, so stellt sich heraus, mit Schmerzen einhergeht. Der Sterbende, der zurückblickt und den Film seiner Vergangenheit vor seinen geistigen Augen sich abspulen sieht, entdeckt diese Ironie und empfindet diese Tragödie.

356

Wenn man entdeckt, daß man selbst damals, als man der Meinung war, man folge dem höheren Willen, in Wirklichkeit dem eigenen gehorchte, fängt man schließlich an, das Ausmaß der Macht des Egos zu begreifen, wird einem schließlich klar, wie lange es dauern wird, bis es besiegt ist, und was man wird ertragen müssen, bevor es vollbracht ist.

357

Eines Tages wirst du das Ego restlos satt haben, wirst du erkennen, mit welcher List und Heimtücke es in alle deine Tätigkeiten eingedrungen ist, wie du selbst in vermeintlich spirituellen oder altruistischen Tätigkeiten lediglich für das Ego tätig warst. Angeekelt von deinem irdischen Selbst wirst du darum bitten, von ihm erlöst zu werden. Du wirst erkennen, wie es dir in der Vergangenheit Fallen gestellt hat, wie es deine ganzen Jahre nur für seine Wünsche in Anspruch genommen hat, wie du es aufrechterhieltest, es nährtest und es dir lieb und teuer war, selbst wo du meintest, dich selbst zu spiritualisieren oder anderen zu dienen. Dann wirst du inbrünstig darum beten, von ihm befreit zu werden, wirst du eifrig danach trachten, dich zu *dis-*

identifizieren und dich danach verzehren, im Nichts GOTTES verschluckt zu werden.

358

Wenn der Wunsch nach Nicht-Existenz so dauerhaft wird wie es einst der Durst nach den vielen irdischen Leben war, wenn man mit Georg Darley, einem am Anfang des neunzehnten Jahrhunderts lebenden Dichter, sagen kann: „Und dort will ich mich niederlegen/In meinem eigenen ersten Nichts", dann ist man eine alte Seele geworden.

359

Deprimiert wird man die Entdeckung machen, daß man, als man bei der Überwindung des Egos von Gipfel zu Gipfel zu klettern glaubte, in Wirklichkeit im Tal im Kreis lief – so groß ist dessen Macht, einen zu täuschen. Und als man glaubte, aus dessen Ketten befreit zu werden, rasselte man damit lediglich in einem anderen Teil des Kreisbereichs! Diese traurige Entdeckung, daß man nach allen diesen Jahren mühseligen Strebens nach wie vor ein Gefangener ist, wird einen melancholisch-nachdenklich stimmen. Dennoch stellt die Bewußtwerdung dieser Tatsache selbst einen Sieg über die Täuschung dar und sollte dazu benützt werden, gegen seine Traurigkeit anzukämpfen. Denn von nun an wird man bei seinen Fluchtversuchen besser erkennen können, welche Schritte die falschen und welche die richtigen sind, und wird darüber hinaus auch eher bereit sein, in dieser Sache, die man, wie man erkennt, allein kaum bewältigen kann, außerhalb der eigenen Person nach Hilfe zu suchen.

360

Die ganze Sehnsucht des Menschen, dem Gefängnis des Egos zu entrinnen und das *ICH BIN* in sich zu erreichen, spiegelt sich in seinen Experimenten mit Alkohol, Drogen, Sex, Abenteuer oder Ehrgeiz wider.

361

Der Impuls, der die Menschen dazu treibt, die Wahrheit zu suchen oder GOTT zu finden, kommt aus etwas, das höher ist als ihr Ego.

362

Deine Suche hat ihr Ziel erreicht, wenn das Ego durch die Gnade des Überselbst schließlich ganz und gar von dem Wunsch nach der eigenen Auslöschung durchdrungen ist und diese mit Erfolg erlangt, und es nicht, wie bisher, auf die eigene Verherrlichung pocht.

363

Der Wunsch zu sterben, wenn Schmerz und Leid unerträglich scheinen, ist im Grunde ein Wunsch, aus der individuellen Wesenheit entlassen zu werden.

Die notwendigen Kenntnisse

364

Wenn wir die Tatsache, daß uns die Kraft innewohnt, Kanäle für die höhere Macht zur Verfügung zu stellen, zuerst verstehen und dann verwirklichen können, können wir uns über die Schwierigkeiten hinwegsetzen, mit denen das kleine und beschränkte Ego nicht fertig werden konnte.

365

Der Versuch, das Ego in Schranken zu halten, es zu schmälern, zu züchtigen oder zu läutern, stellt zweifellos eine hervorragende Anstrengung dar. Indes ist diese nur eine Vorbereitung und kann nicht allein Erleuchtung bringen. Sie stellt darüber hinaus auch eine Vorbereitung dar, die allem Anschein nach niemals zu Ende kommt. Sobald man sich eines Fehlers entledigt, reckt ein neuer, durch neue Umstände oder Entwicklungen geschaffen, den Kopf. Was also wirklich erforderlich ist, ist die Auflösung des Egos. Indes läßt sich diese erst herbeiführen, wenn man ein gewisses Verständnis erlangt hat, was das Ego wirklich ist.

366

Es ist nicht damit zu rechnen, daß man sich von der falschen Identifikation mit dem Ego lossagen kann, bevor man restlos von der Unwirklichkeit des Egos überzeugt ist.

367

Der Schüler, der den Wunsch hat, sich über rein papageienhaftes Bücherauswendiglernen fortzuentwickeln, wird seinen Geist mit dieser großen Wahrheit von der Unwirklichkeit des Egos füllen, wird jeden günstigen Augenblick wahrnehmen, ständig darüber nachzudenken und sie regelmäßig mit in seine formellen Meditationssitzungen bringen. Er wird aus jedem möglichen Winkel an sie herantreten und jede mögliche Seite von ihr studieren.

368

„Überantworte dich" – so lautet das ewige Gebot aller großen Propheten.

Warum dies ihr Leitwort war, können wir erst verstehen, wenn wir das Wesen des Selbst verstehen, über das sie sprachen. Es steckt in jedem Menschen ein falsches Selbst, das Ego, und ein echtes – das ÜBERSELBST.

369

Das Ego verstellt den Weg: Seine eigene Gegenwart macht das Gewahrsam der Gegenwart des Überselbst zunichte. Das muß aber nicht so sein. Ein richtiges und tiefschichtigeres Verständnis von dem, was das Selbst ist, der richtige Ausgleich zwischen dem Individuellen und Universellen im Bewußtsein, – das wird Erleuchtung bringen.

370

Dem Mystiker obliegt es, sich zuerst eine Kenntnis von den Gesetzen der Psyche des Menschen zu verschaffen, erst dann wird er verstehen können, was ihm widerfährt.

371

Fängst du an, die eigenen Fehler sehen zu können, dann fängst du an, selbstgewahr zu sein.

372

Zu erkennen, was dein wirkliches „ICH" nicht ist, heißt einen ersten und überaus wichtigen Schritt zur Erkenntnis zu tun, was es wirklich ist. Das hat tatsächlich eine befreiende Auswirkung.

373

Als erstes gilt es, die Rigidität des Egos zu überwinden: Es sperrt das Bewußtsein in sich selbst ein. Vermag man sich der eigenen Gefangenschaft *gewahr* zu werden, so fängt man an, sich von den Tendenzen und Impulsen zu befreien, aus denen es sich zum großen Teil zusammensetzt.

374

Ihm obliegt es, die Fehler jener instinktiven egoistischen Reaktionen mental richtig zu stellen, auf die ihn die philosophische Disziplin aufmerksam machen wird – ein Gewahrsein, das ganz bald nach ihrem Eintreten kommen mag oder viel später.

375

Wer sein Ego schließlich als etwas Häßliches und Wertloses erkennt, seinen spirituellen Weg als Selbstverherrlichung, der hat einen ungeheuren Schritt nach vorn getan.

376

Nur wenn das Ego aufhört, irgendeine Existenz für uns zu haben, können wir es transzendieren. Nur wenn wir aufhören, an seine Wirklichkeit zu glauben, können wir die Bindung an es verlieren.

377

Man muß sich selbst betrachten, ohne sich dabei vom Ego hindern zu lassen.

378

Am Anfang muß man lernen, daß das Ego der wahrhaft geringere Teil seiner selbst ist, daß man es als einen willfährigen Diener in seinen Schranken niederhalten muß, seine Begierden gründlich überprüfen und zügeln oder gar verneinen muß, seine Illusionen zu entlarven und auszuräumen hat.

379

Wir fangen mit dem Verständnis des Egos an – ein Werk, das Geduld erfordert, weil das Ego viel verbirgt, es eine Maske trägt oder getarnt ist. Wir enden mit der Befreiung von ihm.

380

Es ist leicht, einige der Bindungen zu erkennen, aus denen man sich zu lösen hat, – die gierigen Gelüste und Gefräßigkeiten – aber es ist nicht so leicht, die subtileren zu erkennen. Diese fangen mit dem Gebundensein an die eigenen Ideen, die eigenen Überzeugungen an; enden tun sie mit der Liebe zum eigenen Ego.

381

Mangelnde Einsicht ist die Ursache der nachhaltigen Macht, die die Ego-Illusion über uns ausübt. Wenn wir einsehen, daß die Wirklichkeit jenseits des Spekulativen liegt, büßen unsere intellektuellen Nachforschungen ihre Nützlichkeit und ihren Wert ein und sterben ab; der Geist wird ungestört und ruhig.

382

Das Bild, das du dir von dir selbst machst, mag dich weiterhin fesseln, aber es mag auch zu deiner Befreiung beitragen.

Die meisten Menschen existieren in und aus ihrem Ego und verlangen nicht mehr vom Leben. Wenn die Intuition aber schließlich durchzubrechen vermag oder die Vernunft sich allmählich bis zu den tiefsten Schichten durcharbeiten kann, finden sie heraus, wie kindisch eine derartige Haltung, wie groß ihr Mangel an wahrer Reife ist.

384

Sowohl Shankara als auch Ramana Maharshi prangern die Identifikation mit dem Körper als Unwissenheit an, die, wie Shankara feststellt, zu „keiner Hoffnung auf Befreiung" führt, und in der Ramana „die Wurzel aller Schwierigkeiten" sieht. Was sie sagen, ist unstreitig der Fall. *Aber was kann am Anfang anderes geschehen, außer dieser Identifikation?* Sie ist die erste Art von Identifikation, die jeder kennt. Der Fehler besteht darin, daß man an diesem Punkt stehenbleibt und nicht weiter nachzufragen versucht. Wenn man das täte – langfristig, mit unermüdlicher Ausdauer, ohne locker zu lassen – würde man früher oder später auf die Wahrheit stoßen: dann würde Wissen den Platz der Unwissenheit einnehmen.

385

Wohltätigkeit, Dienst am Nächsten, Hilfsbereitschaft, Charakterbildung – alle derartigen Tätigkeiten sind gut, aber sie fassen das Ego als eine gegebene Tatsache auf und lassen es so stehen. Sie sind willens, das Ego zu zügeln, zu züchtigen, zu berichtigen, besser zu machen, zu verfeinern und zu läutern, aber seine permanente und wirkliche Existenz wird nicht nur als wahr akzeptiert, sondern auch als ein Teil der Dinge, die in der Natur vorkommen.

Verfolgung der Spur des Egos bis zu seiner Quelle

386

Solange wir darauf bestehen, des Egos eigene Bewertung als das wirkliche SELBST für bare Münze zu nehmen, solange sind wir unfähig, die Wahrheit über den Geist zu entdecken oder in seine geheimnisvollen Tiefen einzudringen. Es ist ein Hochstapler, aber solange keine Nachforschungen angestellt werden, behält es den Status des wirklichen SELBST bei. Ist erst einmal mit einer Erforschung seiner wahren Natur begonnen worden, und setzt man sie solange als nötig fort, dann mag diese Identifikation mit dem Ego abklingen und dem Höheren weichen.

Die Spur des Egos bis in seine Höhle zu verfolgen bedeutet, seine offenen und versteckten Manifestationen zu beobachten, ihre ewig sich wandelnde Vergänglichkeit zu analysieren, zu verstehen und zur Kenntnis zu nehmen. Zuletzt stellt sich heraus, daß es auch nur eine Gedankenstruktur ist – leer und wie alle Gedanken der Auflösung fähig.

388

Dergestalt sind die Forderungen des persönlichen Selbst, daß sie mit Sicherheit nie zu Ende kommen werden, wenn wir sie nicht an ihrer Quelle zum Stehen bringen. Und diese Quelle ist unser angeborener Glaube an die Wirklichkeit des persönlichen Egos.

389

Systematische Selbstzüchtigungen mögen das Ego schwächen, mögen es an irgendeinen Kodex binden oder an irgendein Ideal, mögen es auf irgendeine Art beeinflussen; aber bei dem, der sich nach wie vor von dem alten gleichen Meister beherrscht sieht, dem gleichen alten Ego, rufen sie nicht eine grundlegende Veränderung hervor. Diese Systeme mögen das Selbst sogar für eine gewisse Zeit unterdrücken, aber das ist etwas anderes, als dem Selbst klar gegenüberzustehen und es mit einem aus Einsicht rührenden Verständnis zu durchdringen; noch können sie dieselben anhaltenden Ergebnisse zeitigen.

390

Sei still und wisse! Dies erfordert, die Kunst der Meditation bis tief in ihre zweite Stufe zu üben und das Ego dann – früher kann es nämlich nicht richtig getan werden – bis in seine verborgene Höhle zu verfolgen. Hier muß man ihm ins Auge sehen. Still zu sein beinhaltet, daß man die mentale Stille erlangt, ohne die das Ego auf seine hintertriebene Art weiter wirkt und ihn in seinen Machtbereich bannt. Zu erkennen beinhaltet, daß man in die geheimnisvolle Quelle des Egos eindringt, wo es, eingelullt und geschwächt, konfrontiert und getötet werden kann.

391

Das Ego verbirgt sich stets und verstellt sich häufig. Es ist ein durchtriebenes Geschöpf, zeigt niemals das eigene Gesicht, so daß selbst wer seine Herrschaft zu zerstören bestrebt ist, mit Leichtigkeit getäuscht und dazu gebracht werden kann, alles andere nur nicht das Ego anzugreifen! Daher besteht die erste (wie auch die letzte) wesentliche Erkenntnis, die man braucht, um seine

Spur bis in sein Versteck zu verfolgen, darin, wie es zu erkennen und zu identifizieren sei.

392

Wenn der große Kampf vorbei ist, wird das Überselbst ihm sein Ego zurückgeben, ohne ihm dessen Vorherrschaft zurückzugeben.

393

Alles, was wir tun, sagen, fühlen und denken, bezieht sich auf das Ego im Hintergrund. Wir leben an seinen Pflock gefesselt und bewegen uns im Kreis. In Wirklichkeit ist die spirituelle Suche ein Versuch, aus diesem Kreis auszubrechen. Aus einer anderen Sicht stellt sie einen langwierigen Aufdeckungsvorgang dessen dar, was von unserem Ego mit seinen Begierden, Emotionen, Leidenschaften, vernunftmäßigen Gedankengängen und Tätigkeiten tief versteckt wird; aus noch einer anderen, handelt es sich um einen Loslösungsprozeß von ihnen. Aber man wird das Ego kaum dazu bewegen können, der eigenen Herrschaft freiwillig ein Ende zu bereiten. Seine Täuschungsmanöver und gewohnheitsmäßige Hinterlist können einen Kandidaten, der sich lediglich im Kreis bewegt, glauben machen, er sei dabei, eine hohe Stufe zu erreichen. Um aus diesem Kreis auszubrechen, muß man entweder nach dem Ursprung des Egos suchen oder man muß sich, wo das zu schwierig ist, eng an einen wahren MEISTER anschließen und ihm vollkommen gehorchen. Das endliche Ego ist nicht dazu imstande, aus eigener Kraft ein unendliches Ergebnis zu zeitigen. Tagaus tagein spinnt es seine Gedanken und schickt es seine Begierden aus. Sie lassen sich mit Spinnweben vergleichen, die immer wieder aufs neue gesponnen werden oder sich mehren und lange nicht in den dunklen Ecken eines Zimmers verschwinden, gleich, wie oft man sie entfernt. Solange man die Spinne dort leben läßt, solange werden sie wieder auftauchen. Das Ego bis in seine Höhle zu verfolgen, ist genau dasselbe, wie die Spinne zu fangen und ein für allemal aus dem Zimmer zu verjagen. Es gibt keinen wirksameren oder schnelleren Weg, ans Ziel zu gelangen, als seine eigentliche Quelle ausfindig zu machen, das Ego jener QUELLE darzubringen und sich schließlich auf dem Weg der Affirmationen und Vergegenwärtigungen mit ihm zu vereinen.

394

Das Ego weiß, daß das Ergebnis einer bis aufs äußerste gesteigerten Aufmerksamkeit, die auf die Ermittlung seiner wahren Natur abzielt, selbstmörderisch ist, denn das würde die Enthüllung seiner unwirklichen Natur bedeuten. Aus eben diesem Grunde widerstrebt ihm eine Meditation wie diese und willigt es in alle anderen Arten ein.

395

Die Wahrheit stößt den Egoismus vor den Kopf, denn wer sie annimmt, wird von ihr zermalmt, bis nur noch ein schwaches Häuflein von ihm übrig ist.

396

Das Leben einer jeden Person ist gefärbt von ihrer jeweiligen individuellen Haltung. Diese wird vom Ego gestaltet und grenzt sowohl ihre Lebenserfahrung als auch ihr Lebensverständnis ein. Auf jeder Stufe seiner Suche muß der Suchende versuchen, das Ego bis in seine Höhle zu verfolgen, aber erst auf der letzten kann er es aus seinem Versteck zwingen und sehen, was es wirklich ist. Es hatte ihn die ganze Zeit über zu der Annahme verleiten können, es wäre das wahre Selbst.

„Auflösung" des Egos

397

Weil es ein Gemisch aus höheren und niedrigen, ewig miteinander in Widerstreit liegenden Attributen ist, ist dem Ego keine andere Zukunft gewiß, als die des totalen Zusammenbruchs. Der Bibelspruch: „Ein in und gegen sich geteiltes KÖNIGREICH kann nicht bestehen bleiben" paßt sehr gut darauf. Deswegen muß der Jünger Mut fassen, daß er eines Tages ans Ziel gelangen wird, selbst wenn es kein Gesetz der Evolution gäbe, das es verbürgt – was aber nicht der Fall ist.

398

Bei dieser sonderbaren Erfahrung, wo sein Leben vor seinen geistigen Augen abläuft wie ein Schauspiel, er aber nicht das Gefühl hat, wirklich die Gestalt zu sein, die sich seinem Blick darbietet, lernt er die Wahrheit, – oder vielmehr hat er die Möglichkeit, sie zu lernen – daß selbst das persönliche Ego auch eine sich wandelnde vergängliche Erscheinung ist.

399

Die Verwirklichung der menschlichen Bedeutungslosigkeit, im Vergleich zum kosmischen Hintergrund, hinterläßt einen tiefgreifenden Eindruck. Indes haftet dieser Erkenntnis ein anderer Aspekt an. Sie stellt eine ausgezeichnete Vorbereitung auf den Gedanken der LEERE dar, in der die einzelne menschliche Wesenheit nicht nur bedeutungslos ist, sondern tatsächlich nicht-existent, verschmolzen mit dem, das es zur Welt brachte, oder besser, ihm zurückgegeben.

400
In der ungeheuren Fülle und Weite dieser kosmischen Offenbarung schrumpft das Ego zu einer Kleinigkeit, die seinem wahrem Charakter entspricht. Demgemäß verringern oder verflüchtigen sich seine Probleme.

401
Die Hindus betonen einen ewig währenden Zustand der Seligkeit, jenseits der Wiedergeburten. Die Zeit ist so unwirklich wie ihre gegensätzliche Zahl, die verlängerte Zeit oder Ewigkeit. Ob das Ego in Angst vor dem körperlichen Tod oder in der Seligkeit des NIRVANA ertrinkend verscheidet, letzten Endes verscheidet es.

402
Ein jeder übt bereits Hingabe an das Ego: er liebt es und ist ihm ergeben. Wenn man durch Nachforschung und Reflexion, Kunst oder Meditation zu der Entdeckung gelangt, daß das absolute Sein des „Ichs" kein anderes ist als „ER" und wenn man so tief und fortwährend in es eindringt, bis man fest in dieser neuen Identität verankert ist, löst sich das Ego von selbst auf. Künftig erfüllt man seine höchste Pflicht als ein Mensch.

403
Daß seinem ganzen Dasein ein absolutes Ende beschieden ist, das mag dem einen freilich Angst einflößen, dem anderen aber ein Trost sein.

404
Wer ist schon gewillt, sich im ersten Ursprung aller Dinge verschwinden zu lassen, selbst während der kurzen Meditationsstunde?

405
Abnabelung von der Welt kommt nicht notwendigerweise einem Rückzug aus ihr gleich. Sich des Egos zu entledigen bedeutet nicht, dessen Existenz zu zerstören (denn metaphysisch ist es nicht existent, ist ein Wasserstrudel), sondern dessen Vorherrschaft.

406

Wir schreiben dem Ego Dauer zu und gewähren ihm Wirklichkeit, ein Fehler, der zu den ganzen falschen Gedanken, Haltungen, Wegen und Handlungen führt, die damit einhergehen und die dessen Auswirkungen sind. Aber in Wahrheit kann kein Ego auf ewige Zeiten erhalten bleiben und bestehen alle Egos aus flüchtig miteinander verbundenen Tätigkeiten. Eine der ersten, aus dieser Tatsache rührenden Folgen besteht darin, daß jedes von der Aufrechterhaltung des vereinigten Zustandes des Egos abhängende Glück mit dessen weiteren Wandlungen oder Unstimmigkeiten zerbrechen muß. In gleichem Maße ist darüber hinaus auch ihr egoistisches Glück dem Untergang geweiht, einfach deswegen, weil das kosmische Gesetz alle Egos zu einem Verschmelzen in ihrer höheren Quelle verurteilt, einem Verschmelzen, dem ihre Auflösung vorausgehen muß, wenn es überhaupt dazu kommen soll.

407

Es wäre absolut lächerlich, dem Ego in seiner Welt von Erscheinungen nicht eine gewisse Art von Existenz zuzugestehen. Daß dies der Fall ist, berichten uns unsere eigenen Augen, unsere eigenen Sinneswahrnehmungen. Indes ist es nicht minder lächerlich, daß das Ego sich eine Zukunft anmaßt, die höher und anhaltender ist als die, die es tatsächlich besitzt, oder eine Selbständigkeit, über die nur sein unendlicher Ursprung verfügt. Keines der Elemente, aus denen es besteht, stellt einen dauerhaften Kern dar, noch ist eines von ihnen berechtigt, seinen Namen zu tragen. Löst diese Elemente auf und ihr löst das Ego auf, womit sein provisorischer Charakter enthüllt wird. Stillt alle Gedanken, macht allen Leidenschaften den Garaus, beschwichtigt alle Emotionen, und es verschwinden die Merkmale eines Egos.

408

Es müssen alle jene Gedanken und Erinnerungen, die jetzt das Muster seines Lebens bilden, beiseite geschoben werden, wenn er sich verleugnen soll.

409

Die Ketten irdischer Sehnsucht werden sich abwetzen, bis sie so dünn sind wie Papier.

410

Solange diese vielfältigen Gedanken zusammenhalten, solange wird im Geist der Sinn von einer getrennten Persönlichkeit geschaffen. Daß dem so ist, beweist sich in der mystischen Erfahrung, bei der die Gedanken verschwinden und das Ego mit ihnen, während das hinter ihnen liegende wahre Wesen weiterlebt.

411
Es gibt kein anhaltendes Ego.

412
Letztlich wird dieses kleine Geschöpf, das so sehr von sich selbst eingenommen ist, daß sich sein Bewußtsein um nichts anderes dreht, die Auslöschung seines Körpers und die Vernichtung seines Egos zu ertragen haben.

Gnade ist unerläßlich

413
Die Unterwerfung seines Egos ist eine GNADE, die einem erteilt werden wird, nicht eine Handlung, die man zu vollziehen vermag.

414
In diesem letzten Kampf, wo er dem Ego von Angesicht zu Angesicht gegenübertritt, wo es alle seine schützenden Masken ablegen muß und seine Verletzbarkeit nicht mehr verstecken kann, in diesem letzten Kampf muß er um die Hilfe der GNADE bitten. Er kann ihn unmöglich aus eigenen Kräften gewinnen.

415
Jeder Mensch ist in seinem eigenen Ego festgefahren, bis ihm die Idee der Befreiung in den Sinn kommt und er an sich selbst zu arbeiten beginnt und die Gnade sich schließlich manifestiert und ihn auf den Kurzen Weg stellt.

416
Der Frontalangriff auf die Schwächen und Fehler des Egos kann zu gewissen nützlichen Ergebnissen führen, zum Beispiel zu ihrer Verkleinerung und zur Schmälerung ihrer Macht oder zu ihrer vollkommenen Unterdrückung an der Oberfläche, aber keinesfalls zu ihrer radikalen Ausmerzung. Alle Methoden, mit denen die Fehler und Schwächen des Ichs aufgelöst werden, lassen das Ich selbst unaufgelöst. Alle Kunstgriffe, mit denen die Eigenschaften und Attribute gewandelt werden, lassen die Ego-Wurzel intakt.

417

Es gäbe keine Hoffnung, dieser egozentrischen Lage jemals zu entrinnen, wenn wir nicht diese drei Dinge wüßten. Erstens ist das Ego nur eine Ansammlung von Erinnerungen und eine Reihe von Gelüsten, das heißt, Gedanken; es ist eine fiktive Wesenheit. Zweitens kann die Tätigkeit des Denkens in der Stille zu Ende kommen. Drittens ist die Gnade, der Glanz jener MACHT, die über den Menschen hinausgeht, eine ewig erstrahlende Gegenwart. Wenn wir den Geist sich vertiefen und still werden und wenn wir ihn eine tiefschürfende Betrachtung des Selbsterhaltungstriebes vornehmen lassen, öffnen wir der GNADE die Tür, die uns alsbald liebend verschlingt.

418

Mit richtigem Denken kann man allmählich die Sinne unterwerfen, die einen verlocken, von der gewählten Verhaltensweise abzuweichen. Mit unermüdlicher Mühe kann man die Gedanken bezwingen, die ihn vom Meditationsweg ablenken, für den er sich entschieden hat. Aber das Ego, das ihm die Tür zum Reich Gottes verstellt, ist nicht geneigt, sondern schützt lediglich vor, sich zu unterwerfen.

419

Er sieht, kein Mensch vermag sein Ego vollkommen zu leugnen, kann dadurch aus sich selbst treten, daß er es versucht; irgendeine Hilfe, irgendein vermittelnder Eingriff, irgendeine Gnade von außen ist vonnöten.

420

Wie könntest du deine durch nichts zu erschütternde Egozentrizität einsehen, wie könntest du sie dir selbst eingestehen, wenn das Zustandekommen des Eingeständnisses mit auf das Ego selbst angewiesen wäre?

421

Das, was uns mit einer Art von Tätigkeit nach der anderen – sowohl geistig als auch körperlich – in Anspruch nimmt, bis wir ermattet einschlafen, ist nichts anderes als das Ego. Auf diese Art lenkt es uns ab und läßt es uns die Notwendigkeit vergessen, einer äußerst wichtigen Tätigkeit nachzugehen – dem Kampf mit dem Ego selbst und seiner Zerstörung.

422

Diese Herabsetzung des Egos mag ein ganzes Leben dauern und auch dann nicht sehr erfolgreich scheinen. Und doch ist sie von höchstem Wert als ein

Vorgang, der zur Vorbereitung auf den vollkommenen Verzicht auf das Ego dient, wo er – durch GNADE – plötzlich im Herzen entbrennt.

423

Des Egos Interesse an der eigenen Transzendenz ist notwendigerweise nicht aufrichtig. Aus diesem Grunde ist Gnade vonnöten.

424

Die Schwierigkeit, sich selbst gerecht zu beurteilen, die eigenen Handlungen aus der richtigen Perspektive zu sehen, ist für das Ego ebenso groß wie die Schwierigkeit, vor der ein Mensch steht, der sich an den eigenen Hosenträgern aufzurichten versucht. Dazu ist es einfach nicht in der Lage; seine Fähigkeit, Ausreden für sich selbst zu finden, ist unbegrenzt – selbst die Ausrede der Rechtschaffenheit, selbst die Ausrede der Suche nach der Wahrheit. Der Jünger kann nur hoffen, die Anzahl der Wirkweisen des Egos zu schrumpfen und die Kraft des Egos selbst zu schwächen, das ist alles; aber das Ego vollkommen loszuwerden, das ist etwas, das seine Kräfte übersteigt. Infolgedessen muß eine Kraft von außen angerufen werden. Es steht ihm nur eine solche Kraft zur Verfügung, wiewohl sie sich auf zwei verschiedene Weisen äußern mag, und das ist die Kraft der GNADE. Jene Weisen sind: entweder direkte Hilfe von seinem eigenen höheren Selbst oder persönliche Hilfe von einem höheren Menschen, das heißt, einem erleuchteten Lehrmeister. Um erstere zu bitten, steht ihm jederzeit zu, aber um zweitere kann er erst dann zu Recht bitten, wenn er genug an sich selbst gearbeitet hat und weit genug vorangekommen ist, um sie zu rechtfertigen.

425

Nötigenfalls mag das Ego in kleine Stücke gebrochen werden müssen, um der GNADE Einlaß zu gewähren, um durch Passivität, die die Arroganz ersetzt, einen Weg freizulegen.

426

Tugend und Mitleid machen das Ego dünner, aber Erleuchtung verleihen sie nicht.

427

Die Zerstörung unseres Egoismus muß, wenn wir sie nicht aus freien Stücken von innen her zuwegebringen, von außen kommen. Aber dann kommt sie unaufhaltsam und zermalmt.

428

Wo ist der Mensch, der die Wirklichkeit seines Egos nicht annimmt? Er ist freilich verblendet, aber was kann er sonst tun, wenn er den Aufgaben des alltäglichen Lebens nachgehen soll? Die Antwort lautet, daß er nichts anderes tun kann – außer es kommt die GNADE und nimmt ihm diese Aufgaben ab!

429

Seine eigene Selbstbezogenheit sperrt das Licht aus. Wenn er selbst nicht fähig ist, einen Weg freizulegen und sie hereinzulassen, dann vermag allein die Gnade sein Ego zu zermalmen und so seine Sünden aufzudecken und die Überantwortung zustandezubringen.

430

Wenn das Ego im Staub auf die Knie gezwungen und vor sich selbst erniedrigt wird, gleich wie geschätzt oder gefürchtet, beneidet oder geachtet es anderen erscheint, steht dem Einfluß der GNADE der Weg offen. Seid versichert, es wird immer wieder zu dieser völligen Erniedrigung des inneren Menschen kommen, bis er reingewaschen ist von allem Stolz.

431

Aus dieser das Ego zermalmenden, den Stolz demütigenden Erfahrung mag man erstehen, gezüchtigt, achtsam und dem höheren Willen huldigend.

Wer sucht?

432

Wer ist der Sucher auf dieser SUCHE? Das Ego. Und wer macht auf ihr alle Erfahrungen durch und entwickelt die ganzen Ideen? Wiederum das Ego. Laßt uns das Ego also nicht so rasch herabsetzen; es hat seinen Platz und ist auf seinem Platz von Nutzen.

433

Wenn die innere Geschichte der menschlichen Wesenheit bekannt ist und ihre Lektionen gelernt sind, dann bietet sich die Schwierigkeit: „Wie kann ich mir selbst entrinnen?" Die Antwort wird notwendigerweise zeigen, daß das Ego bei einem solchen Unterfangen nur bis zu einem gewissen Grad Erfolg haben kann, während es nicht nur nicht darüber hinauszugehen vermag, sondern nicht einmal den Versuch anstrengen wird. Wie kann es in den eigenen Tod einwilligen?

434

Die Frage kommt auf, *wer* soll diese Auslöschung üben? Das Ego kann sie zum Schein in Angriff nehmen, aber durch eben diese Handlung schützt es sich vor der eigenen Ausrottung.

435

Wer oder was trachtet nach Erleuchtung? Es kann nicht das höhere Selbst sein, denn es ist ja selbst nach der Art des LICHTES. Also bleibt nur das Ego übrig! Dieses Ego, Gegenstand so vieler Verleumdungen und Schmähungen, dieses Ego ist das Wesen, das gewandelt die Wahrheit erobern und die WIRKLICH-KEIT finden wird, wiewohl es sich am Ende gezwungen sieht, sich restlos zu überantworten, als der Preis, der dafür zu entrichten ist.

436

Man sagt uns, wir sollen das Ego in Schranken halten, zügeln oder gar verbannen. Aber wer oder was in uns soll dieses Werk vollziehen? Und soll sich das Ego selbst verbannen?

437

Das Ergebnis dieses unablässigen Kampfes gegen das Ego ist seine Zermür-bung, nicht aber seine Rückbildung. Denn wer ist der Kämpfende? Es ist das Ego selbst. Es wird nicht freiwillig Selbstmord begehen, sondern hinterhältig in ein stetiges Abwetzen seiner offensichtlicheren Aspekte einwilligen. ·

438

Kann man sich von sich selbst losmachen? Kann man auf die eigenen Leiden-schaften verzichten, außerhalb der eigenen Emotionen stehen?

439

Der buddhistische Text *Visuddhi Magga* verkündet, daß es ein NIRVANA gibt, aber niemanden, der es verwirklicht, daß es einen Weg gibt, aber niemanden, der ihn beschreitet.

440

Wir mögen die Tatsache anerkennen, daß das Ego dasjenige ist, das die Wahr-heit sucht, müssen indes auf die ergänzende Wahrheit bestehen, daß das Ego sie niemals findet.

Nicht die Person bringt GOTT hinunter auf die gleiche Stufe, auf der sie steht, oder erhebt sich auf die Stufe, auf der GOTT steht. Das Ego geht, wenn GOTT kommt.

Ergebnisse des Sturzes des Egos

442

Die tiefgreifende Erkenntnis der Unwirklichkeit des Egos führt sofort zu plötzlicher Erleuchtung. Aber nur wenn diese Erkenntnis aufrechterhalten wird, vermag die Erleuchtung mehr zu werden als ein flüchtiger Einblick.

443

Wiewohl der Preis für die Erleuchtung, das schrittweise Aufgeben des niedrigen Selbst, qualvoll ist, weil es das einzige Selbst ist, das wir gewöhnlich kennen, steht auf jede solche Aufgabe ein Lohn, der zumindest dem Nutzen des Aufgegebenen entspricht, aber in Wahrheit einen unübertrefflichen Wert hat. Dieser Lohn ist nicht nur ein theoretischer, er ist ein konkret Erlebtes; und zuletzt, wenn das ganze geringere Selbst hingegeben ist, ist die einzige Beschreibung, die bloße Worte dafür finden können, segensreicher Friede. Da geistige Qual und innerer Friede nicht gleichzeitig bestehen können, fällt die Qual weg, und es bleibt nur der Friede übrig. Indes muß davor gewarnt werden, daß das Höhere Selbst seine Belohnungen erst preisgibt, wenn die erforderliche Überantwortung entrichtet ist. Wird das schrittweise getan, was meistens die einzige Weise ist, auf die es getan werden kann, dann erfolgt der schöne Lohn auch Schritt um Schritt.

444

„Wie sollen wir ohne das ‚Ich'-Bewußtsein mit unserem täglichen Leben fortfahren?" lautet eine natürliche und allgemeine Frage. Die erste und sicherlich beste Antwort liefert die persönliche Erfahrung jener, die es in der Vergangenheit getan haben und es heute tun. Ihr Zeugnis von seiner Tatsächlichkeit ist mehr wert als die theoretischen Einwände gegen seine Möglichkeit. Man denke an die großen und gefeierten Namen, die ein solches Zeugnis ablegen, an Jesus und Buddha in Asien, an Eckhart und Böhme in Europa und an Emerson in Amerika! Und es gibt andere Namen, die mir bekannt sind, von Menschen, die in unserem eigenen Jahrhundert lebten, von denen niemand etwas wußte, außer eine winzige Handvoll von Suchenden – Menschen, mit denen mich mein eigener Schicksalsweg während der Zeit meiner weitgestreuten Nachforschungen glücklicherweise zusammengeführt hat. Die zweite Antwort auf diese Frage nach der Möglichkeit ist in der gewöhnlichen Erfahrung des Aufwachens aus dem nächtlichen Schlaf enthalten. Es ist dann durchaus möglich, das tägliche Leben ohne das Bewußtsein des Selbst weiterzuführen, das in den Träumen herrschte. Jenes Selbst war verschieden vom wachen, da man Gedanken faßt und Dinge unternimmt, die das Traumselbst niemals fassen oder unternehmen würde. Es existierte, das ist gewiß, aber der nächste Morgen zeigte, daß es ein unwirkliches Ego war. Auf genau dieselbe Weise wirkt die Erleuchtung als ein Erwachen und zeigt, daß auch das Alltagsbewußtsein unwirklich ist. Und genauso wie wir das Traum-Ego nicht mehr brauchen, um die wachen Tätigkeiten auszuführen, so bedarf der Erleuchtete nicht mehr des wachen Egos, um seine Tätigkeiten auszuführen.

445
Insofern man sich der Vorherrschaft des Egos entledigt, wird man das Selbstbewußtsein mit seiner Eitelkeit oder Scheu, seiner Nervosität oder Ängstlichkeit los.

446
Wo das Ego geschwunden und zu nichts geworden ist, da übernimmt das Überselbst die Führung.

447
Erst wenn das Ego vollkommen in sich zusammengefallen ist und in die LEERE stürzt, erst dann wird man die Glückseligkeit der Erlösung kennen, fühlen und ganz verwirklichen.

448
Als ein hochpersönliches „Ich", das gegen andere „Iche" kämpft, kann es ja nur zu endlosen Reibereien, Ängsten und Sorgen kommen. Als unpersönliche Ich-heit, im ewigen JETZT verweilend, gibt es niemanden, gegen den man kämpft, ja nicht einmal etwas, um das man kämpft.

449
Bei dieser ungeheuren, mit dem Eintritt in das Leben des Überselbst einhergehenden Transformation, sehen sich die selbstischen Interessen, die des Menschen Handlungen bestimmen oder seine Überlegungen steuern, mit Stumpf und Stiel ausgerottet.

450

Ein Briefpartner schrieb mir von einem Erlebnis während der Meditation: „Es war wunderbar, nicht auf das persönliche Selbst eingegrenzt zu sein – freudig, friedlich, sicher, sättigend. Es war eine Offenbarung, daß jenes Gefühl des „Ich"-Seins, das einen zu der Annahme verleitet, man sei dieses persönliche Selbst, aus der WIRKLICHKEIT selbst herrührt, aber stark nach unten verengt. Eben diese Einengung gilt es abzuwerfen, nicht das Gefühl der Ich-heit, und dann ist das Reich Gottes gefunden."

451

Es muß das Ego, das das „Ich" in einem denkt, samt der Wurzel ausgerissen werden. Es wird vom Überselbst abgelöst werden, das weder diskursiv denkt noch sich mit der äußeren Person identifiziert, die man in den Augen der Welt ist.

452

Das Ausmaß der Bindung an das Ego, das ihr am Mittelpunkt des Bewußtseins eines Menschen vorfinden werdet, ist ein ziemlich verläßliches Anzeichen für das Ausmaß seiner spirituellen Entwicklung.

453

Im Vergleich zu den Tiefen der Meere der Egolosigkeit ist der Altruismus seicht und das gute Werk oberflächlich.

454

Die egoistische Weise, das Leben zu sehen, ist eine schmälernde. Sie sperrt ihn aus von dem, was am besten ist, sie unterdrückt und fesselt ihn an das Niedrige, und sie hindert ihn daran, in Einklang mit den wundervollen Kräften des Überselbst zu arbeiten. Je weiter er sich davon entfernt und je näher er an die unpersönliche und kosmische Weise rückt, um so rascher wird er der Segnung einer größeren Weisheit, besseren Gesundheit, reibungsloserer Beziehungen und eines großherzigeren Charakters teilhaftig.

455

Wo der Fortschritt so weit reicht, daß die ganze Person geeint worden ist, hat das Ego keine Gelegenheit, Einfluß auf den Geist zu nehmen; wo nicht, wird das Ego es versuchen, wird es seinen Standpunkt darlegen, aber zurückgewiesen werden.

456

Vermag er seine Lebenserfahrung als etwas zu sehen, das einem anderen widerfährt, dann wird er über ein sicheres Zeichen der Lossagung verfügen.

457

Wenn er sich entlassen kann aus der Tyrannei des Egos und imstande ist, sich mit der Lenkung des Überselbst zu verbinden, dann wird sich ein völlig neues Leben für ihn auftun.

458

Dem Anschein nach scheint alles verloren zu sein, wenn ein Mensch dem Überselbst tief im Herzen den eigenen, persönlichen Willen überantwortet, wenn er seine persönlichen Ziele, Wünsche und Zwecke auf dessen Wunsch aufgibt. Aber die Wahrheit ist, daß dann erst alles gewonnen ist.

459

Dieselbe Natur, die einen so häßlichen Anblick bietet, wenn das Ego sie erfüllt, ist etwas Wunderschönes, wenn sie von ihm reingewaschen ist und die Gegenwart des Überselbst widerspiegelt.

460

Wer aus seinem Ego zu treten vermag und es hinter sich lassen kann, der ist imstande, zur Wahrheit zu gelangen.

461

Die Null- und Nichtigmachung des Egos stellt die einzige Weise dar, auf welche man das eigene wirkliche Wesen wahrzunehmen und zu identifizieren vermag.

462

An diesem Punkt bricht das Ego zusammen; die Last, an der es trug, hat sich als zu schwer erwiesen. Es schwindet nicht nur der Stolz, sondern auch die Gewißheit.

463

Passiv unterwirft sich das schlafwandelnde Ego den niedrigeren Einflüssen, die aus den Schatten seiner langen Vergangenheit zu ihm kommen, und den die Sinne reizenden Anspielungen, die aus der Umwelt stammen, in der es sich bewegt. Aber wenn es das Überselbst im Herzen gefunden hat und sich ihm anheimstellt, findet diese blinde mechanische Empfänglichkeit ein Ende und weicht sie einer geweckten, erleuchteten, vollbewußten inneren Macht.

464

Wenn das persönliche Ego in seine Schranken gewiesen ist, es nicht dominieren kann, wenn es zum Untertan wird und nicht zum Herrscher, – und weiter, wenn die Meditation es auf eine Linie mit dem Überselbst bringt und die Erkenntnis es dort festhält – wenn die Anwendung es schließlich einfügt in die Tätigkeit des Tages, dann, dann weiß sich ein Mensch von inneren Anweisungen geleitet, beschert ihm die innere Harmonie Seelenfrieden. Unangenehme Ereignisse werden dieses mentale Gleichgewicht nicht stören, ungünstige seine Gefühle nicht in Aufruhr bringen können.

465

Nimm einem Menschen den Begriff vom Ego weg und du ziehst ihm den Boden unter den Füßen weg. Ein gähnender Abgrund scheint sich unter ihm aufzutun. Er flößt ihm die größte Furcht seines Lebens ein, eine Furcht, die mit dem Gefühl völliger Isolation und schrecklicher Unsicherheit einhergeht. In seiner Not wird er nach seinem geliebten Ego schreien und erneut in dessen sicheren Schoß zurückkehren – außer seine Entschlossenheit, die Wahrheit zu erlangen, ist so unerschütterlich und so vordringlich, daß er die Qual durchstehen kann, die Prüfung überlebt und durchhält, bis das Licht des Überselbst den Abgrund mit seinem Glanz erhellt.

466

Die Illusion des Egos steht hinter allen anderen Illusionen. Ihre Ausräumung räumt auch sie aus.

467

Wo es einem Menschen wie Schuppen von den Augen fällt und er die Entdekkung macht, daß sein Wunsch, andere zu lehren, vielleicht nur eine andere Form von persönlichem Ehrgeiz ist, da mag er, wie der heilige Thomas von Aquin, völlig aufhören. Aber mit der Geburt wahrer Demut kann er entweder das eine oder das andere tun.

468

Erst wenn einem Menschen die Herrschaft des Egos genommen wird und er dem Überselbst willfährt, erst dann kann er wirklich die Herzensgüte erlangen, von der er oft geträumt haben mag, aber über die er selten nachgesonnen hat.

469

Das Kriterium für Spiritualität ist nicht darin zu sehen, wie lange ein Mensch beim Meditieren stillzusitzen vermag, sondern darin, wie gut er sein Ego verleugnet hat.

470

Es heißt, im *Nirvikalpa Samadhi* wird die Zeit zum Stillstand gebracht. Das kann offensichtlich nur dann geschehen, wenn das Ego zeitweilig gelähmt ist. Ramana Maharshi pflegte zu sagen, daß das Ego nur ein Gedankenbündel ist und nicht als eine getrennte, selbständige Wesenheit existiert. Nirvikalpa, ein gedankenfreier Zustand, der die Aufhebung der Gedankenbewegung beinhaltet, ist daher die Aufhebung der Bewegung der Zeit im Bewußtsein des Egos.

471

In der Stunde, da das Ego von uns abfällt, herrscht ein Gefühl, daß man im Begriff ist, einer schweren Last enthoben zu werden, im Begriff, aus einer Bedingung befreit zu werden, die sich jetzt als unerwünscht erweist. Auf diesen Vorgang folgt natürlich einer stille, befriedigende Freude.

473

Mit dieser Freilassung aus dem Ego stellt sich ein Gefühl der Begeisterung ein.

474

Gelänge es ihm, das Ego aus seinen Motiven, Berechnungen, Zwecken und Absichten zu bannen, wie könnten seine Handlungen nicht rechtschaffen sein?

475

In dem Maß, in dem wir uns aus dem Griff des Egos lösen, in dem Maß lösen wir uns aus seinen mentalen Angst- und emotionalen Erregungszuständen. Wo seine Macht schwindet, nimmt unser sorgenfreier innerer Frieden zu.

476

Wo wir, weil abgelenkt, so völlig in der Betrachtung eines Films aufgehen, daß wir uns selbst und unsere persönlichen Belange vergessen, da verschwindet und hört das Ego zeitweilig für uns zu existieren auf. Das bedeutet auch, wenn es überhaupt etwas bedeutet, daß das Ego nur deswegen existiert, weil es in unserem Bewußtsein existiert. Wenn wir uns darin üben, dem Ego die Aufmerksamkeit zu entziehen, nicht um sie einem Film, sondern um sie unserem inneren Wesen zu schenken, dann mag es uns gelingen, hinter das Ego zu gelangen und das ZEUGEN-SELBST zu entdecken.

477

Ihr werdet nichts verlieren, außer eure Kleinheit. Ihr werdet euch nicht in vollkommenes Unbewußtsein auflösen.

478

Hat man den Mut, die Ego-Illusion absterben zu lassen, so wird ein neues und wirkliches Leben in seinem Wesen geboren werden.

479

Was widerfuhr Spinoza nun wirklich, als er sich auf einem Spaziergang in den Kaianlagen Amsterdams in tiefer Meditation verlor und man ihn nach Hause geleiten mußte? Er vergaß seine persönliche Identität.

480

Der Mensch, dessen Ego unter Kontrolle ist, wird nicht über die Wirkung nachdenken, die er auf jene ausübt, mit denen er in Berührung kommt, wird sich nicht nervlich belastet sehen.

481

Die automatische, ständige und ungezügelte Gedankenbewegung kommt schließlich zu Ende. Der Mittelteil des Egos ist es, der sich überantwortet hat.

482

Er trägt seine Persönlichkeit mit in seine Gedanken und Handlungen, wie jeder andere auch; aber selbst auf der nächsten und höheren Stufe, wo er ein Zuschauer jener Persönlichkeit wird, geschieht es noch, obschon auf eine subtilere und abgeschwächtere Weise. Es gibt eine noch höhere Stufe, auf der das Ego völlig untertänig wird und auf der das Bewußtsein auf einer noch tieferen Ebene verankert ist.

483

Nimm die Gedanken und Gefühle weg, auch den Körpergedanken und das spezielle Ich-Gefühl, und du nimmst die ganze Basis der persönlichen Existenz eines Menschen weg. Es ist tatsächlich die einzige Lebensweise, die er sich für sich vorstellen kann. Schließlich ist die Persönlichkeit lediglich eine ununterbrochene Abfolge von Gedanken, die stark gefaßt um einen speziellen

Körper kreisen. Wer die Kraft gewinnen kann, sich von allen Gedanken zu befreien, der gewinnt die Kraft, sich von den persönlichen „Ich"-Gedanken zu befreien. Nur ein solcher hat das Gebot Jesu, sein Leben zu verlieren, wirklich befolgt. Denn welches andere Leben besitzt der Mensch meistens, außer das persönliche? Indes versprach Jesus auch einen bestimmten Lohn für eine erfolgreiche Einhaltung. Er sagte, eine solche Person würde ihr Leben „retten". Was bedeutet das? Wird der Mensch denn allen Bewußtseins beraubt, wenn die Gedanken aufhören und die ausgegrenzte Persönlichkeit schwindet? Nein – er wird nach wie vor reines Bewußtsein besitzen, das tiefere Leben, das das ausgegrenzte endliche Selbst trägt und selbst dessen Gedanken stützt.

Teil 2

Von der Geburt zur Wiedergeburt

Es kommt eine Zeit, da der Mensch auf sich gestellt existieren muß, da ihm die Hilfsmittel, Stützen und Wegweiser entzogen werden. Dies geschieht in der Meditation, beim Sterben oder zwischen den Geburten. Ob ihr den verborgenen Sinn der Ereignisse in eurem Leben dem Karma zuschreibt, dem Schicksal, anderen Menschen, den blinden Vorgängen der NATUR oder irgendwelchen anderen Ursachen, laßt etwas Platz für die unbekannte Größe X, die ihr nicht kennt und nicht kennen könnt und die zu nichts gehört, das ihr messen oder begreifen könnt.

Kapitel 1

Tod, Sterben und Unsterblichkeit

Kontinuität, Übergang und Transformation

1

LEBEN-AN-SICH ist unendlich und unwandelbar, aber der Art von Erfahrung, die die lebende Wesenheit in ihrer endlichen menschlichen Phase durchmacht, *ist* ein Ende beschieden.

2

So wie der Klang zurückkehrt in die Stille und zu einem späteren Zeitpunkt wieder hervorbrechen mag, so kehrt auch dieses kleine Selbst wieder in das größere Sein zurück, aus dem auch es zu einem anderen Zeitpunkt erneut erstehen mag.

3

Wir sorgen uns durch die Tage einer Existenz, die selbst nur ein Tag ist. Eine tiefe Trauer ergreift das Herz, wenn es die vergängliche Natur aller weltlichen Dinge und aller menschlichen Wesen erkennt.

4

Wenn Zerfall und Auflösung nicht auf einer gewissen Stufe zugegen wären, wenn die Spanne unseres Lebens das Doppelte ihrer derzeitigen Dauer beträge, würden die Alten in allen Teilen unserer Gesellschaft in der Überzahl sein. Starre würde das Kulturleben übermannen, weil die körperliche Verlangsamung eine mentale Auswirkung hätte. Der Welt-Geist erdachte eine bessere Idee.

5

Unfehlbar verzehrt sich das menschliche Leben, wie eine Kerze in der Hand eines Menschen.

6

Individuiertes Leben ist auf alle Zeit zum Sterben bestimmt, aber das ALL, das den Sterbenden aufnimmt, kann niemals sterben.

7

Sogar die Sterne müssen eines Tages sterben, gewaltsamer und dramatischer als die meisten Menschenwesen, weil selbst sie unter das Gesetz fallen, daß alles, was einen Anfang hatte, auch ein Ende haben muß.

8

Wir hören, daß andere sterben und finden passende Worte, *fühlen* aber nicht, daß die Zeit heranrückt, da auch uns dieses Schicksal befallen wird.

9

Nicht deswegen fürchtet der Mensch sich so sehr vor dem Tod, weil der Tod ihn seines Eigentums oder seiner Freunde und Verwandten beraubt, sondern wegen der Möglichkeit, daß er ihn seines Bewußtseins beraubt – das heißt, seines Selbst, seines Egos.

10

Wer angesichts der Unausweichlichkeit des Todes jammert und klagt, betrachtet ihn auf eine sehr enge, kurzsichtige Weise. Die Reiferen sollten dankbar sein, daß wir Menschen nicht dazu verurteilt sind, ewig auf einen einzigen Körper beschränkt zu sein: das würde tatsächlich zu einer Quelle der Angst, wenn nicht der Hoffnungslosigkeit werden.

11

Ob dieses Bündel persönlicher Begierden und Erinnerungen, das das Ego ist, aber von einigen Frommen die Seele genannt wird, beim Tode vernichtet wird oder weiterlebt, versetzt den Philosophen nicht in Unruhe.

12

Je mehr sie die Welt genießen, um so mehr leiden sie, wenn sie sie verlassen – außer sie haben gelernt, dem Genuß nicht verhaftet zu sein.

13

Keine Kraft kann zerstört werden; sie kann nur in einen neuen Kanal gelenkt werden. Das Leben ist eine Kraft, der Tod ihre Umlenkung in einen neuen Kanal.

14

Dieses allerinnerste Wesen des Menschen, sein geheimnisvolles Überselbst, verbindet ihn mit GOTT. Es wandelt sich nicht mit der Zeit, noch stirbt es mit den Jahren. Es ist ewig.

15

Mit neuentwickelten Mikrovoltmeßapperaten hat man um alle lebenden Dinge elektrische Felder nachgewiesen, aber bei einem Toten ist keines zu verzeichnen. Vor vielen Jahren wurde in *Die Suche nach dem Überselbst* enthüllt, daß zwischen der Fotografie eines Menschen und dem Menschen selbst eine elektromagnetische Verbindung besteht, die bei seinem Tode verschwindet. So beginnt die Naturwissenschaft, eine Basis für einen Teil unserer grundlegenden Gedanken anzubieten.

16

Wir sind Mieter in diesem gemieteten Haus des Körpers. Wir haben nicht die Sicherheit, die Eigentum verschafft. Da ist keine Pacht auf Pergamentpapier mit einem Regierungsstempel, die ihn uns auch nur auf ein einziges Jahr verspricht.

17

Es wäre ein sonderbarer Zustand der Dinge, wenn der Tod, ein Zuendekommen alles Interesses an allen Tätigkeiten, die unter der Aufschrift „menschliches Daseins" begriffen sind, der einzige Lebenszweck wäre. Hat die göttliche Intelligenz uns nichts besseres zu bieten?

18

Die Reise des Lebens eines Menschen kommt im Hafen des Todes zu Ende. Laßt ihn das nicht vergessen, wenn das Glück ihn übertrieben freudig stimmt oder das Unglück ihn in unnötiges Elend stürzt.

19

Diese düstere Tatsache kennzeichnet alle Dinge, alle Lebewesen: daß sie vergehen, ein vorübergehendes Dasein haben und in diesem aboluten Sinne nicht wirklich sind. Sie treten für eine Weile in Erscheinung, scheinen wesentlich und ereignisvoll, aber in Wahrheit sind sie verlängerte Luftbilder. Wäre das die ganze Geschichte, dann wäre es melancholisch genug. Aber das ist es nicht. *Das*, woher sie kamen, zu dem sie zurückkehren, vergeht *nicht*. Das ist das WIRKLICHE, das heißt, das BEWUSSTSEIN, welches dem Universum, von dem *wir* ein Teil sind, sein Dasein gab. Ihm entspringt diese kleine Blüte in jedem Leben, die das beste, das höchste Selbst darstellt. Wenn wir danach suchen und sie finden, dann finden wir unseren Ursprung wieder, kehren wir zu unserer Quelle zurück, und *als solche* vergehen wir nicht. Ja, die Formen gehen letzten Endes verloren, aber nicht das Wesen in ihnen.

20

Datum und sogar der Ort, an dem man sterben wird, sind für gewöhnlich vorherbestimmt.

21

Zu sterben und ausgelöscht zu werden, ist eine Sache, aber zu sterben und in einer anderen Bewußtseinsform geboren zu werden, ist eine andere. Letzteres geschieht, wenn die Lebenskraft aus dem Körper scheidet.

22

Wenn die Vorstellung vom Tod so viele Menschen entsetzt, so ist die Vorstellung von der Leere – der völligen Ausmerzung des Egos, des Sich-abwendens von allen Dingen und dem Zuendekommen der Schmerzen, Frustrationen und Ängste, die zum Leben in der Welt gehören – eine willkommene Idee für jene, die tiefer denken. Weil das Leben aber nur zum Teil Leiden ist, weil es auch Freuden bringt und befriedigt und positive Werte enthält, die nicht zerstört werden sollten, liefert die Philosophie eine ausgewogenere Sicht, eine Sicht, die besagt, daß Bewußtsein, wirkliches Bewußtsein, nicht sterben kann, sondern nur zu seinem höchsten und letzten Ursprung zurückkehrt.

23

Wir sollten froh sein, daß wir nicht ewig leben. Das ist ein erschreckender Gedanke. Wenn es keinen Tod gäbe, würden wir immer weiter und weiter machen, eingesperrt im Körper, und hätten alle Erlebnisse ausprobiert, die viel versprachen, aber letzten Endes nichts hielten. Nein, es ist gut, daß wir zum Schluß aus dem Grab des Fleisches, wie Platon es nannte, befreit werden, und in der Lage sind, uns für eine Weile ohne Schmach auszuruhen, bis wir wieder eintauchen in die nächste Wiederverkörperung.

24

Sie kommen auf einen der Punkte zu sprechen, in dem ich zufällig nicht mit Ihrem verehrten Meister übereinstimme, nämlich seinem Experiment, das darauf abzielt, körperliche Unsterblichkeit zu erlangen. Wissenschaftlich gesehen, wage ich es nicht zu sagen, daß irgend etwas unmöglich ist oder der menschlichen Leistung irgendwelche Grenzen gesetzt sind; aber philosophisch gesehen, schließe ich mich Buddha an, der dazu Folgendes sagt: 1) „Das, was, ob bewußt oder unbewußt, dem Verfall und dem Tod unterworfen ist, werdet ihr nicht finden." 2) „Kein Samana, Brahman oder Mara, noch irgendein Wesen im UNIVERSUM vermag die folgenden fünf Dinge zustande zu bringen, nämlich 'Das, was dem Altern unterworfen ist, sollte nicht alt werden; das, was der Krankheit unterworfen ist, sollte nicht krank sein; das, was dem Tod unterworfen ist, sollte nicht sterben; das, was dem Verfall unterworfen ist, sollte nicht verfallen; das, was leicht vorübergeht, sollte nicht vorübergehen'. "

25

Was der Mensch in seinem körperlichen Leben durchmacht, scheint so wirklich, so dauerhaft und so innig – und doch ist es nur eine kurze Episode in der unermeßlich viel größeren Spanne seines kosmischen Zyklus.

26

Weil der Tod eine unwandelbare Eigenschaft der Welt-Idee und die gewisse Zukunft aller Menschen ist, und weil das Leben unerträglich wäre, wenn es ihnen nicht derartige Erholungspausen von seinen Anforderungen gewähren würde, und weil sie letzten Endes nichts tun können, um ihm zu entrinnen, könnten sie die negative, aber übliche Auffassung vom Tode ebensogut wegwerfen.

27

Die Zeit ist nicht nur die große Heilerin und nicht nur die große Lehrerin, sie ist auch die wahre Freundin, denn sie bringt den TODESBOTEN, der Frieden schenkt.

28

Die Traurigkeit einer verwelkten Blume, ihr Kopf geknickt, ihr Stamm geschrumpft, ihre Blätter trockene Leichen – ein ernüchternder Anblick, der uns die Zerbrechlichkeit der Schönheit und unsere eigene unheilvolle Bestimmung vor Augen führt .

29

Warum nur von der Wiedergeburt sprechen? Widerfährt uns der Tod nicht genauso oft?

30

Das Ende des Lebens, wie das von Reisen, ist in seinem Anfang enthalten.

31

Der Philosoph weiß um den höheren Wert des Lebens und schätzt ihn. Gleich-

zeitig weiß er aber auch um den vergänglichen Wert des Lebens und weist ihn
von sich.

32

Das innere Werk der Philosophie resultiert in der Befreiung von der Angst vor
dem Tode – gleichgültig ob dem Tode, der natürlich kommt, im hohen Alter,
oder dem, der mit Gewalt kommt, im Krieg.

33

Keiner kann dem Raub der Zeit entweichen. Sie rafft seine Jahre und zum
Schluß sein Leben dahin.

34

Die Konfrontation mit dem Tode ist für niemanden, es sei denn er habe unter
schrecklichen Schmerzen zu leiden, gleich ob emotionalen oder physischen,
eine angenehme Aussicht. Der Gedanke, von allem und allen getrennt zu werden, scheint abscheulich. Und doch mag der Tod selbst als ein schönes, rei-
bungslosen Verscheiden kommen.

35

Solange der Mensch nur auf sein kleines Ego hört und die Stimme des Überselbst unbelauscht und unbekannt bleiben läßt, solange wird ihm seine ganze
berechnende Klugheit und Vorsicht am Ende nichts nützen, wenn er den Körper verlassen und der Geist zu seiner wahren Sphäre zurückkehren muß.

36

Wenn das Leben die letzte persönliche Hoffnung ist, so ist der Tod die letzte soziale Segnung. Ohne ihn würde die Tier- und Menschenwelt eine Schreckens-
kammer. Wenn wir uns angesichts der Tatsache, daß es ihn gibt, über Überbe-
völkerung beschweren, wo könnten wir alle zusammenleben, wenn es ihn
nicht gäbe? Zum Glück hat die Welt-Idee nicht einen solchen Fehler zu verzeichnen.

37

Es kommt eine Zeit, da der besonnene Mensch, der intuitiv fühlt oder aufgrund medizinischer Befunde weiß, daß er die letzten Monate oder Jahre seines Lebens vor sich hat, sich auf den Tod vorbereiten sollte. Fraglos ist ein zu-
nehmender Rückzug aus dem weltlichen Leben angezeigt. Dessen Tätigkeiten, Begierden, Bindungen und Freuden müssen immer mehr der Buße, dem

Gebet, der Askese und spirituellen Sammlung weichen. Es ist Zeit, heimzukehren.

38

Niemand braucht uns beizubringen, am Leben zu hängen und uns vor der Idee des Todes zu ekeln. Warum?

39

Wenn ein Mensch, wie ich, das ihm bestimmte biblische Alter von siebzig Jahren erlangt, dann ist die Wahrscheinlichkeit groß, daß er hin und wieder vom Tode des einen oder anderen, ihm als Freund oder Suchenden bekannten hört. Wo ich ein Zeuge des Verscheidens war, hat mich das strahlende Lächeln, der entspannte Friede auf dem Antlitz des Sterbenden sehr beeindruckt.

40

Dergestalt ist die durchschnittliche Haltung des Menschen gegenüber dem Tod, daß er allein schon den Gedanken daran möglichst weit von sich wegschiebt und es vorzieht, ihn nicht in Erwägung zu ziehen; die Unannehmlichkeiten und Belastungen, vielleicht sogar die Schmerzen, mit denen der Übergang nur allzu oft einhergeht, sind zu unwillkommen, wenn nicht unerträglich.

41

Selbst eine leise Wahrnehmung der Welt-Idee, selbst ein bißchen Vertrauen auf sie, selbst das ist eine Entschädigung für die Kleinheit so vieler Menschenleben und wird bei ihrem Ende, in den Augenblicken des Todes, ungeheuer wichtig werden.

42

Nichts vermag dem Nachdenklichen so leicht zur Loslösung von den Dingen zu verhelfen wie die Nachricht, daß er bald sterben wird.

43

Wenn wir alle zahllose frühere Erdenleben gehabt haben, dann haben wir auch zahllose frühere Tode auf Erden gehabt. Das tatsächliche Sterbeerlebnis muß im Unterbewußten irgendeine nachwirkende Lehre, Bedeutung oder Botschaft hinterlassen.

44

Wir, die wir alt geworden sind, die Knochen zerbrechlich, das Fleisch geschrumpft, unser Gesicht von Falten zerfurcht, die Haare ergraut, mögen darin eine deprimierende Erfahrung sehen. Indes kann man sie, wie jede andere Lebenslage, auch auf eine andere Weise betrachten – vielleicht als eine Entschädigung für unsere Schmerzen. Das heißt, daß wir die Lektionen eines Lebens zusammenfassen und uns auf die nächste Inkarnation vorbereiten, damit wir das notwendige Werk an uns selbst besser ausführen werden, sobald sie kommt.

45

Sich über den Verfall Gedanken zu machen, der die geistigen Fähigkeiten so vieler, die bis in ihre Siebziger oder Achtziger leben, aushöhlt, ist freilich unerfreulich, aber für jene, die nur halb so alt oder jünger sind, ist es unerläßlich. Es mag als eine Mahnung oder vielleicht sogar als ein Ansporn dienen, ihre Schritte auf der SUCHE zu beschleunigen.

46

Ein sehr gewitzter, intelligenter, gebildeter Mann, von Beruf Rechtsanwalt, war es, der mir, als er von einer Herzattacke genas, sagte: „Ich bin sehr ehrgeizig gewesen, aber mein Ehrgeiz schlug fehl; indes sehe ich erst jetzt, daß all das, der Ehrgeiz und die Arbeit und die Bemühungen, die damit einhergingen und davon abhängig waren, eine nutzlose Beschäftigung war, reine Aufwiegelung, dazu da, die Zeit auszufüllen." Ein oder zwei Jahre später starb er als ein unglücklicher Mensch. Er war nicht ohne spirituelle Gefühle und Intuitionen gewesen, sah sich aber ganz von seinen Schwächen, seiner Sinnlichkeit und seinem Ehrgeiz übermannt, bis es zu spät war – bis der Schatten des Todes sein Lehrer wurde.

47

Das Leben ist eine Vorbereitung auf den Tod, genauso wie der Tod eine Vorbereitung darauf ist, erneut ins Leben zu treten.

48

Jede Faser und alle Willenskraft wird sich instinktiv gegen das Bild vom eigenen letzten Verscheiden, vom eigenen unausweichlichen Tod wehren. Indes ist diese Haltung teilweise vom Alter eines Menschen abhängig. Als Greis findet man sich bis zu einem gewissen Grad damit ab.

49

Es gibt einen Teil im Menschen, der nicht sterben, nicht ausgelöscht werden kann. Aber er liegt sehr tief verborgen. Der Weise begegnet ihm vor dem körperlichen Tode und lernt, sein Bewußtsein darin zu verankern. Die anderen begegnen ihm während einer gewissen Phase auf der Stufe nach dem Tode.

50

Die äußerst begrenzten Kenntnisse und die enorme Ignoranz vieler, die sich mit der Auslegung volksreligiöser Dogmen und spiritualistischer Kultlehren befassen, haben ein großes Maß an Verwirrung gestiftet und viele zum Atheismus getrieben. Sie lehren, daß das menschliche Wesen nach einem ersten, verschwindend kurzen Erscheinen auf diesem Planeten (denn was sind die etwa siebzig Jahre im Vergleich zu den Millionen Jahren, die die Geologie als seine Geschichte verkündet?) nach dem Tode in einen Zustand übergehen wird, in dem es auf alle Zeiten, das heißt ewig, verweilen wird. Daß das kleine Ego alle seine Attribute und Eigenschaften der persönlichen Identität und persönlichen Existenz jener kurzen Erscheinung auf Erden behalten wird, sich nicht wandelt und zu einer dauerhaften Sache erstarrt, die Erde selbst überlebt, sich mit Familie und Freunden vereint unter den Primitiven der Eisenzeit und unter den Höhlenmenschen vorfindet, ist eine lächerliche Vorstellung. Es ist eine so völlig unwissenschaftliche, auf eine so bestürzende Weise gegen jede wirkliche Religion gerichtete Idee, daß sie geradezu ein Witz ist.

51

Wenn die festgesetzte Zeit kommt, wird der Körper weggeworfen, aber der Geist bleibt. Er macht eine Vielfalt von Erfahrungen durch und schließlich schüttelt er sie im Schlaf ab. Nach einer Weile erwacht er, tief erfrischt. Allmählich erwachen auch die alten Neigungen wieder zum Leben, und er kehrt in diese Welt zurück, schlüpft in einer neuen Umgebung in einen neuen Körper.

52

Die Ewigkeit, in die wir nach dem Tode treten sollen, in der eine spezielle Form und ein spezielles Ego auf alle Zeit erhalten bleiben sollen, ist absurd. Es gibt aber eine wahre Ewigkeit, in der Form und Ego, Zeit und Raum, transzendiert werden.

53

Weil das Überselbst außerhalb der Zeit liegt, liegt es auch außerhalb von Ereignissen. Nichts geschieht in oder an ihm.

54

Das Geistige ist nicht in Materie gefangen, die Seele nicht in der körperlichen Person eingesperrt, die Göttlichkeit schläft nicht im Fleisch. Das Ego ist es, der Ego-Gedanke, wir sind es, die gefangen sind, schlafend, eingesperrt.

55

Die Vorstellung von einer Unsterblichkeit, die eine einzige Persönlichkeit zu etwas vollkommen Statischem macht, ihre Unzulänglichkeiten und Dummheiten fortsetzt, ist engstirnig und bösartig, ärmlich und beschränkt. Sie schmälert GOTTES Absicht und ist beschämend für den Idealismus des Menschen.

56

Dieses bißchen Existenz, das mir gehört, wird nicht dauern. Das Bewußtsein wird aus dieser Welt entfernt werden, der Körper zerstört, die Beziehungen langsam oder abrupt abgebrochen.

57

Mit dem Tode nimmt das Bewußtsein einen neuen Zustand an, aber es geht nicht in eine bloße Leere über, zerfällt nicht mit dem fleischlichen Gehirn zu Staub. Nein! Es überlebt, weil es das wirkliche Wesen des Menschen ist.

58

Das gleiche Schicksal, das uns zur Geburt brachte, wird uns auch zum Tod bringen. Und genauso wie sich nach der Geburt ein Drama verschiedener Bewußtseinsphasen entfaltete, wird sich nach dem Tod ein Drama von Bewußtseinswandlungen entfalten. Nicht vor dem Ausgelöschtwerden sollten wir uns fürchten, denn das wird nicht geschehen, sondern vielmehr vor dem Bösen in uns selbst und vor dem Leid, das diesem Bösen auf dem Fuße folgt, wie ein Schatten einem Menschen im Schein der Sonne.

59

Das Schattenwesen, das beim Tod aus dem Körper tritt, das dem Körper gleicht und für eine Weile ein unabhängiges Dasein in der Geisterwelt führt, ist seinerseits dem Untergang geweiht und wird sterben müssen.

60

Wer von den Forderungen seines irdischen Selbst und von den Begierden seines unwissenden Selbst befreit worden ist, braucht nach dem Übergang in den körperlosen Zustand nicht hierher zurückzukehren.

61

Das Leben zwischen den Inkarnationen besteht aus einem traumartigen Zustand, auf den ein Abschnitt folgt, der dem Tiefschlaf gleicht. Aber beim Erwachen aus diesem Zustand erinnert man sich nicht an die frühere Geburt.

62

Der Unterschied zwischen dem Leben, das wir normalerweise kennen und dem, das zwischen den Inkarnationen verläuft, liegt darin, daß wir hier über ein offensichtliches Gemisch aus zwei Welten, der mentalen und phänomenalen, verfügen, während es dort nur die mentale gibt.

63

Nach dem Tod gehen wir durch die Stufe des Traumes und Tiefschlafes genauso wie vor ihm.

64

Versteht man das Leben im Körper, so versteht man auch, was das Leben ohne Körper, das heißt der Tod, bedeutet. Beide sind ein im GEIST Existierendes, der ihre Wirklichkeit ist.

65

Die Masse ist so erzogen, daß sie an der Aussicht, (nach dem Tode) in der Ewigkeit zu leben (als Ego) Gefallen findet. Aber einen Rest, der sich eingehend und tief damit auseinandergesetzt hat, was das wirklich bedeutet, schaudert es dabei.

66

Hinter dem vergänglichen Traum des Lebens versteckt, liegt eine Welt dauerhafter Wirklichkeit. Alle wachen im Augenblick des Todes auf, aber nur eine Handvoll ist fähig, dem Drang zu widerstehen, sofort in den astralen Traum zu verfallen. Dabei handelt es sich um die Handvoll, die noch zu Lebzeiten danach trachtete, ihrem niedrigen Selbst zu sterben. Diese sind die Mystiker, die in die Wirklichkeit treten.

67

Jene, deren Gedanken auf irdische Dinge beschränkt sind, wandeln sich nicht mit dem Wandel, genannt Tod. Sie bleiben erdgebunden, kläglich unwirksam und gelangweilt, außer es gelingt ihnen, von jemandem Besitz zu nehmen, der noch in dieser Welt lebt, und ihn zu quälen.

68

Ganze Szenen aus den Kinderjahren bis in die Gegenwart spulen sich während des Zustandes nach dem Tod vor dem inneren Auge des Geistes ab.

69

Jeder unerfüllte Wunsch wirkt als eine Anziehungskraft, die uns nach jedem Tod wieder auf die Erde zurückzieht.

70

Der Tod ist entweder eine bewußtlose Starre, ein leerer Schlaf, ein halb bewußter Traumschlaf oder ein vollbewußtes Gewahrsein.

71

Wenn ihr einen Menschen tötet, so zwingt euch das GESETZ DER FOLGEN, die Leiche dieses Menschen überall mitzutragen, gleich, wohin ihr geht. Zuerst tragt ihr sie in Gedächtnisbildern mit euch, die eine Furcht vor der Strafe hervorrufen, aber nach dem Tode werdet ihr das Opfer *sehen* und seine Schreie wieder ganz von vorne *hören*.

72

Leider muß ich sagen, daß die Theosophie der jüngsten Zeit, im Gegensatz zur Theosophie Blavatskys, die um die Wahrheit wußte, ein zu großes Gewicht auf den Stellenwert der Individualität gelegt hat. Laßt euch sagen, daß sich die sogenannte Astralstufe mit der Traumwelt deckt und nicht mehr ist. Daher gleicht der Zustand nach dem Tod schließlich einem äußerst lebhaften Traum; und deswegen widmen wir solchen Dingen in der wahren esoterischen Schule wenig Aufmerksamkeit, sondern befassen uns hier und jetzt auf Erden mit dem Leben, mit dem wir zurechtkommen müssen, gleich, ob es uns paßt oder nicht.

73

Unsere Sorgen und Schwierigkeiten sind kurzlebig, während unsere spirituellen Hoffnungen die Inkarnationen überleben und die Lücken zwischen den Geburten schließen.

74

Sollte die Frage gestellt werden, warum diese läuternde Erfahrung nach dem Tode den Charakter nicht ändert, der in der nächsten Geburt erscheint, so lautet die Antwort, daß es sich dabei um einen halb nach innen gekehrten, traumartigen Zustand handelt, der das Bewußtsein nur vage und an der Oberfläche berührt. Nur hier, auf der wachen, voll nach außen gekehrten Stufe der irdischen Welt, gräbt sich die Erfahrung in scharfen, lebendigen Linien auf dem Ego ein.

75

Dieser traumartige Vorgang nach dem Tode ist nicht wertlos. Er erinnert uns während jeder vorgeburtlichen Phase an den wahren Zweck des Lebens.

76

Haustiere beenden ihr Dasein nicht mit dem Ende des Körpers. Ihre unsichtbare Geistform schwebt in der Nähe ihres hinterbliebenen Herrn oder ihrer hinterbliebenen Herrin. Sie sind voll bewußt und, ihrer Überzeugung gemäß, nach wie vor in der physischen Welt. Aber im Laufe der Zeit verblaßt dieses Bewußtsein, und sie treten in einen Schlafzustand, der erst mit ihrer Wiedergeburt endet. Auch ihre Erwartung, gefüttert oder liebkost zu werden, sieht sich durch das schöpferische Wirken ihrer Geisteskraft erfüllt.

77

So hart sind die Lektionen, die zu lernen uns das Erdenleben zwingt, so hart seine Schmerzen, daß es nur recht und billig ist zu sagen, daß die Glückseligkeit, in die wir nach unserem Tod oder selbst jetzt schon auf mystischen Stufen auferstehen werden, in keiner Weise geringer ist.

78

Der dritte Himmel ist die erhabenste und glücklichste Stufe, die der körperfreie Geist erklimmen kann. Hier allein blüht alles, was das Feinste und Edelste in einem Individuum ist. Er ist seligmachend friedvoll, aber auch er muß vergehen und einem Reich weichen, in dem es keine Individualität mehr gibt, in dem alle vorangegangenen Leben, alle persönlichen Erinnerungen schwinden müssen. „Wir kommen aus GOTT und zu GOTT gehen wir."

79

Wie wenig Zeit ein Tier für die Ruhepausen zwischen seinen Geburten braucht, wie viel mehr der Mensch für die seinen! Das Tier nur Monate, der Mensch mehr Jahre, als er auf Erden gelebt hat.

80

Der Zeitsinn zwischen den Inkarnationen ist unterschiedlich. Was für den einen fünf Minuten sind, sind für den anderen hundert Jahre.

81

Das vom Körper befreite Wesen wendet sich natürlicherweise an seine irdischen Erinnerungen, träumt natürlich von jenen, die er nicht gehen lassen will und stellt damit unbewußt seine ehemaligen Bedingungen und Umgebungen wieder her. Er lebt in seiner privaten Gedankenwelt und unter seinen persönlichen Gedankenformen. Ist es da ein Wunder, daß spiritistische Mitteilungen in ihren Berichten von der anderen Welt so weit auseinandergehen, so widersprüchlich sind?

82

Wir verlassen den Körper mit dem ersten Tod und das Ego mit dem zweiten. Indes stellt das nicht das Ende dar. Im Überselbst stoßen wir auf unser endgültiges Sein.

Der Vorgang des Todes

83

Wenn das Ende des Lebens kommt und ein Mensch wie eine Kerze im Wind verlischt, hängt, was dann geschieht, von seinem Charakter ab, seinem vorherrschenden Bewußtsein, seiner Bereitschaft und seinen letzten Gedanken.

84

Ich war als Zeuge zugegen, als einige fortgeschrittene Seelen den Übergang zu einer anderen Bewußtseinssphäre, den Vorgang, den wir Tod nennen, durchmachten. Es breitete sich um sie ein heiterer geistiger Glanz aus, den die Trauernden, die um ihr Bett versammelt waren, als ein tröstendes Gegengewicht zu ihrem natürlichen menschlichen Schmerz empfanden. Die Wahrheit, daß der universelle Vorgang in der NATUR tatsächlich ein Wandel zu einem glänzenderen, glücklicheren und freieren Dasein sein kann, machte einen gewissen Eindruck auf sie.

85

Jener namenlose junge Pilot, der seiner Mutter, kurz bevor er im Einsatz umkam, schrieb: „Ich fürchte mich nicht vor dem Tod; es ist nur ein seltsam erhebendes Gefühl", besaß etwas mehr als Mut. Für diesen Augenblick zumindest war er von der Identifikation mit dem Körper zur Identifikation mit dem Geist übergegangen.

86

Der Jünger, dessen Bemühungen, zu Lebzeiten innere Freiheit und Vereinigung mit dem Überselbst zu erlangen, allem Anschein nach vom Schicksal oder durch die Umstände vereitelt worden sind, mag sie, im Sterben liegend, doch noch mit Erfolg belohnt sehen. Dann wird das Bewußtsein genau in dem Augenblick, in dem es aus dem Körper tritt, in das Überselbst eingehen.

87

Welche Art von Tod wird ihm wohl widerfahren? Was, wenn er an Krebs, dieser schrecklichen Krankheit, stirbt, an der Ramana Maharshi, Ramakrishna und andere Große des Geistes starben, – einige namenlos und obskur, andere berühmt – die der Verfasser kannte? Ich kann nur davon berichten, was ich gesehen und gehört habe, als ich während der letzten Tage das Privileg hatte, die unglaubliche Atmosphäre zu teilen. Zu jedem kam eine Vision, ein sichtbares Licht, anfangs weit weg, später ringsum; anfangs ein winziger Punkt, später ein Strahl, dann eine breite Säule, bis es zuletzt den ganzen Raum erfüllte. Und mit dem LICHT kam Friede; er kam als eine Begleitung zum Schmerz des Krebses, als eine Entschädigung, die zunahm und einen Frieden verbreitete, der immer größer wurde und innerlich frei machte, bis vor dem letzten Akt zum Staunen der Ärzte, Krankenschwestern und Familienmitglieder die triumphierenden Worte geäußert wurden, der GEIST den Sieg über das Fleisch verkündete. Das heißt aber nicht, daß es keinen Unterschied macht, ob man still im Schlaf, an reiner Altersschwäche, stirbt oder an Krebs, daß dem Erleuchteten Frieden und Schmerz gleich willkommen sind. Ich schreibe hier nicht vom extremen, fanatischen Asketen. Ihm mag das freilich gleichgültig sein.

88

Kommt es während des Wandels, genannt Tod, zu einem Bewußtseinsverlust, dann nur zu einem kurzen, so kurz oder kürzer als der Schlaf einer Nacht. Unterdessen wissen viele der Verstorbenen nicht einmal, was ihnen wirklich widerfahren ist und meinen, sie seien noch immer körperlich am Leben. Denn es hat den Anschein, daß sie imstande sind, andere zu sehen, Stimmen zu hören und Dinge zu berühren, genauso wie zuvor. Und doch sind alle diese Erfahrungen gänzlich stofflos und finden in einem bewußten Geist statt, der über kein fleischliches Gehirn verfügt.

89

Der Sterbende sollte die Arme über der Brust kreuzen, die Hände gefaltet. Er sollte den Geist aus allem Irdischen zurückziehen und ihn in höchstem Streben erheben.

90

Dies ist die beste Weise, auf die ein Mensch sterben sollte – in einem Sessel oder auf einem Sofa ruhend oder im Schlaf in einem Bett, mit einem friedlichen Gesichtsausdruck, als ob er etwas ungewöhnlich Schönes sähe oder hörte, ein zufriedener Zug um den Mund.

91

Es gibt sowohl in Indien als auch in China eine Lehre, daß ein Mensch, der seine Gedanken während der Augenblicke des Sterbens mit vollem Glauben, ungeteilter Inbrunst und ernster, tiefer Aufmerksamkeit auf den Namen seines spirituellen Lehrers konzentriert, sich teilweise oder ganz vor den läuternden Qualen rettet, die er andernfalls hätte erleiden müssen. Es steht auch geschrieben, daß er, wenn er sich lieber auf die Art von Umwelt konzentrieren will, in der sich seine nächste Geburt ereignen soll, er zu ihrer möglichen Verwirklichung beiträgt.

92

Der Tod ist der große Enthüller. Bei dieser lebhaften aber traumartigen Erfahrung, die auf ihn folgt, wird jedem gezeigt, was er mit seinem Erdenleben *wirklich* getan hat, was er damit hätte machen *sollen* und was er nicht damit gemacht hat.

93

Beim Tod geht das Bewußtsein durch eine interessante Phase, denn er ist in Wirklichkeit ein Scheiden aus dem Körper und aus der Welt. Erinnerungen schwinden, die Vergangenheit erlischt, die Gesichter verschwimmen, und ihre Besitzer lassen sich nicht mehr erkennen. Müde, schläfrig, von einem Gefühl des Zurückziehens übermannt: mentale Tätigkeiten, Überlegungen, Vorgestelltes – alles zerbröckelt, und dann ist nichts.

94

Gerade in diesem Augenblick, da das Leben schnell verebbt, der Tod deutlich zugegen ist, gerade dann mag der lang gesuchte, aber selten gefundene Erleuchtungszustand anheben und den Vorgang begleiten.

95

Für den Suchenden mag der Sterbevorgang die Erfüllung jahrelanger Bestrebungen werden, für den normalen Menschen eine wahrhaftige Einweihung in die Seele.

96

Es gibt, während eine Person stirbt, einen besonderen Augenblick, in dem das Überselbst den ganzen Vorgang in die Hände nimmt, so wie es das auch tut, wenn sie einschläft. Klammert sie sich aber unwillkürlich und aus eingefleischter Angewohnheit an ihrer geringeren Natur an, dann wird sie nur teilweise von ihm erfüllt; der Rest ist in ihrer Kleinheit gefangen.

97

Im Mittelalter unterstützten die Manichäer die Handlung des Sterbens durch völliges Fasten, sie nahmen weder feste noch flüssige Nahrung zu sich.

98

Das Sterben ist nicht mit einem erstickenden Gefühl verbunden, außer im Augenblick der kurzen Bewußtlosigkeit. Im Gegenteil, es ist ein echter Befreiungsvorgang.

99

Tief in den Mittelpunkt seines Wesens zieht sich der Geist eines Menschen zurück, der aus diesem Leben scheidet, aber nur, wenn sein Karma, seine Absichten und seine Entwicklungsstufe nicht ein Hindernis darstellen.

100

Es war im Zimmer des Sterbenden so eindeutig das Wirken übernatürlicher Kräfte zu spüren, ein so deutliches Gewahrsein der Gegenwart einer anderen Wirklichkeit zu verzeichnen, daß es fast niemandem entging. Selbst der diensthabende Arzt, religiös ein hartgesottener Agnostiker, ein Skeptiker, der kaum an ein Fortleben glaubte, selbst er gestand jene sonderbaren Gefühlsregungen ein.

101

Ich habe über den mildtätigen Frieden geschrieben, den der Tod bringen mag, aber nicht allen. Einige treten mit Entsetzen in ihn ein, andere mit Furcht, wieder andere mit Unwillen.

102

Ich habe auf dem Gesicht gewisser im Sterben liegender oder gerade verstorbener Personen einen Ausdruck freudiger innerer Ruhe gesehen, der dem empfindsamen Betrachter nicht nur Gewißheit über ihre derzeitige innere Verfassung gab, sondern auch über die Nachwirkungen des Todes.

103

Das Sterben kann ein langweiliges oder aufregendes Erlebnis sein. Das hängt von der jeweiligen Person, von ihrer Vor- und ihrer inneren Geschichte ab.

104

Als er starb, sagte Heisenberg zu von Weizsäcker: „Ich habe nicht gewußt, daß das Sterben so leicht ist." In einem anderen Augenblick sagte er: „Was war eigentlich in meinem Leben wichtig? Ich würde sagen, zuerst die Menschen, die da waren. Erst in zweiter Linie kommt die Physik, mit der ich mich soviel beschäftigt habe." Er starb friedlich.

105

So manchen Sterbenden erschüttert die bittere Erkenntnis, daß er im Begriff ist, sich von so vielem zu trennen, das ihm lieb und teuer war, das er für wesentlich hielt oder inbrünstig zu erlangen hoffte. Ich denke dabei an Kahlil Gibran, den gefeierten Verfasser des ergreifenden Gedichtes *Der Prophet*, der auch ein begabter Maler war. Er litt an Tuberkulose, und als er im Sterben lag, sagte er voller Trauer zu einem anderen Dichter, der mich später davon unterrichtete: „Es gibt in der Welt und im Leben so viel Schönes zu sehen oder zu schaffen, das ich jetzt niemals kennen werde."

106

Der ungeheure Vorfall des Sterbens und Verlassens des Körpers stellt keine Unterbrechung deiner Suche dar.

107

Wenn die rechte Zeit für den Abgang aus dieser Weltszene kommt, wird er mit Zuversicht auf ihn zugehen – mit dem Gefühl, daß ihn die Kraft, die ihn in früheren Krisen trug, auch jetzt nicht verlassen wird.

108

In diesen letzten Stunden des Lebens, mit seinen länger werdenden Schatten, trachtet man danach, sich zu fassen und für den letzten Gang bereit zu sein. Wie gut man daran tut, jene restlichen Kräfte zu sammeln und jene Wahrnehmungen zu pflegen, die einen jetzt, so darf ich bescheiden sagen, mit einer weisen göttlichen Passivität stützen.

109

Wenn man die Fügung des Schicksals ruhig und ergeben annimmt, wenn man willens ist, zur festgesetzten Stunde widerstandslos und ohne Kampf aus dieser Welt zu scheiden, erlangt man jene: inneren Frieden, den der Prophet Mohammed „Islam" nannte – eine Anheimstellung an GOTT und ein Harmonieren mit ihm. Weiter als das vermag die Loslösung vom Ego nicht zu gehen, ohne das Ego selbst zu verlieren.

110

Schiebe bei der Beschreibung der Vision der Vergangenheit eines Sterbenden an der passenden Stelle folgendes ein: „Für eine kurze Weile wird das Ego sein eigener Zuschauer. Für eine kurze Weile sieht es sich, ohne von Begierden geblendet und ohne von Eitelkeit beherrscht zu sein. Erst dann sieht es und erwartet es die Gerechtigkeit hinter den Schmerzen."

111

Im Falle eines gewaltsamen Todes oder Unfalltodes sinkt ein durchschnittlich guter Mensch für eine Weile in einen unbewußten Tiefschlaf, aber ein schlechter ist eine geraume Zeit bewußt erdgebunden.

112

Der Sterbevorgang sollte untersucht werden. Er steckt voller Bedeutung. Jetzt sollen so viele Dinge und Interessen, an denen der Sterbende hängt, zurückgelassen werden, so viele Personen verschwinden, an die ihn die Bande der Zuneigung knüpfen oder ihn abstoßen, weil er sie nicht mag.

113

Es ist ein Paradox, daß der Augenblick seines Todes automatisch die ganze Vergangenheit eines Menschen wieder ins Leben ruft. Er hat sie wieder von vorne aufzurollen, aber diesmal unter einem anderen Gesichtspunkt, denn es fehlt die selbstsüchtig gefärbte und verzerrende Wirkung des Egos. Jetzt sieht er sie mit unpersönlichen und ungefärbten Augen. Mit anderen Worten, er sieht den wahren Sachverhalt, so wie er wirklich ist, das heißt, er sieht, was er selbst wirklich ist. Wenn diese kurze Erfahrung vorbei ist, beginnt er, wie ein Mensch in einem Traum zu leben. Sein eigener Wille ist nicht verantwortlich für das, was ihm als Träumer geschieht, und genauso verhält es sich auch mit dem, was ihm als abgeschiedener Geist widerfährt. Er wählt und bestimmt den Lauf seines Geisterlebens ebensowenig persönlich und bewußt wie den seines Traumlebens. Es nimmt sowohl hier als auch dort seinen spontanen Lauf. Das wird ihm eindringlicher vor Augen geführt, wenn er ein schlechter Mensch ist, wenn die Erfahrung nach dem Tod zum Alptraum wird.

114
Es wäre falsch zu sagen, des Sterbenden bildhafter Rückblick auf die Lebenserfahrung sei lediglich ein mentales Sichversetzen aus der eigenen Lage in die der Personen, mit denen man während des gerade abgeschlossenen Lebens in Berührung stand, das jetzt Bild um Bild vor einem abrollt. Was wirklich geschieht, ist ein Versetzen aus dem falschen Ego in das wahre SELBST, aus dem Persönlichen in das Unpersönliche. Es ist eine Erkenntnis der wahren Bedeutung jeder Episode des Lebens aus einer höheren Sicht.

115
Alles Hab und Gut bleibt zurück, wenn ein Mensch aus dieser Welt scheidet. Jeder physische Gegenstand, den er besaß, gleich wie teuer er ihm war, und jede menschliche Verbindung, gleich wie lieb sie ihm war, alles, alles wird ihm vom Tode abrupt weggenommen. Dies ist das universelle und ewige Gesetz, das war, ist und auf alle Zeit sein wird. Es läßt sich nicht hintergehen oder unterschlagen. Und doch gibt es einige, die dieser totalen Trennung entrinnen, allerdings nur unter einem einzigen besonderen Umstand. Es handelt sich um jene, die während ihres Erdenlebens nach der Inspiration eines toten oder nach der Verbindung mit einem lebenden Meister trachteten und sie auch fanden. In ihren letzten Augenblicken auf Erden wird deutlich sein Bild erstehen, um sie sicher in die erste Phase des Daseins nach dem Tode zu geleiten, um ihnen die fremden neuen Verhältnisse zu erklären und ihnen Mut zuzusprechen.

116
Ich würde gerne so friedlich sterben wie Lu Hsian-Shan, der chinesische mentalistische Philosoph. Eines Abends wußte er, daß seine Stunde gekommen war. Da nahm er ein Bad, zog sich frische Kleider an, ließ sich nieder und blieb in stiller Meditation, bis er siebzehn Stunden später verschied.

117
Wenn die Seele Vorbereitungen trifft oder den Körper zu verlassen beginnt, mag eines von zwei Dingen geschehen. Je nach Richtung und Kraft ihrer Bindungen oder Wünsche wird sie ihnen entrissen und ins Unbewußte gezogen,

in eine Art von Schlaf. Oder sie erkennt die mit ihr verbundenen Orte und Personen und arbeitet, wenn sie über entsprechende Kenntnisse verfügt und erfahren ist, mit dem Tod zusammen und tritt aus in einen seligen Schlaf auf einer höheren Ebene.

118

(a) Eine Adelige wußte diese Geschichte von ihrem Onkel zu berichten, der in Folge eines Unfalles im Sterben lag. Er fand sich außerhalb des Körpers vor. Es war eine herrliche Erfahrung, aber es wurde ihm mitgeteilt, dies sei nicht der rechte Zeitpunkt für seinen Heimgang, und obschon er die Lust am irdischen Leben verloren hatte, sah er sich wieder zurück in den Körper versetzt. Er genas und lebte. (b) Eine andere Dame aus gehobenen Schichten erzählte, daß sie in tiefer Meditation in einen visionsartigen Zustand verfiel, in dem sie sich außerhalb des Körpers vorfand. Dieser Zustand war äußerst befriedigend. Es wurde ihr aber mitgeteilt, sie hätte auf Erden noch etwas zu erledigen und mußte gegen ihren Willen zurückkehren. Sie fühlte, mit ein bißchen Anstrengung ihrerseits könne sie die Rückkehr verhindern, aber das Schicksal war stärker. (c) Eine Homöopathin aus Österreich, die regelmäßig zu meditieren lernte, hatte schließlich ein Erlebnis, bei dem sie den Körper verließ und dabei ungeheuer glücklich war. Sie wollte, daß es so bliebe, erinnerte sich aber an ihre Verantwortung für ihre Tochter und kehrte wieder in den Körper zurück. (d) Eine Jüdin, die, als sie in Auschwitz war, wie durch ein Wunder vor dem Tod in der Gaskammer bewahrt wurde, begann, nachdem ihr Gesuch, in ein Kloster einzutreten und Nonne zu werden, abgelehnt wurde, das Meditieren. Sie hatte Erfolg und erlangte ein großes Maß an innerem Frieden und Glück, wurde aber zu empfindsam, um in der Welt zu verkehren. Sie erlebte eine Vision, bei der sie den Körper während der Meditation verließ. Sie fühlte, sie sei im Himmel. Sie betete, nicht in die Welt zurückkehren zu müssen, wurde aber intuitiv davon unterrichtet, es sei ihre Pflicht. Sie nahm dies als GOTTES Willen an und versuchte jetzt, sich den hiesigen Bedingungen anzupassen.

119

Wie hieß jener Künstler, der, als er im Sterben lag, bat, man solle ihm die Fenster weit öffnen, damit er draußen die schneebedeckten Berggipfel sehen könne? Er wollte, daß seine letzten Gedanken, sein letztes Bewußtsein, an sie gerichtet waren.

120

Wir mögen unser törichtes Verhalten im Leben, unsere dummen Fehler oder die Schwächen unseres Fleisches bedauern, aber in diesen Augenblicken des Todes haben wir die Chance, mit Klugheit und in innerem Frieden zu sterben. Eine Chance, gewiß, aber wir müssen sie auch wahrnehmen und unseren Blick auf das Höchste heften, das wir kennen.

121

Der Tod vermag dem Menschen höhere Möglichkeiten zu erschließen, der dieses Dasein glaubend verläßt, der auf das Überselbst baut und sich seiner Lenkung anheimstellt, ohne sich an den Körper zu klammern, den zu verlassen, er im Begriff ist.

122

Es ist besser, bei vollem Bewußtsein aus dem fleischlichen Körper zu scheiden, als unter dem Einfluß von Betäubungsmitteln. Das trifft insbesondere auf spirituelle Sucher zu. Aber bei großen Schmerzen ist vielleicht nichts gegen eine örtliche Betäubung einzuwenden.

123

Erst in jenen wenigen letzten Tagen, Stunden oder Minuten finden die meisten die Wahrheit heraus, daß sich jetzt, da eine Art von Leben sie und ihr Fleisch verläßt, ein anderes für sie auftut.

124

Die schreckliche Einsamkeit, der sich der Mensch kurz vor dem Tod gegenübergestellt sieht, existiert weder für den Philosophen noch für den wirklich frommen Menschen.

125

Fast im Sterben liegend, magst du eine Bestätigung für den Glauben erhalten, daß ein sterbender Anhänger seinen Gott, Guru oder Heiland kommen sieht, der seine Seele auf eine höhere Welt trägt oder lenkt.

126

Ertrinkende, die gerettet wurden und überlebten, beschrieben das Gefühl, daß die Zeit zurückläuft und ihr ganzes Leben wieder vor ihnen abrollt. Diese Erfahrung machen nicht nur sie; es geschieht allen, die durch die Pforte des Todes schreiten.

127

Verwirrung, Angst, das Festhalten am Körper und an anderem Eigentum, Panik, äußerste Niedergeschlagenheit – sie alle machen die Todeserfahrung schwerer, als sie sonst gewesen wäre.

128

Heute steht der Tod vor mir
Wie die Genesung eines Kranken
Wie das Hinaustreten in einen Garten nach einer Krankheit.

Heute steht der Tod vor mir
Wie der Duft von Myrrhe
Wie unter einem Segel sitzend, im Wind.

Heute steht der Tod vor mir
Wie der Duft der Lotosblüten,
Wie am Ufer der Trunkenheit sitzend.

Heute steht der Tod vor mir
Wie der Lauf des süßen Flußes, der im Meer mündet
Wie die Heimkehr eines Mannes von der Kriegsgalleere in sein Haus.

Heute steht der Tod vor mir
Wie das Aufreißen des Himmels
Wie ein Mensch, der auf das zufliegt, was er nicht kennt.

Heute steht der Tod vor mir
Wie ein Mensch, der sich sehnt heimzukehren
Jetzt, nachdem er so viele Jahre in Gefangenschaft war.

Tod, eine freudige Befreiung
(aus dem Ägyptischen von James Breasted; unbekannter Dichter 2000 v. Chr.)

129

Rabelais letzte Worte – „Die Farce ist vorüber" – sagen viel auf kleinem Raum.

Die Nachwirkung des Todes

130

Die beste Art, einem Sterbenden beizustehen, hängt von einer Reihe von Faktoren ab, denn jede Situation ist individuell verschieden. Allgemein gesagt, gilt als erstes, nicht in Panik zu geraten, sondern ruhig zu bleiben. Als nächstes, innerlich nach dem eigenen höchsten Bezugspunkt zu suchen. Als drittes, den Betreffenden dann in die Hände der Höheren Macht zu befehlen. Als letztes und weltlichstes mag man laut ein Gebet für ihn sprechen oder ein Mantram für ihn singen – irgendeine Äußerung, die einen Hinweis enthält, daß der Vorgang eher eine Rückkehr in die Heimat als ein Verlassen des Zuhauses ist.

131

Mitgefühl und Verständnis gehen aus zu jenen, die unter dem Abschied von einem Menschen gelitten haben, der ihnen viel bedeutet. Aber die Heilung wird mit der Zeit kommen. Jene, die solche Schmerzen tragen, sollten sich in den Willen des SCHICKSALS fügen und glauben, daß der Geliebte noch immer lebt und wiederkehren wird.

132

Eine buddhistische Methode, störende Geister zu vertreiben, besteht darin, mit den Fingern eine Weile um den Kopf zu schnalzen und dabei das Mantram „PHAT" („zerberste") zu äußern. Diese Methode wird auch als ein Bestandteil des Todesritus benützt, und zwar in dem Augenblick, in dem die Seele den Körper verläßt.

133

Der Schüler hat gelernt, daß der Tod des Körpers außerhalb des Bewußtseins liegt, welches in sich selbst ungewandelt weiterlebt. Wenn der Tod aber den Körper eines Menschen dahinrafft, den er liebt, so sieht sich sein Glaube auf die Probe gestellt. Zu einer so schweren Zeit muß er sich vor Augen halten, daß der Geliebte in Wahrheit zu einer höher entwickelten Stufe des Lebens aufgestiegen ist.

134

Der Tod eines Menschen, den man liebt, ist ein schwerer Schlag – ein Schlag, auf den die meisten unzureichend vorbereitet sind, weil sie noch nicht gewillt sind, der unausweichlichen Tatsache ins Gesicht zu sehen, daß alles Leben von Vergänglichkeit, Verlust und Schmerz geprägt ist. Nur indem wir Zuflucht suchen bei der Unsterblichkeit des Überselbst und bei der Entdeckung der Wahrheit und Weisheit des Göttlichen Planes, vermögen wir auch zu lernen, wie die Schmerzen auf dem sich ewig wandelnden Antlitz des Lebens zu ertragen sind. „Loszulassen" die ist schwierigste aller Aufgaben, die es zu lernen gilt; und doch ist sie die vordringlichste für den spirituellen Fortschritt.

135

Wiewohl es schmerzlich ist, unsere Lieben zu verlieren, ist dies oft die einzige Weise, auf die uns klar wird, daß wir einen tiefen Grund haben, ein gewisses innerliches Nichtverhaftetsein zu schaffen, wie uns auch die unerschütterliche Tatsache klar wird, daß das weltliche Leben untrennbar mit Schmerzen verknüpft ist. Solche bitteren Lektionen sind aufschlußreich; sie machen uns klar, daß wir uns auf die spirituelle SUCHE begeben müssen, wenn wir Zufriedenheit und ein dauerhaftes Glück finden sollen.

136

Verlust, wie im Falle des Todes einer Ehefrau oder eines Ehemanns, ist, wie man weiß, eine erste Ursache für die erforderliche empfängliche Geistesverfassung, mit der man an die Philosophie herantreten muß. Das hat Bedeutung für den Schüler auf der SUCHE.

137

Der Verlust eines Menschen, den wir lieben, stellt meistens eine wichtige Erfahrung dar, und die Art, wie wir darauf reagieren, gibt Aufschluß über unseren Entwicklungsgrad. Manchmal ist es, das darf man nicht vergessen, das Beste, daß ein Mensch, den wir lieben, stirbt, wenn er dadurch eine ernste und schmerzvolle körperliche Krankheit überwindet. Auch sollte uns der Gedanke fröhlich stimmen, daß der von uns Geliebte jetzt auf einer Stufe weiterlebt, auf der Glück, Seligkeit, Trost und Ruhe herrschen, Dinge, die hier nur vorstellbar, aber nie anzutreffen sind. Man darf die Gewißheit hegen, daß der Mensch, den wir lieben, in einer wirklich besseren Welt ist, auf der nur die schöne Seite des Lebens herrscht und die häßlichen und gemeinen Dinge niemals Fuß fassen können. In einem solchen Augenblick hilft man am besten dadurch, daß man während des Höhepunktes der Meditation gelegentlich voll Liebe an ihn denkt. Für den feinfühligen Kandidaten ist ein so erschütterndes Erlebnis, bei dem er dem Tod sozusagen in die Augen blickt, immer voller Bedeutung. Es sollte den Beginn einer neuen Epoche markieren, einer eindringlicheren Bewertung des vergänglichen Charakters des irdischen Lebens und in ihm eine übermächtige Sehnsucht wecken, den verhältnismäßig wenigen Jahren, die er auf dieser Raum/Zeit-Ebene verbringt, etwas Dauerhaftes abzuringen.

138

Wer glaubt, daß das Leben über den Tod des Körpers hinaus weitergeht, dem scheint ein Begräbnis eine unnütze Angelegenheit. Indes zwingt es die Trauernden, für ein paar Stunden nachdrücklich an das zu denken, was sie gewöhnlich vergessen – daß auch sie scheiden müssen, daß alle persönlichen Angelegenheiten abrupt zu Ende kommen und sie sich selbst von jedem einzelnen Stück Hab und Gut werden trennen müssen. In einem ansonsten so langweiligen und zeitraubenden Ritual ist eine willkommene Mahnung zu sehen.

139

Man hofft, daß jene, die um ausgezeichnete junge Männer trauern, die im Krieg gefallen sind, etwas von der heilenden Hand der Zeit zu spüren begonnen haben. Es ist eine Quelle großen Leides, zu dieser Zeit einen jungen und vielversprechenden Menschen zu verlieren. Die oft gestellte Frage, warum einer sterben mußte, der ein so nützliches Leben führte, läßt sich nicht beantworten. Dies ist eine Art von Geheimnis, das wir gläubig GOTTES WILLEN überlassen müssen. Aber dieser Glaube ist nicht das gleiche wie blinder Glaube, denn hinter dem Vorgang liegt sicher GÖTTLICHE WEISHEIT. Diese jungen Menschen leben noch und werden leben. Sie sind in eine hellere und glücklichere Welt eingegangen, und es ist nicht notwendig, sich um sie zu grämen.

140

Ergeben müssen wir die Ankunft jenes unausweichlichen Besuchers, des TODES, bei jenen ertragen, die wir lieben. Es ist nutzlos, sich gegen ein Gesetz des Lebens, an dem sich seit dem Anfang der Zeit nichts geändert hat, aufzubäumen oder es zu beklagen.

141

Wer so glücklich ist, mit einem liebevollen Gefährten verheiratet zu sein, sollte nicht gegen das SCHICKSAL lästern, wenn ihm diese Stütze weggenommen wird. Das gleiche Karma, das die zwei zusammenbrachte, hat auch die Verbindung auseinandergerissen. Aber nur vorübergehend. Nichts ist wirklich verloren, wo in stillen Augenblicken Geist zu Geist spricht. Eine hochgradige Liebe und Kameradschaft wirkt als eine Anziehungskraft, die die zwei irgendwo und irgendwann wieder zusammenführen wird. Viele empfinden und verstehen das innerlich.

142

Wenn der Tod richtig verstanden und die Immaterialität des Seins tief empfunden wird, wird es keine trauernden Begräbnisse mehr geben. Hat der Verstorbene eine lange und erfüllte Inkarnation gelebt, dann wird sein Verscheiden philosophisch hingenommen werden.

Der Hinterbliebene steht vor der schwierigen Aufgabe, sich einem neuen Zyklus des äußeren Lebens anzupassen. Während der Übergangszeit mag er sich einsam fühlen und der Zukunft nicht sicher sein. Zu einer solchen Zeit sollte man nach der inneren Bedeutung sowohl dieses Übergangs als auch des bevorstehenden Zyklus suchen.

143

Die Feuerbestattung stellt eine eindeutige und nachdrückliche Herausforderung dar. Wenn man wirklich überzeugt ist, daß die Seele des Menschen sein wirkliches Selbst ist oder selbst wenn man glaubt, daß die Denkkraft des Menschen sein wirkliches Selbst ist, dann kann es keinen Einwand gegen sie geben, sondern dann wird man sie im Gegenteil vorbehaltlos billigen. Die Methode, tote Körper zu begraben, ist nur für den geeignet, der glaubt, diese Denkkraft sei ein Produkt des fleischlichen Gehirns, das heißt, nur für den Materialisten.

144

Ich empfehle den Vorgang der Feuerbestattung zur Beseitigung des Körpers eines Verstorbenen. Zwischen dem Tod und der tatsächlichen Feuerbestattung sollte ein Zeitraum von drei Tagen liegen, denn das ist die Übergangszeit, in der der Austritt des Geistes vollendet wird.

145

Die Ehre, die man einem Leichnam bezeugt, indem man dessen Form zu bewahren versucht, ist fehl am Platz. Es ist ein schreiender Widerspruch, das Credo des Überlebens zu akzeptieren und dem Kadaver das zu bezeugen, was man eigentlich der lebendigen Seele bezeugen sollte. Ein vernünftiges Begräbnis wäre ein völlig privates. Eine vernünftige Grabrede würde das Andenken des Verstorbenen feiern, aber nicht in Gegenwart, sondern in Abwesenheit des Leichnams. Eine vernünftige Beseitigung wäre die Einäscherung, nicht ein Begräbnis. Die seelische und geistige Gesundheit einer Gesellschaft fordert die Abschaffung von Friedhöfen.

146

Im alten Ägypten konnte das gemeine Volk es sich nicht leisten, noch war es ihm gestattet oder hatte es einen Grund, seine Toten zu Mumien zu verwandeln; aber es pflegte eine eigentümliche Art des Begräbnisses. Der Leichnam wurde, das Kinn auf angezogenen Knien ruhend, in ein nicht sonderlich tiefes rundes Loch eingelassen – manchmal in einer hockenden und manchmal in einer liegenden Stellung. Damit sollte die genaue Lage des Embryos im Mutterleib nachgeahmt und symbolisch auf eine kurz bevorstehende Wiedergeburt in der nächsten Welt hingewiesen werden.

147

Warum der Tod einige junge, mit einer leuchtenden Seele begnadete Menschen dahinrafft, ist eines jener Geheimnisse, die die Gesetze des Schicksals und der Vergeltung unerklärt lassen müssen. Trotz des natürlichen Gefühls, zutiefst getroffen zu sein, sollte der Trauernde auf GOTT bauen und sich seinem Willen anheimstellen und daran glauben, daß der VATER aller für den Verschiedenen sorgen wird, wo immer er sein mag.

148

Das Verscheiden eines Geliebten und die Bedeutung des persönlichen Verlustes für die Hinterbliebenen liegt freilich jenseits aller äußerlichen Erklärungen, die man dazu abgeben kann. Worte scheinen zu solchen Zeiten kalt und nutzlos; man kann es nur hinnehmen und sich dem Höheren Willen demütig fügen. Das ist alles.

149

Als einige große Seelen starben, nahmen sie die spirituelle und lebendige Substanz mit sich, die andere spürten und aus der sie eine gewisse Inspiration schöpften.

150

Mit dieser Anhänglichkeit am Grab eines Verwandten soll, bewußt oder unbewußt, die Erinnerung an den Verstorbenen aufrechterhalten werden. Aber diese Absicht läßt sich mit anderen, hygienischeren und vernünftigeren Methoden verwirklichen.

151

Wer einen Menschen verloren hat, den er liebte, sollte sich auf die Verwirklichung der Tatsache konzentrieren, daß Entfernung nicht das geringste an wirklicher Liebe ändert. Die geistige Gegenwart des Geliebten muß mit allen Kräften so wirklich gemacht werden wie die körperliche, zudem sollte man die

Fähigkeit entwickeln, aus diesen Begegnungen in der geistigen Welt Befriedigung zu ziehen. Letztlich gibt es stets die alte Weisheit, an das UNIVERSELLE zu denken und es sich allzeit vor Augen zu halten; dies verleiht im Laufe der Zeit eine sonderbare Kraft, eine Kraft, die nicht nur hilft, die Ungleichheit des Schicksals zu ertragen, sondern auch ihre schrittweise Verbesserung bewirkt.

152
Die Geister, mit denen die Spiritualisten meistens verkehren, sind, wo es sich nicht um eine unbewußte Dramatisierung der eigenen geistigen Inhalte handelt, weniger oft die Geister von Toten als die Geister von halb tierischen, halb menschlichen Wesen, die sich als etwas ausgeben, was sie nicht sind, die Meditierende in die Irre führen und deswegen gegen das Menschenreich arbeiten, weil sich letzteres nur allzuoft am Tierreich vergangen hat.

153
Die einzige Weise, auf die ein zuverlässiger Kontakt mit dem Geist eines geliebten Verstorbenen empfangen werden kann, ist durch Gebet und Stille, jede Nacht um dieselbe Zeit geübt. Die Gegenwart des anderen mag nur zu spüren sein oder es mag eine deutliche Botschaft übermittelt werden, vielleicht in einem Traum. Geduld ist vonnöten. Darüber hinaus läßt sich das nicht öfter wiederholen als ein paar Minuten.

154
Der Tod des Körpers bedeutet nicht den Tod des Geistes. Wo eine tiefe Liebe herrscht, da kann es Zwischenspiele mentaler Gemeinschaft zwischen dem sogenannten Verstorbenen und dem Lebenden geben und gelegentlich zu Begegnungen kommen, bei denen sich der eine des anderen bewußt ist. Diese Begegnungen finden in einem der Träumerei gleichenden Zustand statt. Das erfordert allerdings eine gewisse Fertigkeit, den Geist meditativ beruhigen zu können, denn jede emotionale Erregung würde diese Zwiesprache verhindern. Indes läßt die NATUR keine ununterbrochene Beziehung zu, nur eine zwischenzeitliche; denn den Geistern obliegt es, ihr eigenes höheres Schicksal auszuarbeiten.

155
Bei großer Trauer ist es am besten, nicht mit Hilfe von Medien nach Zwiesprache mit dem Verstorbenen zu trachten. Man kann nie sicher sein, daß sie echt ist. Mehr noch, es stellt weder den richtigen noch den gesicherten Weg dar.

156

Ich persönlich vermag kaum zu glauben, daß die NATUR es zuläßt, daß körperlose menschliche Wesenheiten sich nach so langer Zeit für die Angelegenheiten der Welt interessieren und schon gar nicht, daß sie sich in sie einmischen oder inkarnierte Individuen inspirieren. Selbst die Wiedergeburt würde folgerichtiger sein als das.

157

Wäre der vertrauliche Umgang zwischen den Lebenden und den Toten so weit verbreitet wie die Spiritualisten behaupten, dann wäre das Leben sehr schwierig für die Lebenden und die Toten!

158

Haben die Körperlosen denn nichts anderes zu tun, als mit zweifelhaften Botschaften und abgestandenen Offenbarungen hin und her zu rennen?

159

Tischrücken, Planchettenschreiben und Medien, die sich in Trance befinden, mögen uns mit Freunden in Berührung bringen, die schon lange aus dieser Welt geschieden sind; auf der anderen Seite mögen sie uns aber auch zudringlichen bösartigen Geistern aussetzen, die sich unerkannt auf unser Gehirn stürzen und das zu sein vorgeben, was sie nicht sind.

160

Ich stimme darin mit dem Spiritismus überein, daß die Persönlichkeit den Tod des fleischlichen Körpers überlebt, aber nicht darin, daß ihr Überleben eine wünschenswerte und wunderbare Sache sei. Unsterblichkeit ist unendlich viel besser, denn sie ist die wahre Todlosigkeit, aber sie kann nur zu dem Preis erstanden werden, daß man das Ego fahren läßt. Noch würde ich irgendeinen ermutigen, sich der Methoden des Spiritismus zu befleißigen, mit denen der Spiritismus mit den „Toten" zu verkehren sucht, weil sie zu zweifelhaft und zu gefährlich sind.

161

Jenen, die Mitleid haben mit einem Menschen, der sich umbringt, tut er zu Recht leid. Wenn dieses Gefühl aber nicht durch die Vernunft ausgeglichen wird, kann es zur Sentimentalität entarten. Denn für den Selbstmörder, wie für alle anderen menschlichen Wesen, die dem Prozeß der Evolution unterworfen sind, ist es notwendig, die Eigenschaft der inneren Kraft und das Gefühl der Hoffnung zur Entfaltung zu bringen. Die Tatsache, daß er das unterlassen hat, führt zu diesem traurigen Ergebnis. Wenn einige Selbstmorde aus anderen Gründen geschehen, räumt dies nicht die Wahrheit der allgemeinen Darlegung aus, daß die meisten aus Schwäche und Angst begangen werden.

162

Der Wunsch, sich zu töten, mag in Wirklichkeit ein Wunsch sein, dem Leben des Egos ein Ende zu setzen, aber der Betreffende ist sich dessen nicht bewußt. In solchen Fällen, die in der Minderheit sind, wird die Suche später bewußt aufgenommen.

163

Sowohl einige Völker im Altertum, wie die Essener Judäas und die Jaina-Mönche in Indien, waren der Meinung, daß Selbstmord kein Verbrechen sei, wenn er aus stichhaltigen Gründen begangen wurde. Diese waren: eine hoffnungslose Verkrüppelung; ein fortgeschrittenes Alter, begleitet von körperlicher Hilflosigkeit; ein schweres, chronisches oder unheilbares Leiden.

164

Es ist verständlich, daß ein Mensch Selbstmord verübt, wenn das Leben unerträglich wird. Aber nicht, daß er dabei Gewalt anwendet.

165

Ein Mensch begeht aus einem von vielerlei Gründen Selbstmord: er mag völlig in panische Angst geraten; er mag alle Hoffnung verlieren; er mag jeden Sinn für das richtige Verhältnis fahren lassen; oder er mag, sollte er irgendwie mediumistisch veranlagt sein, unter den suggestiven Einfluß eines bösen Geistes geraten.

166

Bürdet das Schicksal irgendeinem Mensch mehr Schmerzen auf als er ertragen kann? Theoretisch gesehen nein, aber praktisch sehen wir Fälle, in denen sich Menschen aus einem solchen Grund umgebracht haben oder verrückt geworden sind. Infolgedessen muß die Weise, auf die sie starben, ein Teil ihres ungünstigen Schicksals sein.

167

Nicht nur die Jainas in Indien machten sich diese Form des freiwilligen Scheidens aus dem fleischlichen Körper zunutze, sondern auch die Essener in Palästina. Wenn sie sich zu alt fühlten, übten sie einen langsamen Hungertod, indem sie die Gemeinde verließen und ein abgelegenes Flußufer oder die Einsamkeit der Berge aufsuchten, nur ein Handvoll von Rosinen zum Verzehr. Davon nahmen sie jeden Tag einige zu sich, bis der Vorrat versiegte und mit ihm auch oft ihr Lebensstrom.

168
Einige indische Mystiker, wie zum Beispiel Tukaram und Ram Tirtha, ertränkten sich, indem sie in einen Fluß oder ins Meer stiegen, und nicht immer aus dem üblichen Grund, daß sie zu alt oder zu gebrechlich waren. Aber der freiwillige Hungertod galt als eine höhere Art, dem eigenen Leben ein Ende zu setzen. Indes hat all dies nichts mit dem barbarischen mörderischen Brauch des Sati zu tun, bei dem es sich um Zwangsselbstmord handelt.

169
Wer an Selbstmord denkt, trachtet nach persönlicher Auslöschung, nach einem Gedächtnisverlust und geistloser Nicht-Existenz.

170
Es ist nicht nützlich, an dieser Stelle die Ethik des Selbstmordes und die Moralität der Euthanasie zu besprechen. Wer das erdrückende Elend einer chronischen Krankheit zu ertragen hat oder unter den schrecklichsten Kriegsverstümmelungen leidet, der hat zumindest ein Recht auf seine Ansicht. Was sollen wir aber von den Priestern sagen, die Hindu-Witwen nötigten, sich im Feuertod zu opfern und so Göttlichkeit zu erlangen und spirituell belohnt zu werden oder von den vietnamesischen Mönchen, die aus einem fast ausschließlich politischen Grund dasselbe taten?

171
Nach Ansicht der Hindus und Jainas verdiente der Selbstmord durch Hungern besondere Anerkennung. Er war nicht eine Sünde, sondern das Gegenteil. Gewöhnlich bereitete man sich durch Fasten und Gebet darauf vor. Der Anlaß war meistens ein fortgeschrittenes Alter, Krankheit, Untauglichkeit oder die Zwecklosigkeit, am Leben zu bleiben. War er eine große Sünde, dann diente er der Buße.

172
Wenn die Schmerzen ihren Höhepunkt erreichen oder die Enttäuschung zu lange währt, wenn das Herz nicht mehr hoffen kann oder eine stumpfe Gleich-

gültigkeit das Gemüt befällt, dann sagen die Leute oft, daß sie nicht mehr leben wollen und auf die Ankunft des Todes warten. Sie denken dabei aber nur an den Tod des Körpers. Dies wird ihr Problem nicht lösen, denn dieselbe Situation wird sich – unter einer anderen Maske – in einer späteren Geburt wiederholen. Die einzige wirkliche Lösung besteht darin, der inneren Wirklichkeit ihrer Sehnsucht nach dem Tod auf den Grund zu gehen. Sie wollen ihn, weil sie der Meinung sind, er würde sie von ihren Schwierigkeiten und Enttäuschungen trennen. *Aber diese sind die Lasten des Egos.* Daher läßt sich die radikale Trennung von ihnen nur durch die endgültige Trennung vom Ego selbst erzielen. Dann wird Frieden kommen – und zwar auf alle Zeiten.

173

Manchmal ist die Versuchung, die Reise aus dem Fleisch früher anzutreten, unwiderstehlich.

174

Ist das Leben lebenswert? Selbst wenn es wenig Grund zur Zufriedenheit mit dem eigenen Dasein gibt, so gibt es doch ebensowenig Grund, ihm auf eine unnatürliche Weise ein Ende zu setzen. Fest steht, daß die Kürze des Lebens diese Angelegenheit sowieso erledigen wird.

175

Was der Künstler aus der Ekstase lernen mag, mag der Haushaltsvorstand einer Familie aus einer Tragödie lernen, durch die er sich zum ersten Mal dem Wesen unseres Daseins gegenübergestellt sieht. Geburt und Tod sind in unserem Leben miteinander verwickelt. In beiden Zuständen berühren wir die URQUELLE unseres Seins.

176

Es gibt die sichtbaren Lebenden und die unsichtbaren Lebenden. Keiner geht dem Dasein je verloren oder im Bewußtsein zugrunde, sondern nur ihre Körper.

177

Am Ende wird der körperlose Mensch mit einer Unsterblichkeit, die sein Leben nicht läutert, nicht erhöht und nicht transformiert und die ihm keine neue spirituelle Geburt gewährt, ebensowenig zufrieden sein wie es der verkörperte Denker bereits ist.

178

So materialistisch ist das religiöse Verständnis vieler Menschen geworden, daß sie den höchsten – wenn nicht den einzigen – Beweis für das Leben nach dem Tode nur in dem annehmen, was ihre groben Sinne und nicht in dem, was ihre zarte Intuition oder rationale Intelligenz anspricht. Das heißt, der Körper eines Toten muß vor ihren eigen oder vor den Augen eines anderen Gestalt annehmen, um sie zu überzeugen, daß er schließlich doch nicht umgekommen ist.

179

Daß der Mensch nicht sein Körper ist, ist eine Lehre, die er in früheren Zeiten kraft seiner gläubigen Gefühlsregungen gelernt hat, aber heute kraft seiner logisch denkenden Intelligenz lernt.

180

Warum rückten die Ägypter ihren HIMMEL in die unsichtbaren Bereiche, in denen die sterbende Sonne nach dem Sonnenuntergang versinkt?

181

Die Antworten auf die Fragen über die Unsterblichkeit wurden im siebten und achten Kapitel von *Die Weisheit des Überselbst* gegeben. Dennoch werden hier gewisse Punkte wiederholt:

(a) Jede Person behält während und nach dem Sterben des Körper(gedankens) ihre Individualität.

(b) Die ganzen Ungleichheiten und Ungerechtigkeiten, die viele stören, werden früher oder später durch das Gesetz der Vergeltung (Karma) ausgeglichen. Jede Person erntet genau das, was sie gibt; es *gibt* also eine Gerechtigkeit in der Welt, wenn es auch nicht den Anschein hat.

(c) Wenn andere die Idee der Unsterblichkeit ins Lächerliche ziehen, sollte der Aspirant nicht aus der Fassung geraten und sich nicht in seinem Glauben erschüttern lassen; er sollte bedenken, daß diese Leute nur eine persönliche Meinung zum Ausdruck bringen und nicht eine Erkenntnis weitergeben. Die Tatsache, daß viele nicht zu glücklich sind über die Idee der Auslöschung des Körpers – und sie die Tatsache, daß das „Ich" andauert, nicht in Betracht ziehen, – hat natürlich ihre persönlichen Geschmäcker gefärbt. Ihre Mutmaßungen sind jedoch unvereinbar mit der Wahrheit.

(d) Der Aberglaube, eine Person, die kinderlos ist, könne nicht reinkarnieren, ist reiner Unsinn.

(e) Es gibt (solange das niedrige Selbst das Bewußtsein beherrscht) zwei Arten von Unsterblichkeit: erstens, die „endlose" Evolution des Egos, das sich langsam durch alle seine Manifestationen entwickelt; und zweitens die wahre Unsterblichkeit des ewig währenden, unwandelbaren WIRKLICHEN SELBST oder ÜBERSELBST, das dem ersten auf alle Zeit zugrundeliegt und es aufrechterhält.

(f) Mein Hinweis, sich nicht ans Ego zu klammern, bedeutet einfach, daß der Jünger die Kunst lernen muß, das, was in ihm selbst und in seinem Dasein vergänglich ist, das, was nur zeitweilig zu überleben vermag, fahren zu lassen. Die Wirkliche Individualität – der Sinn und das Gefühl einfachen SEINS – kann nie vergehen und ist die wahre Unsterblichkeit. Es wird von niemandem verlangt, alles Interesse an „Dingen" und alle Freude an ihnen zu opfern: man mag sie nach wie vor zu schätzen wissen, vorausgesetzt, man versteht ihre Vergänglichkeit und läßt sich nicht dazu verleiten, sie überzubewerten. Die Propheten sagen lediglich, daß man das ewige Leben nicht in solchen Dingen finden kann.

182

Uns obliegt es, den Himmel diesseits des Grabes zu finden; uns obliegt es zu verstehen, daß Himmel und Hölle tief innen im Herzen schlummern und sie nicht Orte sind, an die wir uns begeben; und uns obliegt es zu wissen, daß das wahre Herz des Menschen todlos ist.

183

Der persönliche Mensch wird den Tod überleben, aber er wird nicht unsterblich sein. Das „Ich", das den fleischlichen Körper überlebt, wird eines Tages selbst von jenem tieferen „Ich" überlebt werden, das der Mensch erst noch finden muß.

184

Wenn der Tod der Preis für das Verweilen in dieser Raum/Zeit-Welt ist, dann wäre eine raum- und zeitlose Welt, wo es kein „hier" und kein „dort", kein „dann" und kein „jetzt" gibt, keinen Wandel von einer Stufe zur anderen, auch eine unsterbliche; und wenn der Tod der Preis für das Verbundensein mit einer getrennten Individualität ist, dann muß eine Existenz, die das ganze Welt-System auf geheimnisvolle Weise in Einheit umschlingt, unvergänglich sein.

185

Der Mensch, der diese Lehren studiert hat, glaubt nicht, daß der Tod für *ihn* das Ende bedeutet, wenn er auch seinem Körper das Ende bringt. Es ist für ihn sowohl eine logische als auch eine biologische Wahrheit, daß seine innere Persönlichkeit überleben, sein Geist weiter existieren wird.

186

Es scheint, daß das LEBEN sehr wohl ohne irgendeinen von uns weitergehen kann, aber umgekehrt scheint es nicht so, daß wir, was das LEBEN selbst betrifft, dasselbe tun könnten. Es hängt davon ab, ob uns im Nachspiel etwas oder nichts erwartet.

187

Das Leben, das in uns ist, geht beim Tod in das Leben ein, das im Universum ist. Es ist dort so sicher, wie es in uns war. Es ist nicht verloren. Danach erscheint es wieder in einer anderen Form, in einem anderen Körper.

Kapitel 2

Wiedergeburt und Reinkarnation

1

Das Rad des Lebens steht nicht lange still – bald wird es sich wieder drehen und vom Punkt des Todes zum Punkt des Lebens rücken.

2

Der Körpergedanke, der Gedanke, mit dem Körper identifiziert zu sein, verbürgt, daß ein Sterbender wieder nach hier zurückkommen wird.

3

Die NATUR hat lange gebraucht, um ihn auf diesen Augenblick vorzubereiten – länger, als er weiß – und sie hat viele verschiedene Formen dazu benützt.

4

Mit Eifer sucht der Mensch in der Reinkarnation nach einer fleischlichen Behausung oder er wird durch seine Begierden in sie verwickelt – beschreibt es, wie ihr wollt.

5

Von ihren Wünschen und Sehnsüchten an das große Rad der Geburt und Wiedergeburt gefesselt, regt sich in ihnen noch immer nicht der Wunsch nach Erlösung.

6

Die Alten, die mit melancholischer Miene umhergehen, die sich dazu verurteilt fühlen, bald zu sterben, täten besser daran, die unerbittliche Schicksalhaftigkeit zu erkennen, nach der auf die Geburt stets der Tod, aber auf den Tod stets die Wiedergeburt folgt.

7

Die mentalen Wellen, auf die wir uns einstellen, bestimmen zum Teil, welche Art von Leben wir haben, welche Art von Umwelt wir bekommen.

8

Zweierlei bringt uns wieder ins Fleisch: die Dinge, die wir begehren, und die, vor denen wir uns fürchten.

9

Weisen Eltern geboren zu werden, ist besser als reichen, denn dann werden dem Kind spirituelle Werte nicht nur gelehrt, sondern auch vorgelebt werden.

10

In einer Atmosphäre hohen Denkens und weiten Suchens zur Welt zu kommen und erzogen zu werden, dies ist die Chance, die die Wiedergeburt bietet.

11

Ein Kind wird nicht rein zufällig in eine Familie hineingeboren, sondern infolge von Kräften, die in vorausgehenden Geburten sowohl von dem Neugeborenen als auch von seinen Eltern in Gang gesetzt worden sind.

12

Eltern können tun, was sie wollen, um das Gute im Charakter ihrer Sprößlinge zu stärken und das Böse zu schwächen, aber sie gingen ein Risiko ein, als sie sie auf die Welt brachten. Denn die Kinder brachten ihren eigenen Charakter aus früheren Inkarnationen mit sich.

13

Wenn ein Kind geboren wird oder ein Mensch stirbt, kann von seiner neuen Erfahrungswelt weder gesagt werden, daß sie eine vorgefertigte ist, noch daß sie eine gänzlich persönliche ist. Die Wahrheit liegt in einer Verbindung von beidem. Das Geheimnis des Daseins liegt in der wundervollen Weise, auf welche eine solche Kombination zustandekommt.

14

Keiner von uns wird gegen seinen Willen in diese Welt geworfen. Wir alle sind hier, weil wir hier sein wollen.

15

Wir reinkarnieren einesteils deswegen, weil das Karma Druck auf uns ausübt und anderenteils deswegen, weil uns die zur Gewohnheit gewordenen Tendenzen unter Druck setzen.

Einige sind sehr bestrebt, wieder in einen Körper hinabzusteigen, während andere zaudern und halb nach unten geschleppt werden.

Alle Menschen kehren wieder ins fleischliche Leben zurück, wenn sie einen Rest Karma übriglassen. Alles Karma, das nicht durch die Auflösung der sklavischen Bindung des Geistes an den Ego-Gedanken zu Ende gebracht wird, macht die Reinkarnation unabwendbar.

Der Einfluß alter Tendenzen

Aufgrund der aus vergangenen Geburten herübergebrachten Tendenzen, die damals und in der heutigen Geburt gemachten Erfahrungen und geknüpften Kontakte, erklärt sich, warum der Mensch so und nicht anders handelt und so und nicht anders ist.

Er rechtfertigt seine Schwächen mit Vorwürfen gegen die Natur, die ihn mit Instinkten und Leidenschaften ausgestattet hat, die zu ihnen führten. Indes ist das, was er Natur nennt, in Wirklichkeit das Vermächtnis seiner eigenen Tendenzen aus früheren Leben.

Zu jedem beliebigen Augenblick denkt und handelt ein Mensch nach und in Folge seiner ganzen mentalen und körperlichen Lebenserfahrung und seines ganzen Charakters und Wesens. Diese lassen sich nicht auf das eine kurze Erdenleben beschränken, von dem er jetzt weiß, denn das wird viele seiner Tendenzen und Züge nicht erklären. Sie müssen auch alle seine vorausgegangenen Leben einschließen.

Alle Dinge tragen zum Werden des Menschen bei – die Geschichte seiner Vergangenheit und das Klima seiner Heimat, die Menschen, unter denen er geboren ist und seine eigenen speziellen Tendenzen. Das allerwichtigste ist sein Karma.

22

Die moderne Welt ist ein Schmelztiegel, in den alle vergangenen Ideen, die man bisher wiederentdeckt hat, und alle heute neu geborenen geworfen werden.

23

Er findet sich im Rahmen der Tendenzen vor, die er aus früheren Geburten mit herübergebracht hat, abgewandelt, berichtigt oder ergänzt durch die Bedingungen seiner gegenwärtigen Geburt.

24

Ob sein vorgerücktes Alter und die Ansammlung von Erfahrungen die Ursache oder nicht die Ursache war, daß sich seine alten Ideen von den neuen abgelöst sahen, der unbewußte Geist führt über jedes Ereignis und jede Lage sein eigenes Buch.

25

Die Vergangenheit drängt sich in jeden Gedanken, jede Handlung, ja sogar in jede Wahrnehmung.

26

Die Materialisten überspannen die Vererbungslehre bis ins Irrationale. Kein Mensch reproduziert lediglich die Merkmale seiner Eltern oder entfernten Vorfahren. Die Unterschiede existieren und sind in den meisten Fällen deutlich. Im Gegenteil, es ist immer eine Abweichung zu verzeichnen, die ihn von seinen Vorfahren trennt, immer etwas, das ihm ursprünglich anhaftet. Und dies läßt sich nur auf einer Grundlage der Reinkarnation erklären.

27

Eine theoretische Annahme der Lehre von der Wiederverkörperung führt dazu, daß wir einen Teil des Anspruchs der Materialisten, der Einfluß der Umwelt mache das Ganze des Menschen aus, als ungültig verwerfen. Denn als ein spirituelles Wesen ist das wesentliche Selbst des Menschen bereits von Geburt aus vorhanden, und in Wirklichkeit entfaltet es sich in einer materiellen Umwelt. Letztere liefert ihm die Bedingungen, die es ihm möglich machen, sich auszudrücken, oder sie liefert sie nicht und verhindert diesen Ausdruck. Aber die Umwelt kann einen Menschen nicht gänzlich wandeln oder seinen wahren Charakter restlos zunichte machen. Was er wirklich ist, wird früher oder später herauskommen und zu Tage treten, mit oder ohne die Hilfe der Umwelt.

Es stimmt aber auch, daß ein Teil von ihm vielleicht deswegen nicht zum Ausdruck kommen kann, weil die Umwelt feindlich und die äußeren Bedingungen durch und durch schlecht sind. Dennoch würde der nicht zum Ausdruck kommende Teil latent in seinem Charakter weiterschlummern, und selbst wenn er während seines ganzen Lebens niemals zum Ausdruck kommen sollte, würde er wieder auftauchen und sich in einer späteren Inkarnation ausdrücken.

28
Wir sind ebensosehr die Opfer unserer eigenen Tendenzen wie die unserer Umwelt. Sie gestalten Ereignisse, Taten, Reaktionen, Entscheidungen, Bestrebungen und Beschwernisse.

29
In Europa und Amerika ist der Glaube weit verbreitet, daß wir das Leben als Babies mit einem leeren Charakter anfangen oder mit einem Charakter, den wir teilweise oder total von den Eltern oder Vorfahren geerbt haben.

30
Die tief in seinem unterbewußten Geist versteckten Komplexe und Tendenzen, die vor der derzeitigen Geburt existierten, müssen früher oder später bis zum Oberflächengeist durchkommen.

31
Bei der Schlußrechnung zeigt sich, daß es weniger auf das ankommt, was dem Menschen durch Erziehung und Bildung vermittelt wird, als auf das, was aus früheren Leben auf ihn kommt. Seine Erziehung und Bildung mögen dazu beitragen, es ans Tageslicht zu fördern und abzurunden, aber das Maß seiner wertvollen Eigenschaften wird größtenteils sein angeborener Vorrat sein.

32
Abstammung mag eines Menschen Körper erklären: sie erklärt nicht seine Genialität.

33
Die Züge und Tendenzen, die ein Mensch aus früheren Geburten erhält, stellen in ihrer Gesamtheit das persönliche Selbst dar, das er als „Ich" kennt.

34

Was ein Mensch aus vergangenen Geburten herüberbringt, sind die beständigen Ideen in seinem Bewußtsein, die gewohnheitsmäßige Richtung seiner Gefühle und die eingefleischten Impulse seines Willens.

35

Die gewohnheitsmäßigen Denkweisen, Gefühlsregungen und Verhaltensmuster, die sich in einem Menschen festigen, machen ihn wirklich aus. Denn sie sind es, die aus den Erfahrungen früherer Geburten herübergebracht werden, die in seinen jungen Jahren Knospen treiben und in seinem reifen Alter voll entwickelt werden und so in seiner speziellen Persönlichkeit zum Ausdruck kommen.

36

Was ein Mensch ist oder getan hat, stellt ihn an eben jene Stelle, an der er sich befindet.

37

Daß der Charakter durch Umstände und Umwelt geformt wird, kann nur der spirituelle Träumer in Abrede stellen, daß er aber gänzlich von ihnen geformt wird, ist eine Behauptung, der nur der materialistische Träumer beipflichten kann. Eine scharfsinnige, subtile und feinfühlige Intelligenz kann die Tatsache ihrer eigenen vormaligen Existenz mit Logik, Imagination oder Intuition ausfindig machen und kann daher die Notwendigkeit ihrer Entwicklung durch Inkarnationen akzeptieren.

38

Das Ego erbt die Tendenzen, Neigungen und Zwiespalte, die sich in einer langen Reihe von Geburten herausgebildet haben, die hinter der gegenwärtigen liegen.

39

Die eingefleischten Tendenzen seines geistigen Lebens rufen die natürlichen Zwänge seines tätigen Lebens hervor. Er kann nur auf diese Weise und nicht anders handeln – das heißt, falls er nicht auf der Suche ist und daher nicht darum kämpft, über sich hinauszuwachsen. Seine eigene Vergangenheit – und sie reicht weiter zurück, als er weiß – schuf die Gedanken, Handlungen und äußeren Umstände der Gegenwart.

40

Es besteht ein eindeutiger Zusamenhang zwischen dem Charakter, der Fähigkeit und dem Talent eines Menschen und seinem Geschick, den günstigen Gelegenheiten und Enttäuschungen.

41

Die Zukunft eines jeden Individuums ist teilweise vorhersagbar, insofern sein Charakter, seine vergangene Lebensgeschichte und geistigen Fähigkeiten einen Anhaltspunkt geben.

42

Wir sehen uns von unseren eigenen Sünden ins Gesicht geschlagen.

43

Durch ständige Wiederholung sind althergebrachte Gedanken daraus geworden, die tiefe Wurzeln treiben. Das heißt, sie sind zu den ererbten Tendenzen und vorherrschenden Komplexen des Charakters eines Menschen geworden. Er selbst wird sich selten klar, wie sehr und wie oft er ihnen ausgeliefert ist.

44

Es gibt eine Klugheit, die von reifer Erfahrung und eine, die von vertiefter kommt.

45

Je mehr ich über meine weltumfassenden Reisen, Beobachtungen und Studien nachsinne, um so nachhaltiger bin ich von dieser Wahrheit überzeugt: Charakter ist Schicksal.

46

Die Unzulänglichkeiten in unserem Charakter bestimmen die Unannehmlichkeiten in unserer Erfahrung.

47

Die Menschen sind nicht nur durch die Meter zwischen ihren Körpern getrennt, sondern noch mehr durch ihre charakterliche Ungleichheit und widersprüchliche Einstellung. Die Menschen werden nicht lediglich deswegen zu Nachbarn, weil ihre Körper nahe beieinander leben, sondern weil ihre Eigenschaften einander ähnlich sind und ihre Einstellungen harmonieren. Zwei sich liebende Freunde sind sich nahe, wiewohl sich ihre Körper auf getrennten Erdteilen befinden; zwei sich hassende Feinde sind sich fern, wiewohl sich ihre Körper im gleichen Zimmer befinden.

48

Eine erschöpfende Erkenntnis von dem, was die Menschen sind, sollte zu einer erschöpfenden Vorkenntnis von dem führen, wie sie handeln werden. Aber in Wahrheit kommt immer ein unvorherbestimmbarer Faktor zum Tragen.

49

Es stimmt, daß das Ganze der Erfahrung des Menschen nicht gänzlich auf sein eigenes direktes Tun zurückzuführen ist, sondern nur ein Teil davon. Aber dieser Teil ist der größte. Es stimmt, daß sich das Leben seines Volkes bis zu einem gewissen Grade auf sein eigenes auswirkt und verantwortlich ist für die Schattierung, die es annimmt. Aber warum ist er als einer dieses speziellen Volkes geboren worden und zu dieser speziellen Zeit? Die Antwort muß wieder lauten, daß er den Lohn erhält, der sein eigenes vergangenes Werk ist. Denn sein Volk mag in Wunden geschlagen liegen oder es mag siegreich einhergehen und gedeihen.

50

Wir versuchen automatisch, erneut in die alten Verhaltensmuster zu verfallen, die in vormaligen Leben geschaffen worden sind, gleich ob sie uns nützen oder schaden. Das geschieht, weil wir kaum anders können.

51

Diese alten Situationen treten wiederholt, von einem Leben zum anderen, auf, bis die Lektion gelernt ist.

52

Wir sind die Opfer unserer eigenen Vergangenheit: sie schafft eine Antriebs- und Impulsrille, in der wir uns bewegen müssen. Damit gibt es keinen Spielraum für Neues, Kreatives.

53

Wir mögen die erste und ursprüngliche Quelle einer gegenwärtigen Überzeugung, einer eingefleischten Haltung oder mächtigen Gefühlsregung vergessen haben, und doch kann sie uns und unsere Handlungen nachhaltig beeinflussen.

54

Ein Kandidat mag fest entschlossen sein, aus der Vergangenheit zu lernen und dann nicht mehr an sie zu denken, sie fahren zu lassen, weil sie doch zur Unwirklichkeit der Zeit gehört. Aber das räumt ihre Folgen nicht aus. Sie sind nach wie vor in ihm zugegen, in dem, was er jetzt ist.

55

Von vergangenen Leben geerbten Tendenzen, Gewohnheiten und Wünschen zu folgen, mag sich lohnen. Aber sie können auch schädlich sein oder schlecht und sich nicht so leicht vertreiben lassen.

56

Es ist weder machbar noch wünschenswert, alle Spuren der Vergangenheit aus seinem Geist zu löschen.

58

Ein Mensch kann nur auf der Stufe seiner eigenen Fähigkeiten und Denkweise auf die Ereignisse oder Propheten, Forderungen oder Erlebnisse eingehen. Wir haben nicht das Recht zu verlangen, daß er besser oder weiser sein soll.

59

Charakter und Geistesbildung sind nach ihren inneren Attributen zu ermessen, die frühere Leben entwickelt haben, aber im derzeitigen noch nicht voll zur Entfaltung gekommen sein mögen.

60

Es quälen ihn die kläglichen Gedanken an das, was hätte sein können. Sind sie indes vergeblich? Wenn sie zeigen, wie Handlungen und Entscheidungen hätten verbessert werden können, dann säen sie Keime für die nächste Geburt.

61

Dieses verbissene Festhalten an alten Gewohnheiten verbaut unserer Gesundheit und sogar unserer Erlösung den Weg.

62

Wir werden als fest umrissene Personen geboren – selbst bei Babies beginnen sich die individuell verschiedenen Persönlichkeiten abzuzeichnen, deren Charakter bereits in vormaligen Geburten geprägt worden ist. Dies ist ein Grund, warum es nötig ist, daß wir tolerant sind und ein gewisses Verständnis für einander aufbringen, wenn wir friedlich zusammenleben wollen.

63

Weisheit geschieht. Sie mag unter den Reichen oder Angesehenen zu finden sein, oder sie mag eine spielerische Wende nehmen und die Eingebildeten dadurch vor den Kopf stoßen, daß sie unter den Armen oder Rechtlosen geboren wird. Nur Dummköpfe versuchen, der Seele ein Klassen-, Rassen- oder nationalistisches Schild aufzukleben.

64

Der Hauptinhalt unzähliger Erlebnisse und Zustände, durch die der Mensch gegangen ist, ist hier und jetzt bei ihm als der Charakter-, Intelligenz- und Kraftgrad, über den er verfügt.

65

Wer durch viele Leben gewandelt ist, verfügt insgesamt über einen großen Schatz an Erfahrung. Das tritt natürlich in klügeren Entscheidungen und besserer Selbstbeherrschung zutage.

66

Das Gedächtnis ist eine spirituelle Fähigkeit, insofern sie uns die Möglichkeit und die Mittel bietet, lehrreiche Weisheiten und Ratschläge aus der Vergangenheit zu ziehen. Sie macht es uns möglich, daß wir uns vergangene Erfahrungen bildlich vorstellen und sie bei der Bewältigung gegenwärtiger Probleme entweder als einen Wegweiser oder als eine Warnung nutzbar machen können.

67

Daß eine Wahrheit, die dem einen so klar ist, dem anderen so unklar sein kann, läßt sich anhand der stufenartigen Reinkarnationsvorgänge leicht erklären. Eines jeden Menschen derzeitige Stufe und derzeitigen Ansichten sind der Ausfluß seiner ehemaligen Erfahrungen in früheren Leben.

68

Einige verbringen ein ganzes Leben mit dem Versuch, Erleuchtung zu erlangen, anderen wird sie in ein paar Jahren zuteil. Dieser Unterschied erklärt sich aus der unterschiedlichen Bereitschaft, Reife und Ausgewogenheit.

69

Wir mögen die Reaktionen und Wünsche, Bedürfnisse und Denkmuster, Geschmäcker und Interessen der Millionen auf diesem Planeten erforschen und doch nicht auf zwei Individuen stoßen, die absolut gleich sind. Unterschied und Vielfalt sind der menschlichen Rasse aufgeprägt.

70

Wilde Tiere sind gnadenlos, aber die menschlichen Tiere sind ein gemischter Haufen. Einige sind gütig, andere grausam. Der Unterschied zwischen der wilden und menschlichen Gattung ist einfach ein evolutionärer. Die Entfernung zwischen ihnen steckt voller Geburten, Erfahrung und den Lektionen, die sich daraus ergeben haben, verarbeitet worden sind und zur Entwicklung von Charakterzügen führten.

71

Dieselbe Situation, die bei dem einen zur Entwicklung führt, führt bei dem anderen zur Erniedrigung, und das deswegen, weil ihre Fähigkeit, die richtigen Lehren aus der Erfahrung zu ziehen, ungleich ist.

72

Genauso wie jeder Mensch eine getrennte Identität hat, so haben alle bestimmte Züge und Merkmale, Gestalten und Erscheinungen. Die Natur schwelgt nicht in der Monotonie der Einförmigkeit.

73

Jedesmal, wenn man gezwungen ist, sich entweder für die Wahrheit der philosophischen oder für die Falschheit der materialistischen Sicht zu entscheiden, wird sich das spirituelle Alter des Menschen offenbaren.

74

Wo sich die Lebenserfahrung auf einen kleinen Kreis beschränkt, mögen die Kenntnisse genauso klein sein. Das Ergebnis hängt wirklich davon ab, was ein Mensch mit seinem Geist tut, wenn wir annehmen, daß er in früheren Inkarnationen viele Erfahrungen gesammelt hat, selbst wenn er in der derzeitigen wenige gesammelt haben mag.

75

Die Vorstellung, daß Weisheit mit dem Alter kommt, wird von der heutigen Jugend verlacht. Sie sehen senile Trottel oder Versager mittleren Alters oder

Führer, deren Leute in neue und zahlreichere Schwierigkeiten geraten, und kommen zu dem Schluß, daß sie selbst es nicht nur besser wissen, sondern auch besser machen können. Indes sollte man diese Vorstellung nicht so leicht abtun. Es gibt einen tiefen Grund für ihre Wahrheit, einen Grund, der vielleicht zu tief für die allgemeine Sicht und deswegen nur für jene ist, die mit Einsicht begabt sind. Das Alter, in das man eher nach vielen Geburten als nach vielen Jahren hineinwächst, *ist* ganz natürlich reich an Weisheit.

76
Wir sollten von den Menschen nicht erwarten, daß sie Charakterzüge und geistige Fähigkeiten zum Ausdruck bringen, die auszudrücken sie weder aufgrund ihrer Erfahrung noch aufgrund ihrer Geburt imstande sind.

77
Die Menschen verteidigen sich tatsächlich gegen die WAHRHEIT, so sehr sind sie an ihre uralten Gedankenformen und Überzeugungen gebunden.

78
Der fortgeschrittene Mystiker gelangt in seinem Leben an einen Punkt, wo er es für nötig hält, die Anziehung jener vergangenen Zeiten zu überwinden, da er noch in einer Atmosphäre leben konnte, die zuträglicher war als die, die heutige Kulturen zu bieten haben. Er weiß, daß es wegen der Weltkrise, die jeden Aspekt des Lebens beherrscht, nötig ist, den Blick auf die Zukunft und auf die Vergangenheit zu richten; und er weiß auch, daß dies der Grund ist, warum es ihn mit einer so großen Macht an einen bestimmten Ort zieht – Ägypten und Indien sind allgemeine Beispiele.

79
Die Vergangenheit macht uns alle voreingenommen und blind. Wir müssen uns zwingen, der Gegenwart im Lichte der Zukunft gegenüberzutreten, wie ein Mensch sich zwingt, die Last einer langwierigen und schweren Arbeit zu ertragen, weil er sich einen hohen Lohn davon verspricht.

80
Diese Inkarnation wird sich lohnen, wenn sie auch nur dazu benützt wird, einige der Fehler aus früheren Inkarnationen richtigzustellen.

81
Der Mensch, der seinen Geist schlagartig erleuchtet sieht, aber nicht weiß,

warum es sich zutrug, mag seine Antwort bei der Lehre von den – vorgeburtlichen und karmischen – „Tendenzen" finden, die aus früheren Leben wieder
auftauchen und bisher auf tieferen geistigen Schichten verwahrt lagen.

82
Es ist leicht, die offensichtlich mittelmäßig Intelligenten als dumm zu verach-
ten, aber wir täten gut daran, uns vor Augen zu halten, daß wir uns einst auf
derselben Stufe befanden. Die Idee von der Wiedergeburt lehrt Toleranz.

83
Was nützt es, davon zu sprechen, daß es triftige Gründe gibt, die Traditionen
zu befolgen und der Autorität zu gehorchen oder sich aus Protest zusammen-
zuschließen und zu rebellieren? Die Menschen handeln auf die eine oder andere
Art, die ihnen ihre Neigungen nahelegen und die ihnen durch die Zwänge aus
ihren früheren Geburten auferlegt werden. Das ist es, was der Buddha er-
blickte, als er die menschliche Natur durchdrang und analysierte und warum
er darauf bestand, daß man sich von sich selbst befreien soll.

84
Warum fühlen sich einige auf Anhieb zu der WAHREN LEHRE hingezogen,
während andere – und sie sind in der Mehrzahl – sie verächtlich abtun? Die
Antwort liegt im inneren Alter oder in der Vorgeburtserfahrung oder in den
reinkarnierten Tendenzen.

85
Wenn es während des Hörens oder der Lektüre dieser inspirierten Darlegungen hie und da zu einem intuitiven Erkennen der Wahrheit, zu einem raschen
Verständnisblitz kommt, so ist darin ein Zeichen zu sehen, daß man bereits in
früheren Inkarnationen nach ihr gesucht hat.

86
Wir sind die Sklaven unserer Vergangenheit. Wer vermag uns zu erlösen, außer
wir selbst?

Reinkarnation und Mentalismus

87
Es läßt sich alltäglich beobachten, daß die Menschen geistig auf unterschiedli-

chen Entwicklungsstufen stehen, spirituell ganz verschieden reagieren und weder charakterlich noch in ihrem Verhalten, in ihrer Selbstbeherrschung oder in ihren Reaktionen gleich sind. Die mentalistische Theorie von der Reinkarnation bietet eine logische Erklärung für diese Unterschiede und zugleich auch eine tiefere als der Materialismus.

88

Die Wahrheit über das Weltall ist unerreichbar, außer wir gehen gleichzeitig über die begrenzten Ansichten und emotionalen Vorurteile des persönlichen Lebens hinaus. Auch können wir nicht die Wahrheit über uns selbst herausfinden, solange wir im Sinne eines einzigen Erdenlebens denken. So zu denken führt zu geistiger Kurzsichtigkeit und vermittelt ein falsches visuelles Bild vom menschlichen Leben. Alles dies zeigt, warum wir sowohl die Disziplin der Suche als auch die Erkenntnisse der Philosophie brauchen.

89

Es gibt keinen direkten und unstrittigen Beweis für die Reinkarnation, aber es gibt einen logischen. Warum sollte es gewisse Fähigkeiten fast ohne frühere Schulung geben? Warum sollte ich schon in jungen Jahren über die geistigen Fähigkeiten eines Schriftstellers verfügen oder ein anderer über die eines Musikers? Mit Vererbung allein vermag man das nicht zu erklären. Indes erklärt es sich vollkommen, wenn wir sie als eine unterbewußte Erinnerung betrachten. Ohne mir dessen bewußt zu sein, erinnere ich mich an meine Fähigkeiten aus einer früheren Geburt und mache davon Gebrauch. Dies ist nur deswegen möglich, weil ich *Geist* bin. Nur der GEIST vermag sich selbst fortzusetzen. Fähigkeiten, gleich auf welchem Gebiet, können nicht aus nichts entstehen. Das Individuum, in dem sie zutage treten, wiederholt sie aus seinem eigenen tieferliegenden Gedächtnis. Und es gibt das Zeugnis der Natur. Wenn ich morgens aufwache, nehme ich alles wieder auf, was mir am Tag zuvor zur Verfügung stand. Ich erinnere mich an meine eigene Individualität und benütze dieselben literarischen Talente wie zuvor. Andernfalls könnte ich niemals wieder schreiben oder ein anderer niemals wieder singen. Die Grundlage dieser Wiedererinnerung ist nicht ein physisches, sondern ein mentales, ein geistiges Ereignis.

90

Man muß *wissen*, wie die Menschen denken, um verstehen zu können, *warum* sie so denken wie sie denken. Aus der Struktur des Geistes beim menschlichen Wesen erklärt sich, warum sie in jedem speziellen Fall spezielle Schlüsse ziehen oder gewisse Überzeugungen annehmen. Indes bleibt diese Erklärung unvollständig ohne die Idee von der Wiedergeburt.

91

Die intellektuell vertretenen Ansichten eines Menschen stehen in bezug auf seine Erfahrung und seinen Status, seinen angeborenen Charakter und seine wiedergeburtliche Geschichte.

92

Stimmt es, daß wir bald oder lange nach dem Tod in einen anderen physischen Körper auswandern? Kann eine solche Lehre Teil der Ansichten eines vernünftig Denkenden sein? Die Antwort lautet ja. Noch braucht uns in dieser Sache allein die Vernunft zu lenken, denn es sind von einer sehr kleinen Schar von Autoren vielfältige Beweise gesammelt und dargelegt worden. Ein übernatürliches Empfindungsvermögen für unsichtbare Aufzeichnungen der Vergangenheit bietet, was immer sie sein mögen – einige Bestätigungen.

93

Die Fähigkeit, mit dem Überselbst Zwiesprache zu halten, existiert für alle Menschen; sie ist eine universelle. Allerdings existiert sie nicht in einem gleichen Maß. Für jene, die die Lehre von der Wiedergeburt annehmen können, liegt die Erklärung für diese Ungleichheit darin.

94

Ob wir schon früher einmal auf dieser Erde gelebt haben und ob wir wieder auf ihr leben werden, das ist eine Sache, die sich nur metaphysisch und nicht physikalisch beweisen läßt.

95

Das Wesen der Reinkarnation ist so geartet, daß man es nicht vollkommen beweisen kann. Es gibt aber keine andere Theorie, die so vernunftgemäß ist und unserem Verständnis von unserer Evolution, Geschichte, Fähigkeit, natürlichen Begabung, von unserem Charakter und unserer Ungleichheit so förderlich ist; keine andere, die bei der Lösung des großen Problems, warum wir überhaupt hier auf Erden sind, so nützlich und hilfreich ist. Daß das Ego unsere Ebene in immer neuen Körpergestalten besucht, ist eine Lehre, die die Vernunft verlangt, die Intuition liefert und die Offenbarung bestätigt.

96

Es steht jedermann frei, seine Erinnerungen und Erfahrungen konstruktiv oder destruktiv zu gebrauchen: es liegt an ihm, wie er sie gebraucht. Daß Umwelt, äußere Umstände, Vererbung und andere gut bekannte Faktoren einen Einfluß nehmen mögen auf das, was er mit ihnen tut, ist wahr genug; aber was er *ist,* welchen Charakter und welche Tendenzen er zum Ausdruck bringt, das ist aus früheren Geburten übertragen worden, das war vorhanden, bevor er sich die erwähnten Attribute zu eigen gemacht hat.

97

Alles, was er während der Jahrhunderte und Jahrtausende seines Daseins als ein endlicher Lebens- und Bewußtseinspunkt erlebt hat, hat in dem geheimnisvollen und unergründlichen Keimatom seines Körpers ein Zeugnis hinterlassen.

98

Freuds Postulat vom UNBEWUSSTEN Geist als eine Struktur vergessener, unwiderruflich verschollener Erinnerungen, ist ein Vorläufer der Wiedergeburtstheorie. Damit ist letzterer der Weg zu einer wissenschaftlichen Anerkennung gebahnt, der unweigerlich zu ihr führen sollte. Sie wiederum wirft ein Licht auf die Karma-Lehre. Denn das Ego, das aus einem scheinbaren Nichts wieder ins Leben tritt, ist der bewußte Geist, der erneut aus dem Unbewußten erscheint. Wird die Herstellung dieser Ideen/Energien (das heißt dieser Tendenzen -*samskaras*) zur Ruhe gebracht, dann können sie sich nie wieder in einer physikalisch körperlichen Umwelt, einer neuen Wiedergeburt objektivieren, und damit wird der Mensch vom Karma frei und tritt ein in das NIRVANA. Solange er glaubt, er sei der Körper, muß er leiblich wiedergeboren werden.

99

Die Reinkarnationen, die vor der gegenwärtigen liegen, tragen zu ihren Merkmalen und der Gestaltung ihrer Ereignisse bei. Das bedeutet aber nicht, daß sie alle ihre Merkmale und Ereignisse liefern. Einige entwickeln sich aus den äußerlichen Tatsachen und inneren Reaktionen seiner derzeitigen Geburt.

100

Kurz mag das wundersame Gefühl im Bewußtsein flammen, schon früher einmal gelebt zu haben und daher ein anderer gewesen zu sein.

Sein zu Lebzeiten an den Tag gelegtes Verhalten wird dazu beitragen, was für eine Art von Körper und Umwelt er das nächste Mal erhält, so auch sein Denken und Fühlen. Wir verdienen am Leben und steigen auf oder sinken ab, wie Schüler, die benotet werden.

Einer, der etwas von seinen vergangenen Leben weiß, hat etwas, das irgendwie Licht auf sein derzeitiges wirft.

Wo ist die Biographie eines Menschen, die mehr als bruchstückhaft ist, mehr als Meinung und Vorurteil? Denn ohne das Bild, das auf der Geschichte früherer Leben in anderen Körpern beruht, sind die Daten dünner als der, der sie zusammenträgt, annimmt.

Eine weitverbreitete Beschwerde gegen die Idee einer menschlichen Wiederverkörperung besteht darin, daß wir uns nicht erinnern und nicht wissen, was geschehen ist und deswegen auch nicht wissen, was die Ursachen unserer derzeitigen Schwierigkeiten sind, für die wir persönlich Verantwortung tragen. Es wird vergessen, daß man ein solches Wissen nur zum Preis des Wiedererlebens der ganzen Schrecken, des ganzen Elends und der ganzen Freuden der Vergangenheit bezahlen könnte.

105

Das mildtätige Schild der NATUR schützt uns vor der unglücklichen Vergangenheit; andernfalls würden wir so vergeblich leiden, wie Taylor Caldwell, die berühmte amerikanische Schriftstellerin, die wiederholt von dem Alptraum heimgesucht wurde, daß sie im Mittelalter in einem unterirdischen Kerker lebte.

Wenn es auf einmal ein Gedränge von tausenden von vorgeburtlichen Erinnerungen gäbe, dann wäre das geistige Leben schrecklich verrückt. Schlimmer, die eigene persönliche Identität wäre verloren, würde in allen anderen verschmilzen.

107

Um zu wissen, wie wir in diesem Leben am besten leben, müssen wir keinesfalls herausfinden, wie wir in vergangenen Leben gelebt haben. Ein solches Wissen könnte nützlich, aber auch sehr gefährlich sein. Es könnte zu Versuchen führen, den Folgen auszuweichen, die uns aufgrund früherer Handlungen bevorstehen. Damit könnte uns eine Gelegenheit geraubt werden, aus dieser Erfahrung zu lernen, während die Versuche, dieses Wissen zu erlangen, zu einer Empfänglichkeit für das Übersinnliche führen könnten. Eine hinreichend praktische Führung ist in der sittlichen Weisheit der Philosophie und in der Rolle des eigenen Gewissens zu finden.

108

Spekulationen über frühere Geburten können sich zu Halluzinationen entwickeln. Es ist klug, sich diese nutzlosen Phantasiegebilde vom Leibe zu halten und sich um das Hier und Jetzt zu kümmern.

109

Ob das Leben eines Menschen im Zeichen einer in der Religion wurzelnden Moralität oder einer aufgrund guter Erziehung erworbenen Sittlichkeit steht oder in keinem von beiden, es ist stets ein unterbewußtes Gewissen zugegen, das einen versteckten Faktor darstellt, der in seinen Anschauungen und Entscheidungen unmerklich zum Tragen kommt. Es stammt aus früheren Geburten.

110

Man mag ein Gefühl des Verlustes empfinden, wenn man nicht wieder über den Grad an Gewahrsam verfügt, den man in früheren Inkarnationen erlangt hatte.

111

Was wir aus vergangenen Geburten kennen, muß in der heutigen nicht wieder aus gleichartigen Erlebnissen gelernt werden, außer wir kennen oder empfinden es nicht stark genug.

112

Wenn er schon danach trachten muß, sich frühere Leben, derer er sich jetzt nicht bewußt ist, wieder ins Gedächtnis zu rufen, laßt ihn nur nach jenen trachten, in denen er spirituell sein Bestes gab, in denen er GOTT näher kam, als in den anderen.

113

Die unangenehme Lektion mag verarbeitet sein, aber die Vergangenheit ist aufgezeichnet worden. Die Erinnerung kann sie nicht ändern, ist nicht imstande, die Unannehmlichkeit zu entfernen. Also löscht die Unbeschriebenheit des Reinkarnierten solche morbiden Andenken aus.

114

Das Gefühl, diesen Ort schon früher einmal gesehen, jene Situation schon früher einmal durchgemacht zu haben, rührt aus einer früheren Persönlichkeit her. Die Seele ist die gleiche, nicht aber der äußere Mensch.

115

Reinkarnation. Wir erzählen unseren Kindern sonderbare Märchen, die ihnen die Augen mit einem sehnsüchtigen Staunen füllen, denn aus der fernen Vergangenheit erinnern sich ihre einfachen und unbefleckten Seelen an Reiche, in denen sich Feen und Götter tummelten.

116

Ist es wirklich ein so dummer Gedanke, zu sich selbst zu sagen: „Gelegentlich identifiziere ich mich so sehr, so mitfühlend mit den Indern, daß dieser Glaube, einst einer von ihnen gewesen zu sein, durchaus annehmbar ist." Als ich das erste Mal von der Idee der Reinkarnation hörte, schien sie in Gleichklang mit der NATUR zu stehen und brauchte nicht einen zusätzlichen Beweis zu ihren Gunsten.

117

Einige fühlen eine besondere Verwandtschaft mit dem Orient oder vielmehr mit einem speziellen Land im Orient. Dieses Gefühl sagt viel über ihre vergangene vorgeburtliche Geschichte und sollte als das bewertet werden, was es ist. Aber die gegenwärtige Lebenszeit ganz im Schatten der toten Vergangenheit stehen zu lassen, ist unklug.

118

Sind auch die physischen Erinnerungen früherer Leben verloren, so dauern die geistigen Fähigkeiten und emotionalen Gepflogenheiten doch an.

119

Es mag ein Mensch allein in der Einsamkeit seines Zimmers sitzen und sich selten aus ihm rühren, und dennoch wird die Weisheit wunderlicher Länder und wunderlicher Zeitalter in seinen Geist schwimmen. Auf einen solchen ist durch die Runden der ZEIT ein hohes Erbe gekommen, eine gütige Kraft, die ein Zeugnis seiner mühevollen Anstrengungen auf der Suche nach Erkenntnissen in früheren Leben ist. Einige sind so natürliche Mystiker, daß sie sozusagen mit dem Zauberstab des Wundertäters in der Hand geboren sind.

120

Man hört oft genug von Leuten, die einen Platz an der Sonne der Reinkarnation wollen, einen Platz, der sie durch die Entdeckung, daß sie einst Kleopatra oder Julius Caesar oder sonst jemand waren, für ihre derzeitige Unwichtigkeit entschädigt. Wir lachen über eine so große Schwäche und Eitelkeit, aber wir könnten solche Personen fragen, warum sie mit der Vergegenwärtigung der letzten Geburt aufhören sollten. Was war mit der zweitletzten Geburt? Was mit den Dutzenden von Geburten vor dieser letzten und höchsten? Was mit den Geburten während der vorgeschichtlichen Zeit? Warum nur mit der ersten angeben und nicht auf die hundertste vor der derzeitigen schauen?

121

Dieselben Kräfte, die uns zu der Erfahrung einer neuen Reinkarnation bringen, nehmen uns auch die Erinnerung an frühere Reinkarnationen weg.

122

Wir spüren vielleicht die anziehende oder abstoßende Kraft, die von Ereignissen oder Personen erzeugt worden sind, denen wir in anderen Leben begegnet sind. Man sollte die Bedeutung solcher Ereignisse zu ergründen suchen, wiewohl es einige Zeit in Anspruch nehmen und ein Maß an Erfahrung erfordern mag, sie zu finden. Scheint ein Platz oder eine Person sonderbar, ja geisterhaft vertraut, so daß man rasch eine Beziehung anknüpft, sei es als Freund oder Feind, dann kann dies häufig als eine eindeutige Bestätigung für eine vorgeburtliche Beziehung verstanden werden.

123

Was wir in früheren Leben gelernt haben, kommt im derzeitigen wieder zurück, aber nicht unbedingt am Anfang, es mag auch später kommen. Was den Zeitpunkt betrifft, zu dem diese alten Eigenschaften wieder erscheinen können, so hängt vieles von der Umgebung ab. Es hängt auch von den Ereignissen und der Geschichte des Individuums ab.

124

Jede neue Geburt ist weder ein vollkommenes Wiederholungsspiel vergangener Geburten noch ist sie vollkommen anders als sie. Es steht nicht nur jede in Bezug zur anderen, sondern es steht auch jede in Bezug zur Welt-Idee und daher in Bezug zu dem fern Ziel.

125

Die volle körperliche Entwicklung erreicht das menschlichen Wesen erst, wenn die Struktur des Knochengerüsts, speziell die Weisheitszähne, sie erreichen. Dies geschieht zwischen dem fünfundzwanzigsten und dreißigsten Lebensjahr. Mit der völligen Bereitschaft des neuen Körpers endet sehr bald die Wiedererinnerung der Erfahrung des alten.

126

Die Verhältnisse, in denen ein Menschen lebt, sind nicht ein Zufall. Sie bestehen, weil er so und nicht anders ist und weil seine Vergangenheit so und nicht anders ist. Wenn einer das GESETZ der VERGELTUNG außer Acht läßt und seine Vergangenheit auf das derzeitig bekannte Leben beschränkt und sich über frühere Erscheinungen auf diesem Planeten hinwegsetzt, werden jene Verhältnisse in vielen Fällen unerklärlich sein.

127

Seine Erlebnisse in diesem Leben wurden größtenteils in einem vorherigen Leben auf Erden für ihn beschlossen.

128

Genauso wie die Wucht, mit der eine Billardkugel auf eine zweite prallt und der zweiten einen Anstoß und eine Richtung gibt, so wird das *Karma* einer Geburt in die nächste hinübergebracht. Dies ist nicht dasselbe wie das Hinübertragen einer speziellen Wesenheit, eines Etwas, das Ego heißt.

129

Die Vertrautheit, die man bei der ersten Begegnung für jemanden empfindet, dieses vage, unbestimmbare Wiedererkennen, das uns gelegentlich beschleicht, mag unterschiedliche Bedeutungen haben. Aber eine davon ist ein Echo der Erinnerung an einen früheren Kontakt in einer vorhergehenden Geburt.

130

Stellt euch vor, zu wievielen Unannehmlichkeiten es führen würde, wenn

Szenen und Ereignisse aus ehemaligen Leben sich ständig in die Angelegenheiten des derzeitigen einmischen würden.

131

Einige finden es fesselnd, darüber zu spekulieren, wessen Wiederverkörperung sie sind, aber es sollte ihnen klar sein, daß sie der Einbildung damit freien Lauf lassen. In anderen Fällen handelt es sich indes um echte Erinnerungen, die entweder im Wach- oder im Traumzustand aufsteigen mögen.

132

Die Heiligen waren Märtyrer. Sie nahmen ihren ganzen Schmerz als von GOTT kommend und sogar mit Freuden an. Der Philosophische Weg besteht in der Erkenntnis, daß er oft Karma ist, das man selbst verschuldet und heraufbeschworen hat; daher sollte man ihn analysieren und zu verstehen suchen, warum er gekommen ist, damit man nicht noch einmal dasselbe lernen muß.

Die christliche, mohammedanische und jüdische Religion müssen die Wiedergeburtslehre und die Lehre vom Karma annehmen, wenn sie dem Schmerz einen sinnvollen Platz im Plan der Dinge einräumen wollen.

133

Es gibt Menschen, bei denen man auf den ersten Blick und in einer einzigen Sekunde das Gefühl hat, man kennt sie schon seit langem. Bei ihnen darf man die konventionellen Einleitungen, das mühsam umschreibende Spiel von mehr Worten, um sich näher kennenzulernen, als unnötig fallenlassen.

134

Alles, was man in den damaligen Jahren und Geburten gelernt hat, war ein Schritt, – nicht immer ein Fortschritt – in dem man eine Quelle sehen sollte, aus der man weitere Hinweise und Erfahrungen, mehr Verständnis und Übungen schöpft.

135

Wenn am Ende jeder Reinkarnation der Saldo gezogen wird, dann fällt alles, was man geleistet hat, zu Gunsten seines Fortschritts aus: sein Wert wird in seinen nächsten Geburten zutage treten. Aber es liegt an ihm, sich dessen verdient zu machen, genauso wie es ihm begrenzt freisteht, das zu schmälern, was er bereits hatte. Im Ägyptischen Totenbuch wird von einem „Tag der Gerichtes" gesprochen. Das ist er.

136

Da das Absolute Sein nicht von der Tierstufe, sondern nur von der Menschenstufe aus verwirklicht werden kann (weil das Tier nicht die nötigen geistigen Fähigkeiten besitzt), müssen die Vorgänge der Wiedergeburt die Kluft zwischen dem niedrigsten Tier zum höchsten Menschen füllen.

137

Wenn die Kräfte nachlassen und das Vorrücken der Jahre traurig gezählt werden muß; wenn ein Mensch schließlich weiß, was er hätte tun sollen, ist es zu spät. Daher ist eine zweite Gelegenheit, eine neue Geburt vonnöten.

138

Etwas wird aus diesen wiederholten irdischen Leben gewonnen, gleich, wie langsam. Viele moralistische Kritiker behaupten, daß die Menschen wenig oder nichts aus der Geschichte lernen, viele Tatsachen sprechen dafür, aber diese Wahrheit liegt nur an der Oberfläche der Dinge.

139

Erst wenn er schließlich von dem Verlangen frei wird, das persönliche Dasein fortzusetzen, erst dann steht ein Mensch wirklich kurz vor dem Punkt, wo selbst ein bißchen Anstrengung große Ergebnisse auf dieser Suche zeitigt. Indes wird man der Runden des Rades der Wiedergeburt keineswegs so leicht überdrüssig.

140

Warum sollte das, was vollkommen ist, wieder und immer wieder geboren werden müssen? Die Reinkarnationslehre ist nur unter dem Gesichtspunkt des Egos und seinen Sinnen wahr. Vom höchsten und letzten Standpunkt aus ist sie es nicht. Sie liefert eine Erklärung für die ganzen Ungleichheiten und für einige der Schmerzen des Lebens im Welt-Traum, aber sie ist sinnlos, wo wir aufwachen und uns der wirklichen Welt bewußt werden.

141

Wer aber vermag zu zählen, wie oft ein Lebewesen in der Pflanzenwelt inkarnieren muß, bevor es bereit ist, in das Reich der Tiere zu treten? Nahezu die Hälfte eines durchschnittlichen Lebens dient der Wiederholung der Entwicklung, die in den früheren Inkarnationen erreicht worden ist, so daß das Werk einer neuen Inkarnation in Wirklichkeit erst danach beginnt.

235

142

Freilich scheint die Erfahrung eines ganzen Lebens nutzlos, wenn die Menschen ihr Dasein in einer so großen spirituellen Stumpfheit fristen und lediglich ihre Tierkörper am Leben erhalten. Aber das ist natürlich nicht wirklich der Fall; denn die innere Entwicklung muß stattfinden, wenn sie auch noch so geringfügig und äußerlich nicht zu sehen ist, andernfalls wäre der von der NATUR gestiftete Vorgang der Wiedergeburt eine sinnlose mechanische Wiederholung.

143

Bietet sich mit einer neuen Geburt eine neue Gelegenheit, spirituelle Erfahrungen zu sammeln, so bietet sich damit auch eine neue Gelegenheit, Fehler zu begehen und sich Laster anzugewöhnen.

144

Angesichts der so erschreckenden Schlechtigkeit und Dummheit in der heutigen Welt, scheint der Glaube, der menschliche Charakter werde irgendwie besser werden, als er war und noch immer ist, freilich eine törichte und hoffnungslose Überzeugung zu sein. Aber die Tatsache der Reinkarnation, die so ungeheure Möglichkeiten bietet, läßt uns wieder Hoffnung schöpfen.

145

Mit jeder Inkarnation wandeln wir uns äußerlich ein bißchen; wir müssen es. Aber hin und wieder wandeln wir uns von Grund auf.

146

Wir sind Fleisch geworden, um erzogen und ausgebildet zu werden. Die praktische Erfahrung liefert die Unterrichtsstunden und die Notwendigkeit die Fachgebiete.

147

Nur zwei Ergebnisse rechtfertigen sein Wiedererscheinen auf Erden – daß es einem Menschen die Möglichkeit bietet, ein neues Leben zu beginnen und sich charakterlich zu bessern.

148

Es wäre absurd, jede neue Wiedergeburt für einen neuen Fortschritt in Klugheit und Tugend zu halten. Die menschliche Wesenheit ist nicht eine mechanische Wesenheit. Auf ihrer langen Reise kommt es zu Fehlern und Rückfällen, scheitert und stagniert sie.

149

Genauso wie die Wucht einer Welle eine andere Welle ins Leben ruft, so ruft die Wucht einer menschlichen Reinkarnation eine andere ins Leben, die auf sie folgt. Und genauso wie die zweite Welle der ersten gleicht, aber nicht mit ihr identisch sein mag, so mag das spätere Ego zwar dem früheren gleichen, aber nicht identisch mit ihm sein.

150

Es müssen alle Inkarnationen durchlebt werden, die für die Entfaltung seines Charakters und seiner geistigen Fähigkeiten vonnöten sind.

151

Nicht jeden reizt die Aussicht auf ein endloses Dasein, – so zyklisch und abwechselnd es auch sein mag – das immer weiter und weiter geht, und mit Sicherheit nicht jene, die gründlich über das Ausmaß der Freuden und Schmerzen im irdischen Leben nachgedacht haben. Sämtliche Wünsche sind im Begriff zu einem einzigen zu verschmilzen, dem Wunsch, nicht zu existieren; aber es ist ihnen nur zum Teil gelungen.

152

Es kommen Lebewesen aus weniger entwickelten Planeten hierher, genauso wie wir uns weiter auf andere begeben. Aber dies muß in beiden Fällen innerhalb eines begrenzten Zeitraumes zuwege gebracht werden. Danach besteht nicht mehr die Möglichkeit, Zutritt zu gewinnen.

153

Die Vorstellung, daß wir Menschenwesen auf die Erde zurückkehren, um ein neues Leben zu beginnen, erfüllt einige geradezu mit Wonne, andere aber mit Entsetzen. Die Reaktion hängt von der persönlichen Geschichte und von der körperlichen und geistigen Verfassung ab.

154

Es ist schwer zu verstehen, warum es mit flammenden Schwertern bewaffnete Engel erforderte, um Adam und Eva aus dem Paradies zu vertreiben. Gewiß bot die dort herrschende Langeweile genug Anlaß, freiwillig, ja vielleicht sogar mit Freude von dannen zu ziehen! Die Menschen gehen in der Zeit zwischen den irdischen Verkörperungen durch den Himmel, aber sie bleiben nicht dort, sondern müssen in „dieses Jammertal" zurückkehren. Warum? Gelangen sie vielleicht an einen Punkt, an dem ungetrübtes Glück, makellos und ohne einen

Widerstand, nicht länger aufrechterhalten werden kann und ein Wandel, jeder Wandel, befriedigender zu sein scheint als dieser paradiesartige Zustand?

155
Es würde wenig nützen, mehr Erfahrung zu sammeln, nur um jedesmal den gleichen Fehler zu machen. Das scheint zwar sehr oft zu geschehen, kann aber nicht ein dauerhaftes Muster darstellen.

156
Warum, warum müssen wir diese einfachen, grundlegenden Wahrheiten durch so viele Wiederverkörperungen und zu einem so hohen Preis lernen? Dies ist eine Beschwerde, die einige vorbringen.

157
In einem anderen Körper, in einem anderen Land – die Dauerhaftigkeit des Lebens bringt uns wieder hierher. Das alte Spiel fährt mit Unterbrechungen fort, bringt seine Freuden und Kümmernisse.

158
Die Entwicklung dieser Geistesgaben, die Entfaltung dieser Eigenschaften und die Erweiterung dieses Bewußtseins sind auch in jeder tierischen Wiederverkörperung der Wesenheit in Keimform zugegen.

Ansichten über die Reinkarnation

159
Die Reinkarnation erklärt die Faktoren der Veranlagung, die speziellen Triebe, die einzelnen Zusätze und die natürlichen Eigenschaften eines jeden Egos.

160
Wenn man zurückblickt auf die lange Reihe von Erdenleben, die zu seiner Vergangenheit gehören, staunt man erneut über die erhabene Weisheit der NATUR und die erhabene Notwendigkeit dieses Prinzips immer neuer Wiederverkörperungen. Hätte es nur ein einziges ununterbrochenes Erdenleben gegeben, dann hätte sein Fortschritt aufgehört, hätte man sich im heillosen Wirrwarr seiner eigenen Vergangenheit nicht mehr zurechtgefunden und nicht in neue Richtungen aufbrechen können. Die Vergangenheit hätte ihn wie eine Rundmauer umstellt. Wie unfehlbar die Weisheit und wie unendlich die Gnade, die diesen Kreis der Notwendigkeit durchbricht und es ihm möglich

macht und ihm die Freiheit gewährt, immer wieder einen neuen Anfang zu machen! Ohne diese Zäsuren in seinen Lebensreihen, ohne den Vorteil neuer Umgebungen, anderer Lebensverhältnisse und neuer Kontakte, hätte man sich nicht zu immer höheren Ebenen aufschwingen können, sondern wäre einfach steckengeblieben oder auf tiefere abgerutscht.

161

Das Gesetz, das uns in oder aus physischen Körpern treibt, ist ein kosmisches. Da gibt es keinen blinden Zufall.

162

(a) Erst im vierten Jahrhundert, als der Erfolg einer christlichen Partei groß genug war, um mit weltlicher Macht gewappnet zu sein, begann die Verfolgung der Gnostiker.

(b) Um unliebsame Lehren auszurotten, wurden in jenen frühen Jahrhunderten nicht weniger als sieben Konzile abgehalten. Hier wurden solche Lehren als Ketzerei gebrandmarkt und Vorkehrungen getroffen, sie gänzlich auszurotten. Besonders auf dem Konzil von Nicäa (im Jahr 325) und auf dem großen Konzil von Konstantinopel (im Jahr 553) wurde die Wiedergeburt als Ketzerei erklärt, wurden alle Werke, die sie lehrten, ausfindig gemacht und zerstört und ihren Vertretern mit schweren Strafen gedroht.

(c) Und doch hatten nicht nur einige christliche Sekten, sondern auch einige der frühen Kirchenväter an die Wiederverkörperung geglaubt. Zu den Kirchenvätern, die die Metempsychose für wahr hielten, zählten vor allem Origenes, der zwischen 190 und 256 lebte, sowie Clemens von Alexandrien. Zu den an sie glaubenden Sekten zählten die Basilianer, die Markioniten des Pontus im zweiten Jahrhundert, die Anhänger Valentinians in Ägypten, auch im zweiten Jahrhundert, und die Simonisten. Darüber hinaus wurde sie von allen gnostischen Sekten vertreten, die einst zahlreicher waren als jede andere Gruppe von Christen. Dies ist festzuhalten, daß die meisten *frühen* Christen an diese Lehre glaubten.

(d) Auch die Manichäer lehrten die Wiedergeburt und machten zusammen mit den Gnostikern und Samanäern einen beträchtlichen Teil der frühen christlichen Welt aus.

(e) Wo die Literatur nicht zerstört war, da war sie verfälscht oder durch Einschiebungen geändert, um ihr entweder einen gänzlich lächerlichen oder einen gänzlich fehlerhaften Anstrich zu geben. Die Historiker unter den späten Kirchenvätern warfen den Gnostikern sogar vor, Kinder gefressen zu haben!

(f) Die frühen Gnostiker kamen der Wahrheit näher, aber die Kulte, die später aus ihnen hervorgingen, wichen dadurch von ihr ab, daß sie sie mit allerlei Unsinnigem vermischten und mit Unwahrheiten entstellten.

(g) Philon, selbst ein Jude, legt nachdrücklich dar, daß die Essener ihr Wissen von den indischen Brahmanen hatten. Jeder weiß, daß die Wiedergeburt ein Wesenszug des brahmanischen Glaubens ist, also ist die Annahme, daß sie auch von den Essener übernommen wurde, nicht abwegig.

163
Uns ist ein Leben gegeben, ein Tag, eine Gegenwart, eine bewußte Raum/ Zeit-Ebene, auf die wir uns konzentrieren sollen, damit das Werk der NATUR in uns nicht gestört werde. Und doch existieren in eben diesem Augenblick bereits andere Leben, andere Tage, andere Zeiten, andere Bewußtseinsebenen, auch wenn wir sie nicht wahrnehmen, Ebenen, die wir aufgrund einer vom Schicksal bestimmten Notwendigkeit einst erleben und erfahren sollen.

164
Ich war nicht überrascht, als C.G.Jung mir sagte, er könne die Idee vom Karma annehmen, aber nicht die Idee von der Wiederverkörperung.

165
Wir wiederholen diese Erscheinungen auf Erden in einem fortwährenden Vorgang und einem langen Zeitzyklus. Vergleicht ihn aber mit der Anfangslosigkeit und Endlosigkeit des Lebens selbst. Was ist er, außer einem Bruchteil eines Bruchteils eines Augenblicks?

166
Vermag das unsichtbare innere Wesen beim Tode, nach einem passenden Intervall, von einem Körper zum anderen zu wandern?

167
Die Wiederverkörperung ist jetzt eine der romantischsten und mißbrauchtesten alltäglichen Ideen im Orient. Sie ist wie eine Dienerin, die in den eleganten Gewändern einer Fürstin herumstolziert.

168
Wenn wir glauben, unser persönliches Leben habe nicht mehr Bedeutung als eine sich kräuselnde Welle an der Oberfläche des Meeres, dann entweder deswegen, weil wir vom Materialismus verblendet sind oder deswegen, weil wir blind sind für die höchsten und letzten Geheimnisse der menschlichen Persönlichkeit.

169

Der Glaube an die Reinkarnation ist nicht so töricht, wie er manchen zu sein scheint: es gibt eine vernunftmäßige Grundlage dafür.

170

In den Körper hinabzusteigen, im Fleisch wiedergeboren zu werden, ist an sich eine Art von Kreuzigung. Nehmt zur Kenntnis, daß Kopf und Oberkörper bei seitlich ausgestreckten Armen einen rechten Winkel und somit ein Kreuz bilden. Dies ist einesteils symbolisch für den Verlust des höheren Bewußtseins, der mit diesem Abstieg einhergeht, und andernteils symbolisch für die Schmerzen und das Elend, die sich während der Verkörperung mit Unterbrechungen einstellen.

171

Nach meinem Verständnis der Lehren Buddhas, wird der nicht gegen den eigenen Willen wiedergeboren werden, der die Illusion eines persönlichen Selbst ausgelöscht hat und seinen Geist vollkommen im Zaume hält, auch wenn er sich solche unbuddhistischen Gepflogenheiten genehmigt, wie das Tragen von Lederschuhen und den Verzehr von Käse.

172

Wenn sich ein Mensch im Universellen Selbst, im Gewahrsein von dessen Einheit verankert hat, endet die Abfolge irdischer Wiederverkörperungen seines persönlichen Selbst. Für ihn selbst würden sie keinen Zweck mehr haben.

173

Esoterisch bedeutet das Beenden der Wiedergeburt zweierlei: (a) der Arhat ist frei von *Unwissenheit*. (b) Er mag zwar körperlich wiedergeboren werden, um anderen zu helfen, aber er selbst betrachtet sich nicht als einen, der wiedergeboren wird, weil er das Gewahrsam des ATMAN genießt, von dem er weiß, er ist todlos und ungeboren.

174

Es ist gut, zu erkennen, daß der Glaube an die Wiederverkörperung oder Wiedergeburt nicht der einzige maßgebliche Grund unserer Tätigkeiten ist, der er unter den vielen institutionalisierten Einstellungen zur WAHRHEIT im Orient ist.

175

Die christliche Kirche wollte ihre Lehre hervorheben, daß die neu aus dem Körper gefahrene Seele direkt in den Himmel oder in die Hölle stiege. Dies ist ein Grund, warum dem Glauben an die Wiedergeburt später der Stempel der Ketzerei aufgedrückt worden ist. Ein weiterer ist, daß er in Widerspruch zu der Lehre von der Auferstehung des Körpers stand.

176

Früher habe ich mich oft gewundert, wie es kommt, daß England, ein Land, das vor fast zweitausend Jahren die Lehre von der Wiederverkörperung annahm und zu schätzen wußte und das den Tod infolgedessen für eine Stufe zwischen zwei Erdenleben hielt, seine frühere Treue so gründlich vergessen hat, daß es jetzt im Zwielicht zwischen den engen Grenzen eines Glaubens an eine einmalige Inkarnation und der hoffnungslosen Anschauung des Agnostizismus oder des Atheismus dahinlebt. Es ist eine Freude, das heute in vielen Fällen erneut erwachte Interesse – und in anderen die Billigung – willkommen zu heißen, das bei Diskussionen über die Wiedergeburt zu verzeichnen ist.

177

Es steht bei Shakespeare irgendwo der Satz über unsere menschlichen „Abtritte und Auftritte", den ich, mit seiner Umkehr der natürlichen Ordnung von Geburt und Tod, als unsere Wiedergeburt verstehe.

178

1938 brachte Somerset Maugham in *The Summing Up* einen nicht unangebrachten Verweis auf die Wiederverkörperungstheorie an, den er allerdings mit der Bemerkung schloß, er finde sie unglaubwürdig. 1944 verwies er wieder auf dieselbe Theorie und fand, „sie sei die einzige einleuchtende Erklärung für die Existenz des Bösen", wiewohl jenseits menschlicher Überprüfung.

179

Die Welt würde staunen, wenn alle jene prominenten Persönlichkeiten, die an die Wiedergeburt glauben, an die Öffentlichkeit treten und diesen Glauben mutig verkünden würden, und wenn alle protestantischen Pfarrer und katholischen Priester, die diesen Glauben im Geheimen vertreten, es gestehen würden.

180

Wir benützen den Begriff Reinkarnation leichtfertig, wo, unter gewissen Bedingungen, der Begriff Metamorphose treffender ist.

181

Wenn ein scharfsinniger Mensch aller Autorität außer einer die Tür vor der Nase zuschlägt, hat er es nur der eigenen Dummheit zu verdanken, wenn er damit auch die Wahrheit aussperrt. Bei einem so klugen, gewitzten und logischen Denker wie dem Heiligen Augustinus stieß die Lehre von der fortlaufenden Wiederverkörperung der menschlichen Wesenheit auf Erden auf schroffe Ablehnung. Aber in demselben Werk (Der Gottesstaat) nimmt er bedenkenlos die Berechnung an, daß das Alter der menschlichen Rasse weniger als sechstausend Jahre beträgt. Dabei beruft er sich auf nichts mehr als auf die kleinlichen Stammesgeschichten im Alten Testament. Darüber hinaus verwirft er auch die großartige Vorstellung der heidnischen Denker vor ihm, daß die Welt durch unzählige Zyklen gegangen ist und aus einer unendlichen Anzahl von Welten besteht.

182

Ein volles Verständnis des Mentalismus ermöglicht darüber hinaus eine Änderung der Einstellung gegen die Reinkarnationslehre. Jene, die diese Lehre verwerfen, weil sie kein Interesse an irgendeiner vergangenen oder zukünftigen Person haben, die ihrer derzeitigen nicht aufs Haar gleicht, erkennen nicht, daß dieser Mangel an Interesse ein Resultat ihrer völligen Selbstidentifikation mit dem fleischlichen Körper ist. Sie betrachten ihn als das wirkliche „Ich". Dies ist indes reiner Materialismus. Denn sie nehmen nicht wahr, daß das mentale „Ich" auf eine wirklichere Weise ihr Selbst ist, als ihr fleischliches. Der Mentalismus kann eine große Hilfe sein, diesen Irrtum auszuräumen.

183

Die Lehre von der Seelenwanderung in Tierformen wurde anstelle der Lehre von der Bestrafung des Verstorbenen in der Hölle gestiftet und hatte dieselbe Wirkung. Das ist bei Timaeus Locrius, Platons Lehrer, zu lesen, der dazu bemerkte: „Wenn der Geist nicht durch wahres, vernünftiges Denken gelenkt werden will, dann zügeln wir ihn mit falschem." Das buddhistische und christliche Bild von den Seelen ermordeter Wesen, die in den Feuern der Unterwelt schmoren, dient demselben erzieherischen Zweck wie die Hindu-Darstellungen von Seelen, die in den Körpern wilder Tiere inkarnieren. Diese Art von Wanderung darf nicht wörtlich genommen werden. Brahmanische Priester, die sie öffentlich lehren, schenken ihr privat, falls sie Eingeweihte in die Philosophie sind, keinen Glauben.

184

Wenn die Lehre praktisch nicht mehr erzielte, als bei ihren Anhängern einen Sinn für die Kontinuität des Lebens zu wecken und ihnen die Tatsache einzuschärfen, daß sie eine persönliche Verantwortung für ihr Geschick tragen, hätte sie genug erzielt.

185

Wir sind vielleicht überrascht, daß so viele intelligente Leute nicht an die Reinkarnation oder das Karma glauben wollen, obschon sie GOTTES Gerechtigkeit nicht ohne sie erklären können. Die Wahrheit ist, daß ihnen die Intuition fehlt und sie vom Intellekt und den Emotionen abhängig sind. Aber als die einzigen Handwerkszeuge zur Wahrheitsfindung sind die Emotionen und der Intellekt zu beschränkt.

186

Alles, auf das wir uns ununterbrochen konzentrieren, liefert einen der Faktoren für die Reinkarnation. Wenn wir eine Rasse oder ein Individuum stark genug lieben, werden wir uns bei unserer Reinkarnation früher oder später notwendigerweise in ihren Kreis gezogen fühlen. Es stimmt aber auch, daß uns das gleiche widerfährt, wenn wir eine Rasse oder ein Individuum stark genug hassen. Sowohl Liebe als auch Haß sind Formen konzentrierten Denkens. Die Natur der Konzentration, gleich ob es sich dabei um die des Gefallens oder Mißfallens, der Anziehung oder Abstoßung handelt, ändert nicht ihre Stärke.

187

Die Seelenwanderung aus Menschen- in Tierkörper ist eine Fiktion. Das individuelle Bewußtsein, das über ein oder mehrere spezifisch menschliche Attribute verfügt, läßt sich nicht auf natürliche Weise in das Gehirn und Nervensystem eines Geschöpfes bringen, das nur über tierische Attribute verfügt. Daß Millionen von Menschen nach wie vor an ihre Möglichkeit glauben, ist lediglich ein Beweis für die weite Verbreitung dieses Aberglaubens.

188

Die populäre Hindu-Theorie von der Seelenwanderung ist nicht ganz die gleiche wie die philosophische Theorie von der Evolution der Seelen. Nach ersterer kann ein Mensch wieder ein Baum oder ein Tier werden; nach der zweiten ist das nicht Teil der gewöhnlichen NATURVORGÄNGE. Indes liegt unter dem Unsinn vieler abergläubischer Ideen etwas Wahres versteckt, und so ist es auch hier. Genauso wie jeder Biologe weiß, daß die NATUR gelegentlich atypische Formen erzeugt und wie jeder Arzt weiß, daß es in der menschlichen Rasse hin und wieder Mißgestalten gibt, so gibt es Fälle, in denen es einem verrückten Geist, der seinen derzeitigen Körper verloren hat und verzweifelt nach einem neuen sucht, gelingen mag, das innere Wesen einer Tierform auszutreiben und von ihr Besitz zu nehmen. Sollte dieser Geist nicht nur verrückt, sondern auch ausgesprochen bösartig sein, dann wird er diese Form dazu benützen, eine menschliche Gemeinde zu terrorisieren. Aber derartige Vorkommnisse stellen Entgleisungen der gewöhnlichen NATUR-Vorgänge dar und sind nicht die Regel. Die Strafe für eine so naturwidrige Wanderung ist Wahnsinn, ein Preis, den man in der nächsten menschlichen Geburt wird entrichten müssen. Dann wird das Ego an einen Körper gebunden sein, den es nicht benützen und dem es doch auch nicht entrinnen kann.

189
Gleich, welche weltlichen und körperlichen Erlebnisse einem Menschen widerfahren mögen, gleich, wie materialistisch seine Geisteshaltung und persönlichen Gefühle werden mögen, sein wesentliches Sein bleibt unangetastet und unbefleckt. Aber sein Bindeglied mit ihm ist eine andere Sache. Wenn er zu tief sinkt, mag dieses Glied so dünn werden, daß er sich bei seiner nächsten Geburt in einen Tierkörper zurückgeworfen sieht, um erneut den Versuch zu machen, auf eine der normalen Abfolge entsprechende Weise in den menschlichen Zustand zu treten.

190
Es ist eine seltene, abnormale und außergewöhnliche Sache, indes nicht eine unmögliche, daß ein menschliches Wesen in einen Tierköper zurückversetzt wird. Dann wird es zu einer ein ganzes Leben währenden Gefangenschaft und damit zu einer Strafe.

191
Wenn die offizielle Christenlehre die Idee von der Wiedergeburt nicht verworfen, sondern aufgenommen hätte, hätte die europäische und amerikanische Geschichte einen langsameren Lauf genommen und die materielle Leistung im Westen ein weniger hohes Niveau erreicht.

192
Einige der frühen Kirchenväter vertraten die Lehre von der Reinkarnation. Der alexandrinische Kirchenvater Origenes nennt sie sogar eine „allgemeine Meinung". Clemens von Alexandrien behauptet, daß Paulus sie in Römer

5:12, 14 und 19 bekräftigt. Dessen ungeachtet wurde sie 325 A.D. auf dem Konzil von Nicäa als Ketzerei erklärt, noch im gleichen Jahrhundert vom Konzil von Chalcedon verurteilt und beim Konzil von Konstantinopel unter Justinian schließlich erneut in Abrede gestellt und ihre Vertreter exkommuniziert. Es gab beim Rest der katholischen Theologie und besonders bei den Lehren von der Verdammnis und dem Fegefeuer keinen Platz für sie. Die Lehre von der Wiederverkörperung und die Lehre von der ewigen Qual im Fegefeuer passen nicht unter ein Dach; eine von ihnen mußte weichen. Somit wurde die erste als Ketzerei gebrandmarkt, und wer an sie glaubte, wurde exkommuniziert oder verfolgt. Der zweite Grund, sie nicht gelten zu lassen, lag in der allmählichen Einführung der Lehre vom Sühneopfer, die, wie beabsichtigt, die Lehre von der Seelenwanderung nach und nach verdrängte. Auch diese beiden konnten nicht nebeneinander bestehen, denn die eine widersprach der Wahrheit der anderen. Der dritte Grund lag darin, daß sich bei den Vorherrschaftskämpfen, die unter den verschiedenen christlichen Sekten stattfanden, nicht die frühen unter den im Orient existierenden Sekten durchsetzten, die an die Wiederverkörperung glaubten, an die die meisten Orientalen auch heute noch glauben, sondern die Sekten, die später in Griechenland und im Römischen Reich entstanden.

193
Die weitverbreitete Auslegung der Bibelstelle „Ihr seid Staub und zu Staub sollt ihr wieder werden" wurde von den jüdischen Kabbalisten im Mittelalter und den eingeweihten Rabbinern im Altertum als ein Hinweis auf die Wiederverkörperung ausgelegt.

194
Zu den Griechen, die von der Idee der Wiedergeburt überzeugt waren, zählten nicht nur die in die orphischen Mysterien Eingeweihten, sondern auch die gefeiertsten Denker, insbesondere Platon.

195
Einige an der Spitze der katholischen Hierarchie stehende Kirchenmitglieder, die privat an die Reinkarnationslehre glaubten, sie aber öffentlich verwarfen, gaben mir als einen der Haupteinwände zu verstehen, sie ließe den Menschen zu viel Zeit, auf ihre Erlösung hinzuarbeiten und für Sünden bestraft zu werden.

246

196

Der Gedanke, daß es in der menschlichen Spezie seit Millionen und Abermillionen Jahren zu Geburt und Tod kommt, hat etwas Ehrfurchterregendes an sich. Heute sehen wir das Resultat dieser ganzen ungeheuren Erfahrungslinie.

197

Buddha versuchte, seine Jünger zur Aufgabe ihres Willens zum Leben zu bewegen, aber nicht dazu, Selbstmord am leiblichen Körper zu verüben – vielmehr wollte er sie dazu bringen, die Gelüste und Begierden abzutöten, die sie an die Wiederverkörperung fesselten und die zu ihrer Rückkehr zu jenem Körper führten.

198

Wenn der Tod ein so wesentlicher Bestandteil der göttlichen Vorkehrungen im Universum ist, dann obliegt es uns anzunehmen, daß die göttliche Weisheit sich hier nicht versehen hat und daß, wie der Phoenix, aus dem Tod einer jeden Kreatur eine neue erstehen soll, eine neue Form, ein, so scheint es, neues Leben.

199

Die Lasten des Daseins durch eine lange Reihe in einem Körper nach dem anderen zu tragen, ist vielleicht eine Aussicht, die einige Geister unangenehm dünkt, wie zum Beispiel Gautama in Indien und Schopenhauer in Deutschland.

200

Gewisse religiöse Überzeugungen sind der Idee von der Wiedergeburt sehr nahe gekommen, wichen am entscheidenden Punkt aber plötzlich weit vom Thema ab und verpaßten die Wahrheit ganz und gar. Eine Überzeugung führt zu der Erwartung der Wiederauferstehung des Körpers der Toten; die andere zum Brauch der Erhaltung des Körpers der Toten, wie bei der Mumifizierung.

201

Zu behaupten, die Zeit kehre nicht wieder auf sich selbst zurück, die Geschichte wiederhole sich nicht, stellt eine Unkenntnis der Tatsache der menschlichen Wiederverkörperung unter Beweis.

202

Die ganzen Schwierigkeiten und Schmerzen, geboren zu werden und die ganzen Folgen zu ertragen, die sich daraus ergeben, lohnen sich selten, auch wenn man die erfreulichen Zwischenspiele gelten läßt. Einem in dieser Sache optimistisch Denkenden würde Buddha gewiß nicht beipflichten.

203

In den ausführlichen Schriften der Väter der frühchristlichen Kirche können wir lesen, daß Methodius, Origenes, Synesius und Pamphilius den Glauben an die Lehre von der Wiederverkörperung billigten.

204

Ein jeder tritt in den Vordergrund der Bühne, spielt die für ihn bestimmte Rolle und verschwindet. Shakespeares anschauliche Darlegung der menschlichen Notlage erhält eine erweiterte Bedeutung, wenn man sie im Sinne der Wiedergeburtsreihe auslegt. Die gesamte Menschheit wird zu einer Schauspieltruppe, die in einem Stück nach dem anderen auftritt, jede Geschichte anders, jede Rolle in einem neuen Körper gespielt.

205

Die zyklische Rückkehr zum Erdenleben war eine Überzeugung, die Dichter wie Goethe, Shelly und Browning und Denker wie Platon, Schopenhauer und Swedenborg teilten.

206

Ist der gefeierte Denker, der Bischof Dr. W.R. Inge, ein Anhänger der Hindu-Lehre von der Wiederverkörperung geworden? Dies ist die Frage, die sich nach seinem im März 1944 in einem Londoner Zeitungsartikel erschienenen Eingeständnis stellt, daß er der Überzeugung ist, daß dieser Theorie von der Persönlichkeit, die weit verbreitet ist unter den Massen Indiens und den Mystikern aller Länder, „etwas Wahres" anhaftet.

Seine Erklärung, daß der Irrtum der in einer Krise steckenden westlichen Welt auf einer falschen Idee von der menschlichen Persönlichkeit beruhe, führt aus, daß die Wahrheit in dem „berühmtesten indischen Gedicht" zum Ausdruck käme, in dem es heißt „Nie ward der Geist geboren; nie wird das Sein des Geistes aufhören; ungeboren und unwandelbar und todlos, der Geist währt ewig; der Tod vermag ihn nicht zu berühren, wiewohl der Tod sein Haus zu sein scheint. "

Dies bedeutet, sagt er, daß die Unsterblichkeit nicht ein Faden ist, der nur ein Ende hat, was schwer zu glauben ist. Innerhalb der Zeitreihe kann das, was kein Ende hat, auch nicht einen Anfang gehabt haben. „Die Inder und Griechen, beide überzeugt vom Überleben und der Präexistenz, stehen oder fallen zusammen."

Dr. Inge erachtete das Fehlen der Erinnerung nicht als einen entscheidenden Einwand, denn es mag eine unbewußte Erinnerung geben. „Wer brachte dem Küken bei, aus seinem Ei zu schlüpfen?" Ich weiß es nicht, aber das Ganze ist kein Geheimnis.

Gegen die Kritik, einem Würdenträger der Anglikanischen Kirche stehe es nicht zu, sich nebenbei mit solchen ‚heidnischen Ansichten' zu beschäftigen, verteidigte Dr. Inge sich mit der Erklärung, daß die Wiedergeburt dem christlichen Gedankengut nicht fremd sei und „im Gegenteil, in vielen Texten anklinge".

Dieses von einem der intellektuellen Führer der anglikanischen Kirche und einem ehemaligen Dekan der St. Paul's Kathedrale kommende Zugeständnis ist historisch von hervorragender Wichtigkeit. Jetzt müssen die gebildeten Schichten im Westen einsehen, daß diese Lehre einer ernsthaften Diskussion würdig ist und man sie nicht mehr nur ein paar sonderlichen Träumern als etwas bizarr Exotisches überlassen kann. Ihre zunehmende Billigung wird auch ein Sieg über den Materalismus bedeuten. Die Wiedergeburt identifiziert einen Menschen mehr mit seinem Geist als mit seinem Körper. Daher stimmt sie vollkommen mit dem Mentalismus überein.

207

Gurdjieff und sein ehemaliger Schüler Ouspensky griffen die Lehre von der Ewigen Wiederkehr erneut auf und priesen sie als eine bessere Alternative zu der Wiederverkörperungslehre an. Wenn wir „Das Rad des Lebens" – ein historisches Symbol im tibetischen Buddhismus –, untersuchen, sehen wir Darstellungen von menschlichen Wesen, die das kreisende Rad durch gegensätzliche Erfahrungsabschnitte rückt. Aber bei jeder vollen Drehung sehen sie sich genau denselben Zuständen unterworfen, denselben Abschnitten wie zuvor. Es ist zweckdienlich, daran zu denken, daß Gurdjieff in einem buddhistischen Kloster in Zentralasien von der Ewigen Wiederkehr hörte, wo dieselbe Form des Buddhismus verbreitet war, wie in Tibet. Es ist auch zweckdienlich, an den monotonen Lauf des Lebens zu denken, dem die etwas primitiven Bewohner dieser wilden Gegend bis vor ganz kurzer Zeit Jahrhunderte lang ausgeliefert waren. Das Muster ihres Daseins wiederholte sich immer und immer wieder auf dieselbe Weise. Was paßte da besser zu ihren religiösen Überzeugungen als die Vorstellung, daß auch ihre Wiedergeburt ähnlich sein würde?

In unterschiedlichem Wechsel nimmt er im Verlauf seines mentalen Daseins unterschiedliche Körper an. Weitverbreitet in Asien seit frühester Zeit, gebilligt von vielen der Denker im alten Griechenland und Rom, von den druidischen Priestern in England und den dakanischen Priestern im Balkan, ist die Reinkarnationstheorie nicht nur bekannt, sondern es wird ihr auch der Vorzug gegeben.

Im buddhistischen Symbolismus dreht sich das Rad der Lebens unaufhörlich weiter und schleppt den Menschen bei jeder vollen Drehung durch eine andere Reinkarnation. Immer wieder werden ihm dieselben Erlebnisse zuteil, bis er erschöpft und ihrer überdrüßig ist und nach Erlösung aus den Fesseln trachtet, die ihn an das Rad ketten, nach der Erlösung, genannt Nirvana.

Reinkarnation und das Überselbst

Wir müssen aktuell das werden, was wir potentiell sind; alle unsere Wiedergeburten wirken an diesem Vorgang mit.

Ob wir dem Geheimnis, genannt Tod, oder dem gleich großen Geheimnis, genannt Leben, gegenübertreten, die Enthüllung muß auf der einen oder anderen Stufe kommen: es gibt eine Verbindung mit dem DEM, DER IST. Zu diesem Zweck sind wir geboren und unser Pendeln zwischen den zweien geschieht auf Geheiß des Welt-Geistes. Während wir damit beschäftigt sind, jene Fragmente des Seins, die wir sind, so lahm und unmerklich zu gestalten und zu erhellen, wird die Verbindung ganz einfach zunehmend aufgedeckt.

Bis er sein Überselbst findet, vermag niemand der Rückkehr zum Erdenleben zu entrinnen. An dieser Wahrheit ändert sich nichts, gleich ob er die Welt liebt oder ob er sich vor ihr graust.

Die Lotosblüte der Seele geht nur langsam durch viele Geburten auf, und doch ist es ihr unumstößlich beschieden. Dies ist in der Tat besser, als das Hirn bloß mit gelehrtem Ballast vollzustopfen, den man bei jedem Tode doch nur wieder im Sich lassen muß.

214

Wir kommen auf diese unsere Erde zurück und nicht auf eine andere, weil wir die Keime des Denkens, Fühlens und Handelns hier säen und wir ihre Früchte deswegen auch hier ernten müssen. Die Natur ist geordnet und gerecht, folgerichtig und dauerhaft.

215

Wir brauchen mehrere Lebzeiten und viele davon, selbst ein halbes Jahrhundert wäre nicht genug, um das Werk am Selbst zu tun, das uns als eine höchste Pflicht aufgegeben ist. Dies ist der Grund, warum die Wiederverkörperung eine Tatsache und nicht eine Fabel ist.

216

Geduld, ihr kleinen Menschen, es ist nicht möglich, daß ihr die Erlösung versäumt. Was macht es aus, wenn ihr eine Anzahl von Wiederverkörperungen lang warten müßt! Ihr könnt dieses weitgedehnte Spiel, das überall auf dem Planeten gespielt wird, nicht verlieren, weil ihr euer allerinnerstes Wesen nicht verlieren könnt. Der Heilige Bund mit eurem SCHÖPFER ist beschlossen und muß zum Schluß erfüllt werden, wie zweifelhaft die Aussicht auch heute scheint.

217

Hoffnung erwächst ihm aus dieser mildtätigen Quelle, das Böse verläßt ihn, wo er den Schutz dieser höheren Energien sucht, und wie ein Lichtschein umgibt sein ganzes Leben ein höherer Zweck. Er weiß, seine Geschichte begann nicht in dem Land, in dem er geboren wurde. Er weiß, sie wird nicht in dem Körper enden, in dem er stirbt.

218

Der Übergang von Suche zu Eroberung wäre für die meisten Menschen unmöglich, wenn sie nur ein Leben zu leben hätten, nur einen Körper für Start und Ziel.

219

Es kann keine Wiederkunft Christi – des BEWUSSTSEINS – geben, denn er ist niemals weggegangen. Es kann aber eine Rückkehr Jesu – des Menschen, der dieses BEWUSSTSEIN verkörpert und widerspiegelt – geben, denn die Person mag geboren und wiedergeboren werden, so GOTT will.

220

Die Wiederverkörperungsidee des Langen Weges ist eine Illusion. Der Kurze Weg stellt sie als eine wogende Welle auf, als ein Gekräusel, eine Bewegung nach oben, nach vorne und nach unten. Da es in Wirklichkeit kein Ego gibt, kann es auch nicht wiedergeboren werden. Aber wir *erleben den Anschein* einer Wiedergeburt. Es sei bemerkt, daß dies sowohl auf den Geist als auch auf den Körper zutrifft: sie gleichen einer Blase, die auf einem Fluß dahintreibt und bald verschwindet oder einem Knoten, der aufgelöst wird und bald verschwindet. Wir müssen die Gegenwart dieser Pseudo-Wesenheit, des Egos, – dieses mentalen, aus so vielen Erdenleben stammenden Etwas – hinnehmen, solange wir in diesem anderen mentalen Etwas, dem Körper, hausen. Aber wir sind nicht gezwungen, seinen Einfluß hinzunehmen; wir müssen seine Macht nicht fortsetzen, denn alles ist im GEIST. Wo sind also die Erfahrungen der Wiederverkörperungen? Erscheinungen, die wie Filmvorführungen waren. Sie geschahen in einer Zeit und einem Raum, die im Geist waren. Das Individuum, das auftauchte, verlor die Individualität und verschmolz in der Zeitlosigkeit der Ewigkeit. Dies ist das unwandelbare, unzerstörbare BEWUSSTSEIN, das ÜBERSELBST.

221

Macht man die ganzen vielfältigen Freuden und Schmerzen nur deshalb durch, damit beim Tod alles endgültig zu Ende kommt? Soll diese ganze unermeßlich große Intelligenz dieses Weltalls, die unser eigenes winzig kleines Bruchstück hervorbrachte, auf alle Zeit von uns getrennt sein? Nein! Wir werden wieder leben, wieder sterben und wieder zurückkehren, bis wir den göttlichen Zweck, der uns hierher brachte, erfüllt haben.

222

Wenn es möglich gewesen wäre, die Erlösung in den nicht-körperlichen Welten zu erlangen, dann wären wir nicht auf dieser geboren worden. Wir sind deswegen hier, weil wir in unserer gegenwärtigen Entwicklungslage sonst nirgends das richtige Umfeld finden könnten, in dem wir jene Eigenschaften zur Reife bringen, die uns näher an dieses höchste und letzte Ziel heranführen können.

223

Die schließliche Richtung der Evolution ist durch und weg von der Persönlichkeit, die wir jetzt kennen. Wir werden uns erneut wiederfinden, in einer höheren Individualität, in der Seele. Um dieses Ziel zu erreichen, müssen die niedrigen Merkmale langsam abgestreift werden. In diesem Sinne sterben wir dem irdischen Selbst und werden wir im höheren Selbst wiedergeboren. Das ist der einzige wirkliche Tod, der uns erwartet.

224

Die Aneignung sittlicher Werte, geistiger Fähigkeiten und spiritueller Eigenschaften, die die Höherentwickelten von den weniger Hochentwickelten unterscheidet, braucht Zeit – so viel Zeit, daß die Wiederverkörperung ein fortlaufender Vorgang sein muß.

225

Was würde aus der Hoffnung der Menschheit, wenn es wahr wäre, daß ein schlechter Mensch immer schlecht bleiben muß? In der vollkommenen Weisheit des Unendlichen Geistes sind die Menschenleben jedoch so angelegt, daß der Schlechte die unglückseligen Auswirkungen seiner Taten solange sammelt, bis sein Geist, erst unterbewußt, aber später bewußt, den logischen und ursächlichen Zusammenhang zwischen seinem Handeln und seinen Schmerzen erkennt und die Aufgabe beginnt, seine schlechten Tendenzen zu beherrschen. Sowohl diese Erziehung als auch diese Anstrengung werden durch viele Geburten fortgesetzt werden, da eine einzige zu kurz wäre und zu wenige günstige Gelegenheiten bieten würde, um eine so totale Bekehrung zu erreichen.

226

Selbst jene gutmeinenden und spirituell gesinnten Menschen machen viele Fehler, einfach weil sie nicht imstande sind, die unglückseligen Auswirkungen zu sehen, zu denen ihre falschen Entscheidungen und Handlungen notwendigerweise führen müssen. Nur die Erfahrung vermag zu ihrer Richtigstellung zu führen, und nur die Wiederverkörperung vermag genug Erfahrung zu liefern.

227

Wenn richtig genützt, ist das Leben im Fleisch ein Geschenk, ein Fluch aber, wenn nicht. Jede Inkarnation sollte dazu benützt werden, daß man bei der Aufgabe, ein vom Überselbst inspiriertes Dasein zu erlangen, etwas vorankommt.

228

Was mit seinen Charaktereigenschaften geschieht, was er aus Erfahrung lernt, das liegt in größerem oder kleinerem Maße unterhalb der Bewußtseinsschwelle. Nur die Zeit, mit ihren Wiederholungen, und das Denken, mit seinen Folgerungen, wird die Lektion oder die Fähigkeit sichtbar und bewußt machen.

229

Der Unterschied zwischen dem Wilden und dem Weisen mag in der Rechtschreibung nur drei Buchstaben betragen, aber in historischer Bedeutung zweitausend Jahre Inkarnationen.

230

Trotz der ganzen Fehler, die der Anwärter in der Vergangenheit gemacht hat, und trotz der ganzen Auswirkungen, unter denen er jetzt in der Gegenwart zu leiden hat, sollte er der Zukunft mit einer gewissen Hoffnung entgegensehen und nie zulassen, daß er sie aufgibt, denn selbst wenn diese Hoffnung in der gegenwärtigen Inkarnation nicht verwirklicht werden kann, dann kann sie es vielleicht in der nächsten. Die Zeit zerrinnt, wir kommen und gehen, und zum Schluß ist die Zeit unwirklich, aber wir bleiben: das Beste in uns bleibt, der Rest wird vergehen.

231

Allein die Wandlungen der persönlichen Identität unter dem Vorgang der Reinkarnation zeigen, daß die Unsterblichkeit des kleinen Egos eine fromme Illusion ist. Nur wenn es seine höhere Individualität findet, besteht überhaupt die Möglichkeit, irgendeine Individualität zu bewahren, bevor die Natur das von ihr Gezeugte wieder aufsaugt.

232

Pflanzliche, tierische und menschliche Körper gehen durch diesen Zyklus des Wachsens, Reifens, Verfalls und Sterbens. All dies bedeutet, daß sie verschiedenen Kräften, verschiedenen Erlebnissen ausgesetzt sind, die zur Entwicklung des Bewußtseins führen.

233

Um der MENSCH zu werden, den ihn die Evolution werden heißt, muß man alle seine latenten Hilfsmittel und Gaben hervorlocken, eine weite Erfahrung sammeln. Aus diesem Grunde sind so viele Wiederverkörperungen auf Erden vonnöten. Bis dahin wird seine Verwirklichung als MENSCH eine unvollständige sein.

234
Im engsten Sinne des Begriffes kann sich keiner aufgeben, weil keiner sein allerinnerstes Sein aufgeben kann. Was dieser Begriff indes wirklich meint und was jeder Mensch aufgeben könnte, ist der falsche Ich-Sinn, der ihn zu der Annahme verleitet, er sei nur das Ego oder nur der Körper.

235
Dort, in der Notwendigkeit, alle diese Teile des eigenen Seins zur Entwicklung zu bringen, sie auszugleichen und aufeinander abzustimmen, dort liegt ein weiterer Beweis für die Notwendigkeit der Wiederverkörperung. Ein einziges Leben ist zu kurz, um eine so schwierige Aufgabe zu meistern.

236
Die reife Weisheit eines Weisen könnte unmöglich die Frucht eines einzigen Lebens sein, sie kann nur die vieler sein.

237
Am Ende werden die Lebenserfahrungen den inneren Widerstand brechen. Die lautlose Unterweisung, die sich während der Wiederverkörperungen vermehrt hat, wird die psychologischen Verteidigungsmechanismen gegen ungenießbare Wahrheiten oder neue Ideen abbauen. Die Wiederholung und Vertiefung aller dieser Lektionen durch die sich anhäufenden Wiedergeburten macht es möglich, daß die Weisheit das Bewußtsein vollkommen und nachhaltig durchdringt.

Kapitel 3

Gesetzmäßigkeiten und Muster der Erfahrung

Begriffliche Bestimmung von Karma, Schicksal und Geschick

1

Im Karma finden wir einen Schlüssel zu vielen Rätseln der zeitgenössischen Geschichte. Es ist eine Lehre, die uns darauf aufmerksam macht, daß der Kokon unseres heutigen Gewandes größtenteils aus Gedanken und Taten besteht, die wir während längst vergangener Erdenleben und der heutigen Wiederverkörperung aus uns selbst gesponnen haben. Nun eignet sich diese Lehre ebensosehr für die Geschichte ganzer Völker wie für die Geschichte eines einzigen Individuums. Ihre natürliche Folge ist, daß unser Charakter und unser Verstand sich jahrhundertelang mühselig abplagen; einige sind alt und verfügen über die reiche Erfahrung einer ehrwürdigen Vergangenheit, aber die meisten sind jung, uneinsichtig und unbeherrscht. Ihre Lektion ist, daß die wandelnden Gezeiten öffentlichen Schicksals und privaten Glücks nicht sinnlos sind. Im Gegenteil, sie fordern unsere philosophische Betrachtung heraus, damit wir verstehen können, wie versäumte Pflichten oder ausgemachtes Unrecht die versteckte Wurzel unserer Schwierigkeiten darstellen. Jene, die das Gesetz des Karmas richtig und nicht falsch, als ein äußerliches, unabhängiges Schicksal verstehen, sondern als eine Kraft, die wir ursprünglich durch unsere Taten in Gang gesetzt haben, verstehen auch, daß Schmerzen eine wichtige Rolle im Leben der Menschen spielen. Sie sind eher erzieherisch als vergeltend. Verdiente Bestrafung ist wirklich eine grobe Form von Erziehung. Die Nachdenklichen lernen aus ihren Schmerzen und fassen den festen Entschluß, dieselbe Sünde oder denselben Fehler nicht noch einmal zu begehen.

2

Die unerwarteten Ereignisse, die uns scheinbar grundlos widerfahren oder nicht mit unserem Verhalten in Verbindung zu stehen scheinen, stellen das Schicksal dar. Die Neigungen, aufgrund deren Einfluß oder die äußeren Umstände, aufgrund deren Zwänge wir so und nicht anders handeln, stellen die

Notwendigkeit dar. Die Ergebnisse dieser Handlungen stellen das Karma (Entschädigung, Ausgleich) dar.

3

Was eine höhere Kraft gefügt hat, muß geschehen. Aber was ein Mensch aus eigener Kraft geschaffen hat, vermag er zu ändern oder rückgängig zu machen. Das erste ist Schicksal, das zweite Geschick. Das eine kommt von außerhalb des persönlichen Egos, das andere aus den eigenen Fehlern. Der evolutionäre Wille seiner Seele ist ein Teil der Natur der Dinge, aber auf die Folgen der eigenen Handlungen kann er, wenn auch nur ein bißchen, weiterhin Einfluß nehmen.

4

Es könnte der Wille des Karma nicht in einem speziellen Teil unseres Lebens vorherrschen, aber nicht in den anderen, noch bei einem speziellen Vorfall in unserem Leben, aber nicht bei den anderen. Er könnte nicht hier, aber nicht dort sein, nicht in der Vergangenheit, aber nicht in der Gegenwart. Noch könnte er, wenn man weitergeht, sich nur auf die wichtigen Dinge beschränken, aber die kleinen auslassen. Er muß allzeit zugegen sein oder niemals und nirgendwo. Wenn er den Geschehnissen, die wir erfahren, mehr Geschick verleiht, als dem westlichen Menschen behagt, so müssen wir an die andere Facette der Wahrheit denken, an die schöpferische und gottgleiche Intelligenz in unserem tieferen Wesenskern und an das Maß an Frieden, das damit einhergeht.

5

Während das Schicksal (im ursprünglichen und griechischen Sinne des Wortes) von den MÄCHTEN – welche sie auch immer sein mögen – gefügt ist, ist Karma das Ergebnis unseres eigenen Handelns.

6

Die richtige Bedeutung des Wortes „Karma" ist: gewolltes Handeln durch Körper, Sprache und Geist. Es beinhaltet nicht die Ergebnisse dieses Handelns, insbesondere nicht jene, die zur Wiedergeburt führen oder einen Einfluß auf sie nehmen. Zwar ist diese erweiterte Auslegung des Begriffes üblich geworden, aber sie weist einen ungenauen Umgang mit ihm auf. Karma ist durch den Willen in Gang gesetzte Ursache und auf keinen Fall Wirkung. Daher ist der Ausdruck „Gesetz der Vergeltung" unzulänglich, und es bedarf eines besseren.

In diesem universellen Schauspiel spielt ein jeder die von ihm verlangte Rolle. Weder das Schauspiel noch die Rolle hängt von seiner persönlichen Entscheidung ab. Selbst die äußeren Umstände, die ihn zu seinen Entscheidungen veranlassen oder sein Handeln bestimmen, sind im voraus ins Drehbuch geschrieben. Es enthält sogar den Versuch, seine Rolle zu wechseln oder die Weigerung, sie weiter zu spielen.

Es wird keiner leugnen, daß die Vergangenheit jetzt absolut festgelegt und völlig unwiderruflich ist.

Alle die karmischen Tendenzen sind nicht zur gleichen Zeit im Bewußtsein zugegen; einige müssen noch vom potentiellen zum kinetischen Zustand übergehen.

Wenn wir wirklich wissen könnten, was mit uns geschehen wird, dann wäre es mit Sicherheit wichtig für uns. Wer aber weiß es *wirklich*? Die Zukunft liegt in GOTTES Händen.

Jedes Geschöpf kommt mit einem gewissen Potential an Lebenskraft auf die Erde, die sich gewöhnlich erschöpfen muß, bevor es stirbt.

Dasselbe Geschick, das zwei Personen zusammenbringt, trennt sie auch.

Da es dem ganzen Universum am Ende bestimmt ist, zu Asche zu werden, welche Zukunft erwartet dann die menschliche Rasse?

Die Wirkweisen des Vergeltungsgesetzes werden durch ein Mittel ausgeführt, das genauso über den menschlichen Verstand hinausgeht wie die meisten anderen Wirkweisen des hinter ihm liegenden Welt-Geistes. Sie sind nicht Schritt für Schritt durchdacht, sondern treten genauso plötzlich mit einem einzigen zauberhaften Schlag auf, wie das Ergebnis einer Rechenaufgabe auf dem Zifferblatt einer elektronischen Rechenmaschine.

15

Das Vergeltungsgesetz mag möglicherweise besser das Gesetz der Reflexion oder Rückkrümmung genannt werden, und zwar deswegen, weil jede Handlung auf ihren Urheber und jeder Gedanke auf seine Quelle zurückgekrümmt wird, wie durch einen unermeßlich großen kosmischen Spiegel. Vielleicht hat die Idee der Vergeltung zu starke moralische Übertöne und daher eine zu enge Bedeutung, um die richtige Entsprechung für das Wort „Karma" zu sein.

16

Eine Lehre, die die Macht hat, Menschen von niederträchtigen Handlungen abzuhalten oder sie zu tugendhaftem Verhalten anzuregen, und das nicht durch Angst vor Strafe oder Hoffnung auf Belohnung, sondern dadurch, daß sie die Menschen davon überzeugt, dem GUTEN um des Guten willen folgen zu müssen, ist sowohl für die Gesellschaft als auch für das Individuum wertvoll.

17

Es ist nicht so, daß irgendein geheimnisvoller übernatürlicher Engel, Deva oder Gott persönlich eingreift und das Karma wie ein Puppenspieler manipuliert, der an den Drähten seiner in der Luft schwebenden Figuren zieht, sondern es ist vielmehr so, daß das Karma ein Teil des Gleichgewichtes des Universums ist, das eine Wiederkehr bringt, einen Druck aufzeichnet, jede Reaktion aus eigenem Antrieb geschehen läßt.

18

Wenn das Leben ein Schauspiel darstellt, das auf der Bühne dieses Planeten aufgeführt wird, damit wir (und andere) unsere Rolle in ihm zu spielen vermögen, dann ist das Karma das Publikum, der Zeuge des Ganzen.

19

Ganz logisch wird gelehrt, daß sich zwischen den zwei Arten des Karma einer Person ein Gleichgewicht einstellt, so daß das schlechte gemildert oder gar aufgehoben werden mag, das gute aber gleichermaßen verringert oder aufgewogen.

20

Ereignisse, die uns geschehen, sind nicht notwendigerweise karmisch in dem Sinne, daß wir sie verdient haben. Sie können auch eine nicht-karmische Quelle haben. Nichts, was wir körperlich getan haben, rief sie hervor, indes sind sie das, was wir in diesem Augenblick für unsere Charakterbildung oder unser Leistungsvermögen, unsere Entwicklung oder Maßregelung benötigen. Beide Arten sind vom Schicksal verhängt. In diesem Sinne sind sie GOTTES Wille.

21

Es werden menschliche Handlanger benutzt, um anderen Leid zuzufügen, und sie fügen es aus menschlicher Verwerflichkeit zu. Beide Feststellungen sind richtig. Sie sind ergänzend und nicht, wie man meinen wollte, gegensätzlich. Natürlich hält das Schicksal nach einer verwerflichen Person Ausschau, wenn es Schaden anzurichten gedenkt oder nach einer geistig unbedarften, die sich emotional eine Weile lang an der Nase herumführen läßt oder nach einem Hitzkopf, der sich in einem Augenblick zu einer Tat hinreißen läßt, die er jahrelang bereut. Will es Schaden anrichten, so wird es ihre Zeit nicht damit vertrödeln, nach übermäßig klugen und übermäßig guten Leuten zu suchen.

22

Das *Geschick* des Menschen ist alles, was ihm geschieht, ob selbstverdient oder von einer höheren Macht bestimmt. Das *Schicksal* eines Menschen ist die spezielle, nämlich gefügte Art von Geschick und daher jenseits seines Einflusses.

23

Der Sieg der spirituellen Natur im Menschen ist vorherbestimmt und läßt sich nicht vermeiden, aber niemand kennt die Stunde dieses Sieges.

24

Wenn man seinen gegenwärtigen Weg und sein gegenwärtiges Ziel besser sehen könnte, dann wäre man imstande, die eigene Zukunft richtiger vorauszusehen.

25

Das Geschick des Menschen ist ein allzeit potentiell Existierendes, es wartet nur auf den günstigen Augenblick, in dem es sich zu Recht offenbaren mag.

26

Geschick folgt Tendenz. Was wir sind, veranlaßt uns, in eine bestimmte Richtung zu gehen. Die Philosophie faßt das Ende aus dem Anfang ins Auge.

27

Diese Lehre wird nicht als ein Trost für gepeinigte Menschen angeboten; sie wäre tatsächlich ein ärmliches Allheilmittel. Sie wird deswegen angeboten, weil wir keine andere sehen, die ihre Wahrheit besitzt, auch wenn sie hart ist.

28

Ouspenskys Theorie von der ewigen Wiederkehr ist wahr und falsch in eins. Wir wiederholen uns und unsere äußeren Umstände, aber stets auf einer anderen Ebene. Es ist eine Spirale und nicht ein Kreis. Ein Ereignis oder ein Lebensabschnitt entspricht einem vormaligen, ist jedoch nicht identisch mit ihm. Die Zukunft entspricht der Vergangenheit, aber sie verdoppelt sie nicht. Die Spirale bringt euch nicht genau das gleiche Selbst zurück oder dieselbe Arbeit: sie bringt euch zu dem, was ihm auf einer anderen Ebene entspricht.

29

Es herrscht zwischen den entscheidenden Gedanken, Taten und Erfahrungen in unserem Leben ein unausweichliches Gleichgewicht. Und dieses Gleichgewicht tritt dort zutage, wo man es am wenigsten erwartet – in der sittlichen Sphäre. Unsere Vergehen erzeugen Schmerzen, nicht nur für andere, sondern in erster Linie für uns selbst. Das Gute, das wir wirken, erzeugt einen Widerhall von Glück. Wir können der Wirkweise dieses subtilen Gesetzes moralischer Verantwortung nicht entrinnen. Die Ursache ist der oberste Punkt eines Rades, dessen niedrigster die Folge. Dies trifft kollektiv ebensosehr zu wie individuell. Wenn ein Volk zum Beispiel fest davon überzeugt ist, daß die Vorstellung von Gut und Böse etwas Falsches ist, dann besiegelt sie den eigenen Untergang. Wir haben das im Falle des deutschen Volkes erlebt. Der moralische Grundsatz ist nicht ein Hirngespinst des Menschen. Es ist eine göttliche Wirklichkeit.

30

Es wäre ein Irrtum, Karma von der universellen Kraft zu trennen und es als eine unabhängige Kraft zu behandeln. Dieser Irrtum ist der Grund, warum die Rolle, die es bei der Manifestierung des Kosmos spielt, so schwierig zu verstehen ist. Behandelt Karma eher als einen Aspekt GOTTES und als ein von GOTT nicht zu Trennendes oder als eine der vielen Arten, auf die sich GOTTES Gegenwart zu manifestieren vermag.

31

Das durch den Willen des Menschen erzeugte Karma, ist der Abwandlung durch den Menschen unterworfen. Das Schicksal, ein von GOTT Gefügtes, ist es nicht. Die allgemeine Tatsache des Todes ist ein Beispiel für das Schicksal, und in diesem Sinne stimmt die Zeile des Dichters James Shirley, die besagt: „Es gibt keinen Panzer gegen das SCHICKSAL. " Aber an der speziellen Tatsache des Todes, seinem Zeitpunkt und seiner Art, kann man vielleicht etwas ändern.

32

Wenn es stimmen sollte, daß der Lauf des Lebens vorherbestimmt ist, bedeutet das nicht, daß es notwendigerweise willkürlich vorherbestimmt ist. Nein – das wirklich Entscheidende in eurem Leben sind die guten und schlechten Charaktereigenschaften, die Entwicklung oder mangelnde Entwicklung eurer Gaben und die Entscheidungen, die ihr beiläufig oder aus Vernunftsgründen getroffen habt. Zwischen Lebensführung und Folge, zwischen Denken und Umgebung, zwischen Charakter und Geschick besteht eine unentrinnbare Gleichung. Und diese ist Karma, der Grundsatz von der schöpferischen Gleichwertigkeit.

33

Eben weil diese Lehre so oft schlecht verstanden worden ist, hat sie extravagante oder fehlerhafte Schattierungen angenommen, und infolgedessen wurde sie ins Lächerliche gezogen.

34

In der philosophischen Tradition ist das Schwert das Symbol für das Gesetz GOTTES von der Vergeltung und Gerechtigkeit.

35

Der Grundsatz der Folgen ist nicht in erster Linie ein sittliches Gesetz: richtiger gesagt hat es eine sittliche Seite.

36

Das Geschick wirkt nicht blind und unintelligent, willkürlich und feindlich gegen uns, wie die meisten von uns zu glauben geneigt sind, wenn wir uns durch einen Zyklus von ungünstigem Karma quälen. Im Gegenteil. Es ist das Wirken der Absoluten Weisheit selbst.

37

Die Vorstellungskräfte sind unerschöpflich und unaufhörlich. Es liegt in der Natur des Geistes, daß eine Idee zu der anderen führt, weil das Wesen des Geistes selbst dynamisch ist. Karma ist das Gesetz, das die zwei verbindet.

38

Das Erlebnis, innere Musik zu hören, ist ein interessanter und bedeutsamer Vorfall. Es ist selten, wenn es sich bei einer Begegnung ereignet und kommt eher beim Abschied vor – meistens beim Abschied von einem wertvollen Menschen, der nicht bei uns bleiben kann, weil es das GESCHICK so fügt.

39

Es wirken die Dinge nach ihrer Natur. Die Welt-Idee zeichnet diese Tätigkeiten auf eine geheimnisvolle Weise auf und wirft deren passende Nachwirkungen zurück; und das sowohl bei Dingen wie auch bei Menschen. Es singt ein jeder von uns einen Ton ins Universum hinaus, und das Universum antwortet uns in derselben Tonart.

40

Ob man die niedrigste Form des Lebens unter einem Mikroskop betrachtet oder ob man tief ins eigene Bewußtsein blickt, dieses eine Gesetz herrscht ungebrochen vor.

41

Wo ein Mensch von Unglück heimgesucht wird, zu dessen Ursache er selbst allem Anschein nach nichts beigetragen hat, wo er die schlechten Karten, die ihm das Geschick zugespielt hat, auf keine Weise zu verdienen scheint, da bleibt ihm keine andere Wahl, als es auf die Taten und Gedanken eines früheren Erdenlebens zurückzuführen oder auf die notwendige Erziehung seiner inneren Natur durch sein höheres Selbst.

42

In Wirklichkeit steht ein jeder Mensch vor Gericht. Das Leben selbst ist sein Richter – die Wirkung des Karma, die Unwissenheit oder Klugheit der Mitmenschen, die Stimme des Gewissens und die Fähig- oder Unfähigkeiten der eigenen Persönlichkeit.

43

Er blickt auf die ganzen Ereignisse seines äußeren Lebens zurück, und sie scheinen wie die Seiten eines Buches, das er gerade liest, bereits zu Ende geschrieben, die ungelesenen Seiten die Ereignisse, die noch kommen werden. Oder er ist nur eine Person in der Geschichte des Buches, die scheinbar aus eigener Entscheidung handelt, aber in Wirklichkeit und ganz unbewußt die des Verfassers ausarbeitet.

44

Buddhas im Dhammapada enthaltene Darlegung des karmischen Grundsatzes ist kurz, klar, unerschütterlich und überzeugt. Wir sehen uns unausweichlich seiner Wahrheit gegenübergestellt, als wäre sie ein granitharter Berg – eine Tatsache, unverrückbar und nicht zu widerlegen.

45

Die Griechen des Altertums glaubten an die drei Schicksalgöttinnen (die Moirai oder alten Spinnerinnen): drei ergraute Weiber, die man sich gelegentlich als Vergangenheit, Gegenwart und Zukunft vorstellte oder als die Trägerinnen des Reiches der Frauen, als die, die am Faden des Geschickes ziehen und als die, die ihn durchschneiden. Die alten Römer glaubten an eine Geburtsfee, die bei der Geburt das Geschick des Neugeborenen niederschreibt.

46

Das Leben schuldet euch nur, was ihr ihm gegeben habt.

47

Karma ist der König, der diese Erde regiert.

48

Das Leben hat keinen wirklichen Zweck für das wahre Selbst des Menschen; es ist nur weiter und weiter gegangen. Der Mensch lebt und lebt, aber das eiserne Gesetz vom AUSGLEICH hält Wache darüber, läßt Wirkung aus URSACHE entstehen, gut oder schlecht, und paßt die guten oder schlechten Taten des Menschen den Folgen an.

49

Es wird die Handlung, die einen Gedanken vollendet, von der Natur unter dem Deckmantel des Karma auf den Urheber zurückgeworfen. Dieser Sicht zufolge trägt man die Verantwortung für sich selbst. Man kann sie nicht auf irgendeine menschliche Einrichtung, wie z.B. die Kirche, übertragen oder auf irgendein anderes menschliches Wesen, wie z.B. auf einen Guru oder Heiland.

50

Das Karma ist eine unpersönliche Kraft. Es läßt sich nicht durch Gebete beeinflussen, wie das angeblich bei einem Persönlichen Gott der Fall sein soll.

51

Bei ihrer Abrechnung über Glück oder Unglück vergessen die Leute gewöhnlich die sittlichen Werte, die aus jeder Erfahrung gewonnen wurden. Hat ein Mensch aber ein gewisses Maß an Verständnis für solche Dinge entwickelt, dann wird er die Wahrheit der persönlichen Verantwortlichkeit unwillkürlich in dieses Licht bringen, nicht lediglich als ein intellektuelles Dogma, sondern als eine tiefempfundene Überzeugung.

52

Es obliegt einem, nicht nur die Folgen einer Handlung, sondern auch die Folgen einer Einstellung oder Ansicht vorauszusehen.

53

Er kann sich selbst oder andere hinters Licht führen, aber nicht die Macht des Karma. Vor ihr muß er sich für seine Taten verantworten und ihre gerechte Auswirkung hinnehmen. Es gibt keinen anderen Weg für ihn.

54

Jene, die nicht aus den richtigen Reflexionen über ihre Erfahrungen lernen wollen, werden aus den Fußtritten lernen müssen, die ihnen ihr neues, erzeugtes Karma versetzt.

55

Mit jeder Geburt entstehen neue Glieder in jener Kette von Folgen, die Karma ist.

56

Aus unserer Untersuchung des Karma-Gesetzes mögen wir den Schluß ziehen, daß ein Mensch heranreifen, erwachsen werden muß und die Pflicht hat, die Verantwortung für seine Handlungen, Entscheidungen, Emotionen und sogar für seine Gedanken tragen zu lernen. Er ist es, der dafür verantwortlich ist, welche Ideen, und besonders welche Impulse, er annimmt und welche er unbeachtet vorübergehen läßt oder von sich weist.

57

Alle, die diesen höheren Grundsätzen keine Beachtung schenken und insbesondere die, die das Gesetz vom Karma verspotten, öffnen einem Vulkan unter ihnen Tür und Tor.

58

Karma bürdet jedem Menschen eine gewisse Verantwortung auf – dem Philosophen nicht weniger als dem Primitiven, da gibt es keinen Unterschied.

59

Der Mensch, der sich einbildet, er könne ohne Rücksicht auf irgendwelche vermeintlichen höheren Gesetze durchs Leben gehen und seine vielfältigen Angelegenheiten regeln, läuft hinter einer Illusion her. Irgendwo oder irgendwann muß er aufwachen, das läßt sich nicht vermeiden.

60

Ein Leben, das nicht auf dieses höhere Ziel zusteuert, ein Geist, der keinerlei Interesse hat, am Überselbst-Bewußtsein teilzunehmen – von diesen Versäumnissen wird sich ein Mensch sowohl während seines leiblichen Mietsverhältnisses als auch während seines Lebens nach dem Tode in aller Stille gerügt sehen.

61

Die Menschen handeln aus Eigeninteresse; aber aufgrund der Unwissenheit über die höheren und insbesondere über die karmischen Gesetze, mögen sie gegen dieses Interesse handeln.

62

Viele Gruppen in vielen Ländern fordern Gerechtigkeit von ihrer Regierung, wobei die jeweiligen Definitionen für dieses Wort verschieden sind. Diesen Ansprüchen Genüge zu leisten, ist offensichtlich nicht einfach, denn heutzutage gibt es mehr als je zuvor. Einige Einzelpersonen gehen soweit und verlangen Gerechtigkeit von GOTT. In einer Welt, in der Unheil und Unglück so tätig sind, scheinen auch sie, wenn überhaupt, nur teilweise zufriedengestellt zu sein. Hier mag die Vorstellung vom Karma gerechter scheinen, als es Regierungen sind, aber sie ist mit anderen Geburten verknüpft, an denen diese Personen nicht mehr interessiert sind!

63

Es ist größtenteils ihre eigene Schuld, daß die Menschen unter ihrem eigenen Karma zu leiden haben. Aber das ist kein Grund, warum wir zur Seite treten und sie ihrem Los überlassen sollten.

64

Jeder von uns trägt ein gewisses Maß an Verantwortung für sich selbst: keiner von uns hat das Recht, sich ihrer unter dem Vorwand zu entledigen, daß das Schicksal alle Dinge beherrsche, lenke und einrichte.

65

Laßt uns nicht der Vorstellung verfallen, wir seien lediglich Puppen, die dem Zauber eines unsichtbaren Puppenspielers erliegen, der sie bald in Freude und bald in Leid stürzt.

66

Schieben die Menschen die elenden Schwächen der eigenen Faulheit der überwältigenden Natur des Schicksals in die Schuhe, dann machen sie ihre schlechte Lage noch schlimmer.

67

Wo sich die Menschen beklagen, das Leben bringe ihnen das Schlimmste, da sollten sie innehalten und sich fragen, ob sie sich innerlich darauf vorbereitet haben, etwas Besseres als das Schlimmste zu empfangen.

68

Zu viele beschweren sich, daß das Schicksal nicht gerecht sei und es mit seinen untragbaren Schwierigkeiten auf sie abgesehen hätte, daß ihnen mehr Unglück widerfahren sei, als sie ertragen könnten, und daß das gute Leben, das sie geführt hätten, nichts nütze gegen eine so kosmische Mißgunst. Tatsache ist nicht, daß sie besonders gequält worden sind, sondern daß sie es sich selbst eingeredet haben!

69

Ich bin mir sehr wohl bewußt, daß es jede Menge „Okkultisten" gibt, die mit vollständigen und bis in Einzelheiten gehenden Beschreibungen der Wirkweisen des Karma aufwarten können, die sein Alpha und sein Omega kennen, die seine Tätigkeit unter den Menschen so leicht verfolgen können wie ein Wappenkundler euren Stammbaum. Mit ihren seicht-schlüpfrigen Kenntnissen haben sie viele in ihre Lager gelockt und werden noch viele mehr anziehen. Aber sie zahlen nur mit der gefälschten Münze bloßer Meinung und nicht mit der selteneren Währung eines Fachwissens, das auf Tatsachen beruht.

70

Selten behandeln wir das Schicksal gerecht. Verlaufen die Dinge auf eine Weise, die uns nicht paßt, so lehnen wir das Ansinnen, daß es unsere Schuld ist, ab und machen unser bitteres Schicksal dafür verantwortlich. Verlaufen sie aber günstig, dann rechnen wir es uns selbst als Verdienst an!

71

Es ist durchaus möglich, die Schwierigkeiten der Welt auf irgendeinen Grund zurückzuführen; von einer bestimmten Speise bis zur Anwesenheit gewisser Leute, je nach Lust und Laune. Denn es gibt nichts, das nicht auf irgendeine Weise, gleich wie entfernt, mit irgendeinem anderen Ding verknüpft ist. Alles, was vonnöten ist, ist ein bißchen Vorstellungsvermögen und ein bißchen logisches Geschick.

72

Zu viele beten um Erlösung aus den Folgen ihrer Irrtümer oder Schwächen, unternehmen den Versuch, sich aus eigener Kraft aus diesen Fehlern zu befreien. Werden die Gebete der größeren Gruppe erhört, so bleiben die Schwächen übrig, und es werden notgedrungen dieselben Folgen erneut auftreten müssen. Ist den Bemühungen der kleineren Gruppe Erfolg beschieden, dann werden sie sich auf alle Zeit erlöst sehen.

73

Wenn wir an alle möglichen Vertauschungen und Zusammensetzungen des Geschicks denken und sie mit dem vergleichen, was tatsächlich geschieht und das tatsächliche Geschehen in Beziehung zu unserem inneren Wesen, unserer äußeren Lage, unseren Fehlern, Tugenden oder Bedürfnissen sehen, dann läßt sich eine Linie aufspüren, die mehr als rein zufällig ist.

74

Ein Mensch braucht nicht die ganze Nacht unter einem Heiligen Boa-Baum zu sitzen, um der Offenbarung dieser Wahrheit über das Gesetz des Ausgleichs teilhaftig zu werden. Das kann er auch in einer Amtsstube am Schreibtisch oder bei einem Bummel auf dem Marktplatz, wenn er nur beobachtet, was da vor sich geht und er mit seinem Gehirn zwei und zwei zusammenzählt.

75

Andere für das eigene Unglück oder gar für die eigenen Untaten verantwortlich zu machen, stellt für einen Suchenden ein Mittel dar, mit dem das Ego von der eigenen Schuld ablenkt und seinen Einfluß auf Herz und Geist sichert. Für den Durchschnittsmenschen ist es lediglich der emotionale Ausdruck spiritueller Unwissenheit.

76

Es muß ein jeder fühlen, denken, handeln und sprechen. Indes nimmt nicht ein jeder die Folgen dieser Vorgänge, ob nah oder fern, geschwind oder langsam, wahr.

Alle, die sich für ein falsches Ziel oder eine gemeine Begierde entscheiden, sehen sich gezwungen, die Folgen ihrer Entscheidung zu ertragen. In jeder bösen Handlung liegt eine schmerzhafte Rückwirkung verborgen. Der Vorgang ist lawinenartig. Jede Handlung stiftet eine andere, die bergab geht. Jede Abweichung von der Rechtschaffenheit erschwert die Rückkehr.

77

Unter dem Vorwand, daß das Schicksal unerbittlich sei, hilflos über das eigene Los zu jammern, bedeutet, sich zum Sklaven zu ernennen. Woher kam dieses Schicksal? Es ist einem nicht willkürlich aufgezwungen worden. Sein Macher kann kein anderer sein als die Person, die sich beklagt. Daher ist er auch derjenige, der es wieder rückgängig zu machen vermag.

78

Wenn die Ursache seiner Schwierigkeiten nicht entfernt wird, wird sie mit der Zeit zu neuen Wirkungen führen und der Last, an der er jetzt zu tragen hat, ein zusätzliches Elend aufbürden. Es werden alle seine sogenannten Ausflüchte vor ihnen solange illusorisch sein, solange diese Ursache wirkt.

79

Auf jedes intellektuelle Vergehen und auf jeden sittlichen Fehltritt steht eine spirituelle Strafe, gleich, ob eine weltliche darauf steht oder nicht. Für den einen besteht sie darin, daß er die Wahrheit nicht kennen kann; für den anderen darin, daß er nicht glücklich zu werden vermag.

80

Der Mensch trägt die Verantwortung für das eigene Handeln. Der Glaube, irgendein HEILAND könne für seine Sünden leiden oder sie könnten ihm von irgendeinem Priester vergeben werden, ist nicht richtig.

Man mag sich an diesem Grundsatz stoßen und ihm Widerstand leisten, aber letztlich zwingt er ihn, alleine voranzugehen.

82

Die Ergebnisse der Unterlassungen einer Person der Wirkweise des Willens GOTTES zuzuschreiben, ist Blasphemie. Göttlichen Geboten die Schuld an den Folgen menschlicher Dummheit, Faulheit und Disziplinlosigkeit in die Schuhe zu schieben, ist Unsinn.

83

Jene, die sagen, sie hielten es für ungerecht, die schmerzlichen Folgen von Taten ertragen zu müssen, die ein anderer begangen hat, für die die Gedächtnislücke zwischen zwei Erdenleben eine hinreichende Ausrede für ihren mangelnden Glauben an die Lehre der Wiederverkörperung ist, äußern tragbare Einwände.

84

Wenn die Menschen wüßten, daß das Gesetz des Ausgleichs genauso wirksam ist wie die Gesetze ihres Landes, dann würden sie fraglos besonnener werden.

85

Man sollte die Leute daran erinnern, daß Ursache und Wirkung ebensoviel im moralischen Reich herrschen wie im wissenschaftlichen. Man sollte sie von Kindesbeinen dazu erziehen, diesen Grundsatz in ihren Überlegungen zu berücksichtigen. Man sollte in ihnen das Gefühl wecken, daß sie verantwortlich sind, wo sie Ursachen in Bewegung setzen, die Leid heraufbeschwören oder Schwierigkeiten nach sich ziehen oder zu Enttäuschungen führen.

86

Wenn die Menschen zu der Einsicht gelangen, daß das Gesetz des Ausgleichs nicht weniger wirklich ist als das Gesetz der Anziehungskraft, dann werden sie ungeheuer gewinnen.

87

Hat ein Mensch unter selbstverschuldeten Schwierigkeiten zu leiden, dann ist das nicht nur ein Unglück, aufgrund dessen er einem leid tun sollte, sondern auch ein Fehler, für den er verantwortlich zu machen ist.

88

Wenn ein Mensch sich nicht freiwillig einer strengen Disziplin unterwerfen will, zwingt ihn das Leben schließlich, seine strengere gutzuheißen. Wenn er den eigenen Fehlern nicht ins Gesicht schauen will, werden ihn die daraus rührenden Schmerzen an ihr Vorhandensein erinnern.

89

Karmisch gesehen, sind Sünden unterlassener Handlungen ebenso wichtig wie Sünden begangener Taten. Was wir hätten tun sollen, aber nicht getan haben, zählt auch als ein Karma schaffendes Element.

90

Derselbe Mensch, der für unsere Fehler verantwortlich ist, ist auch an unserem Elend schuld.

91

Wenn die Karma-Lehre (der Grundsatz des Ausgleichs) die Menschen mit dem Glauben durchdringt, daß es keinesfalls auf dasselbe hinausläuft, ob ihr Benehmen gut oder schlecht ist, wenn sie ihren Sinn für moralische Verantwortlichkeit wachrüttelt, kann niemand ihren praktischen Wert bestreiten.

92

Wer diese moralischen Wahrheiten entdeckt und sie seinen umnachteten Mitmenschen enthüllt, ist nicht nur ihr Lehrer, sondern auch ihr Wohltäter. Denn er rettet jene, die ihn beachten, vor vielen unnötigen Schmerzen.

93

Es waltet in den menschlichen Angelegenheiten eine Gerechtigkeit, die nur ein unpersönliches Auge zu sehen vermag, nur unparteiisch Denkende aufspüren können.

94

Hat sich ein Mensch das Gesetz von den Folgen erst einmal zu Herzen genommen, dann wird er einen anderen nicht willentlich oder wissentlich verletzen; und das in erster Linie deswegen, weil er sich selbst nicht wird verletzen wollen.

95

Es ist vordringlich, daß der moderne Mensch sich dieser Tatsache der eigenen

Verantwortung für sein Schicksal bewußt wird, und er darf nicht danach trachten, sie einem launenhaften GOTT oder dem blinden Zufall aufzubürden. Insofern er sich etwas Schlimmes aufgeladen hat, sollte er dessen Gerechtigkeit ruhig hinnehmen, seine Vergehen gestehen, seine Taten widerrufen und sein Verhalten ändern.

96

Wenn uns diese große Wahrheit in Fleisch und Blut übergegangen ist, wenn wir demütigen Herzens eingestehen, daß alles menschliche Leben dem Einfluß des Gesetzes der Folgen unterliegt, beginnen wir, aus der Tugend eine Notwendigkeit zu machen.

97

Aus karmisch-langfristiger Sicht schafft jeder von uns seine eigene Welt und Atmosphäre. Daher haben wir unser Wohlbefinden oder Elend auch nur uns selbst zu verdanken. Es darf außerdem nicht vergessen werden, daß die gegenwärtige richtige oder falsche Benützung unseres freien Willens unmittelbar jetzt über die Bedingungen und äußeren Umstände zukünftiger Leben entscheidet.

98

Es ist absurd, die Idee vom Karma so zu behandeln, als ob sie irgendein abstruses orientalisches Hirngespinst wäre. Sie ist einfach das Gesetz, das jeden Menschen für die eigenen Handlungen verantwortlich macht und ihn in die Lage versetzt, ihre Auswirkungen hinzunehmen. Wir mögen sie das Gesetz der Eigenverantwortung nennen. Die Tatsache, daß sie mit der Wiederverkörperungstheorie verknüpft ist, tut ihrer Gültigkeit keinen Abbruch, da sich seine Wirkung in unserer gegenwärtigen Inkarnation nur allzuoft nachweisen läßt.

99

Der Versuch, dem Karma aus dem Wege zu gehen, mag selbst ein Teil des Karma sein.

100

Törichte Handlungen schaden dem Leben eines Menschen und mögen auch dem Leben anderer schaden. Bösartige Handlungen fordern ihn als ihr erstes Opfer, denn irgendwann wird er entweder noch zu Lebzeiten oder nach dem Tode moralisch und, falls karmisch gerechtfertigt, körperlich leiden.

101

Da es offensichtlich stimmt, daß die Macht der Ereignisse über euch bestimmt ist von dem Grad ihrer Auswirkung auf euer Denken und Fühlen, muß auch stimmen, daß die Beherrschung des Denkens und Fühlens zu einer wunderbaren Unabhängigkeit vom Auf und Ab des Glücks führt. Laßt ihr zu, daß euer Leben gänzlich von den Gefahren und Zufällen äußerer Geschehnisse gelenkt wird, statt von eurer Intelligenz, dann bringt ihr es in Gefahr.

Unsere äußeren Schicksalsschläge sind Symbole und Symptome unserer inneren Unzulänglichkeiten. Für jeden selbst-geschaffenen Schmerz und jedes selbst-hingenommene Übel gibt es einen vermeidbaren Schmerz und ein vermeidbares Übel. Das Ausmaß, zu dem euch Ereignisse verletzen können, mag nicht gänzlich von euch abhängen. Wenn ihr die Kraft hättet, euren Egoismus mit einem einzigen Schlag zu zermalmen, und die Einsicht, die Maske einer langen Reihe von Ursachen und Wirkungen zu durchdringen, dann würdet ihr entdecken, daß die Hälfte eurer äußeren Sorgen auf innere Charakterfehler und –Schwächen zurückzuführen ist. Jedesmal, wenn ihr die niedrigeren Attribute eures inneren Charakters an den Tag legt, beschwört ihr ihr Spiegelbild in äußeren Ereignissen herauf. Auf euren Zorn, euren Neid und Widerwillen werden, wenn sie stark und lang genug anhalten, schließlich Schwierigkeiten, Feindschaften, Reibereien, Verlust und Enttäuschungen folgen.

Ja, wenn ihr das erste Geheimnis des Schicksals verstehen wollt, solltet ihr verstehen, daß seine Fügungen nicht von einer außerhalb eurer selbst liegenden Macht beschlossen werden, sondern von eurem eigenen tieferen Selbst.

102

Wird die westliche Denkweise die Vorstellung vom Karma jemals gelten lassen? Ich habe keinen Zweifel daran. Und zwar deswegen, weil sie die Idee von der Wiedergeburt wird gelten lassen müssen, die, ist sie erst einmal angenommen, die Karma-Lehre als ihren Zwilling einführen wird.

103

Nehmen sie die Abfolge von Ursache und Wirkung im Leben anderer und im eigenen zur Kenntnis?

104

Eure eigenen Handlungen werden ihrerseits zu den weiteren Handlungen eines anderen führen.

105

Dieser Druck ihrer Grenzen ist es, der die Menschen früher oder später dazu treibt, nach dem inneren Leben zu trachten.

106

Die Menschen stöhnen über ihre unglückliche Vergangenheit und ächzen, daß sie sie nicht ungeschehen machen können; indes kommt es ihnen nicht in den Sinn, ihre unglückliche Zukunft, an der sie jetzt gerade mit so viel Eifer schaffen, ungeschehen zu machen.

107

Die Waffen, die uns heute Wunden schlagen, sind gestern von uns selbst geschmiedet worden.

108

„Auch das wisse, die Schmerzen der Menschen sind das Werk ihrer eigenen Hände:

Armselig sind sie, weil sie das Gute, das in ihrer nächsten Nähe ist, nicht sehen und nicht hören; und den Ausweg aus dem Bösen, den versteht nur eine Handvoll."

Aus: Die goldenen Verse des Pythagoras

109

Solange die Menschen nur das Vergängliche lieben und sich in ihm verlieren, solange werden sie unter dem vermeidbaren Teil ihrer Sorgen und Schwierigkeiten zu leiden haben. Dies war schon vor 2500 Jahren ein Hauptelement der Botschaft Buddhas, an deren Gültigkeit sich bis heute nichts geändert hat.

110

Wir verneinen den Fatalismus, der jedes Geschehen auf eine so totale Weise vorherbestimmen will, daß für persönliche Initiative nichts mehr übrig bleibt, daß der einzelne nichts mehr daran zu ändern vermag. Wir bekräftigen, daß es zwischen den Handlungen und ihren schließlichen Wirkungen im Leben eines Menschen eine Verbindungslinie gibt, selbst wenn jene Wirkungen auf spätere Inkarnationen verschoben werden.

111

Niemandem gelingt es, das Karma nur deswegen auszulöschen, weil er, wie die Anhänger gewisser Kulte, dessen Existenz intellektuell in Abrede stellt.

Würde man sich ihm aber zuerst einmal stellen, es anpacken und zur Selbst-zucht und Selbsterziehung nutzbar machen und seine Unwirklichkeit erst dann, vom höchsten und letzten Standpunkt aus, gelten lassen, dann wäre ihre Haltung richtig. In Wahrheit zeugt ihr Versuch, das Karma voreilig zu verwer-fen, von einer Neigung, sich gegen die göttliche Weisheit aufzulehnen, von ei-nem kurzsichtigen und selbstsüchtigen Trachten nach augenblicklichen Vortei-len auf Kosten einer dauerhaften Vernachlässigung der Pflicht, spirituell zu rei-fen.

112

Wenn wir uns die Masse der Menschen betrachten, dann *müssen* wir an die Lehre vom Fatalismus glauben. Sie trifft auf sie zu. Sie sind den Zwängen ihrer äußeren Lebensbedingungen unterworfen und kämpfen deshalb wie Tiere ums Überleben, weil sie nicht so weit vom Tierreich, dem Gebiet ihrer frühe-ren Wiederverkörperungstätigkeit, entfernt sind. Sie reagieren wie Roboter unter einer erdrückenden karmischen Last, leben wie Puppen, den blinden universellen Trieben der Natur gehorchend. Aber das ist nicht das Ende der Geschichte. In Wahrheit ist es nur ihr Anfang. Denn hier und da taucht aus der Menge einer auf, einer, der im Begriff ist, ein Individuum zu *werden*, der sich schöpferisch zu einem voll-menschlichen Wesen ausbildet. Für ihn stellt jeder Tag ein neues Erleben dar, ist jedes Erlebnis einzigartig, ist jeder morgige Tag nicht mehr das völlig unvermeidliche und absehbare Erbe aller gestrigen. Er ist im Begriff, aus der versklavenden Tierhaftigkeit und Fatalität erlöst zu wer-den, in voller Menschlichkeit und Schöpferkraft.

113

Die alte japanische Methode des Reisanbaus ergibt eine größere Ernte auf schlechterer Erde als die alte indische Methode. Das indische Ministerium für Landwirtschaft führte sie mit so großem Erfolg ein und machte sie durch Re-klame so bekannt, daß es nicht mehr notwendig war, den jährlichen Rest ein-zuführen, der den wachsenden Bedürfnissen der Bevölkerung entsprach. Man schätzt, daß der billigere und ergiebigere Reis die in diesem ungeheuer großen Land übliche Hungersnot in ein paar Jahren verringern oder ausräumen wird. Bisher hatten die Leute ihr karges Dasein als den Willen GOTTES interpre-tiert. Die Episode mag sie die philosophische Wahrheit lehren, daß sie hier sind, um GOTTES Mitarbeiter zu werden, indem sie ihre Intelligenz, ihre Kenntnisse und Fähigkeiten entwickeln. Dadurch, daß sie sich selbst verbes-sern, sind sie auch imstande, ihre Umwelt zu verbessern. Der lähmende Fata-lismus, der ihnen von einer falsch gelehrten Religion und einer falsch verstandenen Mystik aufgebürdet wurde, mag schließlich der richtigen, von ihrer eigenen höchsten Philosophie gelehrten Art von Schicksalsverständnis weichen.

114

Ein so erleuchtetes und qualifiziertes Verstehen des Schicksals braucht nicht zu einer Lähmung des Willens und einer Teilnahmslosigkeit des Gehirns führen. Es jammert nachdrücklich nicht, daß der Mensch nichts tun könne, um sein Los zu bessern, noch beraubt es ihn, was schlimmer wäre, gar der Sehnsucht, es ändern zu wollen. Nein – die Schicksalsergebenheit, die eine Lehre predigt, ist nicht weniger erleuchtet und qualifiziert, als sie selbst. Ihre Wirkung auf jene, die nicht nur an sie glauben, sondern sie auch verstehen, ist bestrebt, ein Gleichgewicht zwischen demütiger Ergebenheit und entschlossenem Widerstand herzustellen, bestrebt, alle Situationen richtig einzuschätzen, damit man die wirklich unausweichlichen und die, an denen man persönlich etwas ändern kann, als das erkennt, was sie sind. Sie fügt sich GOTTES Willen, leugnet deswegen aber nicht die Existenz des menschlichen.

115

Vermag sich denn die Kleinheit des Menschen mit der Grenzenlosigkeit des Universums zu messen? Diese Haltung liegt dem FATALISMUS zugrunde.

116

Wer an einen so starren Fatalismus glaubt, sitzt in einer Falle; er ist nicht imstande, irgend etwas an einer Lage zu ändern, er kann sie nur ihren Lauf nehmen lassen. Wohin er sich auch wendet, er fühlt, daß er gefangen ist. Keine Entscheidung, die er trifft, ist wirklich die seinige; es ist stets eine auferlegte. Er vermag nicht, aus eigenem freien Willen zu handeln.

117

Die Überzeugung, er könne nichts tun, um Einfluß auf seine Zukunft zu nehmen, übt eine lähmende Wirkung auf einen Menschen aus. Warum soll er versuchen, ein besserer Mensch zu werden, wenn die Sache bereits gänzlich festgelegt ist, wenn das Ergebnis das gleiche ist, ob er nun gut oder schlecht handelt?

118

Die Philosophie lehnt es ab, eine falsche oder törichte Handlung nur deswegen ruhig hinzunehmen, weil sie geschehen ist. Aus diesem Grunde vermag sie sie selbst dann nicht ruhig hinzunehmen, wenn und wo behauptet wird, das Geschehen sei GOTTES Wille.

119
Die Philosophie lehrt die Wahrheit des Geschicks, aber nicht den halben Irrtum des Fatalismus.

120
Diese völlige Abhängigkeit vom Geschick, diese Weigerung, einen Finger zu krümmen, um seine äußere Lage zu ändern, dieses völlig widerstandslose Hinnehmen jedes elenden Ereignisses, das uns die Zeit bringen mag oder andere zufügen – ist nicht Fatalismus, sondern Dummheit.

121
Der Fatalist, der der Überzeugung ist, seine Zukunft sei unwiderruflich festgelegt, verliert Ehrgeiz, Entschlußkraft und andere wertvolle Anreize für menschliche Anstrengung.

122
Der bösartige Geist des Fatalismus läßt sich nicht durch ein Wort oder einen Satz austreiben, aber wenn die Religion die Menschen unermüdlich dazu anhält, über sich hinauszuwachsen, die Fülle ihres Wesens auszuleben, kann die Wirkung, die sie auf jene ausübt, die ihr Gehör schenken, nur förderlich sein.

123
Die materialistische Lehre vom „Determinismus" ist eine Gemisch aus Wahrheit und Unwahrheit. Sie weist richtigerweise darauf hin, wie unser äußeres Leben determiniert ist durch unsere äußeren Lebensverhältnisse und Ereignisse. Was aber moralische Entscheidungen angeht, ist sie gänzlich unwahr.

124
Daß der Lauf unserer Handlungen und Entscheidungen unabänderlich festgelegt ist durch eine äußere Kraft, ist ganz offenbar eine Übertreibung. Wenn das wirklich der Fall wäre, dann hätte es keinen Zweck, daß die Propheten ihre Religion verkünden und die Philosophen ihr System lehren.

125
Wenn der Glaube an den Fatalismus auf die Spitze getrieben wird, auf die man ihn im Orient treibt, übernimmt der Gläubige nicht mehr die Verantwortung

für sein Leben, für seine Fehltritte, sein körperliches und geistiges Wohl, seine Fehler und seine finanzielle Lage. Alle diese sind bereits vor langer Zeit von einer Kraft entschieden worden, auf die er keinerlei Einfluß zu nehmen vermag; es steht ihm nicht zu, an ihren Entscheidungen zu zweifeln oder sich gegen die Handlungen dieser Kraft aufzulehnen.

126
Niemand braucht sich angesichts des Schicksals in seine vollkommene Hilflosigkeit schicken. Laßt ihn versuchen, das allem Anschein nach Unvermeidliche zu ändern und sein Versuchen mag auch vom Schicksal verhängt sein!

127
Anders ausgedrückt: Was geschehen soll, geschieht paradoxerweise durch die Ausübung unseres freien Willens.

128
Die Wahl zwischen Recht und Unrecht kann nur existieren, wo der Wille die Freiheit besitzt, sie zu treffen. Der Mensch sei weder frei noch verantwortlich, stellt der materialistische Determinismus fest. Wird er oder ist er ein Verbrecher, dann ist die Umwelt daran schuld, die Vererbung, die Gesellschaft – nicht er. Spiritueller Determinismus, Karma (Ausgleich), gibt ihm nicht einen so großen Freiraum, Verbrechen zu begehen. Er behauptet, daß er teilweise der Urheber seines eigenen Charakters und infolgedessen seines eigenen Geschickes war und ist.

129
Wie vermag ein Mensch zu ein und derselben Zeit an die Existenz des Geschickes zu glauben und an persönliche Verantwortlichkeit? Die Philosophie weiß beides zu versöhnen, löst das Dilemma und macht diesen Lehrsatz vertretbar.

130
Drei von vielen Arten, die Welt zu betrachten:(1) jugendlicher Optimismus, den zum Beispiel die Christliche Wissenschaft oder die Neugeist-Bewegung und andere vertreten, der Probleme dadurch löst, daß er sie übersieht oder als Hirngespinste entläßt; (2) individueller Optimismus, der meint, der Mensch könne alle Schwierigkeiten vermöge der höchsten Anstrengung des Willens bewältigen und (3) die fatalistische Hinnahme aller Schwierigkeiten als unvermeidlich und unabänderlich.

131

Eine Freiheit, die dem Menschen alles gestattet, täuscht gänzlich. Ein Fatalismus, der ihm alle Freiheit verwehrt, erdrückt gänzlich.

132

Man kann weder die arrogante abendländische Haltung befürworten, die sich einbildet, Herr über das Leben zu sein, noch die hoffnungslose orientalische, die sich als das Opfer des Lebens begreift. Die eine überschätzt die Schöpferkraft des Menschen, und die andere unterschätzt sie. Die eine meint, sie könne alle menschlichen Übel bannen, die andere erachtet sie als unabänderlich.

133

Daß die Zukunft bereits in der Zeit existiert, heißt nicht notwendigerweise, daß wir Fatalisten werden müssen, man nichts an ihr ändern kann und es nicht möglich ist, ihren Fesseln zu entrinnen.

134

Daß die Vergeltung mit Schuld ebenso zufällig ist wie die Belohnung mit Güte, das ist ein logischer Schluß aus der Lehre vom Materialismus, der für den einzelnen, der daran glaubt, ebenso gefährlich ist wie für die Gesellschaft, in der er lebt.

135

Für einen unbeugsamen Fatalismus, der sich über die Tatsache hinwegsetzt, daß das, was wir jetzt tun, zur Gestaltung der Zukunft beiträgt und sich damit abfindet, die Auswirkung dessen zu ertragen, was er in der Vergangenheit verursacht hat, für jene unbeugsame Art von Fatalismus, die von diesen Auswirkungen hypnotisiert ist und keinerlei Anstrengung unternimmt, dafür gibt es in der Philosophie oder im philosophischen Verständnis vom Grundsatz des Karma schlechterdings keinen Platz.

136

Die Idee, daß alles bereits vorherbestimmt ist und nichts, was wir tun können, das Los ändert, wird von Millionen von Morgenländern mit einer melancholischen Endgültigkeit hingenommen, aber von Millionen von Abendländern verworfen.

137

Zwischen der ursprünglichen Bedeutung des Karma und jener, die man ihm im Laufe der Zeit beigemessen hat, liegt ein großer und eindeutiger Unterschied. Ich mietete mir in Indien einmal ein Haus und hatte den Gärtner mit zu übernehmen. Nach wenigen Tagen wandte er sich an meine Schreibkraft, sie solle mich bitten, ihm einen höheren Lohn zu zahlen. Da sein bisheriger Verdienst nach westlichem Niveau kläglich war, kam ich dieser Bitte unverzüglich nach. Aber als ein Schüler der menschlichen Natur, nahm ich die Gelegenheit wahr, ihn zu mir zu bitten und so zu tun, als ob sie ihm nicht gewährt werden könne. Er hob seine Augen ausdruckslos gen Himmel und murmelte: „Es ist Ihr Karma, in aller Bequemlichkeit im Haus zu sitzen, aber meines, mich mühselig draußen auf dem Grund abzurackern. Hätte GOTT gewollt, daß Sie mir einen besseren Lohn zahlen, dann hätten Sie es gewiß getan. Aber wie die Sache nun einmal steht, so ist mein Karma schlecht, das ihrige aber gut. Mir bleibt nichts anderes übrig, als mich damit abzufinden." Er ging und machte sich wieder an die Arbeit, scharrte mit einem Holzstück in der Erde, wie seine Vorfahren vor zweitausend Jahren. Ich sah in diesem Stück Holz ein Symbol für die Trägheit und Fortschrittsfeindlichkeit, die ein falsches Verständnis vom Karma seinem Charakter aufgeprägt hatte. Zwar besagt die heutige Bedeutung des Karma, daß das Leben eines Menschen vorherbestimmt ist und von der Empfängnis vor der Geburt bis hin zur Feuerbestattung nach dem Tod einem festgelegten Muster folgt, aber seine ursprüngliche Bedeutung meinte einfach, daß ein Mensch den Folgen seiner gewohnheitsmäßigen Denkweisen und Handlungen nicht zu entrinnen vermag. Das bedeutete, daß Erfolg oder Mißerfolg im Leben größtenteils in seinen eigenen Händen lag, daß auf den Fersen von Tugend oder Unrecht unausweichlich Zufriedenheit oder Leid folgt.

138
Es gilt gewiß einen Unterschied zwischen Determinismus und Schicksal zu machen. Jene, die niemals Deterministen im materialistischen Sinne des Wortes waren, legten selbst auf den Anfangsstufen der SUCHE nach der WAHRHEIT intuitive Kräfte an den Tag.

139
Wird unter Determinismus die außerhalb seiner selbst liegende Ursache verstanden, die sein Handeln determiniert, dann kann das nur teilweise stimmen. Denn das Denken und die Energie hinter dem Handeln müssen aus dem Menschen selbst kommen.

Die Rolle des Karma in der Entwicklung des Menschen

140

Das, was uns auf eine gewisse Weise zu handeln zwingt, ist zum Teil der Druck der Umwelt und zum Teil die Einflüsterung der eigenen Vergangenheit. Manchmal ist das eine stärker, manchmal das andere. Indes liegt die Wurzel des ganzen Problems in unserem Denken. Wenn man es richtig schult, befreit uns das größtenteils von beiden Zwängen.

141

Wollt ihr euer Karma wandeln, so beginnt, eure Gesinnung zu wandeln: erstens gegen äußere Vorkommnisse, Mensche und Dinge; zweitens gegen euch selbst.

142

Die jahrhundertealte Debatte zwischen jenen, die glauben, alle Ereignisse seien vorherbestimmt und jenen, die glauben, sie seien das reine Spiel des Zufalls, läßt sich nur lösen, wenn man versteht, daß sowohl Vorherbestimmung als auch Zufall aus der göttlichen LEERE entstehen.

143

Wenn er diesen ersten Schnitzer nicht zugibt, steht der Weg für mehrere Schnitzer offen, die damit verbunden sind und möglicherweise als eine größere Folge von ihm zutage treten.

144

Seine Bemühungen, die Auswirkungen von schlechtem Karma (Vergeltung) zu schmälern, müssen, wo er eine von ihnen irgendwie auf Ursachen zurückführen kann, die er im gegenwärtigen Leben in Gang gesetzt hat, Reue für das Unrecht, das er anderen, und Reue für den Schaden, den er sich selbst zugefügt hat, beinhalten. Sollte sich das Gefühl der Reue zunächst nicht auf natürliche Weise einstellen, dann macht es sich vielleicht nach einigen Versuchen, sein falsches Handeln aus unpersönlicher Sicht zu sehen, bemerkbar. Unablässiges und richtiges Nachsinnen über die schwerwiegenden Sünden und Irrtümer seiner Vergangenheit, das Bild seines tatsächlichen Verhaltens dem Bild gegenüberzustellen, wie er sich hätte verhalten sollen, mögen allmählich ein tiefgreifendes und schmerzhaftes Bedauern auslösen, dessen Stärke dazu beitragen wird, seinen Charakter zu läutern und sein Verhalten zu bessern. Hat er durch eine so häufige und unparteiische Rückschau die Lehren aus vergangenen

Fehltritten gezogen, dann besteht darüber hinaus auch die Wahrscheinlichkeit, daß die Gnade des ÜBERSELBST die Aufzeichnung des schlechten Karma, das er in Zukunft wird ertragen müssen, auslöscht oder zumindestens abschwächt.

145

Selbstheraufbeschwörtes mag von selbst zu Ende kommen, wenn man herausfindet, welche positive Eigenschaft es in der Haltung gegenüber dem Heraufbeschwörten als Ersatz für die negative zu entwickeln gilt.

146

Mit der Zeit lernen wir alles, was uns geschieht, als den Willen des Allerhöchsten Vaters hinzunehmen, und aus diesem Grunde jammern oder klagen wir nie über unser Mißgeschick. Das in vergangenen Geburten erschaffene Karma ist wie ein Schuß aus einer Pistole; wir können ihn nicht rückgängig machen und sind gezwungen, die Folgen zu ertragen. Haben wir uns indes erst einmal dem Spirituellen Lehrer überantwortet, dann leitet uns dieser und hindert uns daran, noch mehr schlechtes Karma abzufeuern.

147

Wiewohl Karma dadurch beschlossen ist, was ein Mensch faktisch tut, setzt es sich auch aus lang Gedachtem und tief Empfundenem zusammen.

148

Will einer seine schlechten Taten nicht bereuen, nicht Ersatz leisten, wo er anderen Unrecht zugefügt hat, nicht versuchen, sein Denken und Handeln zu ändern und besser zu machen, dann muß sein schlechtes Karma (Vergeltung) seinen unerbittlichen Lauf nehmen.

149

Es wäre ein Irrtum, diese heitere innere Friedlichkeit, diese ruhige Bejahung des Lebens mit einem bloßen Stillstehen oder gefühlloser Trägheit zu verwechseln. Letztere unterfängt sich nicht der Anstrengung, die äußere Lebenslage zu verbessern oder persönlich voranzukommen, während erstere allzeit dazu bereit ist. Letztere sieht sich von ihrer Lage gelähmt, während erstere die Notwendigkeiten ihrer Lage geduldig erträgt, aber nur so weit und so lange sie nicht imstande ist, sie zu ändern.

150

Natürlich wird man versuchen, das eigene Geschick zu glätten, aber nicht auf Kosten des Charakters. Sollte es keinen anderen Weg geben, seine Ideale zu behalten, dann wird man bereit sein, zu ertragen und zu leiden.

151

Erst wenn einer imstande ist, das eigene Los unpersönlich und ohne Murren zu beurteilen, vermag er die Fähigkeit zu entwickeln, das Geheimnis seines Geschicks zu verstehen und warum es eher diesen und nicht einen anderen Lauf genommen hat.

152

Die Philosophie ist zwar der Meinung, daß alle Haltungen relativ sind, aber wo und wann es nötig ist, macht sie sich spezielle Haltungen zunutze. Weil sie die unbekannte Größe des Geschicks gelten läßt und den Trend der Ereignisse zu lesen und sich diesem Trend anzupassen versucht, ist sie zu gewissen Zeiten optimistisch, zu anderen pessimistisch. Sie weiß, es gibt Zeiten, da schlagen die größten Bemühungen fehl. Aus eben diesem Grunde schult sich der Philosoph, das Unglück mit Gleichmut zu ertragen, das niemand vermeiden kann, während er andererseits danach trachtet, jenes entschlossen zu bewältigen, gegen das es zu kämpfen gilt.

153

Findet ein Mensch, daß es seine Kräfte übersteigt, eine Lage zu ändern, dann mag er sie besser ertragen, indem er darauf baut, daß alle Dinge und alle Lagen letztlich vom Universellen Geist geordnet sind und sich zum Schluß zum Besten wenden werden.

154

Wenn man ein Philosoph wird, wird man stark genug werden, sein Schicksal mit Ergebenheit zu ertragen, falls sich herausstellt, daß man es nicht abschwächen kann oder darf. Demnach sieht man sich nicht gezwungen, emotional den inneren Frieden zu verraten, den man sich mit so viel Mühe erkämpft hat, weder aufgrund von Kummer noch aufgrund von Leid, weder aufgrund des Bösen, das andere anrichten, noch aufgrund ihrer üblen Nachreden.

155

Wir müssen das Fahrenlassen lernen, müssen lernen, das freiwillig aufzugeben, was uns das Geschick wegnehmen will und muß. Eine so ergebene Bejahung stellt die einzige Weise dar, auf die man inneren Frieden zu finden vermag, den einzigen wirksamen Weg, der zu dauerhaftem Glück führt. Wir müssen aufhören, unser individuelles Eigentum und unsere individuellen Beziehungen als etwas auf alle Zeiten Gegebenes zu betrachten.

156

Von dem Menschen, der ohne Schwierigkeiten zu leben vermag, gibt es nach wie vor keine Spur; aber auf den Menschen, der zu leben vermag, ohne sich den Kopf über sie zu zerbrechen, kann man überall stoßen, wo man auf die Philosophie stößt.

157

Es gibt keine geistige Fähigkeit, die stets und leicht eine Vorschau auf die Folgen gewähren wird; indes gibt es eine, die uns eine Einsicht in Wahrheiten gewährt, die, wenn auf praktische Angelegenheiten angewandt, die bestmöglichen Folgen garantiert.

158

Bevor sich ein Mensch in sein Los fügt, muß er wissen, was es ist. Weil ihm in der Vergangenheit etwas geschehen ist und es in der Gegenwart wieder geschieht, muß es da notwendigerweise auch in der Zukunft geschehen?

159

Dann wird man sehen, daß das Ego nicht sein wahres Selbst ist, daß das Böse und die Irrtümer, die es stiftet, die vermeidbaren Ursachen vermeidbarer Sorgen sind.

160

Dem einen mag die durch ein und dieselbe Krankheit erzwungene Untätigkeit Langeweile oder Verzweiflung bringen, dem anderen mag sie literarische Entdeckungen oder spirituelle Erweckungen bringen. Den ersten mag sie schnell geistig abstumpfen lassen, den zweiten dagegen geradezu dazu anregen, über Leben, Leid und Tod nachzusinnen.

161

Es braucht viel Zeit, bevor die neuen Ideen und Ideale im Denken, Fühlen und Handeln unverrückbar Fuß fassen.

162

Es ist eine wertvolle Übung, herauszufinden, wo genau die eigene Verantwortung für deine Schwierigkeiten und Sorgen anfängt, das, was wirklich eine äußere Projektion deiner inneren Unzulänglichkeiten ist, von dem zu trennen, was dir ein nicht zurückführbares Geschick oder eine schreckliche Umgebung aufbürdet. .

163

Wenn wir entdecken, wie gering das Maß an Freiheit ist, das wir besitzen, dann reagieren wir zunächst mit benommener Hoffnungslosigkeit; später, vielleicht nach einigen Monaten, werden wir uns dem ganzen müde anheimstellen.

164

Laßt ihn auf die universellen Gesetze bauen und sein Antlitz der Sonne zuwenden.

165

Beim Gestalten unserer Zukunft kommt aus dem gemischten und gegensätzlichen Charakter der Gedanken, Gefühle und Wünsche, die uns zur Gewohnheit geworden sind, ein gemischtes Ergebnis zustande. Daher mögen gerade unsere Ängste ihr Schärflein zum Zustandekommen unerwünschter Dinge beitragen. Hier liegt ein Vorteil positiver Gedanken und klarer Entscheidungen in unserer Haltung gegenüber der Zukunft.

166

Jetzt stellen sich die unbezahlten Fehler und Schulden aus früheren Leben ein und quälen uns. Wenn wir von ihnen erlöst werden wollen, müssen wir entweder die Erlösung aus unserem Ego erlangen oder ein überwältigendes Maß an Gegengedanken und −Handlungen aufstellen, die das genaue Gegenteil bewirken.

167

Das Maß dieses entgegenwirkenden Einflusses entspricht dem Ausmaß der Ernsthaftigkeit seiner Reue, dem Ausmaß der Weigerung, sich irgendwie vor sich selbst zu entschuldigen, dem Ausmaß der Anstrengung, seine Denkweise zu wandeln, und dem Ausmaß der praktischen Schritte, die er aus freien Stücken unternimmt, um das Unrecht, das er anderen einst getan hat, wiedergutzumachen.

268
Eine weisere Einstellung trägt ihre äußeren Probleme in das innere Reich des
Charakters, zu der Intelligenz und der geistigen Fähigkeit, und nimmt sie dort
in Angriff.

169
Mit der Beobachtung unseres Gedankenlebens, dem Ausschließen des Schädlichen und der Pflege positiver Ideen, ganz und gar auf die höheren Gesetze bau-
end, leiten wir tatsächlich Vorgänge ein, die in unserem äußeren Leben früher
oder später eine Verbesserung bewirken.

170
Klug ist jener, der die vergangenen Jahre sichtet, durchkämmt und sich zu eigen macht, davon aber nur die Lehren, Ratschläge, Warnungen und Ermuti-
gungen nimmt. Auf diese Weise befreit er sich von vielem.

171
Ihm obliegt es, sich die vereinte Vernunft und Intuition, das heißt, die Intelligenz, zunutze zu machen, um im Muster von einigen der äußeren Ereignisse
des eigenen Lebens das Handwerk des Karma zu unterscheiden.

172
Reue für begangenes Unrecht mag dessen Karma zwar nicht mildern, indes
schafft sie zumindest die unerläßliche erste Voraussetzung für eine derartige
Milderung.

173
Das Leben ist größtenteils das, wozu wir es durch unsere Art, wie wir über es
nachdenken, machen. Wie wichtig also, Irrmeinungen im Geist auszumerzen
und an ihre Stelle die Wahrheit zu setzen! Wie anders wäre unser Geschick,
wenn wir diese Notwendigkeit anerkennen und uns stets danach richten würden!

174
Es ist ein Glaubenssatz der Jainas, daß schlechtes Karma durch Strenge, Buße
und Selbstkasteiung getilgt werden kann. Je strenger die Askese, um so rascher
der Verlauf dieses Vorgangs der Zerstörung der Ergebnisse einer schlechten
Vergangenheit. Dieser Glaube verfügt über eine gewisse Logik, denn mit dem
Erleiden dieses selbst auferlegten Schmerzes erleiden wir auch das schlechte

Karma, wiewohl in einer konzentrierten Form, und gehen ihm nicht aus dem Wege.

175

Er mag lernen müssen, wie das, was nicht in seiner Gewalt liegt oder sich nicht vermeiden läßt, anzupassen ist. Dies ist „völlige Hingabe in den Willen Gottes", der wahre Name (Islám) der Religion, die Mohammed der Welt gestiftet hat. Wenn man aber gewisse Dinge hinzunehmen hat, dann heißt das nicht, daß ihre Anpassung die Billigung dieser Dinge in sich schließt. Vielmehr bedeutet es, daß er zu murren aufhört und sich keine Sorgen mehr über sie macht.

176

Er stößt sich nicht daran, sie, diese Übeltäter, der Justiz der Zeit zu überlassen, denn er weiß, die Macht des Karma ist untrennbar mit ihr verbunden.

177

Euer Karma erfährt eine Beschleunigung; alles vollzieht sich bis zu einen gewissen Grad schneller. Dies ist für eine Weile vonnöten und zwingt verschiedene Teile des Denkens und Charakters, tätig zu werden, womit ein rascherer Fortschritt heraufbeschwört werden soll.

Bedenkt, wieviel ihr seit Beginn dieser Untersuchungen geleistet habt. Schaut zurück auf eure ehemalige geistige Verfassung.

178

Erst wenn man einsieht, daß man selbst die erste Ursache der eigenen Schwierigkeiten ist und andere nur die zweite und nicht mehr darstellen, erst dann sieht man richtig.

179

Wo es möglich ist, die Vergangenheit wiedergutzumachen, wird man es versuchen, wo es indes nicht möglich ist, wird man die Lektionen behalten, aber die Episoden vergessen.

180

Die Lehre darzulegen ist eine Sache; sie auf praktische Probleme anzuwenden, eine andere.

181

Selbst absichtliches Nichthandeln schafft eine karmische Folge, da gibt es kein Entrinnen. Es birgt eine versteckte Entscheidung, *nicht* zu handeln und stellt daher eine Form des Handelns dar!

182

Es sieht sich das Gesetz der Vergeltung nicht durch die vom Skeptiker angeführten Fälle hartgesottener, rücksichtsloser Individuen, die das Leben anderer zerstörten und so zu Macht und Reichtum gelangten, aufgehoben oder widerlegt. Über das Glück oder Wohl solcher Individuen läßt sich nicht allein anhand ihrer Bankkonten oder ihrer sozialen Stellung urteilen. Untersucht auch ihre leibliche Gesundheit, ihr geistiges Wohlergehen, ihr Gewissen auf der Stufe des Traumes, den Zustand ihres häuslichen Lebens und ihrer Familienbeziehungen. Untersucht auch ihre nächste Inkarnation. Dann, und nur dann, läßt sich die Anwesenheit oder Abwesenheit dieses Gesetzes richtig beurteilen.

183

Wir Menschen sind gezwungen, Allahs Beschlüsse so gut zu ertragen, wie wir es können.

184

Es tauchen aus der eigenen reinkarnatorischen Vergangenheit Kräfte auf, die einen zu gewissen Entscheidungen, Handlungen und Einstellungen drängen.

185

Da die Menschen nun einmal sind, was sie sind, müssen auch die Ergebnisse ihrer Handlungen das sein, was sie sein werden.

186

Eines der größten Mißverständnisse, auf die das Karma bei seinen Vertretern stößt, und vielleicht der Hauptgrund, aus dem seine Annahme bei anderen scheitert, liegt in der Idee, seine Auswirkungen würden erst nach außerordentlich langen Zeiträumen zutage treten. Euer heutiges Handeln wird einige Jahrhunderte später in einer künftigen Inkarnation zu euch zurückkommen; was ihr heute erlebt, ist das Ergebnis von dem, was ihr vor hunderten, ja sogar vor tausenden von Jahren getan habt; was ihr hier in diesem zwanzigsten Jahrhundert erntet, ist die Frucht von dem, was ihr im zweiten Jahrhundert in Rom gesät habt – von dieser Sorte sind die allgemeinen Vorstellungen von der Wiederverkörperung und dem Karma. Indes brauchen wir nur die Augen zu öffnen und uns umzublicken, um festzustellen, daß die Menschen jetzt überall die Auswirkungen der Handlungen vorgesetzt bekommen, die sie in eben diesem Leben begangen haben.

187
Das Karma wartet auf den rechten Augenblick, erst dann rechnet es ab; da seine Abrechnungen periodisch und in Gruppen erfolgen, erklärt sich, warum Glück und Unglück so oft einen offensichtlich zyklischen Verlauf nehmen.

188
Unser Intellekt erkennt die Gerechtigkeit dieses Gesetzes an, aber unser Herz verlangt nach Milderung seiner Härte. Wir beten um die Vergebung unserer Sünden, um Erlaß ihrer Strafen.

189
Das Jüngste Gericht richtet nicht nur jenseits des Grabes. Es mag auch hier im Diesseits richten, jetzt, diesen Monat.

190
Ein Mensch mag diese höheren Gesetze durch eigene, persönliche Schwächen oder moralisches Versagen brechen oder durch gezielte Auflehnung und Ablehnung.

191
Ganz unbewußt versuchen der Verbrecher oder der Sadist, sich selbst zu bestrafen. Es wird ihnen auch früher oder später gelingen und zwar in dem Ausmaß, in dem sie andere verletzten.

192
Wo die Entfernung zwischen Ursache und Wirkung, wie das bei einigen Ansichten über das Karma der Fall ist, zu groß wird, sieht sich die sittliche Wirksamkeit untergraben.

193
Karma ist wirklich neutral, obschon seine Wirkweisen in den Augen des menschlichen Beobachters belohnend oder strafend sind.

194
Überall in der Geschichte sehen wir, daß Menschen anderen Menschen Leid

zufügen. Dies zeugt von ihrer Unkenntnis der höheren Gesetze, denn mit ihren eigenen Sünden strafen sie sich selbst.

195
Andere nicht zu verletzen, liegt sowohl im eigenen wie im Interesse jener. Denn wenn man sie verletzt, schafft man Ursachen, die zum Schluß auf eine rätselhafte kosmische Wirkweise zu einem folgerichtigen Schmerz führen.

196
Oft mag das Werk des Karma eine bittere Angelegenheit scheinen: da gräbt es die Vergangenheit wieder aus, die man doch viel lieber vergessen würde, – ob sie nun unangenehme Dinge beinhaltet, die getan worden sind, oder angenehme, die nicht getan worden sind – und läßt doch keinen Einspruch gelten und begnadet nicht.

197
Die guten Verdienste des Verhaltens in früheren Leben bringen im gegenwärtigen angenehme Vorteile.

198
Vergeltung kommt, wenn auch so spät, daß sie aufgeschoben wird auf ein anderes Leben auf dieser Erde. Einige Alte waren der Meinung, ihre Wucht wiege zu schwer, besonders dann, wenn die Sünde nur eine Sünde des Stolzes oder der Dummheit war und beschwerten sich bei den Göttern.

199
Trotzky legte Wert darauf, dem Feind während des russischen Bürgerkrieges keine Gnade angedeihen zu lassen: da nimmt es einen kein Wunder, daß seine eigene Ermordung eine gnadenlose Angelegenheit war.

200
Wenn das Karma einen Menschen nach langer Zeit – manchmal freilich auch schon früher – einholt, dann ist das nicht nur schmerzhaft; der Begriff braucht ihn nicht mit einer dunklen Vorahnung zu erfüllen. Denn das Gute, das er gedacht und gewirkt hat, bewirkt auch eine gute Rückwirkung.

201
Es gibt Zeiten, da das Karma einer Handlung mit der Geschwindigkeit und Präzision eines Bumerangs zu einem Menschen zurückkommt.

202

Das Werk des Karma führt komplizierte Wirkungen auf komplizierte Ursachen zurück.

203

Mit der Zunahme der Leben von Jahrhundert zu Jahrhundert schlingt sich das Netz des Karma immer enger um einen Menschen, oder es wird, wo das Ego immer unpersönlicher wird, zunehmend dünner, bis es ganz verschwindet.

204

Der brutale Egoist, der sich bei seinem Aufstieg gewissenlos über andere hinwegsetzt, wird sich zur festgesetzten Stunde selbst mit Härte behandelt sehen.

205

Die meisten lernen die praktische Lebensweisheit nicht auf die leichtere Weise. Sie hören nicht auf die wahren Seher, die weitblickenden Weisen, die inspirierten Propheten. Es gibt einen härteren Weg, einen Weg für den sie sich deswegen entscheiden, weil er sowohl ihre tierischen Instinkte als auch ihre selbstsüchtigen Zwecke anspricht. Deshalb müssen sie bei der Notwendigkeit in die Schule gehen – das heißt aus unerbittlichen, selbstverschuldeten äußeren Umständen, aus dem Karma zu lernen.

206

Der Mensch herrscht über diese Erdkugel, aber die Götter herrschen über ihn. Zieht sie bei eurer sterblichen Abrechnung in Betracht.

207

Es wird die Frage gestellt werden: Warum sollen die Unschuldigen wegen der Handlungen schlechter Menschen leiden? Ihre Unschuld gehört zur Gegenwart; von ihren vergangenen bösen und falschen Handlungen wissen wir nichts!

208

Über kurz oder lang spiegeln sich die Irrtümer und Störungen in seinem Bewußtsein, in seinem allgemeinen Geschick und äußeren Lebensbedingungen wider.

209

Die Geschichte zeigt, daß der Mensch von unversöhnlichen Kräften umzingelt ist, die ihn in einem Tag erhöhen und über Nacht zu Fall bringen können.

210

Die Ereignisse und Umgebungen, die ein Mensch auf sich zieht, entsprechen zum Teil dem, was er ist und was er tut (individuelles Karma), zum Teil dem, was er braucht und anstrebt (Evolution) und zum Teil dem, was die Gesellschaft, Rasse oder Nation, zu der er gehört, tut, braucht und anstrebt (kollektives Karma).

211

Das Gesetz des Ausgleiches berechnet seine Belohnungen und Strafen *nicht* mit dem peniblen Maßstab kleiner menschlicher Geister.

212

Es ist reiner Unsinn, das Karma (Ausgleich) ständig als eine nur in fernen Wiederverkörperungen wirkende Kraft auszulegen. In Wahrheit wirkt es oft im selben Leben eines Menschen oder eines Volkes.

213

Das Werk des Karma aus früheren Leben tritt meistens bei der Geburt und im Säuglingsalter, der Kindheit und während der Jugendzeit zutage. Das im gegenwärtigen geschaffene, tritt meistens nach Erlangung der Reife im Erwachsenenalter ein.

214

Durch unsere Bestrebungen beschwören wir die Zukunft herauf. Wir ernten die Folgen unseres Denkens, Fühlens und Handelns. Die Natur hat keine Lieblinge, aber sie setzt uns unsere Verdienste vor.

215

Eines Menschen Sünden sind das Ergebnis der Grenzen seiner Erfahrung, Fähigkeiten und Kenntnisse.

216

Den, der Unrecht tut, muß eines Tages die Vergeltung einholen. Seine Sünden und Fehler werden sich häufen, bis eines Tages die karmische Stunde schlägt und sie mit großer Wucht über ihn hereinbrechen. Der ganze Fehler, sich der Verantwortungen nicht bewußt zu werden, stellt einen sittlichen Irrtum dar, für den ein Mensch schließlich die Folgen tragen muß. Demnach mag das Versäumnis, in einer gewissen Situation das Richtige zu tun, eine karmische Sünde darstellen, wenn auch eine viel geringere, als das Falsche zu tun.

217

Bei jeder Verletzung des sittlichen Aspektes des großen Gesetzes der Wiedergutmachung häuft sich das Leid, das einem früher oder später daraus erwächst. Das ist ein Grund, warum uns die Klage so oft zu Ohren kommt, Leid und Elend stünden nicht in einem gerechten Verhältnis zu den Sünden.

218

Die Wirkung der Vergeltung (ein Teil des Karma) erstreckt sich auch auf jene, die in engem Kontakt mit der Person stehen, durch deren Handlungen oder Gedanken sie ausgelöst worden ist.

219

Der Lauf des Karma ist nicht unabänderlich vorherbestimmt. Es mag über Ausweichmuster verfügen. Sieht sich eine böse Tat nicht auf eine andere Weise vergolten, dann wird sie stets in Form einer Krankheit vergolten. Es wäre aber unsinnig, daraus den Schluß zu ziehen, alle Krankheiten seien das Ergebnis von schlechtem Karma. Wenn wir ein ungesundes Leben führen, ist die dadurch hervorgerufene Erkrankung das Karma unserer gegenwärtigen Unkenntnis oder hygienischen Unvorsichtigkeit, nicht notwendigerweise die Buße für moralische, in anderen Leben begangene Fehler.

220

Zieht euch das Karma schließlich zur Rechenschaft, dann werdet ihr nicht anhand der Zeugnisse gerichtet, die andere über euren Charakter ausstellen, ob sie nun gut oder schlecht ausfallen, sondern anhand der Motive, die ihr in eurem Herzen fühlt, anhand der Einstellungen, die in eurem Denken beschlossen sind und anhand der Taten, die eure Hände verrichten.

221

Diese Lehren behaupten, daß jene unglückseligen Sünder lediglich den Preis für ihre Vergehen in früheren Körpern bezahlen. Warum sollten sie, wenn das richtig ist, unter Fehlern zu leiden haben, an die sie sich unmöglich erinnern können und die – soweit sie es wissen – andere gemacht haben könnten? Ich kann die philosophischen Argumente für die Lehre der Wiedergeburt verstehen und weiß sie auch zu schätzen, aber ich sehe mich außerstande, die Gerechtigkeit zu verstehen, die Menschen für Vergehen straft, von denen sie nicht die leiseste Ahnung haben. So lautet eine beachtenswerte Kritik.

222

Für einige Fehler müssen wir mit ein paar Jahren Unglück bezahlen. Für andere indes mit einem Unglück, das ein ganzes Leben währt. Die Verletzung eines WEISEN, der eine Inkarnation des Mitgefühls ist, mag, wenn sie nicht bereut und wiedergutgemacht wird, leicht in die zweite Klasse fallen.

223

Jeder, der einen anderen hinterhältig verletzt, verletzt sich letzten Endes selbst. Denn er verleugnet das Prinzip der Liebe in seinen Beziehungen, ein Prinzip, das ein Teil der höheren Gesetze ist, die für seine Entwicklung maßgeblich sind, und wird sich gezwungen sehen, die Strafe für diese Verleugnung zu bezahlen.

224

Es läßt sich das Karma eines Menschen nicht mit dem Maßstab der Welt bemessen. Klugheit ist allzeit ein Vermögen wert, und Güte bietet einen nachhaltigen Schutz. Jene, die für den unmittelbaren Augenblick leben, die unmittelbare Freude, mögen sich dessen nicht bewußt sein; aber jene, die auf das Endergebnis warten, das letzte und höchste Ereignis, wissen um diese Wahrheit. Wie könnte es auch anders sein in einem UNIVERSUM, in dem unendliche Intelligenz und unendliche Güte die Gesetze geschaffen haben, die das Geschick der Menschheit lenken!

225

Es ist ein Irrtum, das Karma einer Handlung als etwas zu erachten, das zu einem späteren Zeitpunkt auftaucht oder bald oder viel später zum Handelnden zurückkommt. Es handelt sich nicht um eine Reihe, die auf vorher begangene Handlungen folgt. Im Gegenteil. Das Karma ist gleichzeitig mit der Tat selbst.

226

Eine schmerzliche Lage in einer Ehe mag sich von selbst vollkommen zum Guten wenden oder eine zweite Ehe sich vielleicht als die glücklichere erweisen, falls im Denken eine hinreichende Verbesserung stattfindet, die sich auf das damit zusammenhängende Karma auswirkt.

227

Wenn sich die Menschen wie Raubtiere gebärden, gewaltsam und habgierig; wenn sie nicht die leiseste Spur von Gewissen an den Tag legen, sind sie, das kann man ihnen mit Gewißheit sagen, verurteilt, eines Tages selbst unter den schmerzlichen Folgen ihrer Vergehen zu leiden.

228

Ein hartgesottener Egoismus ist schlecht angelegt. Denn er bedeutet, daß in Notzeiten niemand da ist, der ihm hilft; in der Stunde des Schmerzes keiner, der ihn tröstet. Was wir weggeben, kriegen wir zurück.

229

Der Krieg zeigte so klar als nur irgend möglich, daß der Preis für Unrecht schmerzliche Vergeltung ist. Denn wir erlebten es, daß Hitler sich selbst zerstörte, erlebten es, daß seine Nazi-Hierarchie mit ihrer abscheulichen Teufelei durch die gesamte Menschheit vernichtet wurde und erlebten es, wie seine verblendeten Anhänger in die sauren Früchte beißen mußten, die sie selbst gesät hatten.

230

Das Karma einer Denkgewohnheit oder einer Tat wird erst dann wirksam, wenn es ausgereift ist. Die dazu benötigte Zeit ist jeweils verschieden.

231

Karma drückt sich durch Ereignisse aus, die Zufälle zu sein scheinen. Indes sind sie das nur an der Oberfläche.

232

Der moralische Irrtum, der einen Menschen zu der Annahme verleitet, er könne sein Glück aus dem Elend anderer bauen, läßt sich nur kraft einer Erkenntnis der Wahrheit vom Karma zerstören.

233

Wirft man einen Kieselstein ins Meer, dann breiten sich die Wellen, die er schlägt, immer weiter aus, bis sie schließlich ganz versiegen. Auf dieselbe Weise kommt eine Zeit, da die angesammelten Wirkungen des Handelns oder Denkens eine Welle karmischer Rückkehr entfachen.

234

Die Folgen mehrerer Jahre falschen Handelns und Denkens mögen sich in ein paar Monate drängen.

235

Zuletzt wird ihnen mit den eigenen Worten und Handlungen während des kommenden Jahrzehnts auf den Zahn gefühlt, ob es ihnen mit ihrem Wunsch, den Weg der Versöhnung zu gehen, ernst ist. Ihre letzte, aber auch erste Hoffnung liegt darin, daß sie sich durch Selbstzucht läutern und jenen, denen sie Unrecht getan haben, Genugtuung leisten – entweder materiell oder verbal.

236

Seine Situation in der Welt ist außerordentlich paradox, komisch und tragisch in eins. Komisch, weil man weiß, man ist sich seiner längst nicht so sicher, wie man in den Augen anderer zu sein scheint; tragisch, weil man nicht weiß, ob der plötzliche Schlag des Unglücks ihn verpassen und andere treffen wird.

237

Der Prophet wird zur Zielscheibe für die vulgäre und gewalttätige Masse, aber im Himmel sieht sich die Masse selbst angeprangert und am Galgen aufgeknüpft. So wirkt die Gerechtigkeit.

238

Jeder Lebensabschnitt hat seine eigene Bewertung, noch herrschen die gleichen Meinungen über sie. Einige sagen, die Jugend sei der beste, andere, die mittleren Jahre, und so weiter. Aber welcher sich als der beste für einen erweisen wird und aus welchem man die meiste Zufriedenheit ziehen wird, das hängt in Wahrheit mehr vom Karma einer Person ab als von ihrem Alter.

239

Nicht zur rechten Zeit richtig zu handeln, mag seine eigenen karmischen Folgen zeitigen.

240

Obschon die höheren Gesetze einem Menschen die Art von Erfahrung – erfreulich oder schmerzlich – bringen, die seinen wahren Verdiensten und Bedürfnissen so gänzlich gerecht werden und entsprechen, ist er meistens nicht imstande, dies zu sehen, weil ihn sein Ego oder seine Unkenntnis blind macht.

241

Hier liegen Tatsachen vor, die außerordentlich wichtig sind für unsere Lebensführung. Sie sind grundlegend für unsere Suche nach Glück, und trotzdem läßt man sie einfach außer Acht oder macht sich, was noch schlimmer ist, bewußt über sie lustig. Karma ist eine davon.

242

Es ist eine Tatsache im Leben vieler Menschen, daß einige Schwierigkeiten, denen sie sich ausgesetzt sehen, nicht aus dem Karma früherer Leben stammen, sondern ausschließlich zu Ursachen gehören, die im gegenwärtigen Leben in Gang gesetzt worden sind.

243

Spirituell Ungebildete sind in einem großen Maß die Schmiede ihres eigenen Unglückes.

244

Jeder, der den richtigen Zeitpunkt, etwas Neues anzufangen, nicht durch Mitarbeit und Bemühung ausnützt oder die richtige, günstige Gelegenheit verpaßt, die das Glück ihm auf den Weg wirft, wird nie wieder, wenn überhaupt, im selben Maße dazu imstande sein, denn weder er noch der äußere Umstand kann gleich bleiben.

245

Für die Handvoll von Glücklichen ist das Leben eine Freude, die sich hier und da durch Schmerz getrübt sieht. Für die vielen Unglücklichen ist es ein Schmerz, den die Freude etwas mildert. Für den seltenen Weisen ist es ein ewig fließender Strom fröhlicher Heiterkeit.

246

Jeder Prophet wußte und lehrte, daß Tugend sich selbst belohnt und Sünde sich selbst bestraft.

247

Macht sein evolutionäres Bedürfnis es erforderlich, dann wird er sich von Schwierigkeiten verfolgt wissen, durch die seine Bindung an die Welt gelockert werden soll, oder von einer Krankheit, durch die seine Bindung an den Körper gelockert werden soll. Dabei geht es dann nicht so sehr darum, eines selbstverdienten Geschickes teilhaftig zu werden, als um die Befriedigung eines Bedürfnisses. Gewöhnlich fällt beides zusammen, indes nicht immer und nicht unbedingt. Noch ist es beim Durchschnitt häufig nicht der Fall, sondern eher beim Sucher, denn letzterer hat um eine raschere Entwicklung gebeten oder gebetet.

248

Es sollte die Weisheit, die er, wenn er Glück hat, aus seinen Schmerzen gewinnen kann, nicht nur zu einer gewissen Selbstlosigkeit führen, sondern auch zu einer gewissen Demut vor dem Willen des Geschicks, wo es sich als unerbittlich offenbart. Bringt er sich erst einmal zu dieser Unterwerfung, dann wird die Zeit die eigenen Wunden schneller heilen und innerer Frieden leichter zu gewinnen sein. So erweist sich das Geschick auch als ein Lehrer.

249

Es gibt Zeiten, da das Ego um eines Menschen innerer Evolution willen zermalmt werden muß; dann wird er sich von harten Ereignissen oder melancholischen Reflexionen bezwungen sehen.

250

Dergestalt ist das Schicksal, daß es den Menschen manchmal das Gewünschte gibt, damit sie es durch diese Erfahrung schließlich gerechter zu beurteilen lernen. Dann haben sie die Gelegenheit, einen Blick auf die nachteilige Seite dieser Erfahrung zu werfen, woran sie ihre Sehnsucht nur allzuoft zu hindern weiß. Das Schicksal ist auch dergestalt, daß es sich umkehrt und die Erfüllung der Wünsche anderer vereitelt. Durch diese Vereitelung mögen sie lernen können, daß wir nicht hier sind, um unseren engen Egoismus zu befriedigen, sondern auch, und in erster Linie, dazu, den größeren Zweck zu erfüllen, der in der Welt-Idee gestaltet ist.

251

Das GESETZ kennt kein Erbarmen, aber es ist nicht starr: es paßt die Strafe der evolutionären Stufe des Menschen an. Der Sünder, der mehr weiß und sich der Tatsache, daß er sündigt, bewußter ist, muß mehr leiden.

252

Die unterbewußte Verbindung zwischen begangenem Unrecht und den Schmerzen, die man auf sich geladen hat, führt dazu, daß man sich unsicherer und unwohler fühlt, je öfter man solche Handlungen begeht.

253

Den Kampf mit Schmerzen, Unglück, Fehlern und Enttäuschungen als das Hauptangebot jeder Inkarnation anzusehen, ist eine Sicht und insbesondere die indische. Darin die Entschädigungen und den Lohn der Göttin der Gerechtigkeit zu sehen, ist eine andere.

254

Kennt der Mensch die Ergebnisse seiner Handlungen, dann hat er die Gelegenheit, den Wert jener Ideen zu erkennen, die zu diesen Handlungen geführt haben. Anders gesagt heißt das, die Erfahrung wird, vorausgesetzt er läßt sie gewähren, Verantwortung bringen und Verantwortung Entwicklung.

255

Jeder kennt Zeiten angenehmer Selbsttäuschung, wo er das Leben durch eine rosarote Brille sieht, aber früher oder später muß ihm klar werden, was auf der anderen Seite liegt. Erst nachdem er beides erlebt hat, ist er imstande, es gerecht zu beurteilen. Indes ist der Philosoph nicht gewillt, nur darauf zu warten, bis er aus der Erfahrung lernt. Kraft einer bewußten Distanzierung von jeder Gefühlsregung, durch die das Bild des Lebens wahrscheinlich verfälscht wird, bringt er sich in eine Lage, es so zu sehen, wie es wirklich ist.

256

Der Versuch, die spirituelle Trägheit zu überwinden, die die meisten Menschen davon abhält, ein Interesse an der Suche zu entwickeln, ist nicht etwas, das sie aus eigenem Antrieb anstrengen werden. Aus diesem Grunde ist das Leben gezwungen, es für sie zu tun. Seine Hauptmethode besteht darin, sie mit Schmerz, Verlust, Enttäuschung, Krankheit und Tod zu peinigen. Solche Qualen unterstehen indes dem Karma und sind nicht willkürlich, treten nicht ständig, sondern mit Unterbrechungen auf, sehen sich auch durch Freuden ergänzt und sind nicht überwältigend. Daher tritt ihr Ergebnis langsam zutage.

257

Wenn sein Leben so sein muß, wenn die Karten des Geschicks so fallen, und wenn die innere Stimme ihn heißt, es hinzunehmen, nachdem ihn die äußere zu fruchtlosen Versuchen geführt hat, es zu ändern, muß es irgendeinen bestimmten Grund für diese Situation geben. Laßt ihn nach diesem Grund suchen.

258

Wie einer seine Zigarette abrupt auf den Boden wirft und mit dem Absatz wie wild auf sie eintritt, bis der rote Funke verlischt, so mag auch das Leben einige von uns zu Boden werfen und solange auf unseren Sehnsüchten und Leidenschaften herumtrampeln, bis sie tot sind.

259

Ist er belehrbar, so wird ihn das Leben unter der Anleitung bitterer Schmerzen und glühender Verzückungen dazu bringen, den Wert fröhlicher Gelassenheit zu lernen. Ist er es aber nicht, so werden ihn die großen Schwankungen der Erfahrung bis ans Ende quälen.

260

Das Leben versucht nicht, die Menschen entweder glücklich oder unglücklich zu machen. Es versucht, sie verstehen zu lehren. Ihr Glück oder Unglück kommt als ein Nebenprodukt ihres Verständnisses oder Unverständnisses.

261

Der moderne Kampf ums Dasein ist nichts neues. Es ist derselbe Himmel und dieselbe Welt vorgeschichtlicher Zeiten. Die Szenen sind nur in den Einzelheiten geändert, die Schauspieler, die Männer und Frauen, bleiben dieselben, sind jetzt indes erfahrener. Es war schon immer das Los der Menschenrasse, unablässig kämpfen zu müssen.

262

Jede menschliche Existenz hat irgendwann einmal ihre Schwierigkeiten oder Reibereien. Erstere entspringen dem Element des Geschickes, von dem die menschliche Freiheit umgeben ist, zweitere entspringen dem die menschlichen Beziehungen durchdringenden Element des Egoismus.

263

Als ein Übel mögen Sorgen, Verlust und Pein nicht willkommen sein, und doch stellen sie gleichzeitig auch eine günstige Gelegenheiten dar, sich in der philosophischen Haltung zu üben und den Willen zu schulen.

264

Es liegt Friede *hinter* den Wirren des Lebens, Güte *hinter* der Schlechtigkeit, Glück *hinter* dem Leid.

265

Die schmerzhaften Elemente in eurem Geschick sind das Maß eurer eigenen Schwächen und Fehler. Die Übel in eurem Verhalten und eurem Charakter spiegeln sich in den Schwierigkeiten wider, die euch widerfahren.

266

Trotz ihres nachdrücklichen Hinweises, daß Leid und Leben immer nahe beieinander sind, versucht die Philosophie ihrer Botschaft einen hoffnungsvollen Ton zu geben und die Menschen zu ermuntern, sich in ihrem inneren Leben anzustrengen und etwas zu wagen. Wo Leid einen Menschen dazu bewegt, sein Leben neuen und gesünderen philosophischen Richtlinien anzupassen, kann man wohl kaum von Übel sprechen.

267

Ich glaube an die Liebe, nicht an den Haß, als eine motivierende Kraft der Neugestaltung. Gleichzeitig sehe ich, wie das Karma die Selbstsüchtigen und Herzlosen straft und weiß, es wird sein unerbittliches Werk wirken, gleich was irgendeiner sagt. GOTT macht niemals einen Fehler, und dieses Universum wird nach vollkommenen Gesetzen gelenkt. Unglücklicherweise sind Schmerz und Leid eines seiner evolutionären Hauptinstrumente und insbesondere dort, wo die Menschen nicht aus Intuition, Vernunft und von den Propheten lernen wollen.

268

Wie unbezahlbar wäre es, das Ergebnis unserer Handlungen zu dem Zeitpunkt zu kennen, zu dem wir sie begehen! Wie kostbar die Fähigkeit, die Folgen unserer Taten im voraus vorherzusagen! Dann würden wir die Tragödie des Irrtums und das Elend des Versagens gewiß vermeiden – so jedenfalls meinen wir. Aber das Leben ist klüger und läßt uns aus begangenen Fehlern und dem Erlebnis des Scheiterns einen Nutzen ziehen, damit wir herausfinden, was in unserer eigenen Person korrigiert oder gepflegt werden muß.

269

Jeder hat an der Last seines schlechten Karma zu tragen. Welcher Art sie ist und wie schwer sie wiegt, ist wichtig, aber wichtiger ist, wie der Mensch sie trägt.

270

Während das Karma seinen eigenen Zweck erfüllt, kann es nicht umhin, auch einen anderen und höheren zu erfüllen; es beschert uns, was für unsere Entwicklung wesentlich ist.

Folgt die Entwicklung seines Lebens nicht der von ihm geplanten Linie, dann werden seine Gedanken durcheinander geraten und er an sich selbst zu zweifeln beginnen. Gerade dann wird der Ehrgeizige von seinem höheren Selbst in die Hand genommen, damit er aus den durch diesen neuen Zyklus von schlechtem Karma freigesetzten Frustrationen und Enttäuschungen jene Lektionen lernt, die er nicht aus Erfolg und Triumph hat lernen können.

272

Man trifft im Laufe eines Lebens viele falsche Entscheidungen, hat unter ihren Folgen zu leiden und lernt die Lektionen dieser Ergebnisse. Ist man willens, sie zu lernen, dann werden sie rascher, vollständiger und bewußter gelernt; ist man es nicht, dann nur teilweise, langsam und unterbewußt.

273

Alle relativen Wahrheiten sind wechselhafte Wahrheiten. Aus einer höheren Sicht mögen sie zu Halbwahrheiten werden oder sich gänzlich gefälscht sehen. Der Fall des Bösen ist ein bemerkenswertes Beispiel für diesen Wandel. Ein Karma (Ausgleich), das äußerlich schlecht ist, mag innerlich spirituell nützlich sein.

274

Das durch den Schuß eines Jägers tödlich verwundete Reh ist nicht imstande, das LEBEN zu fragen, warum es so leidet, aber ein durch den Schuß eines Mörders tödlich verwundeter Mensch *ist* es.

275

Wenn man von der Annahme ausgeht, daß im Schmerz irgendeine Botschaft steckt, die man zu lernen hat, wird man imstande sein, ihn eher mit Würde als mit Bitterkeit zu ertragen.

276

Wenn man ihm für die Verletzungen, die er anderen zugefügt hat, Gerechtigkeit angedeihen läßt, wenn seine falschen Handlungen in Schmerzen für ihn selbst enden, dann mag er diese Wahrheit zu lernen beginnen, – daß nur das GUTE wirklich zu siegen vermag.

277

Es stimmt, manchmal wird man es nicht ertragen können, die Vergangenheit, oder zumindest einen Teil von ihr, anzusehen. Zu wissen, daß ihre Unwürdigkeit durch das eigene Zutun, ihre Dummheit durch die eigenen Entscheidungen geschaffen worden sind, schmerzt. Und doch mag ihm die Erkenntnis, daß sie aus dem Erbe früherer Leben herrühren, aus der Natur, mit der er aus diesem Grunde auf die Welt gekommen ist, und aus den Umständen, die ihm deswegen als sein Los zuteil geworden sind, – daß er, kurz gesagt, kaum hätte anders handeln oder entscheiden können, helfen, sich mit den Fehlern abzufinden, an denen er jetzt nichts mehr zu ändern vermag. Es wäre sinnlos, sich über sich selbst zu ärgern oder dem Schicksal zu zürnen.

278
Eine Generation folgt auf die andere. Was nützt dieses ganze Streben und Kämpfen, das stets mit Tod und Staub endet? Hin und wieder ist es begrüßenswert, sich in diesen traurigen Gedanken zu versenken, nur darf man es nicht bis zur Verzweiflung tun.

279
Menschen, die durch die eigene Kleinheit gebunden sind, die kein Interesse an der WAHRHEIT haben und sie nicht zu sehen vermögen, die von kindlichen Zielen beherrscht werden und von kleinlichen Sehnsüchten – ihr Weg ist lang und langsam: es ist der Weg der Schule des Karma.

280
Das Eisen des menschlichen Charakters wandelt sich im weiß-glühenden Hochofen der Schwierigkeiten zu gehärtetem Stahl.

281
Wir entwickeln uns nicht leicht vom Schlechten zum Besseren oder vom Besseren zum Besten. Wir kämpfen uns aus unseren Unzulänglichkeiten frei und zahlen dafür mit Plackerei, Opfern und Schwierigkeiten. Das Übel dieser Dinge ist nicht nur augenscheinlich, noch steht es – im wesentlichen – in irgendeinem höchsten und letzten Konflikt mit der göttlichen Liebe. Alles, was uns zum Schluß zur Verwirklichung unserer göttlicheren Natur verhilft, ist gut, selbst wenn es schmerzlich sein sollte, und alles, was uns daran hindert, ist schlecht, selbst wenn es angenehm sein sollte. Wenn ein persönlicher Kummer zu diesem Ergebnis neigt, so ist er in Wirklichkeit gut, und wenn ein persönliches Glück es aufschiebt, dann ist es in Wirklichkeit schlecht. Weil wir das nicht wahr haben wollen, beschweren wir uns über die Gegenwart von Schmerz und Leid im göttlichen Plan und über die Abwesenheit der Gnade im

göttlichen Willen. Wir wissen nicht, worin das wirklich Gute für uns liegt, und weil wir dem Ego, den Begierden, Emotionen und Leidenschaften blindlings folgen, verdrängen wir es durch ein eingebildetes, trügerisches Gutes. Infolgedessen glauben wir gerade dann nicht mehr an GOTTES Weisheit, wenn sie offenbar wird, und stimmt uns GOTTES Gleichgültigkeit gerade dann am bittersten, wenn GOTT uns die größte Rücksicht angedeihen läßt. Erst wenn wir genug Mut zusammennehmen und unsere übliche egoistische und gedankenlose Haltung mit den falschen Ideen von Gut und Böse und dem daraus entspringenden Glück und Elend im Stich lassen, werden wir unsere Sorgen nicht mehr unnötigerweise in die Länge ziehen und mehren.

Das Geschick dreht das Rad

282

Ist uns klar, daß keine Phase währen kann, daß das Glück uns niemals auf Dauer in seinem ungetrübten Sonnenschein wird ruhen lassen, dann sind wir zum nächsten Schritt bereit. Und der besteht darin, nach innerem Frieden zu suchen.

283

Alle Ereignisse auf das Schicksal zu schieben, ist so dumm, wie zu behaupten, daß alle Entscheidungen und jede Wahl frei wären.

284

Es ist möglich, jede beliebige Situation zu nehmen und zu behaupten, sie stehe ganz im Einklang mit GOTTES Wille. Es ist möglich, Gründe zu finden, die diese Behauptung bekräftigen, und das Argument wäre richtig. Denn wenn das Universum mit seinem ganzen Netz von Beziehungen und Vorfällen letztlich nicht eine Manifestation des Willen GOTTES ist, was ist es dann? Aber bei demselben Argument können zwei gegensätzliche oder zweihundert unterschiedliche und widersprüchliche, sich zur gleichen Zeit abspielende Ereignisse angeführt werden und damit macht man einen Unsinn daraus.

285

„Mektoubi!" ruft der nordafrikanische Araber aus. „Es ist geschrieben" (vom Schicksal bestimmt), was sagen will, man kann nichts tun, weil das Handeln nutzlos ist. „Mektoubi."

286

Es gibt Ereignisse, die eine Macht vorherbestimmt hat, die größer ist als die des Menschen. Einige kann er mildern, abändern oder ganz und gar verhindern, andere indes nicht. Alle von ihnen bestehen bereits in der Zukunft. Er wird ihnen in der Gegenwart begegnen. Er verläßt die Gegenwart nie. Daher ist es nicht er, der sich auf die Zukunft zubewegt, sondern die Zukunft bewegt sich auf ihn zu.

287

Da stapft er in Eisenketten über die Erde, jedes Glied trägt die Aufschrift „Geschick". Weil er aber seine Ketten weder hört noch sieht, bildet er sich ein, er ginge wohin und wie weit er wolle.

288

Eines Menschen ganzes Geschick mag von einem Ereignis abhängen, von einer Entscheidung, von einem äußeren Umstand. Diese eine Ursache mag für den Rest seines Lebens maßgeblich sein.

289

Es gibt Zeiten, da die Ereignisse so geschehen *müssen*, wie sie geschehen, weil es von der höheren Macht, die das Leben regiert, so beschlossen ist.

290

Hier und da sieht einer sein Schicksal manchmal voraus, aber für die meisten ist es eine leere Seite.

291

Was ist die Botschaft der griechischen Tragödien, was haben diese dem Untergang geweihten Figuren uns mitzuteilen, diese Figuren, deren Greueltaten und schreckliche Qualen uns so schaudern machen? Besagt sie nicht, daß du anfangen kannst, was du willst, die Umstände werden dich katastrophal überwältigen, daß die Götter dich auf ein schreckliches Ende zutreiben werden, auf ein Ende, dem du nicht entrinnen kannst, gleich wieviel du dagegen zu tun gedenkst? Mit Freude mögen wir uns von diesem deprimierenden Gesichtspunkt an Shakespeare wenden, der in den reifsten Jahren seines Lebens zu einer Sicht gekommen war, die in den vier letzten Dramen zum Ausdruck kam und in der philosophischen Anschauung von *Der Sturm* gipfelt, daß aus den Schwierigkeiten des Lebens irgendwie ein Gutes erwachsen wird.

292

Die gleiche günstige Gelegenheit bietet sich nicht zum zweiten Mal, weil sie es nicht kann.

293

Kein Mensch ist völlig frei, noch kann er es werden.

294

Einige Ereignisse in der Zukunft lassen sich nicht vermeiden, entweder weil sie aus Handlungen von Menschen folgen, die sich charakterlich nicht bessern, ihre geistigen Fähigkeiten nicht weiterentwickeln, ihre Kenntnisse nicht vertiefen oder weil sie aus dem Grundmuster der Welt-Idee und den Gesetzen folgen, mit denen sie das körperliche Leben regiert.

295

Er vermag sich nicht aus diesem Geschick zurückzuziehen, so sehr er es auch versucht.

296

Wenn er an das Ende eines Zyklus gelangt, so wird dieser notwendigerweise eine gewisse innere Anpassung und äußere Veränderungen beinhalten. Das mag zudem eine Spur von geistiger Verwirrung hervorrufen.

297

Die Zyklen des Geschickes kehren periodisch wieder, für Individuen und für Völker. Der Besonnene sieht den bevorstehenden Zyklus voraus und läßt sich weder durch unglückselige noch durch gedeihliche Umstände überwältigen, sondern erträgt die einen gut und die anderen mit Gleichmut.

298

Nur allzu oft trägt ein wichtiges Unterfangen, eine lange Reise oder eine schwerwiegende Aufgabe in ihrem Beginn die Zeichen ihres Endes.

299

Gleich, mit welcher Sorgfalt wir unseren Kurs wählen und unsere Handlungen planen, in dem, was folgt, entdecken wir, daß das, was sein soll, sein wird. Wir haben keine Gewalt über die Geschehnisse.

300

Das Leben wird deinen zukünftigen Weg selbst ausarbeiten, ohne dich zu Rate zu ziehen.

301

„Der Fehler, lieber Brutus, liegt nicht an unseren Sternen, sondern in uns selbst, in der Tatsache, daß wir Handlanger sind." Shakespeares Worte klingen ermutigend, aber er ließ aus, daß sowohl Brutus als auch Cassius eines gewaltsamen Todes starben. Ist das nicht ein Hinweis darauf, daß der letzte Zug schließlich doch beim Schicksal lag?

302

Aber der gewöhnliche Mensch, der noch nicht gelernt hat, über die Zeit zu spotten oder noch nicht nach einem höheren Bewußtsein sucht, wird an dieser schrecklichen Wahrheit keinen Gefallen finden.

303

Würden alle Menschen alles kennen, was ihnen geschehen würde, wieviele wären gewillt, bis in den schlimmsten Lebensabschnitt weiterzuleben? Selbst wenn sie aller Hoffnung beraubt wären, würden die meisten den Körper vielleicht doch nicht aufgeben.

304

Das Gefühl, in der Falle des Schicksals zu sitzen, von Kräften niedergehalten zu werden, auf die man keinen Einfluß zu nehmen vermag, ist teilweise wahr.

305

Man weiß sich von dem Gedanken der eigenen persönlichen Hilflosigkeit gegen diese unerbittliche und unpersönliche Kraft durchdrungen, die sein Leben beherrscht. Man fühlt, daß man nichts tun kann, wenn man vor den ungünstigen Situationen steht, die sie für einen schafft, nicht imstande ist, sich auf irgendeine Weise selbst zu helfen. Man sieht sich in einem winzigen Boot sitzen, hin und her geworfen von den Wellen dieser unermeßlichen Kraft, kann beobachten, wie es auf eine Katastrophe zutreibt und ist doch nicht imstande, etwas dagegen zu tun.

306

Atlantis nahm Gestalt an aus den sich verdichtenden Feuernebeln. Land geronn. Tiere erschienen. Frauen und Männer. Zivilisationen. Der Kontinent wurde erschlossen. Dann drehte sich das Rad. Der Kontinent sank und alles verschwand mit ihm. 1919 lag Deutschland seinen Eroberern zu Füßen. Es wurde entwaffnet und zerstückelt. Es war schwach, niedergeschlagen und fürchtete sich. Das Rad drehte sich. Deutschland bis an die Zähne bewaffnet. Seine Grenzen wuchsen. Es war stark, optimistisch und aggressiv. Jedermann fürchtete sich vor ihm. Bald war es wieder entwaffnet, schwach und furchtsam. Arabien war unbekannt, unwichtig, obskur, ein Volk barbarischer Halb-Wilder. Das Rad drehte sich. Ein Prophet erschien, lehrte und inspirierte sein Volk. Es breitete sich aus und eroberte ein Reich, das sich vom Atlantik bis nach China erstreckte. Das Rad drehte sich. Arabiens Macht schwand wieder. Es selbst wurde eine bloße Provinz oder Kolonie der Türken. Reiche werden nur geformt, um wieder zu vergehen; Kontinente erstehen nur, um wieder zu versinken. Völker sammeln sich nur dazu an, um irgendwann erneut verteilt zu werden. Zyklen wirken, das Rad dreht sich, Evolution wird Involution. Nur der intellektuell Blinde, der spirituell Gelähmte, vermag das nicht zu sehen, und der Wahrheitssucher muß Tapferkeit lernen, um ein Held zu sein, wenn er den Schleier niederreißen und die GÖTTIN Isis so sehen will, wie sie wirklich ist. Unser Jahrhundert war Zeuge seltsamer Dinge, aber es waren Dinge, die diese Wahrheit bis ins Mark unter Beweis stellen.

307

Selbt wenn euer intuitives Gefühl euch auf eine solche Weise vor einem bevorstehenden Ereignis warnt, daß ihr wißt, es ist unabänderlich vorherbestimmt und unausweichlich, selbst dann braucht euch die eigene Unfähigkeit, es zu verhindern, nicht daran zu hindern, daß ihr alles tut, was in euren Kräften steht, um euch davor zu schützen, mit dem Ergebnis, daß ihr weniger unter ihm zu leiden habt, als ihr es sonst hättet müssen. Eine solche Warnung kann nur nützlich sein und rettet einen Menschen davor, in die Panik zu geraten, in die sich andere aus Angst vor dem Unbekannten geworfen sehen mögen.

308

Ist ein günstiger Zyklus in Gang, dann zeitigt ein bißchen richtiges Handeln eine Menge an günstigen Ergebnissen. Herrscht indes ein ungünstiger Zyklus, dann zeitigen viele richtige Handlungen nur ein kleines Ergebnis. Der Mensch und seine Fähigkeiten haben sich nicht geändert, sondern sein Geschick. Zu einer Zeit wie dieser wird die Reihe der Ereignisse in seinem Leben nicht von seinem individuellen Willen befohlen, sondern von einem höheren.

309

Du kannst gewinnen, wenn du zu Beginn eines jeden Unternehmens fest dazu entschlossen bist, außer es sind die Schicksalsgöttinnen in gleichem Maße entschlossen, daß du es nicht sollst. Dies ist der Faktor „X", die unbekannte Hand, die alle deine Gewinne mit einem Griff aufsammeln und beiseite werfen kann. Du magst sie GLÜCK nennen, wenn du willst. Der Kluge wird diesen geheimnisvollen Faktor bei allen seinen Schätzungen in Betracht ziehen und dessen Existenz als eine Tatsache hinnehmen.

310

Wenn wir die Tatsache akzeptieren, daß es das Schicksal des Menschen ist, unter dem Leben zu leiden und das Leben zu genießen, daß es sein Los ist, beides zu erleben, manchmal in Gegenüberstellung, aber häufiger in regelmäßiger Wiederkehr, dann vermögen wir uns besser auf das Leben vorzubereiten. Wenn wir uns weigern, sie zu akzeptieren, mögen wir den Preis dafür zahlen müssen, den Oscar Wilde hat zahlen müssen. Derselbe Wilde, der bis zu seinem vierzigsten Lebensjahr meinte, er wisse nicht, was es heißt, unglücklich zu sein, der wiederholt davon sprach: „Wir sollten nach den Freuden des Lebens trachten und die Wunden in Ruhe lassen", lebte lange genug, seine frühere Haltung mit folgendem Geständnis zu kommentieren: „Ich scheine gegen alle Gefühlsregungen abgestumpft zu sein, außer gegen die Not und Verzweiflung."

311

Professor Don Mackenzie Brown, von der University of California in Santa Barbara, erzählte mir die Geschichte eines Hindus, der von Beruf Seher war und die Stadt besuchte. Unter den strengsten wissenschaftlichen Versuchsbedingungen sagte der Mann richtig eine Anzahl von Schlagzeilen voraus, die innerhalb der kommenden Woche im Lokalblatt erscheinen würden. Bedeutete das, daß die Ereignisse, auf die sie Bezug nahmen, bereits Gegenwart waren? Wenn ja, führte das zu dem Schluß, daß sie gänzlich vorherbestimmt und vom SCHICKSAL gefügt waren? Oder gab es eine vollkommen andere Erklärung?

312

Viele Ereignisse im Leben einer Person oder eines Volkes sind vorhersehbar, aber nur wenn die vorhandenen Denkrichtungen und vorhandenen Handlungslinien fortgesetzt werden.

313

Es gibt allzeit einen gewissen Teil der Person oder des Glückes eines Menschen, über den er keinerlei Gewalt hat. Was er auch tut, er kann es nicht ändern. Dann ist es klüger, die Unausweichlichkeit dieser Lage anzuerkennen, als seine Kraft in einem unnützen Kampf zu verausgaben. Dann vermag er sie vielleicht hin und wieder sogar zu seinem eigenen Vorteil zu wenden. Wie soll er indes wissen, daß diese Unausweichlichkeit, dieses Dekret des Schicksals existiert? Aus der Tatsache, daß es ihm trotz aller seiner Anstrengungen nicht gelingt, es zu ändern.

314

Wir sehen unseren vorherbestimmten Erlebnissen entgegen, denn zu Beginn unserer Inkarnation sind uns versiegelte Aufträge überreicht worden.

315

Er weiß, das Schicksal bewegt sich im Takt von Gewinn und Verlust, in Zyklen von Anhäufung und Entbehrung. Die Kraft, die uns Freunde bringen, die uns lieben, und Feinde, die uns hassen, ist ein und dieselbe.

316

Das Rad des Lebens ist ein fixiertes. Bald bringen seine sich drehenden Speichen Erhebung, bald Niedergeschlagenheit, bald Wohlstand, bald Not. Es gibt lange Jahre, in denen sich gute Gesundheit und Glück häufen, auf die dann aber Abschnitte folgen, da Todes- und Unglücksfälle uns das Herz zu brechen suchen.

317

Ist es dem Mensch zum Beispiel beschieden, Junggeselle zu bleiben, dann wäre es nutzlos, wenn er nach Eheglück trachtete. Tut er es, so wird er es eines Tages satt haben, mit den Flügeln der Sehnsucht an die Gitterstangen des Schicksals zu schlagen. Indes ist es nicht immer möglich, aus vergangener Erfahrung oder gegenwärtiger Überlegung zu wissen, worin sein unvermeidliches Los nun wirklich besteht. Denn die Vergangenheit mag die Zukunft gänzlich falsch darstellen, und das Denken vermag lediglich einige ihrer Geheimnisse und keineswegs alle zu erhellen. Infolgedessen sieht er sich gezwungen, die Offenbarung um Hilfe zu bitten. Diese mag ihm unzuverlässig zuteil werden, durch den Kanal der Wahrsagekunst, oder höchst zuverlässig, durch eine tief empfundene, vom eigenen höheren Selbst gewährte Intuition.

318

Jene, die nicht um die schwarze Macht des GESCHICKES wissen, ringen mit ihrem Los und suchen das Dekret des SCHICKSALS zu ändern. Sie könnten genau so gut versuchen, den stürzenden Wassermassen der Niagara-Fälle Einhalt zu gebieten. Selbst der allmächtige Napoleon, der nahezu ganz Europa eroberte, konnte nichts gegen das SCHICKSAL ausrichten. Er hatte sich dessen schrecklichem Urteil zu fügen, wovon seine eigenen kläglichen, auf St. Helena gesprochenen Worte später zeugten. Sich dem Unausweichlichen zu beugen und das, was wir nicht ändern können, tapfer zu ertragen, ist besser, als unsere Kräfte vergeblich kämpfend zu verschleißen.

319

Wir bilden uns ein, wir seien Herr über unser Geschick, wo wir in Wahrheit den Lastkähnen gleichen, die jedesmal, wenn Flut ist, auf der Themse flußabwärts treiben. Ich bin es niemals überdrüssig, mir, wenn die Dinge schief zu gehen scheinen, zu sagen, daß die GÖTTER über dieses Universum herrschen und nicht der Mensch, daß sie das letzte Wort haben, und wenn sie es für richtig halten, alle unsere Pläne zu Staub machen, ist es vielleicht auch gut.

320

Es gibt eine auffallende Stelle bei Emerson, die diese Wahrheit über das Problem klar zum Ausdruck bringt. Ich gebe sie in ihrer ganzen Länge wieder, weil es sich lohnt, sie ungekürzt weiterzugeben. „Ich neige stets zu jenem uralten Aberglauben (wenn er einer ist, wiewohl er aus einer weisen Übersicht über menschliche Angelegenheiten rührt), der die Menschen gelehrt hat, sich vor ungetrübtem Glück und Wohlergehen zu hüten ...... Kann es andauern? Wird GOTT eine glänzende Ausnahme zu der allgemeinen Ordnung seiner Geschäfte mit mir machen, die Geschicke ausgleicht? Man ahnt, daß aus Erfolg stets das Gegenteil erwächst.

321

Aufgrund seines unpersönlichen, ausgleichenden Wirkens stellt das Geschick ihn vor die Aufgabe, Berge von Schwierigkeiten zu erklimmen. Wenn er dazu aber imstande ist, stellt er die Größe des MENSCHEN über die Kleinheit der LAGE unter Beweis.

322

Er hätte niemandem begegnen können, dessen Kontakt einst tief empfundene oder wichtige Spuren in seinem Innenleben hinterließ, wenn nicht die allmächtige Kraft und unendliche Weisheit hinter dem Leben diese Begegnung für seine schließliche Entwicklung zustandegebracht hätte.

323
So viele scheinbar nicht in Zusammenhang stehende Vorfälle und unwichtige Ereignisse fügen sich bei späterer Betrachtung, wenn sie schon längst der Vergangenheit anheimgefallen sind, zu einem Muster.

324
Unaufhörlich dreht sich das Rad des Lebens durch verschiedenartige Erfahrungen, und wir sind unselig an es gebunden. Aber wenn wir schließlich verstehen, was geschieht und Macht darüber gewinnen, dann werden wir befreit.

325
Die zerbrochenen Fragmente des Mosaiks des Geschickes werden durch eure sich entfaltende Einsicht auf ihre rechte Stelle gelegt, und so erscheint früher oder später ein mit dem Verstand erfaßbares Muster.

326
Innerlich und äußerlich ist uns ein gewisser Schicksalsbogen vorgezeichnet, der sich erfüllen muß – das wissen wir aus Erfahrung. Vergeblich ist der Versuch, diesen Bogen zu überschreiten zu suchen; weise die Ergebenheit, die in seinen Grenzen bleibt. Uns obliegt es, ihm die Hauptrichtung zu überlassen, die unser mentales und körperliches Leben einschlagen muß. Die Gedanken, die uns am meisten bewegen, und die Ereignisse, die uns hauptsächlich widerfahren sollen, sind bereits auf den Linien des Bogens verzeichnet. Dem haftet indes nichts Willkürliches an, denn die Gedanken und Ereignisse sind miteinander verknüpft, und beide zusammen sind weiter verknüpft mit einer inneren Geburt in der langen Reihe, aus der das menschliche Leben auf diesem Planeten besteht.

327
Es walten die Gezeiten des Glückes und der äußeren Umstände, deren Ebbe und Flut das Leben der Menschen umspülen. Es herrschen Zyklen des Wandels, denen wir folgen und mit denen wir unsere Pläne und Tätigkeiten in Einklang bringen müssen, wenn wir ohne Reibungen leben und vermeiden wollen, unsere Kräfte für unnütze Kämpfe zu verschwenden. Wir müssen lernen, zu welchem Zeitpunkt wir weiter drängen und uns an die Spitze der Gezeiten stellen sollen und zu welchem wir den Rückzug antreten und ablassen sollen.

328

Zeit und Denken haben die unangenehme aber unausweichliche Vorstellung in meinem Geist verankert, daß die wichtigsten Ereignisse im Leben eines Menschen so vorherbestimmt sind wie die Ziele einer Million von verschiedenen Briefen, die am selben Tag aufgegeben worden sind.

329

Es war nicht blinder Fatalismus, sondern klare Wahrnehmung, die Mary, die Königin von Schottland, zu der Feststellung veranlaßte, daß ihr Ende in ihrem Anfang läge.

330

Kann die orakelhafte Schrift des Geschickes entziffert werden? Kann man ihr geheimnisvolles Muster voraussehen?

331

Es mag das Geschick sie zusammenbringen, um die spirituelle Geburt des jüngeren von ihnen zu bewirken, es mag sie einander gegenüberstellen, damit der Ältere dem anderen seine lebendige Vision und sein weitgefaßteres Verständnis übermittele.

332

Er verpaßt die Straßenschilder des Lebens, die Ereignisse, die ihm sagen könnten, wohin er geht, die Episoden, die auf Erfolg oder Verhängnis als Ziele hinweisen, wenn er ihre Bedeutung außer Acht läßt.

333

Daß der menschliche Wille nur ein dünner Strohhalm ist, der auf einer unwiderstehlichen Gezeit dahintreibt, ist ein Schluß, den anzunehmen dem menschlichen Geist schwerfällt. Und doch ist er nicht weniger vernünftig als widerwärtig.

334

Lange kämpfte ich verzweifelt gegen die Vorstellung vom Schicksal an, da ich weitschweifig über die Freiheit des Willens geschrieben hatte. Aber als ich in die Geheimnisse eingeweiht wurde, ein Horoskop aufzustellen und zu lesen, begannen meine Verdrängungen zu zerbröckeln, und als ich in tiefschürfendere Reflexion eingeweiht wurde, sah ich mich endgültig geschlagen.

335

Der menschliche Wille mag seine Sicherheit bis ins Detail planen, aber das menschliche Geschick wird etwas dazu zu sagen haben. Es gibt kein individuelles Leben, das so sicher ist, daß es ohne Risiko wäre.

336

Die persönliche Freiheit eines jeden erstreckt sich bis in eine gewisse Ferne und sieht sich dann vom Schicksal umzingelt. Außerhalb dieser Grenze ist er so hilflos wie ein Neugeborenes, dort vermag er nichts auszurichten.

337

Beneide nicht jene, die Glück haben. Die Götter haben ihnen ein Stück gutes Karma zugeteilt, aber wenn es erschöpft ist, werden sie vieler Dinge beraubt werden, außer ihres inneren spirituellen Eigentumes.

338

Wenn die Schicksalsfügungen vorherbestimmt sind, aber die Gebete eines Menschen Ergebnisse zu zeitigen scheinen, so waren auch seine Gebete ein Teil seines Schicksals und deswegen vorherbestimmt.

339

Nachdem wir aber alle diese verschiedenen Ursprünge und Einflüsse aufgezählt haben, die uns zu dem machen, was wir sind, wäre es eine Übertreibung, wenn wir behaupten würden, daß sie uns unerbittlich und unabänderlich dazu machen. Wir sind nicht dazu verdammt, das Spielzeug aller dieser Kräfte zu sein. In jedem menschlichen Wesen liegt ein geheimnisvoller X-Faktor, den er, wenn er den Wunsch hat, anrufen kann. Die Tatsache, daß es so wenige tun, bedeutet lediglich , daß sie sich aus Unwissenheit dazu verurteilen, so zu bleiben, wie sie sind.

340

Welchen anderen Lauf unser Leben vielleicht genommen hätte, wenn wir einer bestimmten Person nicht zufällig begegnet wären – eine Begegnung, die Folgen von großer Tragweite nach sich zog – liefert Material für qualvolle Spekulationen. Manchmal hängt das Schicksal an einem Faden, heißt es; aber es hängt stets an einem so wirren Fadenknäuel von abhängigen Umständen, daß die Spekulation, wie es wohl verlaufen wäre, wenn einer von ihnen anders gewesen wäre, ein sinnloses, wenn auch faszinierendes Spiel ist.

341

Wir sind beides zugleich: die Folge unserer Umwelt und ihr Schöpfer. Die philosophische Denkart sieht hier keinen Widerspruch, weiß, es herrscht zwischen den zweien eine Wechselwirkung.

342

Jene, die im Abendland nach einer raschen, wundersamen Wiedergeburt des Friedens und Wohlwollens Ausschau halten, schauen umsonst, denn solche Wunder treten nicht ein. Die Welt schmiedet ihr eigenes Geschick, und niemand vermag es auszuschalten. Niemand vermag, die Vergangenheit abzuschaffen. Eine unerbittliche GERECHTIGKEIT regiert alle Welten, von den sonderbaren und unheimlichen Orten, an denen sich die Geister tummeln, bis zu den sachlicheren Schlupfwinkeln der irdischen Städte. Nur die geistig Blinden hoffen, jemals dieser GERECHTIGKEIT aus dem Weg zu gehen oder der Schlußrechnung zu entrinnen, die Individuen und Völker mit mathematischer Genauigkeit unterschiedslos verfolgt.

343

Es ist gewiß, daß unser sterbliches Geschick aus willkommenen und unwillkommenen Umständen oder Ereignissen besteht. Es gibt kein menschliches Wesen, dessen Muster nicht so schachbrettartig wäre – nur ist die Anzahl der schwarzen und weißen Quadrate nicht gleich, und sind die Proportionen von Person zu Person verschieden. Es tut weh, diese Dualität von Schmerz und Freude einzugestehen, diese Vergänglichkeit, die jedes Glück bedroht; aber diese Wahrheit ist unanfechtbar, wie Buddha wußte und lehrte.

344

Du kannst selbst-gemachtes GESCHICK nicht betrügen. Es taucht ohne Ankündigung in deinen ausgefeiltesten Plänen auf.

345

Das Leben umschwirrt uns wie der Ton, der auf der Drehscheibe des Töpfers kreist.

346

Wenn gute Zyklen nur allzu schnell zu vergehen scheinen, dann scheinen die schlechten einfach nicht vergehen zu wollen.

347

Sein spirituelles Geschick bleibt versteckt, ganz außer Sicht, in der Zukunft.

348

Unser Leben gleicht einem Puzzle; wir sammeln unsere kleinen, absonderlich geformten Stücke, und eines Tages sehen wir unvermutet das Muster.

349

Wo nichts gewiß ist, ist auch nichts wirklich vorhersagbar.

350

Wer bezweifeln kann, daß eine unwiderstehliche Kraft die wichtigen Ereignisse in unserem Leben diktiert, hat der einen Zipfel des Schleiers gehoben?

351

„Wir schleppen unser Geschick überall mit uns herum. Selbst die Götter können die Vergangenheit nicht ändern", lautet ein griechischer Aphorismus.

352

Der Zerfall und das Verschwinden der Dinge ist ein unausweichlicher Teil ihrer Geschichte, wenn sie überhaupt ins Dasein treten sollen. GOTT könnte die Natur auf keiner anderen Grundlage gestalten als auf dieser. Aber darauf folgt ihr erneutes Erscheinen.

353

In der Geschichte des Lebens gibt es Unglück und Schmerz, Frustration und Elend; aber sie alleine vervollständigen sie nicht. Meistens beinhaltet sie auch andere Kapitel, Kapitel, die einige ihrer positiven, anziehenden und glücklicheren Seiten hervorheben, ja selbst ihren potentiellen Glanz.

354

Nur der Weise sieht mit tödlicher Klarheit, wie die mühselige Plackerei ihrer Tage wie der Staub hin und her getrieben wird; wie zerbrechlich das Holz der Schiffe ist, die die Menschen senden, beladen mit ihren selbst gesponnenen Hoffnungen und Ängsten; wie ihr ganzes Leben einem Traum gleicht.

355

Alles, was einem Menschen widerfährt, ist selbst-gemacht oder von GOTT befolen, und das auch dann, wenn irgendein anderer Mensch oder irgendein anderes Volk der äußerlich Handelnde ist.

356

Ob man die Geburt in kärglichem Schmutz oder palastartigem Glanz antritt, am Ende wird man doch wieder auf die eigene SPIRITUELLE Stufe kommen. Zugestanden, die Umwelt ist ein mächtiges Hindernis oder eine mächtige Hilfe, aber die Prämissen des SPIRITUELLEN sind noch mächtiger und schließlich UNABHÄNGIG VON IHR.

357

Die Kraft des einen mag sich gegen seine äußeren Umstände durchsetzen, während ein anderer sie annehmen muß, einfach deswegen, weil ihm sowohl die Kraft als auch das Wissen fehlt, mit ihnen kämpfen zu können.

358

Die häßliche Frau hat das Recht zu fragen, warum andere als Schönheiten auf die Welt gekommen sind, und sie nicht. Der Krüppel hat dasselbe Recht zu fragen, warum andere – und nicht er – mit einer schönen, gesunden und Männlichkeit ausstrahlenden Gestalt geboren worden sind.

359

Oft sind die Handlungen, die wir ausführen, nicht die idealen, sondern jene, die die äußeren Umstände erforderlich machen, die uns einstweilen aufgezwungen werden.

360

Am Ende machen wir zwangsläufig die Entdeckung, wie gering die Freiheit ist, die wir in unserer Blindheit zu besitzen wähnen. Uns zieht es, in einer Umwelt zu leben und mit Menschen zu verkehren, die wir uns kaum selbst aussuchen.

361

Es gab eine Zeit, zu der das Römische Reich Europa und den Nahen Osten so eisern und so lange beherrschte, daß fast niemand voraussehen konnte, wie sich sein Griff je lockern könnte, geschweige denn verschwinden.

362

Er verachtet die Arroganz, die auf andere, weniger Glückliche herabschaut, und doch räumt er ein, daß das Kastensystem eine Tatsache in der NATUR ist. Stellt dies einen Widerspruch dar?

363

Kastenunterschiede mögen angenommen werden, aber es ist nicht nötig, ihrer Starrheit beizupflichten. Freier Aufstieg sollte jenen ermöglicht werden, die sich durch Selbstverbesserung dafür zu qualifizieren trachten, die ihren Horizont erweitert und begonnen haben, auf die Bedeutung der Qualität zu reagieren.

364

Wenn die niedrigen Kasten an der Regierung sind, darf man kein hohes Ergebnis erwarten, weil mittelmäßige Quellen mittelmäßige Ergebnisse erzeugen müssen. Wenn die niedrigen Kasten die Gesellschaft aber regieren, dann deswegen, weil den höheren ihr Wohlergehen gleichgültig war oder sie sie gar ausgebeutet haben.

365

Zitat aus einer Zeitung: „Ein Mensch mag zwar Reichtum und Stellung erben, aber nicht notwendigerweise Intelligenz und Weisheit." P.B. sagt dazu: Indes erbt er Erziehung, Atmosphäre und Werte.

366

Viele Individuen mögen in der Welle eines gemeinsamen Geschickes gefangen sein, mögen ein Gruppen-Karma teilen müssen.

367

Es lebt ein jeder von uns zu einer gewissen Zeit in der Geschichte und nimmt während dieser Zeitspanne einen gewissen Platz (oder gewisse Plätze) in Anspruch. Warum jetzt und hier? Suche beim Gesetz der Folgen nach einer Antwort, das Gesetz, das ein Erdenleben mit früheren verbindet.

368

Die Fähigkeit oder Habgier, die günstige Gelegenheit oder Erbschaft, die einen Menschen in den Besitz von Reichtümern bringt, ist selbst ein Produkt seines Karma.

369

Gelingt es einem Menschen, aus dem Elend, der Unbequemlichkeit und Unwissenheit der Slums heraus zu einem sauberen, kultivierten und verfeinerten Leben zu kommen, dann mögen wir darin entweder das günstige Wirken des Karma und der Wiedergeburt sehen oder die Kraft der Person, seine Umwelt zu überwinden. Andere dagegen, denen es nicht gelingt, mögen sich dadurch in ihrem Glauben bestärkt sehen, daß das Glück gegen sie ist oder sie nicht fähig sind, ihre Umwelt zu überwinden. Daraus ist zu ersehen, daß die einen der Lektüre der Biographie eines solchen Menschen eine Botschaft der Hoffnung abringen, die anderen indes nur Enttäuschung, wenn nicht Verzweiflung. Beide Sichten mögen eine Spur von Wahrheit enthalten, aber wieviel, das wird von Person zu Person verschieden sein.

370

Er hat unbewußt einen Entschluß gefaßt. Er liegt implizit in seinem Gehorsam gegenüber dem Credo, dem er sich verschwört, oder der Partei, der er sich anschließt, und in seinem Glauben an sie. Er trägt nach wie vor die Verantwortung, erschafft nach wie vor persönliches Karma.

371

Wer kann schon sagen, ob die mitwirkenden Umstände, die unsere Pläne restlos über den Haufen werfen, lediglich reiner Zufall sind oder die Handschrift des Geschickes?

372

Pflicht und Geschick müssen bei der Rechenschaft über das eigene Leben zusammen gesehen werden. Oft geht es nicht nur darum, was man tun sollte, sondern auch darum, was man unter den Umständen zu tun vermag.

373

Nehmt an, ihr hättet das Los eines Buckeligen zu ertragen? Wäret ihr nicht verbittert? Würdet ihr GOTTES Behandlung eurer Person als gerecht erachten?

374

Niemand ist verraten worden, weder von GOTT noch vom Leben. Wir haben zu den tragischen Ereignissen unserer Zeit beigetragen und haben sie bis zu einem gewissen Grad verdient.

375

Wenn wir sagen, eine Situation ist durch die Umstände verursacht worden, dann meinen wir, sie hat geschehen müssen. *Das* ist Schicksal. Bedeutet das indes, daß keiner dafür verantwortlich ist, niemanden die Schuld daran trifft, wenn sie tragisch oder besorgniserregend ist?

376

Es ist völlig unrichtig zu sagen, wir seien von unserer Umwelt geschaffen. Richtig ist zu sagen, daß sie uns bedingt, unterstützt oder hindert, indes ist das nur eine Halbwahrheit. Wir tragen in uns ein Bewußtsein, das in verschiedenen Punkten und in verschiedenen Eigenschaften nicht abhängig ist von all den Einflüsterungen der Umwelt und gelegentlich sogar in völligem Widerspruch zu ihnen steht. Denn latent besitzen wir vom ersten Tag auf Erden an gewisse Neigungen und Abneigungen, Begabungen für die eine und nicht die anderen Denk- und Handlungslinien, Anlagen, deren Summe, wie sie sich offenbaren und dann entwickeln, unsere Persönlichkeit ausmacht. Freilich braucht ein solcher Vorgang notwendigerweise Zeit. Biologische Vererbung leistet einen ganz bestimmten Beitrag zu diesem Ergebnis, aber der Beitrag früherer Inkarnationen ist sehr viel größer.

377

Gesicht, Gehirn und Gestalt werden teilweise von seinem Geschick geformt, teilweise von seinen Charakteranlagen und geistigen Eigenschaften.

378

Die schlechte Umwelt *schafft* nicht den schlechten Charakter. Sie streicht ihn heraus und begünstigt seine Entwicklung. Die Schwächen waren bereits latent vorhanden.

379

Der Mensch, der ein Kind reicher Eltern ist, mag große Talente haben, sie aber nie benützen. Sie mögen mit ihm sterben, weil er nie den Ansporn der Not verspürt hat. Unzureichende oder mäßige Mittel mögen einem Menschen einen Antrieb geben. Je schlimmer die Armut um so größer der Antrieb. Dies ist eine harte Predigt, aber für einige ist sie eine wahre.

380

Ihr wollt, daß die Entfaltung eures äußeren Lebens mit euren Vorstellungen übereinstimmt. Wenn ihr aber nicht zu eurer inneren Harmonie mit GOTT gefunden habt, wird es trotz aller eurer Bemühungen niemals dazu kommen.

381

Äußere Umstände oder andere Personen mögen zu den Fehlern und dem Mißgeschick eines Menschen beitragen, aber sie können nicht gänzlich dafür verantwortlich sein. Ist er gewillt, in sich hineinzuschauen, dann wird er die letzten Ursachen stets dort vorfinden.

382

Der Durchschnittsmensch ist keineswegs so heroisch oder engelhaft und
macht bald die Feststellung, daß sich seine Seele nicht über die äußeren Umstände hinwegsetzen kann und seine Umwelt an seinen Nerven zehrt.

383

Den Menschen nur als das Produkt seines Denkens zu erachten, das Vorhandensein und den Einfluß seiner Umgebung zu mißachten, hieße, ihn in ein völliges Vakuum zu stellen.

384

Körper und Geist des Menschen erben seine Vergangenheit, und der Körper
kann sich nur in den durch dieses vergangene Karma auferlegten Grenzen frei
bewegen, genau wie ein Goldfisch sich nur in den Grenzen seiner Wasserkugel
frei bewegen kann.

385

Es mag seine Bestimmung sein, in einer gewissen Umgebung zu leben, aber
wie er sich von ihr beeinflussen läßt, das ist nicht vorherbestimmt.

386

Karma wirkt ebensosehr im Geschick großer, mächtiger Nationen wie im Geschick armer, unwichtiger Menschen.

387

Auf eine grobe Weise, und nachdem hinreichende Zeitabschnitte gereift sind,
werden die äußeren Bedingungen eines Menschen in einem gewissen Einklang mit seiner inneren Entwicklung stehen.

388

Die Menschen, denen man begegnet, die Ereignisse, mit denen man sich konfrontiert weiß, und die Orte, die man bereist, mögen von größter Bedeutung
sein, aber zum Schluß sind sie nicht so wichtig, wie die Gedanken über sie.

389

Eine Lektion, die die Masse lernen muß, besteht darin, daß sich Zustimmung zu Brutalität und Aggressivität zum Schluß genauso wenig bezahlt macht, wie die Verübung solcher Verbrechen selbst. Aber ein Volk, das seine Zustimmung zu den Taten seiner Herrscher gibt und das Karma dieser Taten teilen muß, wird nicht notwendigerweise das ganze Karma teilen müssen.

390

Offensichtlich hat die göttliche Vorsehung bedeutende Menschen geschaffen, die körperlich abstoßend, untersetzt, verkrüppelt, buckelig oder lahm etc. waren, um der Masse eine nicht zu übersehende Lektion zu erteilen, daß die Menschen nicht nur nach ihrer äußeren Erscheinung zu beurteilen sind, sondern viel mehr nach ihrem inneren Wert.

391

Weil der GEIST hinter dem Leben des Universums unendlich weise ist, gibt es für alles, was uns geschieht, immer einen Grund. Deswegen ist es besser, sich gegen ungünstige Ereignisse nicht aufzulehnen, sondern zu versuchen, den Grund zu erforschen, warum es sie gibt. Es mag trösten, anderen die Schuld dafür anzulasten, aber es wird nichts nützen. Wenn wir in uns hineinblicken und dort nach den Ursachen suchen, tun wir den ersten Schritt, der Notlage ein Ende zu machen; blicken wir hinaus, dann mögen wir sie unnötigerweise verlängern.

392

Normalerweise erben wir gehobenere äußere Umstände, wenn es uns aufgrund unserer Tendenzen zu ihnen zieht oder wenn unsere Handlungen (Karma) sie rechtfertigen. Aber in einem Zeitalter wie dem unsrigen, in dem die sozialen Klassen durcheinander geworfen sind, in dem die demokratische Gleichmachung aller ein sittliches und gesellschaftliches Chaos schafft, in dem die Religion an Bedeutung verliert und der Materialismus vorherrscht, kann niemand nach der alten Regel von der passenden Geburt beurteilt werden, daß er die Stellung einnimmt, auf die ihn GOTT berufen hat. Wie dem auch sei, es entrinnt weder die Unter- noch die Oberschicht in irgendeiner Weise dem Wechsel von Schmerzen und Freuden, Elend und Glück. Das ist das Los des Menschen.

393

Eine Entscheidung, die dem Menschen durch äußere Umstände aufgezwungen wird, ist keine.

394

Unsere wirtschaftlichen Verhältnisse und persönliche Geschichte, unsere physiologische Lage und unser Horoskop tragen alle dazu bei, uns zu dem zu machen, was wir sind. Es gibt einen falschen Frieden, der in Wirklichkeit nicht mehr ist als ein Steckenbleiben und von den ersten Wellen des Wandels beiseite gestoßen oder gar zerstört wird – ob der Wandel nun wirtschaftlich, physiologisch oder psychologisch ist.

395

Karma bezieht sich nicht nur auf das Individuum, sondern auch auf Gruppen, auf Gemeinden, Städte, Länder, ja sogar auf ganze Erdteile. Man kann dem Rest der Menschheit nicht auf die eine oder andere bestimmte Weise entrinnen. Alle sind miteinander verbunden. Man mag sich, wie das fast alle tun, einbilden, man könne sein eigenes Leben führen und die anderen ihrem Los überlassen, aber das ist ein Irrtum, den die Erfahrung früher oder später aufdeckt. Letztlich sind alle *eine* große Familie. Das lehrt uns die Reflexion über die Erfahrung. Und wenn man über die WAHRHEIT nachdenkt, wird man schließlich lernen, daß alle, als das ÜBERSELBST, eine Wesenheit sind – wie die Arme und Beine eines einzigen Körpers. Daraus folgt, daß man das Wohl anderer in gleichem Maße bedenken muß wie das eigene, und zwar deswegen, weil sich die Aufgabe des Karma nicht nur darauf erstreckt, das Individuum zu lehren, sondern auch darauf, der Menschheit *en masse* die endgültige und höchste Lehre von ihrer Einheit beizubringen. Wenn man diese Idee auf den letzten Krieg bezieht, sieht man, daß er teilweise (und nur teilweise) das Ergebnis der Gleichgültigkeit der reichen Völker gegen die ärmeren, der gut regierten Völker gegen die schlecht regierten war, das Ergebnis jener auf Isolation bedachten Stimmung, daß im eigenen Land alles stimmt und es zwar bedauerlich ist, wenn andere im Argen liegen, es aber doch ihre eigene Angelegenheit ist. Kurzum, kein einziges Land vermag wirklich zu gedeihen und glücklich zu sein, solange eines seiner Nachbarländer von Elend und Armut geplagt wird; ein jeder ist seines Bruders Hüter.

396

So große Katastrophen wie Erdbeben und Sintfluten reißen Hunderte in ihren Tod, aber hier und da entrinnen einige, denn ihr Los ist ein anderes. Solche Rettungen geschehen häufig auf wunderbare Weise; sie werden plötzlich an einen anderen Ort gerufen oder durch ein scheinbar zufälliges Ereignis geschützt. Auf diese Weise mag das einzelne Geschick, wo es in Konflikt gerät mit dem kollektiven oder nationalen, einem das Leben retten, während andere zu Fall gebracht werden.

Wenn Alexander dafür gepriesen werden soll, daß er die griechische Kultur einfach dadurch bis in den Osten nach Indien verbreitete, daß er andere Länder angriff, dann verdienen die Generäle Flamius, Sulla und Mummius ein Lob dafür, daß sie die römische Kultur einfach dadurch verbreiteten, daß sie in Griechenland einfielen. Das eine ist karmisch mit dem anderen verbunden.

Was Tradition, Familie, Gesellschaft und Umgebung ihm in Form von Überzeugungen, Ideen, Bräuchen, Kultur und Sitten hinterlassen haben, mag der Überarbeitung bedürfen, neu untersucht, gesichtet und manchmal sogar hinausgeworfen werden müssen.

In den meisten stecken noch so viele latente Möglichkeiten, Gutes und Böses zu wirken, daß nur die Drehungen des Rades der äußeren Umstände sie zur Entwicklung bringen kann.

Der Mensch ändert die Welt, die Welt ändert ihn.

Die Philosophie weist den Glauben an die Macht der Umgebung über den Menschen nicht zurück. Sie ist wichtig. Aber sie fügt hinzu, daß die Macht des Menschen selbst noch wichtiger ist.

Bei Untersuchungen über die Vergeltung (Karma) stellt sich heraus, daß die Menschheit nicht nur für das bezahlen muß, was sie falsch gemacht hat, sondern auch für das, was sie nicht gemacht hat. Solche Versäumnisse rühren größtenteils daher, daß die überaus persönliche Sicht des Menschen ihn dazu veranlaßt, den Charakter von Ereignissen in erster Linie danach zu beurteilen, wie sie sich auf das eigene Dasein auswirken und erst in zweiter Linie danach, wie sie sich auf die größere Familie auswirken, deren Mitglied er ist. Wir alle arbeiten an einer gemeinsamen Aufgabe. Dies ist der unausweichliche Schluß, der sich uns mitteilt, sobald man die Wahrheit versteht, daß die Menschheit eine organische Einheit ist.

403

Wenn ihr die Geschichte studiert und sie euch selbst überlegt, statt die altklugen Theorien blinder Historiker zu übernehmen, dann werdet ihr die Feststellung machen, daß die Entstehung großer Umwälzungen unter den Menschen – seien es spirituelle oder gesellschaftliche, militärische oder intellektuelle – stets mit der Geburt und dem Wirken großer Persönlichkeiten zusammenfiel.

404

Die Geschichte zeigt deutlich, daß zu gewissen psychologischen Zeitabschnitten ungewöhnliche Menschen auf der Bildfläche erschienen, um ihr Zeitalter zu inspirieren oder zu lehren. Es sind Menschen des Geschickes.

405

In jedem, der Erfolg hat, steigt dieses Gefühl auf, daß ihn eine Kraft trägt, wiewohl ein Zeitpunkt kommt, da es ihn verläßt. Warum? Weil dieser Wandel auf der Karte seines Geschickes bereits vorgezeichnet ist. Napoleon bekam diesen Verlust, diesen Unterschied zu seinem früheren Zustand auf St. Helena zu spüren. In seinen späten Fünfzigern sagte Disraeli: „Es gab Tage, da ich mit dem Gefühl erwachte, ganze Dynastien und Regierungen versetzen zu können; aber das ist vorbei."

406

Bei den meisten dieser Menschen sticht die eine biographische Tatsache ins Auge, nämlich das Gemisch aus Schicksal und freiem Willen in ihrem Leben.

407

Aus meinen weltweiten Beobachtungen habe ich diese grundlegende Lehre gezogen, daß Heraklit völlig Recht hatte, als es schrieb: „Der Charakter des Menschen ist sein Schicksal."

408

Charakter ist die Wurzel des Geschickes. Ein schlechter Charakter muß zu einem schlechten Geschick führen.

409

Ein schöpferischer und ursprünglicher Geist vermag sich einem Werk zu widmen, aus dem er selbst gewinnt oder Nutzen zieht. Unterfängt er sich dessen zum Nutzen anderer, so gewinnt er karmische Verdienste. Das bezieht sich freilich auf ein wertvolles Werk.

410

Wohin der Mensch auch geht, er trägt nach wie vor den eigenen Geist, das eigene Herz, den eigenen Charakter mit sich herum. Sie sind die wirklichen Urheber seiner Schwierigkeiten. Nichts äußeres wird diese Schwierigkeiten ändern, solange er sein seelisches Leben, das heißt sich selbst, nicht zu ändern beginnt.

411

Das Schicksal flößt ihnen ein uneingeschränktes Vertrauen auf die eigene Zukunft ein; es formt ihren Charakter und gestaltet ihre Fähigkeit, um es ihnen möglich zu machen, eine in der Evolution der Menschheit historische Aufgabe auszuführen.

412

Es stimmt, daß der Starke und Weise über seine Sterne herrscht und seine Verhältnisse bezwingt, aber es stimmt auch, daß die Kraft und Weisheit, die er dazu braucht, von innen kommt, er sie aber nicht erlernt, sondern sie in ihm geboren wird – eine Tatsache, die freilich oft übersehen wird.

413

Die meisten der großen historischen Figuren – ob groß im Krieg oder Denken, in der Kunst oder Industrie – hatten, so fühlten sie, den Aufwärtsbogen ihrer Karriere größtenteils einer Kraft zu verdanken, die höher war als die ihrige. Napoleon spürte das und meinte: „Ich sehe mich auf ein Ziel getrieben, das ich nicht kenne. Sobald ich es erreiche, sobald ich überflüssig geworden bin, wird ein Atom genügen, mich zu zerstören."

414

Verpflichtungen neigen dazu, sich jenen aufzubürden, die sie am besten tragen können.

415

Sein Charakter existierte bereits bei seiner Geburt, indes ist er jetzt durch Umgebung, Erfahrung und karmische Ereignisse etwas abgewandelt.

416

Das Geschick macht gewisse Menschen nutzbar, um seine großen öffentlichen Ziele auszuarbeiten, aber gleichzeitig läßt es sie auch ihre kleinen persönlichen verfolgen.

Männer wie Lenin und Lincoln – so seltsam diese Verbindung auch anmutet – sind Instrumente des Schicksals.

Es ist Unsinn zu sagen, ein einziger Mensch *mache* eine historische Epoche. Er ist die verkörperte Reaktion, die Rolle, die ihn das Geschick seiner Zeit und die Gedanken jener spielen heißt, unter die er sich geworfen sieht.

Das Geschick macht sich einen solchen zunutze, um bessere oder schlechtere Veränderungen zu bewirken. Folglich formt es oder zerbricht es ihn.

Die Stunde, so lehrt die Geschichte, bringt den Menschen hervor. Aber wenn wir den Dingen der Erde zu stark verhaftet sind, wenn wir die göttlicheren Prinzipien der Rechtschaffenheit, Wahrheit und Gerechtigkeit vergessen haben, dann bringt sie ihn zu unserem Untergang hervor. Das schreckliche Chaos der Französischen Revolution brachte nach einer Weile die vom Geschick verhängte Figur Napoleons hervor. In jedem Land Europas, in dem er kämpfte, brachte er den Anfang des Endes des überholten feudalen Zeitalters, aber er brachte ihn durch eine Massenvernichtung, die von Elend, Krieg, Schmerzen und Blutvergießen geprägt war.

Um ein historisch bemerkenswertes Ereignis zu erzielen, sind zwei Elemente erforderlich – ein bestimmter Mensch und das Geschick.

Das Karma mag eine Person als das unwillige Werkzeug für seine Fügungen benützen.

Gewöhnlich paßt das Geschick seinem Menschen. Was er ist, pflegt das zu gestalten, was er erlebt.

Hitler war ein eitler und gewalttätiger Mann, der keinerlei Gewissen hatte, keinen anderen Sinn für Gut oder Böse als die barbarische Regel, daß der eigene

Erfolg das einzige Gute, das eigene Versagen das einzige Böse sei. In den ungeheuren Konturen der Geschichte dieses Jahrhunderts wird dieser Diktator der Welt als das beurteilt werden, was er war, und die einzigen Worte, mit denen sie ihrem Urteil Ausdruck verleihen kann, sind, daß Hitler ein verrückter Verbrecher, ein krankhaft paranoides Geschöpf war, in dessen Geisteskrankheit sich die allgemeine Verrücktheit seines Volkes und seiner Anhänger in anderen Ländern widerspiegelte. Dies ist eine richtige Beurteilung der Person Hitlers, aber es gibt auch Hitler, das Werkzeug des Schicksals.

Die kryptischen Zeichen dieser historischen Ereignisse lassen sich dann richtig lesen, wenn wir in ihm den halbbewußten karmischen Handlanger sehen, der die morschen Grundlagen einer veralteten Struktur zerstörte, der die endgültige Auslöschung einer oberflächlichen Periode beschleunigte, die von raffinierten Heucheleien, Selbsttäuschungen und materialistischem Neid geprägt war. Hitler mußte in diesem universellen Drama seine Rolle spielen, wenn auch eine gottlose. Aber dies bedeutet nicht für einen Augenblick, daß wir Hitlers Geburt begrüßen oder in ihm nicht den sehen sollen, der er war – der gottloseste aller menschlichen Wesen, der größte Sünder aller Sünder, der rachsüchtigste unter seinen Zeitgenossen, das barbarischste aller menschlichen Geschöpfe, der satanischste Feind aller Feinde von Wahrheit und Kultur. Machen wir uns nichts über diesen Menschen vor, für den Mord ein Propagandamittel und Unterdrückung Regierungsform war. Wenn es in der Geschichte einen Platz für Hitler geben kann, dann nur in den Annalen einer unvergleichlichen Brutalität, einer gewaltigen Verlogenheit und einer Aggressivität, die sich bis zu restloser Bestialität gesteigert hatte. An ihm hat sich Emersons Feststellung bis zur Genüge veranschaulicht, daß sich alle Geschichte leicht in die Biographie einiger weniger kühner und ernsthafter Personen auflösen läßt, wiewohl Hitlers Kühnheit einer teuflischen Sache geweiht war und seine Ernsthaftigkeit einem aggressiven Ziel. Dies gesagt, müssen wir schließen und die Lippen verächtlich kräuseln.

425

Ein Wandel im Geschick eines Menschen bedingt als wesentliche Voraussetzung einen Wandel in seinem moralischen Charakter und in seinen persönlichen Neigungen.

426

Es stimmt gewiß, daß die vermeintliche Willensfreiheit des Menschen größtenteils illusorisch ist, aber es stimmt auch, daß die meisten Ereignisse in seinem Leben, die aus eben diesem Grund so vorherbestimmt scheinen, unweigerlich ein Auswuchs der charakterlichen Moralität und geistigen Fähigkeit ist, über die er verfügt. Sie sind weder rein zufällig noch gänzlich willkürlich. Wahl und Reaktion, Einstellung und Entscheidung hängen letzten Endes vom eigenen psychologischen Rüstzeug ab und beeinflussen den Verlauf der Geschehnisse auf eine gewisse Weise. „Charakter ist Schicksal" – dies ist die einfachste Darlegung der größten Wahrheit. Wo bleibt die Freiheit des Menschen, wenn Vererbung und Geschichte und seine familiären Umstände und Rasse so viele physische Faktoren für ihn vorbestimmt haben?

Astrologie, Schicksal und Willensfreiheit

427

Die Philosophie lehrt uns einen Pfad, der klüger ist als bloßer Fatalismus, der wahrhaftiger ist als bloßer Glaube an die Freiheit des Willens. Sie lehrt uns, daß die Sterne würdiger Ideale immer für uns arbeiten, auch dann, wenn die Sterne am Firmament gegen uns zu arbeiten scheinen. Sie befreit uns von ängstlichen Sorgen über unser Horoskop, weil sie uns die Gewißheit einflößt, daß die von uns in Gang gesetzten Ursachen die rechten Auswirkungen haben müssen. Sie gibt dem Schiff unseres Lebens Segel und Steuer, Hafen und Kompaß; wir brauchen nicht ziellos dahinzutreiben.

428

Aus der Vergangenheit kommt die Zukunft zu uns, und die Zukunft wird jetzt in der Gegenwart gemacht. Alle drei sind miteinander verknüpft, und ein Horoskop ist einfach ihre Karte. Dies ist eine der ältesten Ideen, auf die wir in der menschlichen Geistesgeschichte stoßen, diese Idee, daß das Leben des Menschen einer höheren Kraft unterworfen ist, daß er sich für sein Handeln vor einem höheren Gesetz persönlich zu verantworten hat und weder der Vergeltung für begangenes Unrecht noch dem Lohn für Rechtschaffenheit ausweichen kann. Es gab sie bei den Stoikern im alten Rom, und sie nannten sie SCHICKSAL. Es gab sie bei den Platonikern des alten Griechenlands, und sie nannten sie GESCHICK. Und es gab und gibt sie bei den Indern, meistens Buddhisten und Hindus, und sie nennen sie KARMA.

429

Die Planeten herrschen nicht über euer individuelles Geschick, vielmehr bestimmen ihre Bewegungen die Zeitpunkte, zu denen latentes, von euch verdientes Karma tätig werden und in Kraft treten soll. Daher gleicht der Himmel einer gigantischen Uhr, deren Zeiger die schicksalhaften Stunden des menschlichen Lebens ankünden, und ist nicht eine Vorratskammer von Kräften, die dieses Leben beeinflussen und beherrschen.

430
Ich weiß nichts sicher, außer daß unsere zeitgenössischen Reformierer in ihrem Eifer, die Astrologie von ihren „abergläubischen Aspekten" zu reinigen, einige einleuchtende Lehren hinausgeworfen haben. Sie verlieren die Tatsache aus den Augen, daß das denkende Hirn die Astrologie niemals hätte formulieren können, sondern sie im wesentlichen eine Offenbarung war. Diese wunderbare Erkenntis hätte nur von großen Sehern entdeckt werden können, deren klare Hellsichtigkeit die sternenbesetzten Himmel zwang, ihre Geheimnisse preiszugeben. Es ist außerordentlich schade, daß das orientalische System im Westen so wenig bekannt ist, denn ohne seine Hilfe werdem wir wohl nie einer Naturwissenschaft näher kommen, die unfehlbar ist.

431
Das Horoskop ist nicht nur eine Karte der gegenwärtigen Wiederverkörperung, es ist darüber hinaus auch eine Karte der zwischen dem Ego und der Seele bestehenden Beziehung. Es zeigt auf, welche speziellen Lektionen gelernt werden müssen.

432
Die Frage nach der Astrologie taucht heutzutage zu oft auf, als daß man sie vergessen könnte. Wäre er, dieser Hinweis auf die Planeten und die Vorhersage, völlig wahr, dann könnte er leicht geprüft werden und sich zu allen anerkannten Naturwissenschaften gesellen. Wäre er gänzlich unwahr, dann könnte er genauso leicht geprüft und ein für allemal verworfen werden. Weil die richtige Bewertung aber an einem unbestimmten Punkt zwischen diesen beiden Extremen liegt, kann uns die Antwort auf die Frage nur auf die Folter spannen und verwirren. Wer die Astrologie restlos ablehnt, beweist damit, daß er sie entweder nie oder ungenügend untersucht hat. Wer sie restlos annimmt, setzt sich der schwerwiegenden Gefahr aus, die dem Menschen verliehene beschränkte Willens- und Handlungsfreiheit zu leugnen und in die Irre eines dummen Fatalismus zu laufen. Da der Mensch den größeren Teil des Geschickes, das er erdulden muß, selbst geschaffen hat, kann er es auch rückgängig machen. Für extremen Fatalismus gibt es also keinen Platz. Weil sein individueller Wille aber einem höheren untersteht, bleibt ein gewisser Teil seines Geschickes so stark, daß er ihn nicht ändern kann. Dem ÜBERSELBST muß sicher die einfache

Kraft zugebilligt werden, daß ihm die in seinem Sprößling – dem Ego – schlummernden potentiellen Tugenden und Sünden, spirituellen Fortschritte und Rückschritte bereits vor jeder Wiederverkörperung auf Erden bekannt sind. Aber das verpflichtet einen Menschen ebensowenig zu einem hoffnungslosen Fatalismus wie die Erkenntnis, daß er morgen zwei Mahlzeiten zu sich nehmen wird. Laßt ihn die eigene Vernunft und Erfahrung fragen, ob diese am Himmel funkelnden Lichtpunkte seinem Leben mehr Unheil bringen als die eigenen Schwächen und Unzulänglichkeiten, als der eigene Egoismus und Mangel an Selbstbeherrschung. Könnten sie ihm etwas antun, das schlimmer wäre als das, was er sich selbst anzutun vermag?

433
Lodovico, ein im Mittelalter lebender italienischer Prinz, sah sich, obwohl er den Rat seiner persönlichen Astrologen genau befolgte, vor eine Schwierigkeit nach der anderen gestellt. Denn eine Beziehung zwischen den Sternen – ob es sich nun um ein Quadrat oder Dreieck, eine Konjunktion oder Opposition handelt – kann ganz verschieden ausgelegt werden. Die Astrologie vermag mit größerer Leichtigkeit und Sicherheit auf ihr Wesen hinzuweisen, ob sie gut ist oder schlecht. Aber sie ist nicht imstande, die genaue Bedeutung einer Konfiguration so bis ins einzelne aufzuzeigen, daß sich alle Astrologen einig wären. Daher handelt es sich bei der Astrologie nicht so sehr um eine Wissenschaft als um eine Kunst. Der vollkommene Astrologe müßte allwissend sein und hoch über der alltäglichen menschlichen Szene weilen.

434
Die Astrologie ist der frühen Menschheit von den ersten Weisen als eine Offenbarung gestiftet worden. Kein menschliches Wesen auf Erden hätte sich diese geheimnisvolle Wissenschaft der Astrologie selbst ausdenken können. Als ein Zugeständnis an ihre menschliche Natur diente sie dazu, den spirituell noch immer weit vom Ziel entfernten menschlichen Wesen zu helfen. Steht der Mensch aber aufgrund spiritueller Fortschritte unter der Gnade GOTTES – ob direkt oder durch einen Lehrer – dann ist es nicht möglich, ein Horoskop zu erstellen, das genau zu ihm paßt, weil sein Zeugnis wahrscheinlich stets näher bestimmt und geändert werden wird.

435
Nach meiner Erfahrung scheint der Glaube der alten Römer, daß Bücher genauso unter einem gewissen horoskopischen Geschick geboren sind wie Menschen, etwas Wahres an sich zu haben.

436

Die Überbetonung eines Glaubens, wie etwa der Astrologie, mag dazu führen, daß man die eigenen schöpferischen Möglichkeiten zu wenig betont oder gar gänzlich vergißt. Sie sind beide extreme Schwingungen des Pendels. Die Astrologie beruht auf dem Karma von Tendenzen und Handlungen. Entscheidungsfreiheit beruht auf dem evolutionären Bedürfnis, den Menschen die ihm vom Überselbst verliehene schöpferische Kraft zum Ausdruck bringen zu lassen. Ihm obliegt es, beide Faktoren zusammenzubringen, um die Wahrheit zu finden.

437

Während beschränktere Köpfe der Gegenwartsliteratur bereit sind, das Thema Astrologie mit verächtlicher Geste abzutun, zollte ihr Englands größter Dramatiker eine Achtung, die aus dem richtigen Verständnis rührte. Dies ließe sich durch eine Fülle von Zitaten aus Shakespeare-Stücken beweisen. Erfahrenere Astrologen sollten indes das unvollständige und bruchstückhafte Wesen ihrer gegenwärtigen Kenntnisse einsehen.

438

In Dingen der Gesundheit unseres Körpers mögen wir dem karmischen Gesetz jahrelang Trotz bieten und erst in unseren mittleren Jahren oder im Alter dafür bezahlen müssen. Wir mögen ihm in solchen Dingen wie dem Verhalten gegen andere trotzen und erst in einer späteren Geburt dafür bezahlen müssen. Aber zum Schluß setzt sich das Gesetz stets durch, schlägt es sich stets im Horoskop nieder als die Gestalt des Körpers und das Wesen der Persönlichkeit.

439

Alles, was einem Menschen widerfährt, ist auf irgendeine Weise die Folge von dem, was er in der Vergangenheit getan hat, einschließlich der verschollenen Vergangenheit früherer Geburten. Es mag sich dabei aber auch zum Teil um die Auferlegung des Musters der Welt-Idee auf das eigene karmische Muster handeln. Ist das der Fall, dann ist sie unwiderstehlich, denn sie beinhaltet planetarische Schwingungen.

440

Hatten jene Römer nicht recht oder waren sie abergläubisch, wenn sie sich wieder nach Hause begaben, weil der Anfang des Tages unglücklich oder übel verlief? Waren solche Unfälle reiner Zufall? Oder stellten sie, wie die Astrologen glaubten, schlechte Zeichen dar, die es zu beherzigen galt?

441

Ein indischer Astrologe: „Die Planeten zwingen niemanden, Böses zu tun und von den Dächern zu verkünden: 'Das Böse soll mein Gut sein.'" Einzigartig in der Geschichte des astrologischen Abenteuers der Welt ist die Erklärung der indischen Systeme, daß die Planeten nur einen groben Umriß zukünftiger Ereignisse anzeigen. Individuen und Völker müssen nicht nur ihr inneres mögliches Gutes und Böses, sondern auch die ihnen durch die planetarischen Konfigurationsmuster vorgezeichneten Grenzen zur Kenntis nehmen, wenn wir in Frieden und Harmonie leben sollen."

442

Das innere Leben des Menschen wird durch Rhythmen erfüllt, die ebensosehr auf Gesetzen beruhen wie die Gezeiten und das Aufgehen der Sonne.

443

Alle, die sich die Mühe machen, diesen Gegenstand zu erforschen, können die Entdeckung machen, daß die Ereignisse des Lebens mit den an den Himmeln angezeigten Wandlungen zusammenfallen.

444

Alles, was wir zu Recht sagen dürfen, ist, daß es in jedem menschlichen Leben ein vom Schicksal verhängtes Element gibt. Aber welches Ausmaß dieses Element von Fall zu Fall annimmt, ist im allgemeinen nicht bekannt, noch ist meistens abzusehen, welche Gestalt es annehmen wird. Aber wir sollten keinesfalls behaupten, daß ein solches Element das einzige ist. Aus diesem Grunde faßt der Kluge kein Horoskop, und sei es noch so fachkundig berechnet, als absolut unausweichlich und keinen Hellsichtigen – und sei sein Ruf noch so gut – als absolut unfehlbar auf.

445

Wenn die Astrologie die Sterne und Planeten dazu benützt, die Ereignisse, die uns widerfahren, als Hinweise auf das Gute oder Schlechte, die Klugheit oder Unwissenheit zu erklären, die *in uns* stecken, dann ist sie zweckdienlich. Benützt sie *sie* indes als die wirklichen Ursachen, dann erweist sie uns einen schlechten Dienst.

446

Haben die Astrologen jemals zu der Kritik des Heiligen Augustinus Stellung genommen, daß Zwillinge, die unter haargenau gleichen Aspekten geboren sind, nicht das gleiche Glück im Leben haben?

447

Legen uns die glänzenden, um unsere Sonne kreisenden Planeten die Gedanken in den Kopf, die Tendenzen ins Herz, die Worte in den Mund und die Ereignisse ins Leben? Werfen sie dem einen Rosen auf den Weg und dem anderen Steine?

448

Die erste vom Menschen geschaffene Wissenschaft war die Astronomie.

449

Die warnenden Prophezeiungen dieser Hellsichtigen sind insofern nützlich, als sie bis zu einem gewissen Grad das sind, was das Orakel von Delphi für Sokrates war. Jene alten Griechen verfügten über eine ganz besondere Weisheit. Sie hatten nicht ganz Unrecht, wenn sie in ungewöhnlichem Glück Anzeichen schrecklichen Unglücks sahen; ihrer Ansicht nach hatten die Götter nicht den Wunsch, daß Sterbliche zu lange glücklich sind.

450

Die Aufgeklärten unter den früheren Rassen der Menschheit – ob die ägyptischen oder griechischen, römischen oder indischen, chinesischen oder sumerischen – pflegten vor jedem wichtigen Unternehmen oder jeder langen Reise erst den Wunsch der Götter zu erforschen. Diesen vernahmen sie hinter geheimen Tempelmauern oder aus dem Mund einiger geschätzter Heiliger oder aus eingehenden Untersuchungen der Vorzeichen, die von gewissen Gegenständen oder äußeren Umständen geliefert wurden. So begabte und hervorragende Männer wie Alexander von Mazedonien hielten es nicht für unter ihrer Würde, die beschwerliche Reise in eine entlegene Ecke der ägyptischen Wüste auf sich zu nehmen, nur um das Orakel im Tempel Ammons zu befragen. Hier wurde Alexander, nachdem er vor den Pforten dieses mystischen Schreins von seinem Roß stieg, enthüllt, daß er siegreich sein und ihm die Welt zu Füßen liegen würde. Laßt uns die, die vor uns lebten, nicht so geringschätzen – auch sie hatten Bildung, Kultur und Religion.

451

Wie kommt es, daß die Träume des Menschen bevorstehende Ereignis manchmal richtig vorhersagen?

Wirken sich die Planeten manchmal zu seinen Gunsten und manchmal zu seinen Ungunsten aus, oder sind sie völlig neutral?

Man könnte die Astrologen „die Interpreten der Übermächtigen Gerechtigkeit" nennen. Es ist nicht allgemein bekannt, daß die indische Astrologie (nicht aber die westliche) im Horoskop Fortgeschrittener die Entstehung einer Verkettung einräumt, die *Gurukula* genannt wird. Ihre Gegenwart wird von den Astrologen als ein Zeichen aufgefaßt, daß die GNADE augenblicklich eingreifen und das Wesen des dadurch gebotenen Bildes wandeln kann. Es stimmt, daß es im Horoskop durchschnittlicher Menschen nicht auftaucht. Jene, deren besonderes Interesse diesem Thema gilt, sollten diesen Punkt überprüfen, weil er eine nachhaltige Wirkung auf das eigene Denken ausüben könnte.

In den Horoskopen durchschnittlicher Menschen, in dem die Gurukula genannte Verkettung mehrerer Planeten nicht erscheint, kann der Experte den Verlauf ihres zukünftigen Lebens mit verhältnismäßiger Genauigkeit berechnen, weil ihr Charakter sich wahrscheinlich nicht besonders verändern wird. Aber im Horoskop jener Handvoll, in dem das Gurukula erscheint, ist es nicht möglich, die Zukunft vorauszusagen. Meistens sind solche Menschen mit einer große Sendung beauftragt, ob eine öffentliche oder geheime. Das individuelle Karma aus vergangenen Leben, ja selbst das des gegenwärtigen, mag während der Erfüllung einer solchen Sendung eine Wandlung erfahren. Ramana Maharshi hatte das Gurukula-Zeichen in seinem Horoskop, auch Gandhi hatte es – alle MEISTER haben es.

Die Philosophie bejaht, daß das Karma sich ändern kann, daß es größtenteils abgeschwächt werden oder man ihm entgegenwirken kann. Indes gibt es gewisse Grenzen, die man nicht überschreiten kann.

Man kann die Astrologie zwar nicht als eine exakte Naturwissenschaft im Sinne der Astronomie betrachten, aber sie hat einige nützliche, informative Hinweise und Wahrscheinlichkeiten zu bieten. Ein Horoskop mag Hinweise auf die geistigen Fähigkeiten und Begabungen eines Menschen, auf die in seinem Charakter wirkenden Kräfte, ja selbst auf einige der wichtigen Geschehnisse liefern; aber die Interpretation läßt Spielraum für menschlichen Irrtum.

456

Dies bedeutet nicht eine Rückkehr zu mittelalterlichem Aberglauben, sondern vielmehr eine fortschrittliche Hinwendung zu einer zeitgemäßen, mit größter Sorgfalt untersuchten Entdeckung.

457

Gelehrte und Priester des frühesten bekannten Altertums haben aus den Traditionen der Astrologie geschöpft, um eine Verbindung zwischen unserem menschlichen Geschick und dem sternenübersäten Firmament herzustellen.

458

Es ist einfach lächerlich, daß irgendein Skeptiker behauptet, es sei unmöglich, die Zukunft vorherzusagen, wo die Naturwissenschaft sie doch tagaus tagein und Jahr um Jahr erfolgreich weissagt. Die Wissenschaft der Astronomie sagt den Zeitpunkt der Sonnen- und Mondfinsternis bis auf die Minute genau voraus, lange bevor sie tatsächlich eintreten. Die Wissenschaft der Chemie sagt voraus, was mit Lackmuspapier geschieht, wenn man es in Lauge oder Säure legt.

459

Das Horoskop zeigt die Zukunft auf, aber nur für den durchschnittlichen Menschen; für den spirituell Bewußten kann sie niemals sicher feststehen. Denn überall, wo einer unter die GÖTTLICHE GNADE kommt, kann er auf Wunsch des GÖTTLICHEN zu jedem Augenblick direkt oder indirekt – durch einen Lehrer – von seinem vergangenen Karma entbunden werden. Der Wille ist frei, weil der MENSCH GÖTTLICH und das GÖTTLICHE SELBST frei ist.

460

In der Praxis nehmen ihre Anhänger zu oft und aus zu trivialen Gründen Zuflucht bei der Astrologie. In ihrer westlichen, leicht verständlichen, in Tageszeitungen und Monatsheften verbreiteten Prägung, wird sie so irreführend dargestellt, daß sie halb gefälscht ist. In der Theorie geben nur die ehrlichsten und fachkundigsten Astrologen die Wahrheit zu, daß es sich dabei nicht um eine exakte Wissenschaft handelt und ihre Interpretation unter der menschlichen Fehlbarkeit ihrer Interpreten zu leiden hat.

461

Ein wichtiger Nutzen eines Horoskops liegt darin, die Anzeichen einer neuen, günstigen Gelegenheit zu entdecken oder auf gefährliche Prüfungen und Fallgruben hinzuweisen. Oft ist es schwierig, eine wichtige Entscheidung zu treffen, wenn man einen von zwei Wegen einschlagen muß und der eine zu Unglück und der andere zu Glück führt. Zu einer solchen Zeit bietet ein richtiges Horoskop eine Hilfe, zu der richtigen Entscheidung zu gelangen.

462

Alle, denen es gelingt, das an der Oberfläche und in den Tiefenschichten sich abspielende Leben des persönlichen Egos zu durchdringen und ihre tiefere Identität zu entdecken, werden ihre Bemühungen, ihr weltliches Geschick zu erforschen, künftig einstellen. Die Orakel, nach denen andere mit so großem Eifer suchen, die Drehungen des Glücksrades, die sie im voraus in Erfahrung zu bringen hoffen – bleiben auf sich beruhen, damit sie in fröhlicher Heiterkeit leben mögen.

463

Ein in Aussicht gestellter Plan, der Beginn einer neuen Aufgabe, eine folgenschwere Entscheidung, die Gründung eines Unternehmens oder das Eintreten einer ernsten Krise – das alles mag mit Zeichen verbunden sein, die auf das künftige Geschick der jeweiligen Angelegenheit oder des Rates und somit auf den Weg schließen lassen, den man einschlagen sollte. Solche Zeichen könnten durch eine besondere Naturerscheinung oder durch das Wesen eines besonderen Vorfalles gegeben werden. Diese Signale, Omen, Weis- und Wahrsagungen bedürfen der Interpretation oder Prophezeiung; sie mögen günstig oder ungünstig sein. Es ist, als ob die Natur oder das Karma selbst eine Art von Stundenhoroskop erstellte, um jene zu lenken, die sich der Zukunft oder der Gegenwart nicht sicher sind.

464

Jene, die das I-Ging oder die astrologischen Ephemeriden und Horoskope als unfehlbare Mittel zur Weissagung benützen, neigen dazu, sie zum Schluß zu viel zu benützen, was dazu führt, daß sie sich fatalistisch in alles schicken und ihr Selbstvertrauen verlieren. Ganz abgesehen von der Frage nach der Unfehlbarkeit, kommt darüber hinaus auch die menschliche Interpretation zum Tragen, die gewiß nicht unfehlbar ist.

465

Unsere ganze westliche Erziehung, Bildung, Ausbildung und Denkweise hat sich instinktiv gegen diesen geschmacklosen Fatalismus des Orients gesträubt und ihn deswegen bislang verworfen. Aber seit dem Krieg hat sich überall in Europa und Amerika der Glaube an die Astrologie verbreitet. Wird seine unausweichliche Folge nicht in dem mohammedanischen Ausruf „Inshallah" zusammengefaßt?

466
Eben jenes Gemisch aus brennendem Wunsch und nervöser Angst treibt sie immer wieder zum Wahrsager oder Astrologen, der ihnen die Zukunft liest.

467
Bei den meisten überlieferten, die Zukunft voraussagenden Methoden, wie zum Beispiel beim Tarot, der Handlesekunst etc., stellt die linke Seite die Vergangenheit und die rechte Seite die Zukunft dar. Das linke Auge stellt zum Beispiel Empfänglichkeit dar, das rechte Entschiedenheit. Der gleiche Symbolismus wird in zeremoniellen Formen ausgeführt.

468
Besitzt irgendeiner wirklich die Fähigkeit, Ereignisse Wochen oder gar Monate vor ihrem tatsächlichen Eintreten vorauszusagen? Nur Genauigkeit über Vergangenes oder das, was jetzt geschieht, könnte einem ein gewisses Vertrauen auf Wahrsagungen über die Zukunft einflößen.

469
Einige, die in keinem anderen Beruf Erfolg haben können oder nicht zu ehrbarer Arbeit taugen, verlegen sich auf die Wahrsagerei und lernen im Handumdrehen die Kunst, jene zu betrügen, die sich bei ihnen Rat holen. Manchmal sind ihre Voraussagen zufällig richtig, aber in neunzig Prozent der Fälle sind sie es nicht.

470
Die Kritiker bestehen darauf, daß Hand-, Zeichenleser und Wahrsager nur bei extrem Abergläubischen Anklang finden. Man kann die Haltung jener verstehen, denen übertriebene Ansprüche so sehr widerstreben, daß sie das ganze Thema Geschick und seine Voraussage mit irritierter Ungeduld abtun. In Indien waren die alten brahmanischen Astrologen durch nichts zu bewegen, ihre astrologischen Kenntnisse zu den Massen durchsickern zu lassen, weil sie die Befürchtung hegten, man würde sie falsch verstehen oder mißbrauchen. Genau das ist heutzutage eingetreten. Die in diesen demokratischen Zeiten herrschende weite Verbreitung von Wissen ist nicht eine durchwegs gute Sache.

471

Es gibt einige begeisterte Vertreter, denen der Anspruch, daß sich im Leben eines Menschen jeder Augenblick mit äußerster Genauigkeit vorherbestimmen läßt, nicht genügt und für die diese Künste schlechterdings zu einem Glaubensbekenntnis werden. Ich glaube zwar an die Wissenschaft von den Sternen, wenn auch mit Vorbehalt, – weil mir ihre Unvollständigkeit und ihr bruchstückhaftes Wesen nicht verborgen bleibt – habe aber nie gefunden, daß sie den spirituellen Trost spenden konnte, nach dem man bei der Religion oder Philosophie sucht.

472

Die von Angst, Druck und Anstrengung geprägte Lage in der Welt hat zu einem bemerkenswerten Wiederaufleben der Wahrsagerei und namentlich der Astrologie geführt. Eine ganze Armee hat mitten in der Großstadt ihre Zelte aufgeschlagen, mit der Erklärung, sie vermittele ihren Kunden kurze Einblicke in die in der Zukunft liegenden Ereignisse ihres Lebens. Ich betrachte die Astrologie nicht als Unsinn. Ich bin keineswegs der Ansicht, daß die Lehren aus der Luft gegriffen sind, meine aber, daß es in der ganzen Wahrsagezunft von Quacksalbern wimmelt. Jene, die den Weissagungen dieser Sippschaft Glauben schenken, werden sich in einer Mehrheit von Fällen traurig enttäuscht sehen. Der Reichtum, die glückliche Ehe und der Ruhm, durch die sich ihre verzeihlichen Prophezeihungen im allgemeinen auszeichen, erweisen sich als Luftblasen, in die die Nadeln der Zeit Löcher stechen. Die Denkart, die jede Weissagung als authentisch hinnimmt, ist so primitiv und unintelligent wie die, die sie äußert, wie die in den Tagen des Verfalls des alten römischen Reiches. Aberglaube lebt von geistig Verunsicherten und bangenden Herzen, von allen, die das Bedürfnis empfinden, sich während dieses von Unruhen geplagten Zeitalters über ihre persönliche Zukunft zu vergewissern. Der Besonnene weigert sich, dem Massenklatsch zu folgen, und wird seine Vergewisserung aus den philosophischen Studien und der Praxis der Meditation ziehen.

473

Wie sehr wir auch die Zukunft zu erforschen suchen, wirklichem Frieden kommen wir damit nicht ein Iota näher; während ein unbeirrbares und ergebenes Trachten nach dem ÜBERSELBST allmählich ein unsterbliches Licht und Leben bringt.

474

Weissagungen haben sich nicht nur nicht erfüllt, vielmehr trat ihr genaues Gegenteil ein; und zwar deswegen, weil sie einerseits auf der falschen Theorie vom Materialismus und andererseits auf einer daraus resultierenden zynischen Beurteilung der menschlichen Natur fußten.

475
Alle magischen Vorkehrungen, Einflüsse von Edelsteinen etc., verstärken oder schwächen die jeweiligen anderen Einflüsse (karmische, Umwelt- und persönliche); sie wirken nicht im Leeren. Auf diese Weise kann man noch mehr ausrichten, wenn man die Art von vorherrschenden Gedanken ändert und insbesondere, wenn man negative und zersetzende nicht aufkommen läßt und um Lenkung betet.

476
In Anbetracht einer bestimmten Gruppe von Charaktermerkmalen kann der Psychologe häufig voraussagen, wie sich ein Mensch in einer gegebenen Situation meistens verhalten wird.

477
Einige besitzen einen instinktiven Glauben an die Astrologie. Stets suchen sie bei den Planeten um Rat über die rechte Zeit für ihre Schritte.

478
Daß sich gewisse Vorfälle ereignen werden, mag man sogar vor ihrem Eintreten intuitiv – nicht logisch folgernd – erkennnen.

479
Unter Umständen besteht die Gefahr, daß schlechte Weissagungen als Einflüsterungen wirken und durch Beeinflussung mentaler oder emotionaler Ursachen zu physischen Auswirkungen führen, die die Weissagungen erfüllen.

480
Wiewohl die Alten der Wahrsagerei ergeben waren, riet Sokrates, sich bei der Lösung von Schwierigkeiten auf die eigene Vernunft und das eigene Urteilsvermögen zu stützen, und erst dann, wo diese nicht halfen, von ihr Gebrauch zu machen.

481
Es gibt weder Hausnummern die Glück noch Hausnummern die Unglück bringen. Wenn einem Menschen in einem gewissen Haus eine Reihe von Un-

glücksfällen widerfahren sind, dann ist nicht die Hausnummer, sondern sein Karma daran Schuld. Sein schlechtes Karma ist während dieser Zeit fällig geworden und hätte auch dann zu schmerzlichen Erlebnisses geführt, wenn er in einem völlig anderen Haus mit einer völlig anderen Hausnummer gelebt hätte. Nun entsteht Karma letzten Endes aus Anlagen, die nach Verbesserung streben, womit sein Karma letzten Endes gewandelt wird. Laßt ihn dann in dasselbe Haus zurückziehen, das ihm einst Unglück brachte. Er wird feststellen, daß es das dieses Mal nicht mehr tut. Seine sogenannte unglückliche Nummer wird ihm nicht mehr schaden.

482
Ich glaube an gute Vorzeichen. Dies ist der eine schwache kleine Aberglauben, den ich mir leiste, daß der Beginn eines Ereignisses eine eindeutig Gutes verheißende Bedeutung trägt.

483
Daß es hin und wieder möglich ist, die Zukunft vorauszusagen, man manchmal im voraus wissen kann, was sich ereignen wird, weiß der Feinfühlige aus persönlicher Erfahrung.

484
Der „Glücksstein", der das Karma außer Kraft setzen und einem Menschen die hohe, nicht verdiente Stellung verschaffen kann, muß erst noch gefunden, der „Unglücksstein", der den Menschen der Früchte seiner Bemühungen berauben kann, erst noch geformt werden.

485
Vor astrologischen Prophezeiungen muß gewarnt werden. Die Lesungen müssen mit größtem Vorbehalt aufgefaßt werden. Jeder Astrologe macht Fehler – und häufig schwerwiegende – weil wir heutzutage, in diesen modernen Zeiten, nur noch über einen Bruchteil der einstigen Kenntnisse dieser Wissenschaft verfügen. Der Rest ist verlorengegangen.

486
„Er widerstand der Versuchung, sich der Dame vorzustellen, die später seine Frau werden sollte; er hatte das Gefühl, es sei nicht der rechte Augenblick, weder für ihn noch für mich – aber jetzt, sechs Monate später, wußte er, daß er gekommen war." Und er hatte sich nicht geirrt! Diese kurze Geschichte beweist wieder einmal, wie wichtig die zeitliche Abstimmung auf Ereignisse ist,

ein Punkt, auf den es auch bei der Tätigkeit des Astrologen täglich ankommt.

487
Wir dürfen die Zukunft uneingeschränkt den Sternen überlassen, aber nur, wenn wir wissen, daß wir uns treu bleiben können.

488
Es ist wichtiger, der Zukunft mit den rechten Grundsätzen und einem starken Charakter ins Auge zu blicken, als mit Prophezeiungen über ihre Einzelheiten. Wenn wir eine gute Einstellung zu ihr entwickeln, können die Ergebnisse nicht schlecht ausfallen.

489
Kritiklose Phantasten werden die Geschichte ihres Lebens und das Muster ihres Charakters so zurechtbiegen und verzerren, daß sie zu dem passen, was der Wahrsager aus ihrer Hand und der Astrologe aus ihrem Horoskop liest. Meistens gelingt es ihnen, weil es bei jeder Handlesung und jedem Horoskop meistens etwas gibt, das auf jeden zutrifft.

490
Menschen mit einer Vorliebe für Astrologie mögen der Meinung sein, sie könnten den von den Sternen verhängten Schicksalsschlägen aus dem Weg gehen.

491
In Anbetracht der unendlich vielen Möglichkeiten, die die Zukunft birgt, werden wir keine voreiligen Voraussagen machen.

492
Als Teenager befaßte ich mich eingehend mit der Astrologie und sah mir mein Horoskop monatlich mehrere Male voll Sorge oder Neugier an. Jetzt habe ich schon jahrelang keinen Blick mehr darauf geworfen. Warum?

493
Die genaue Voraussage zukünftiger Ereignisse kann nicht etwas so völlig Wissenschaftliches sein wie z.B. die Mathematik. Es sind stets unberechenbare und nicht leicht zu entdeckende Faktoren im Spiel. Dennoch lassen sich Richtung und allgemeine Tendenz der Ereignisse mit einiger Gewißheit voraussagen.

494
Sollen wir unsere Reisen aufschieben, weil wir an die Planeten glauben?

495
Wenn ich nicht mehr daran interessiert bin, mir die Zukunft lesen zu lassen, dann deswegen, weil ich meine wirkliche Zukunft *in mir selbst* gefunden habe.

496
Bei der Behandlung ungünstiger Voraussagen wies Alan Leo, der vor Jahren größte britische Astrologe, darauf hin, daß diese Voraussagen die Folge von dem wären, was geschehen würde, wenn keine Vorkehrungen dagegen getroffen würden. Diese Haltung eines zeitgenössischen, westlichen und europäischen Astrologen ist interessant im Vergleich zu den von einem indischen oder anderen orientalischen Astrologen gemachten Voraussagen, weil deren Sicht erheblich fatalistischer ist.

497
Wo ein Horoskop zeigt, daß jede körperliche Beziehung mit Frauen – mehr noch jede wahllose – unter einem schlechten Aspekt der Planeten steht, würde sich ein Mann, der die Warnung nicht beachtet, eine Schwierigkeit nach der anderen einhandeln. Er muß, so schwer es ihm auch fallen mag, ein eheloses, züchtiges Leben führen.

Karma, die Freiheit des Willens und das Überselbst

498
Wer ist schon Herr über sein Los? Der großen Persönlichkeit mag es gelingen, es abzuschwächen, aber die psychologischen und körperlichen Faktoren, mit denen der Durchschnittliche seinen Lebensweg antritt, sind bereits in seinen Genen enthalten und bestimmen sowohl Charakter als auch Glück. Man ist den Ereignissen ausgeliefert, bis man das Geheimnis lernt, sie abzuschwächen und zu beeinflussen.

499
Wir alle müssen die Folgen unserer vergangenen Taten ertragen. Das läßt sich nicht ändern. Aber es gibt natürlich gute und schlechte Taten. Wir können diese Folgen bis zu einem gewissen Grad aufwiegen, indem wir durch neue Taten Gegenkräfte ins Spiel bringen; aber inwieweit – das ist von Person zu Per-

344

son verschieden. Wer über die notwendigen Kenntnisse und die Kraft verfügt, wer imstande ist, tiefe Meditation zu üben und seinen Charakter in der Gewalt hat, der wird jene Folgen notwendigerweise viel stärker beeinflussen können als der, dem sie abgehen.

500

Karma gibt dem Menschen, was er größtenteils selbst verursacht hat; es gibt ihm nicht, was ihm lieber ist. Freilich ist es durchaus möglich, daß beides zusammenfällt. Wenn er seine Schwierigkeiten teilweise selbst verursacht hat, so zieht er durch mentale Kraft auch sein Glück an.

501

Es muß in dieser Welt menschlicher Belange ein Maß an Schicksal, Besonnenheit und Geschick geben, wenn sie ein Teil der göttlichen Ordnung sein sollen und nicht ein Teil eines rein zufälligen Chaos.

502

Es ist genug, daß jeder Tag seine eigene Plage hat, sagen die Teilnahmslosen und Trägen, die sich nicht aufraffen können und nicht an die Zukunft denken wollen. Sie erleben sie – das steht außer Zweifel. Wenn die Zeit gleichzeitig ist und die Zukunft bereits existiert, was nützt es da, sich anzustrengen? Freilich übersieht dieser verzweifelte, aber einleuchtende Einwand die parallele Tatsache, daß die Zukunft nicht auf alle Ewigkeit feststeht; sie ist immer im Fließen, weil sie stets näher bestimmt werden wird durch das Hinzukommen neuer Faktoren, z.B. durch die gesteigerte Bemühung, sie zu ändern, oder durch die nachdrückliche Einmischung eines anderen. Die Zukunft existiert, aber gleichzeitig verändert sie sich auch.

503

Sowohl das Günstige als auch das Unheilvolle liegen bereits bei der Geburt des Kindes in dem von seinem Geschick Gefügten verborgen. Insofern äußere glückliche Umstände sich direkt auf innere Tendenzen zurückführen lassen, insofern lassen sie sich lenken und ändern. Wie groß oder wie klein dieser Teil ist, das kann man nicht selbst entscheiden, und die Richtung selbst ist Schicksalssache.

504

Man mag sich angesichts des Schicksals machtlos fühlen, zu winzig gegenüber der unbegrenzten kosmischen, das Leben der Menschen gestaltenden Kraft und so überwältigt, daß man alles Interesse verliert oder wie gelähmt ist.

505

Sich mit äußeren Umständen abzufinden, sich der Umwelt anzupassen, sich nicht gegen Unabänderliches aufzulehnen und Unvermeidliches anzunehmen, wenn auch noch so ungern – das alles hat genauso seinen Platz wie freies kämpferisches Wollen.

506

Wenn es wahr wäre, daß jede Einzelheit jeder Handlung des Menschen und jedes Ereignisses, das ihm widerfährt, im voraus festgelegt wäre, dann wäre die daraus entstehende Zerstörung seiner moralischen Verantwortlichkeit eine Katastrophe, sowohl für die Gesellschaft als auch für ihn selbst.

507

Wenn in unserem Geschick gewisse Übel geschrieben stehen, die wir nicht vermeiden und gegen die wir nichts tun können, auch wenn wir es versuchen, so ist es gelegentlich dennoch möglich, sie durch besonnenes Verhalten so klein als möglich zu halten.

508

Genauso wie sich die Fäden auf einem Webstuhl kreuzen und zu Stoffen wirken, so sind Geschick und freier Wille ineinander verschlungen und wirken das Leben eines Menschen.

509

Hätte man es nicht getan, dann hätte es das Leben so eingerichtet, daß es dennoch geschehen wäre; aber in diesem Fall wäre es nicht ganz das Gleiche, noch würde es zur gleichen Zeit geschehen.

510

Das Schicksal muß seinen Lauf nehmen und seinen Willen zur Geltung bringen, denn darin besteht sein Werk und seine Kraft. Indes mag der Mensch es durch sein eigenes Dazutun dabei stören oder unterstützen.

511

Auf die etwas geheimnisvolle Weise, auf die das vom Schicksal Gefügte sich einstellt auf das, was die freie Entschlußkraft will, tritt das Endergebnis in Erscheinung.

512

Zu sagen, alles hänge vom Schicksal ab, ist eine Übertreibung; zu sagen, es hänge von der eigenen Anstrengung ab, ist irreführend.

513

Den meisten Menschen, mit denen man in Berührung kommt, hat das Geschick etwas vorenthalten, dem ihre ganze Sehnsucht galt und nach dem sie ständig gesucht haben.

514

Das Schicksal engt uns nicht so sehr ein, wie wir denken.

515

Wer hat schon mehr als eine partielle Freiheit? Alle müssen die Rückkehr alter Tätigkeiten hinnehmen, wiewohl die Klugen und Disziplinierten sich bis zu einem gewissen Grad mit neuen dagegen schützen können.

516

Das Karma ist ein Teil seiner selbst und man kann ihm nicht entrinnen. Aber genauso wie man gewisse Änderungen in sich bewirken kann, so kann es im Karma zu einem entsprechenden Echo kommen.

517

Die Philosophie ermutigt niemals zu einer passiven Haltung gegenüber dem Gesetz der Vergeltung, aber sie macht auch nicht den Fehler dieser irreführenden Denkrichtungen, die falsche Hoffnungen bieten.

518

Keiner übertritt diese höheren Gesetze, ohne selbst Schaden zu nehmen, ganz abgesehen von der Strafe, die das Übertreten nach sich zieht.

519

Das Karma bringt uns die Ergebnisse unserer eigenen Handlungen, aber sie passen in die Welt-Idee, die das höchste Gesetz ist und dem Lauf der Dinge Gestalt verleiht.

520

In manchen Lagen gebietet die Vernunft, sich stoisch zu fügen. Aber es gibt andere, in denen man gegen das Ereignis oder die Umwelt zu kämpfen hat.

521

Die alten Argumente über Schicksal und Freiheit des Willens sind zum Schluß völlig nutzlos. Es ist möglich nachzuweisen, daß der Mensch die uneingeschränkte Freiheit besitzt, sich und seine Umwelt zu bessern, aber es ist auch möglich nachzuweisen, daß er hilflos ist. Dies ist so, weil *beide* Seiten der Angelegenheit zugegen sind und in jeden Bericht über die menschliche Lage einfließen müssen. Die Welt-Idee macht gewisse Ereignisse und äußere Umstände unumgänglich.

522

Hart auf ein sich lohnendes Ziel hinzuarbeiten, aber doch auch gewillt zu sein, es aufzugeben, falls das Geschick seine Verwirklichung vereitelt, ist etwas völlig anderes, als überhaupt nichts dafür zu tun und das Ganze dem Schicksal zu überlassen. In sich die vermeidbaren Ursachen unglückseliger Schwierigkeiten zu vernichten, aber jene mit Verständnis zu ertragen, die das unabwendbare Los des Menschen sind, ist etwas völlig anderes, als jene Ursachen auf sich beruhen zu lassen und ihre Auswirkungen blind als Schicksal hinzunehmen.

523

Nur in dem Maße, in dem das Geschick einwilligt in persönliche Pläne, werden ihre Ziele erreicht werden können.

524

Sokrates: „Verwahrlost, ungehobelt, unfreundlich – alle diese Dinge hat mir mein Geschick beschieden, indes gelang es mir, mich durch hartnäckige Anstrengung ein bißchen zu wandeln."

525

Es auf die falsche Weise zu versuchen, hindert uns; es auf die richtige Weise zu versuchen, hilft uns. Sich gegen das Schicksal aufzulehnen, hilft uns nicht; was uns hilft, ist, es anzunehmen und zu berichtigen.

526

Es ist nicht leicht zu wissen, wann man dem Geschick folgen und wann man es bekämpfen soll.

527

Wenn wir inneren Frieden finden, hören wir auf, mit dem Schicksal zu ringen.

Die Weihe des universellen Lebens beinhaltet die Weihe des Lebens des Menschen.

Wir müssen nur zurückblicken und die Ereignisse eines ganzen Lebens zusammenfassen, dann können wir die eine sichere Bedeutung des Ganzen ablesen. Die Zukunft ist schon von Anfang an als ein Präexistentes in uns. Dennoch ist sie keineswegs so unbeugsam, als daß ein Wandel in uns selbst nicht eine Veränderung in ihr hervorrufen könnte.

Man mag alles tun, was man kann, um seinem Geschick aus dem Weg zu gehen. Und obschon es einem in manchen Dingen gelingen kann, kann es einem in anderen nicht gelingen. Eine Person ist beispielsweise nicht imstande, ihre Hautfarbe zu ändern. Aber die Art von Erlebnissen, die einem infolge der Hautfarbe zuteil werden, sind bis zu einem gewissen Grad von Interessen und Charakter abhängig, während die eigene emotionale Reaktion auf sie voll und ganz davon abhängig ist.

Das Karma löscht die Freiheit nicht gänzlich aus, es beschränkt sie. Wenn die derzeitigen Ergebnisse aus alten Ursachen ihn mit Wänden umringen, dann mögen ein verbesserter Charakter und eine verbesserte Intelligenz neue Ursachen in Gang setzen und zu anderen Ergebnissen führen.

Es gibt keine vollkommene Freiheit, aber auf der anderen Seite gibt es auch keine vollkommene Notwendigkeit. Es gibt eine eingeschränkte Freiheit des Willens, eine Freiheit, die gebunden ist. Die Philosophie sieht als Grundlage dieser Freiheit im Menschen sowohl die Intelligenz, die sie in ihm vorfindet, als auch den GÖTTLICHEN GEIST, aus dem sich diese Intelligenz ableitet.

Wer die Lehre vom selbstbestimmten Schicksal verwirft und eine absolute Freiheit des Willens aufstellt, soll zeigen, wie freier Wille die Ergebnisse eines Mordes ändern kann. Kann sie den Leichnam wieder lebendig machen oder den Verbrecher vor dem Tode retten? Kann sie das Unglück der Gattin des Ermordeten entfernen? Kann sie selbst das Schuldgefühl aus dem Gewissen seines Möderers bannen? Keinesfalls – diese Ergebnisse fließen aus der Tat, daran läßt sich nichts ändern.

534

Die Billigung der Existenz des freien Willens beinhaltet die Billigung der Existenz des Schicksals. Bei einer Untersuchung, wie der Freiheitsgedanke im Geist auftaucht, zeigt sich nämlich, daß sein Auftauchen stets mit dem Schicksalsgedanken gekoppelt ist. Stellt man den einen in Abrede, dann stellt man auch den anderen in Abrede.

535

Was nützen unsere bewegten Worte von der Freiheit, unser Leben zu gestalten, oder die wohlklingenden Sätze von unserer Fähigkeit, unser Glück zu schmieden? Damit machen wir uns selbst etwas vor. Es ändert sich doch nichts an der Tatsache, daß uns das Karma fest im Griff hat, daß uns die Vergangenheit auf Schritt und Tritt die Hände bindet und der kleine Freiraum, der uns bleibt, mit zunehmendem Alter immer kleiner wird. Laßt uns freilich alles tun, was in unseren Kräften steht, um die Zukunft zu gestalten und die Vergangenheit zu sühnen, aber laßt uns auch still werden und alles, was, ob wir wollen oder nicht, auf uns zukommen oder bei uns bleiben wird, mit nachdenklicher Ausdauer ertragen.

536

Wer sich einbildet, seine Handlungen seien alle ganz und gar das Ergebnis seiner eigenen persönlichen Entscheidung, wer unter dem Wahn steht, uneingeschränkte Willensfreiheit zu besitzen, der ist mit Blindheit geschlagen und in sein Ego vernarrt. Er sieht nicht, daß es ihm zu gewissen Zeiten unmöglich war, auf irgendeine andere Weise zu handeln, weil es keinen anderen Weg gab. Diese Unmöglichkeit entstand, weil es ein Gesetz gibt, das bei der Fügung von Umständen oder Freisetzung von treibenden Kräften nach einem vernunftsgemäßen Muster vorgeht. Karma, Evolution und Denkrichtung des einzelnen stellen die Hauptbestandteile dieses Musters dar.

537

Die Freiheit des menschlichen Willens stößt an ihre Grenzen. Am Ende muß sie sich den evolutionären Zwecken der Welt-Idee anpassen. Tut sie das nicht bis zu einem gewissen Zeitpunkt, dann rufen diese Zwecke die Kräfte des Schmerzes hervor und zwingen die menschliche Wesenheit, ihnen zu entsprechen.

Was mit jedem von uns in Zukunft geschehen wird, ist nicht gänzlich unausweichlich festgelegt, wenn es auch die logische Folge unserer bekannten und unbekannten Vergangenheit ist. Es hat noch keine Gestalt und hat sich noch nicht herauskristallisiert – und deswegen ist es bis zu einem gewissen Grad wandelbar. Dieser Grad läßt sich teilweise ermessen an unserer Vorkenntnis von dem, was wahrscheinlich geschehen wird, und an den von uns unternommenen Maßnahmen, es zu umgehen. Indes ist die Fähigkeit, diese Ereignisse zu umgehen, nicht uneingeschränkt, denn der Wille des Überselbst kann allzeit die Oberhand über sie gewinnen.

539

Warum die Ereignisse nicht mit eisernem Willen vorherbestimmen?

540

Läßt man zu, daß der Glaube an das Geschick alle Kräfte lähmt und allen Mut überwältigt, dann sollte er neu untersucht werden. Läßt man zu, daß der Glaube an die Freiheit des Willens die Menschen zu egoistischer Arroganz und materialistischer Ignoranz führt, dann sollte auch er neu untersucht werden.

541

Hätte er sich für einen anderen Weg entschieden, dann wäre auch sein Leben völlig anders ausgefallen. War seine Entscheidungskraft aber wirklich so frei wie sie schien?

542

Ist es möglich, zwischen einem unglücklichem Geschick zu unterscheiden, das wir uns nur allzu offensichtlich selbst eingebrockt haben, und einem unglücklichen Schicksal, für das wir allem Anschein nach nicht im geringsten verantwortlich sind?

543

Bis zu einem gewissen Zeitpunkt liegt der Lauf des Geschickes eines Menschen in seiner Hand, ja sogar seiner Macht; aber von da ab nicht mehr.

544

Das, was die dynamische Denkkraft eines Menschen verspätet in Änderungen seiner Umwelt oder Wandlungen seines Charakters zum Ausdruck kommen läßt, ist die Last seines eigenen vergangenen Karma. Aber es handelt sich nur um eine Verspätung; wenn er den Druck der auf diesen Zweck gerichteten Konzentration aufrechterhält, müssen seine Bemühungen früher oder später Früchte tragen.

545
Das Gesetz der Folgen ist unwandelbar und nicht willkürlich, aber durch die Einführung neuer Ursachen in Gestalt gegensätzlicher Gedanken und Taten mögen seine Auswirkungen gelegentlich abgeschwächt oder gar aufgehoben werden. Dies beinhaltet freilich einen drastischen Wandel in der Lebensführung. Ein solcher Wandel wird Reue genannt.

546
Wenn das Schicksal absolut ist, ist das Beten dann nutzlos? Sollten Menschen, wie der im Mittelalter lebende Sufi Abdullah ibn Mubarek, GOTT niemals um etwas bitten?

547
Viele brechen die höheren Gesetze, ohne sich dessen bewußt zu sein. Andere, die um sie wissen oder an sie glauben, verstehen sie nicht gut genug, als daß sie sie auf die eigene Person anwenden könnten.

548
Solange die Menschen noch nicht reif sind für die bewußte und gezielte Entwicklung ihres spirituellen Lebens, müssen sie sich seiner unbewußten und zwanghaften Entwicklung durch die Kräfte der NATUR unterwerfen.

549
Ist es glaubhaft, daß Situationen, die selbst ein Produkt des Wollens und Denkens des Menschen sind, sich nicht durch eben dieses Wollen und Denken wieder ändern lassen? Nein! Laßt ihn auch auf dieser Stufe ihrer Geschichte zu seiner Verantwortung stehen, zu der er sich bereits auf der Anfangsstufe bekannt hatte.

550
Wer von uns hat die Kraft, die Folgen seiner früheren Handlungen zu ändern? Wir mögen Ersatz leisten, sie bereuen und Buße üben. Wir mögen ihnen die gegensätzlichen Arten von guten Handlungen entgegenstellen. Aber es ist die Aufgabe des Karma, uns klarzumachen, daß wir für unser Tun verantwortlich sind und wir diese Verantwortung nicht vermeiden können. In einem gewis-

sen Sinn gibt es jedoch ein Maß an Freiheit, eine Schöpferkraft, die beide dem gottähnlichen Höheren Selbst gehören, das ein jeder von uns besitzt.

551

Was geschehen ist, ist geschehen, und wir können nichts daran ändern. Wir können die Vergangenheit nicht neu schreiben, können das, was wir falsch gemacht haben, nicht wieder richtigstellen, sind nicht imstande, das Unrecht, das wir begangen, und die schmerzliche Not, in die wir andere und uns selbst gebracht haben, wiedergutzumachen. Wenn wir aber die Zeugnisse der Vergangenheit nicht ändern können, so können wir doch unsere gegenwärtige Einstellung dazu ändern. Wir können aus der Vergangenheit lernen, sie mit Intelligenz anpacken, können versuchen, uns und unsere Handlungen zu verbessern, kurzum, wir sind imstande, neues und besseres Karma zu schaffen. Nachdem wir alle diese Dinge getan haben, können wir, und das ist das allerbeste, die Vergangenheit restlos fahren lassen und dadurch im ewigen Jetzt leben lernen, indem wir Zuflucht nehmen im wahren SEIN, dem Ich-bin-Bewußtsein, nicht dem Ich-war.

552

Er willfährt dem Karma so stumm und willenlos wie ein Schaf, das unter dem Schlachtmesser liegt.

553

Lassen sich gewisse Fehler im Benehmen, gewisse Charakterschwächen, einfach nicht korrigieren? Gebt dem Betreffenden genug Zeit, das heißt, genügend viele Lebenszeiten, und er wird nicht imstande sein, sich gegen Veränderungen und Verbesserungen zu wehren, das heißt, nicht imstandesein, sich gegen die Welt-Idee zu wehren. Religiös gesagt, ist GOTT Wille.

554

Ist es wirklich seine Entscheidung, diese Handlungen auszuführen, oder hat das Schicksal sie bereits im voraus besiegelt? Ist seine Tätigkeit wirklich frei und wirklich das, was er tun wollte, oder ist seine Freiheit lediglich eine Illusion und sein Begehren bloß eine Nachwirkung?

555

Ein Mensch mag einen ganzen Kontinent erobern, aber selbst von einer Macht erobert werden, vor der er so hilflos ist wie ein Neugeborenes – die Macht göttlicher Vergeltung. Dann wird die Ernte seines aggressiven Krieges eingebracht werden.

556

Wenn die Lebensströme ins Unglück laufen, wenn dir ein nicht wieder gutzu-machendes Unheil widerfährt, warum unterwirfst du dich dann nicht und sparst deine Kräfte und Tränen, meint der Fatalist.

557

Letzten Endes müssen die eigenen persönlichen Zwecke, ob durch Überant-wortung der eigenen Person oder aufgrund äußerer Zwänge, den Kraftlinien der Welt-Idee unterstellt werden.

558

Muß das Schicksal (Karma) stets seinen Lauf nehmen? Sind wir hilflose Robo-ter? Das scheint ein ernüchternder Gedanke.

559

Sollten alle unsere erschöpfenden Bemühungen erfolglos bleiben, dann sind wir gezwungen, das als GESCHICK hinzunehmen.

560

Die griechischen Tragödienspiele zeigen, wie sich auf Geheiß einer höheren Macht – des Geschickes – ein Ereignis ums andere gegen einen Menschen rich-ten kann. Sie zeigen, wie wenig der menschliche Wille auszurichten vermag, um eine Katastrophe abzuwenden oder ein Unglück zu verhindern, wenn der universelle Wille in die Gegenrichtung zeigt.

561

Das Gesetz der Vergeltung ist nicht das einzige, das den Menschen zwingt, sein Denken, Fühlen und Benehmen richtigzustellen. Auf einer höheren Ebene gibt es das Überselbst. Gäbe es keine Belohnung für Güte und keine Strafe für Schlechtigkeit, entweder hier auf Erden oder anderswo in einer Welt der Toten, so wäre es doch ein Teil des höchsten Glückes des Menschen, jenes Mitleid zum Ausdruck zu bringen, das, durch das Überselbst, sein reinstes At-tribut ist.

562

Diese tödliche Lehre vom Karma scheint uns kein Schlupfloch zu bieten. Sie fängt uns wie Tiere mit der eisernen Falle des Schicksals.

563

Eine höhere Macht als der menschliche Wille herrscht über das Leben der Menschen. Aber sie herrscht nicht willkürlich über sie. Wiewohl der Mensch keine Gewalt über deren Entscheidungen hat, trägt er doch dazu bei.

564

In jedem Leben gibt es einen vom Geschick gefügten, aus vergangenem Karma resultierenden Anteil, aber es gibt auch einen Anteil an freiem Willen, vorausgesetzt man übt ihn aus. Nicht jeder Vorfall in unserem Leben ist karmisch, er mag durch unsere gegenwärtigen Handlungen erzeugt werden.

565

Wir brauchen uns dem Strom der Ereignisse nicht tatenlos hinzugeben, nur weil wir ans Geschick glauben. Das Überselbst liegt tiefer als das Geschick. Das Überselbst ist allmächtig; auf sein Geheiß fallen die miteinander verbundenen Glieder in der Kette des SCHICKSALS zu Boden; es ist schlimmer, nicht an das Überselbst und seine Oberhoheit zu glauben, als an das Geschick und seine Macht zu glauben – nicht, daß das Überselbst das Geschick zu überlisten vermag, es löst es lediglich auf.

566

Im letzten Kapitel des *A Search in Secret India* wies ich an einigen Stellen auf das zyklische Wesen des Lebens hin und schrieb, daß (anders ausgedrückt) „jedes Leben sein Aphelion und Perihelion hat", – seine Licht- und Schattenseiten. Jetzt ist die Zeit gekommen, diese Darlegung näher auszuführen und etwas Licht auf dieses große Geheimnis von Schicksal und Geschick zu werfen. Wenn ein Mensch um diese Wahrheit weiß, dann ist er besser imstande, mit allen Lebenssituationen, den angenehmen wie den unangenehmen, auf die richtige Art umzugehen. „Mit einem Verständnis für die unter günstigen und ungünstigen Vorzeichen stehenden wesentlichen Punkte der Ereignisse wird die Erfüllung großer LEBENS-Aufgaben möglich", lehrte ein chinesischer Weiser. Nach chinesischer Weisheit stellt Tao in seiner zweiten Bedeutung die göttlich gefügte Ordnung der Dinge dar; darunter fallen vier Geschichtszyklen. Die zwei ersten sind „yang", die zwei letzten „yin". Dieses Gesetz der Periodizität bezieht sich sowohl auf das Leben des einzelnen als auch auf das des Kosmos. Infolgedessen ist das Geschick jedes menschlichen Lebens regelmäßigen Wandlungen unterworfen, deren innere Bedeutung man erst verstehen muß, bevor man richtig handeln kann. Daher kann die Weise, auf die man mit dem Geschick ringt, nicht notwendigerweise immer die gleiche sein, sondern muß dem speziellen Rhythmus Genüge leisten, der im Kalender unseres Lebens vorgezeichnet ist. Für jede Lage im menschlichen Dasein muß die entsprechende Behandlung gefunden werden, und nur der Weise, der zu einem harmonischen Verhältnis mit dem Gesetz der Periodizität gefunden hat, kann bewußt die richtige wählen.

Der Weise ist bestrebt, zur rechten Zeit das Rechte zu tun, sich automatisch auf dieses vielfältige Los einzustellen. In der Lehre der Chinesischen Mysterienschulen nennt man es „den Drachen im rechten Augenblick zu besteigen und über den Himmel zu sprengen". Daher habe ich in *Die Suche nach dem Überselbst* geschrieben, daß der Besonnene weiß, wann er dem Schicksal Widerstand leisten und wann er sich in es schicken soll. Weil er um die Wahrheit über die Ebbe und Flut des Geschickes weiß, handelt er immer in Einklang mit diesem inneren Verständnis. Einmal ist er unermüdlich tätig, ein andermal vollkommen still, einmal kämpft er bis zum Äußersten gegen eine Katastrophe, ein andermal fügt und überantwortet er sich. Alles hat seine spezielle Zeit, und er tut nichts zum falschen Zeitpunkt. Er ist ein freies Wesen, gewiß, aber er muß diese Freiheit recht zum Ausdruck bringen, weil er, wie alle anderen auch, innerhalb der Grenzen der Gesetze des Kosmos wirken muß. Nähme er zur falschen Zeit und unter den falschen äußeren Umständen die richtigen Änderungen in seinen Tätigkeiten vor, so wäre das voreilig und würde nur zu Mißerfolg führen; noch würde einem neuen und notwendigen Unternehmen Erfolg beschieden sein, wenn er es zum falschen Augenblick und unter den falschen Lebensumständen begänne. Aber dieselben Veränderungen führen zu Erfolg, wenn sie zu einem anderen Zeitpunkt und unter anderen Bedingungen begonnen werden. Der Weise zieht seine allerinnerste Einflüsterung zu Rate, die ihn, weil sie mit der Wahrheit harmoniert, in bestimmten Lagen zu der entsprechenden richtigen Handlungsweise führt. Wir können ihm weder vorschreiben, was er tun soll, noch Grundsätze zu seiner Orientierung aufstellen, ja, wir können nicht einmal vorhersagen, wie er auf die jeweiligen äußeren Umstände reagieren wird.

Wie einer richtigerweise handeln soll, hängt letztlich von seiner Zeit und seinem Ort ab, sowohl materiell als auch spirituell. Kurzum, die menschliche Weisheit muß allzeit einen Bezug zu den kosmischen Strömungen des Geschickes und des göttlichen Zieles herstellen. Der Mensch muß sich auf äußere Umstände einstellen, muß sich dem Schicksal anpassen können, wenn sein Leben intelligent und erfüllt sein soll. Leider nimmt der durchschnittliche Mensch das nicht wahr und verursacht einen Großteil seines Unglücks und Ruins selbst. Nur der Weise, der das persönliche EGO aufgegeben hat, ist imstande, seine eigene Harmonie mit der NATUR und dem Schicksal herzustellen und ist deswegen imstande, spirituell ungestört und versöhnt zu bleiben. Wie Kung-Fu-Tse (im Westen Konfuzius genannt) prägnant sagt: „Der überragende Mensch kann sich nicht in einer Lage befinden, in der er nicht er selbst ist." Der Besonnene wartet nötigenfalls und handelt erst im günstigen, unter guten Vorzeichen stehenden Augenblick; er läßt sich nicht zu sinnlosen Kämpfen oder unzeitmäßigen Bemühungen hinreißen. Er weiß, wie und wann er warten muß, und sein Warten ist eine Gewähr für Erfolg. Gleich, wie begabt er ist, wenn die Umstände nicht günstig sind und der Zeitpunkt nicht geeignet ist, ihnen Ausdruck zu verleihen, dann wird er sich einstweilen damit abfinden und sich innerlich auf die günstige Gelegenheit vorbereiten, die ihm, wie er weiß, das Rad der Zeit bei der nächsten Umdrehung bringen muß. Er bringt sich auf eine Linie mit dem verborgenen Prinzip, das sich durch Mensch und Materie zieht, schlägt wirksam zu, wenn das Eisen heiß ist, und sieht aus Vorsicht davon ab, wenn es kalt ist. Selbst im Erfolg kennt er die eigentlichen Grenzen seiner Tätigkeit und geht nicht über sie hinaus. Er weiß, wann er vorandrängen und wann er den Rückzug antreten soll, wann er unablässig tätig und wann er still liegen soll, wie eine schlafende Maus. Das bewahrt ihn davor, schwerwiegende Fehler zu begehen.

567

Dein Karma hat dich in diese Schrecken geführt, aber deine geklärte Sicht vermag dich jetzt aus ihnen herauszuführen. Sie wird als ein Heilmittel wirken. Angesichts der Verbindung deines Charakters, Temperaments und deiner Eigenschaften und weil Zeit, Umgebung und Geschichte so und nicht anders waren, konnte auch das Ergebnis so und nicht anders ausfallen. Je mehr du nun die sogenannte Freiheit des Egos verdrängen und dich dem Ruf des Überselbst unterwerfen kannst, um so mehr nimmst du an der größeren Möglichkeit Teil, die es in sich birgt.

568

Die Sehnsucht, die Grenzen des persönlichen Geschickes und die Zwänge äußerer Umstände zu sprengen, kann nur durch den Verlust des Zeitsinns gestillt werden.

569

Karma kommt erst dann zum Tragen, wenn die karmischen Eindrücke stark genug sind, um überleben zu können. Weil der Weise das Leben wie einen Traum behandelt, weil er es als Erscheinung durchschaut, erlebt er alles nur an der Oberfläche. Sein tiefer innerer Geist bleibt davon unberührt. Daher schafft er für das von ihm Erlebte kein Karma; daher ist er, wenn er aus dem Körper scheidet und stirbt, imstande, die Runde von Geburt und Tod ein für allemal zu beenden.

570
Daß das Karma wie eine automatische Maschine wirkt, ist eine nicht vollkommen wahre Sicht, und zwar deswegen, weil sie nicht ganz vollständig ist. Was fehlt, ist das Element der Gnade.

571
Die Vorzüge der Erleuchtung lassen sich nur auf der Grundlage des Karma rechtfertigen. „Ihm wird gegeben, was ihm zukommt und sein eigen ist" – nahm der Dichter intuitiv wahr.

572
Er ist bereit, die Mutationen seiner Zukunft ganz der höheren Macht zu überlassen. Er weiß, sie ist gesichert, weil er den höheren Gesetzen gehorcht und sich ihnen anpaßt.

573
Der Mensch mag versuchen, seinem Los zu entkommen, aber es wird ihn einholen, außer er hat sein spirituelles Bewußtsein erweitert.

574
Warum, so wird manchmal gefragt, warum beeinträchtigt das Überselbst die Wirkweisen seines eigenen Gesetzes von den Folgen durch seine Gnade? Warum ist es imstande, das Karma eines Menschen gleich Null zu setzen? Wenn die Wiederkehr des Karma ein ewiges Gesetz ist, wie vermag irgendeine Kraft es je zu brechen oder seine Wirkweise je zu stören? Die Antwort lautet, daß das Überselbst das Gesetz der Folgen niemals übertritt. Wenn ein Mensch die Auswirkungen dieses Gesetzes in einem speziellen Fall durch eigene Anstrengung abschwächt oder diese Abschwächung durch die Offenbarung der GNADE bewirkt wird, dann vollzieht sich das alles nicht außerhalb, sondern innerhalb dieser Gesetzmäßigkeit – man darf nämlich nicht vergessen, daß das für eine spezielle Inkarnation gewählte Los nicht den ganzen Vorrat an Karma erschöpft, der das Vorleben eines Menschen ausmacht. Es gibt stets sehr viel mehr als das Los eines einzigen Erdenlebens. Was geschieht, ist, daß ein Stück gutes Karma zusammen mit dem schlechten ins Leben gerufen wird; daß es so beschaffen ist und sich zu einer solchen Zeit geltend macht, daß es das

schlechte gänzlich neutralisiert, wenn dessen Auslöschung, oder nur teilweise, wenn dessen Abschwächung angestrebt wird. Auf diese Weise wirkt dasselbe Gesetz weiter, wiewohl das Ergebnis seiner Wirkweise anders ausfällt.

575

Es gibt keinen anderen Richter über deine Taten als das Gesetz der Vergeltung, dessen Wirkkraft dein eigenes Überselbst ist.

576

Selbst wenn das Karma des Menschen völlig unversöhnlich wäre und sein Wille nichts gegen es ausrichten könnte, so bleibt uns noch immer der Zugang zur göttlichen GNADE und göttlichen Barmherzigkeit.

577

Gib dein Bestes, die Dinge richtigzustellen, das Beste, das du geben kannst, und überlasse die Ergebnisse dann dem Geschick und dem Überselbst. Du kannst jedenfalls nicht mehr tun. Du kannst dein Geschick mildern, aber gewisse Ereignisse sind unabänderlich, weil die Welt nicht dir, sondern GOTT gehört. Du magst zuerst nicht wissen, welche Ereignisse es sind, und deswegen mußt du intelligent und intuitiv handeln: später kannst du herausfinden und hinnehmen. Was auch geschehen mag, das Überselbst ist nach wie vor da und wird dich durch und aus deinen Schwierigkeiten führen. Alles, was mit deinen irdischen Angelegenheiten geschieht, geschieht deinem Körper, nicht wirklich DIR. Die härteste Prüfung ist, wenn andere auf dich bauen und von dir abhängig sind. Selbst dann obliegt es dir zu lernen, sie der freundlichen Sorge des Überselbst zu befehlen, und du darfst nicht versuchen, die ganze Last auf deinen eigenen Schultern zu tragen. Wenn es für dich sorgen kann, dann kann es auch für sie sorgen.

578

Das Wirken des Karma eines Menschen würde nie aufhören, wenn sein Egoismus nie aufhören würde. Es wäre ein Teufelskreis, dem man niemals entrinnen könnte. Wenn man aber persönliche Selbstsucht, die dessen Ursache und Kern ist, aufgibt, dann gibt man auch das unerfüllte Karma auf.

579

Das Gesetz der Vergeltung hat keine Gewalt über das ewige und ungeteilte Überselbst, das wirkliche Wesen, nur über den Körper und den Verstand, über das vergängliche Ego.

580

Was diese Frage nach dem Schicksal und dem freien Willen betrifft, so war Ramana Maharshi der größte Fatalist. Er sagte einmal: „Bemüht euch nicht, tätig zu sein, und bemüht euch nicht, nicht tätig zu sein, denn euer Bemühen ist euer Ansinnen. Was eintreten soll, wird eintreten. Überlaßt die Dinge der Höchsten Macht, ihr könnt nicht über Aufgeben oder Behalten entscheiden."

581

Kommt ein Mensch auf eine Linie mit dem Überselbst-Bewußtsein, dann sieht er sich gezwungen, seine frühere Einstellung zur Freiheit des Wollens und Entscheidens aufzugeben – denn er ist nicht mehr nur dazu da, dem Ego gefällig zu sein. Der regulierende Faktor ist jetzt das Überselbst selbst.

582

Wie wunderbar es wäre, wenn ein Mensch am Abend einschlafen könntc und am Morgen als ein voll Erleuchteter, das heißt als ein anderer, aufwachen würde!

583

Etwas, das wir erst noch lernen müssen, ist, daß das Geschick seine schachspielähnlichen Züge nach unserem Denken und Handeln richtet. Alle, die sich dem Überselbst anheimstellen und mit seiner Segnung begnadet sein werden, so daß sie ein Inspirierter werden, mögen dann diese seltsame Gestalt neben sich wahrnehmen, die für das Wohl des Menschen wirkt.

Kapitel 4

Freiheit des Willens, Verantwortung und die Welt-Idee

Die Grenzen der Freiheit des Willens

1

Die Ereignisse unserer Zukunft bleiben bis zu einem gewissen Zeitpunkt im Fließen. Unser Wille ist frei, sie während dieses Zeitraums zu ändern, wenn auch niemals absolut frei.

2

Letztlich *muß* der Wille stärker sein als das Schicksal, weil es unser eigener vergangener Wille ist, der unser gegenwärtiges Schicksal geschaffen hat.

3

Weil sie wußten, daß sie schwach sind und Fehler haben, betrachteten einige den freien Willen nicht als die Wohltat, für die er allgemein gehalten wird, sondern im Gegenteil als eine Gefahr. Die Heilige Therese von Lisieux bat GOTT, ihn wegzunehmen, weil sie sich vor ihm fürchtete.

4

Wer behauptet, es stünde ihm frei, zu tun, was er wolle, würde seine Lage richtiger beschreiben, wenn er gestehen würde, daß er ein Sklave seines Egos ist und sich auf dessen emotionalem Schaukelbrett ständig auf und ab bewegt.

5

Nicht nur das Karma eines Menschen kann gegen seine freie Entscheidungskraft und seinen freien Willen arbeiten; es besteht auch die Möglichkeit, daß sie auf den Widerstand menschlicher Einrichtungen und Organisationen, Naturkatastrophen und Unglücksfälle, genetischer Erbanlagen und rassischer Neigungen stoßen.

6

Wenn der Wille eines Menschen wirklich frei wäre, dann müßte ein Mensch, bevor er ihn tatsächlich benützte, daran denken, ihn zu benützen, und als nächstes dürfte er nicht vergessen, daran zu denken, ihn zu benützen und so weiter in einer endlosen Reihe. Sollen wir, da diese Situation niemals eintritt, nun glauben, daß sein Wille niemals frei ist? Dies ist eine Frage, die niemand beantworten kann, weil sie niemals gestellt werden sollte.

7
Selbst wer glaubt, die Eigenschaft des freien Willens zu besitzen, sieht sich gezwungen, gewisse Ereignisse ebenso hinzunehmen wie andere, die nicht daran glauben.

8
Zu viele erheben Anspruch auf eine Freiheit des Wählens und Wollens, während sie in Wirklichkeit nur das glatte Gegenteil haben – einen sklavischen Gehorsam gegen ihre Sehnsüchte. Diese Sehnsüchte reagieren wie Maschinen auf die Umstände, die sie umgeben, und machen sie fälschlicherweise glauben, daß sie sich bewußt für den einen oder anderen unter ihnen entscheiden. Bei jeder Veränderung der äußeren Umstände ändert sich die Stimmlage und emotionale Verfassung dieser Personen. Wo liegt darin die Freiheit? Zeugt das nicht eher von Abhängigkeit?

9
Die meisten menschlichen Wesen sind in ihren gewohnheitsmäßigen Reaktionen so automatisch und vorhersagbar, daß sie Maschinen gleichen. Und wo ist die Freiheit einer Maschine? Sie sind wirklich hilflose Geschöpfe ohne freien Willen. Und doch besitzen sie eine latente Freiheit, obwohl sie nicht reif genug sind, sie in Anspruch zu nehmen.

10
Ein Mensch, der im Kreis seines eigenen Egos gefangen sitzt, bildet sich trotzdem ein, er hätte einen freien Willen!

11
Wo ist die Freiheit für die Massen von Menschen, die dem Ego hörig sind? Sie sind an Händen und Füßen gefesselt: sie stehen nur unter dem Wahn, sich frei zu bewegen. Wo ist die freie Entscheidung für jene, die lediglich die Tendenzen, mit denen sie geboren wurden, blind und ohne es zu wissen zum Ausdruck bringen?

12

Selbst wenn einer glaubt, seine Entscheidung zwischen einer von zwei oder drei Möglichkeiten sei frei, gehorcht er in Wirklichkeit der stärksten der Neigungen, aus denen sein Charakter besteht. Sein „Ich" tut, was seine Neigung es tun heißt; seine Freiheit ist nur eine scheinbare.

13

Ein Fehler in meinen veröffentlichten Schriften bestand darin, daß ich den Besitz des freien Willens des Menschen betonte. Ich tat das mit Absicht, um dem allgemeinen Eindruck vorzubeugen, die orientalische mystische Lehre sei mit einem lähmenden Fatalismus und einer nutzlosen Trägheit verbunden. Leider legte ich zu viel Gewicht darauf. Dadurch vermittelte ich den Eindruck, daß das Maß an Freiheit, das wir besitzen, fast so groß sei wie das Maß des Schicksals, das uns bestimmt ist, wenn nicht größer. Aber unsere unmittelbaren Handlungen werden im großen und ganzen durch die Auswirkungen unserer Vergangenheit bestimmt, durch das Muster unserer persönlichen Natur und durch den Einfluß unserer Umwelt, während unser höchster und letzter Weg im Weltall ganz und gar von den göttlichen Gesetzen vorgezeichnet ist. In einer solchen Lage muß die persönliche Freiheit tatsächlich geringer sein, als wir meistens annehmen. Ich lehrte auch, daß uns kein Erlebnis zuteil werden könne, das unser Karma, das seinerseits ganz und gar das Produkt unseres freien Willens sei, nicht verdient hätte. Inzwischen habe ich indes die Entdeckung gemacht, daß uns einige Erfahrungen nur deswegen zuteil werden, weil wir sie benötigen und keineswegs, weil wir sie verdienen. Dies ist ein wichtiger Unterschied. Damit wird die Sphäre des persönlichen Schicksals größer und die der persönlichen Freiheit kleiner. Indes sollte ich zu meiner Verteidigung hier, bei der jetzt dargelegten Art von Schicksal, auf drei Punkte hinweisen. Erstens ist sie *nicht* lähmend, sondern, im Gegenteil, beflügelnd. Denn sie läßt uns wissen, daß es für uns alle einen göttlichen Plan *gibt* und echte Freiheit in der bereitwilligen Annahme dieses unendlich weisen und letztlich wohltätigen Planes liegt. Zweitens bietet sie keinerlei Grund für Trägheit, denn sie fordert uns auf, *nach dem Plan* zu arbeiten – nicht nur um unser eigenes individuelles Glück, sondern auch um das Gemeinwohl aller zu sichern. Drittens lastet sie dem uns geltenden Willen GOTTES nicht etwas Willkürliches oder Despotisches an, sondern sie hält an der Regel der intelligenten Zweckmäßigkeit fest und verleiht dem allgemeinen Bild unseres individuellen Lebens wieder eine evolutionäre Bedeutung. Wenn auch der freie Wille, den wir auszuüben wähnen, oft nicht außerhalb dieses Wahns existiert, braucht das nichts an unserer praktischen Einstellung zum Leben zu ändern. Es hindert uns nicht daran, dem Leben das (im philosophischen Sinne) Beste abzugewinnen. Es versichert uns nur, daß wir, wenn wir der Herde den Rücken kehren und den spirituellen Weg einschlagen, das bißchen Freiheit, das wir besitzen, sinnvoll verwenden. Wiewohl ich den Schwerpunkt meiner persönlichen Arbeit von nun an verlagern und die Unabänderlichkeit der Dinge hervorheben muß, so weiß ich doch, daß ich, als ich Schülern einst nachdrücklich dazu riet, sich durch die Anwendung des Bewußtseins ihres höheren Selbst und dessen Erkenntnisse von der niederen Natur zu befreien, auf die einzige, sich wirklich lohnende und in Reichweite liegende Freiheit hinwies. Die Masse der Menschen fristet ihr Leben in tiefer Sklaverei und ist sich dieser Tatsache oft nicht bewußt. Das ganze Geschwätz vom Ausüben des freien Willens ist unwirklich, wenn nicht Selbstbetrug, solange das Denken und Fühlen und Handeln in Ketten liegt.

14
Das Leben kommt aus einer Quelle, die jenseits der Erkenntnis des Menschen liegt und über die er keine Gewalt besitzt. Er kann es nur zum Ausdruck bringen.

15
Ob wir nun an den Körper oder an den Intellekt gekettet sind, wir sind nach wie vor Gefangene.

16
Das Leben, für das wir von Geburt an bestimmt sind – das heißt, die entscheidenden Ereignisse des Lebens, das wir tatsächlich erleben – gleicht einem Haus. Es steht uns frei, uns in seinen Wänden zu bewegen, aber nicht außerhalb.

17
Wie leicht man doch dem Wahn verfällt, man könne gezielte Entscheidungen treffen, wie schwer man ihm entrinnt!

18
Aus seinem eigenen Wesen und in Übereinstimmung mit dem universellen Plan reißt ihn ein Strom von Einflüssen aus der Vergangenheit mit sich und zwingt seinem Handeln und Denken eine gewisse Richtung auf. Er mag der Meinung sein, dieser Richtung völlig unabhängig und frei zu folgen. In dieser Unfähigkeit zu sehen, wie beschränkt seine gegenwärtige Freiheit ist, liegt seine subtile Illusion.

19

Es gibt in jedem Leben genug erzwungene Grenzen, daß alle, die behaupten, sie besäßen vollkommene Willens- und Entscheidungsfreiheit, weder dumm noch klug sind – sie sind lediglich verrückt.

20

Verläßt man die höchste Stufe, auf der alle Weltalle in der großen LEERE verschwunden sind, und kehrt zurück zu der unmittelbaren, auf der sie tätig existent sind, dann stellt man fest, daß es nirgendwo in der Welt volle Freiheit gibt. Alles ist auf eine gewisse Art und bis zu einem gewissen Grad gebunden.

21

„Ich bin Herr über mein Schicksal, der Kommandant meiner Seele", bestätigten die tapferen Zeilen, die W.E. Heneley in einem Krankenhausbett schrieb. Aber sie sind nur begrenzt wahr; sie brauchen das Gegengewicht: „Ich bin das Geschöpf meiner Umwelt."

22

Nur ein falscher Sinn für Werte könnte in so mechanischen Sinnesreaktionen den Ausdruck eines freien Willens sehen.

23

Es ist oft nicht leicht, – aber je früher man es tut, umso früher wird man weniger reizbar und innerlich ruhiger werden –, zu erkennen, daß dies geschieht, daß diese Lage oder diese Person ein Teil seines Schicksals ist, daß seine einzige Freiheit in einem Fall wie diesem eine moralische ist. Man kann sich seine mentale Haltung aussuchen.

24

Die moralische Reaktion auf einen Vorfall ist größtenteils frei, so auch die mentale Einstellung dazu und das emotionale Verhalten. In eben diesem Bereich liegen darüber hinaus wichtige spirituelle Entwicklungsmöglichkeiten oder sonst die Möglichkeit der materialistischen Verhärtung. Man mag die innere Kraft stärken oder einen Rückfall in sinnliche Schwächen erleiden.

25

„In *The Spiritual Crisis of Man* sagen Sie, jeder hätte in allen Lebenslagen die Wahl zu handeln. Ich verstehe das nicht. Wenn ich zum Beispiel auf der Straße eine Geldbörse mit Ausweis und hundertfünfzig Mark Bargeld finde, dann wird, so scheint mir, mein Handeln unter diesen Umständen das Ergebnis meiner gesamten Erfahrung (meines Denkens) bis zu diesem Punkt sein. Ich mag der Meinung sein, daß ich die Wahl treffe, ob ich den Besitzer ausfindig mache oder das Geld behalte, weil ich mir dieser zwei Möglichkeiten geistig bewußt bin; aber ich meine, daß mein bisheriges (oder meine bisherigen) Leben bestimmen würde, wie ich handelte, und deswegen habe ich in Wirklichkeit keine Wahl. Ich sehe ein, daß eine Person aufgrund der Erfahrungen, die sie sammelt und aufgrund ihrer Entwicklung zu einem spirituellen Wesen, morgen anders denken wird, als sie gestern dachte, aber die Entscheidung, die sie fällt, ist *die einzige,* die sie zu diesem Zeitpunkt fällen *kann.*

Es fällt mir immer schwer, diese Idee von der Willensfreiheit zu verstehen. Was ich oben gesagt habe, bedrückt mich nicht, weil ich der Meinung bin, daß wir dazulernen und klüger handeln werden. Indes würde ich gerne wissen, was mir entgeht, und ich begreife nicht, wenn Sie von der Willensfreiheit des Menschen sprechen."

So lautete ein Leserbrief. Hier ist meine Antwort.

Bei den Orientalen fallen alle Geschehnisse unter die eiserne Regel des Karma. Es gibt keine Willensfreiheit, der einzelne hat keine Macht über sie. Man hat sie fatalistisch hinzunehmen und sich, wenn ihr Übel schmerzt, an die Spirituelle Quelle zu wenden und dort nach dem einzigen wirklichen Glück zu suchen. Die Willensfreiheit liegt in der Hauptsache in der mentalen Einstellung, in der persönlichen inneren Reaktion auf die Geschehnisse.

Man könnte aber fragen, inwieweit eine solche Freiheit illusorisch ist, denn die Reaktion, die Einstellung, ist selbst durch die Vergangenheit und viele andere Dinge bedingt. Es ist ganz richtig zu sagen, daß wir aufgrund unserer Vergangenheit dazu neigen, auf eine gewisse Weise zu denken und zu handeln. Aber es wird auch zugegeben, daß wir wachsen, unser Leben verbessern und uns im Laufe der Zeit ändern können. Damit wird zugegeben, daß wir die freie Wahl haben, uns zu entwickeln oder genau so zu bleiben, wie wir waren. Ein Gewalttäter, der einen Raubüberfall begeht, mag sagen, seine Gewalttätigkeit sei vom Schicksal verhängt. Nun wird er bei jedem Verbrechen verhaftet und ins Gefängnis gesteckt. Nachdem dies einige Male geschehen ist, beginnt er, sein Verhalten zu ändern. Schließlich fürchtet er sich so sehr vor der Haft, daß er der Versuchung widersteht und seine kriminelle Tätigkeit einstellt. Dieser Gesinnungswandel war ein Akt der Willensfreiheit. Seine Vergangenheit veranlaßte ihn zu der alten Richtung, aber sie zwang ihn nicht dazu.

Der Leser behauptet „die von ihm gefällte Entscheidung ist die einzige, die er zu diesem Zeitpunkt fällen kann". Aber in Wirklichkeit verhält es sich so, daß es die einzige Entscheidung ist, die er treffen *wollte.* Ein Mensch mag sich

366

anfangs nicht bewußt sein, daß in ihm die Impulse in Konflikt miteinander stehen. Es ist die Gegenwart des Überselbst hinter dem Ego, die diesen Konflikt heraufbeschwört. Er bleibt zunächst im Unterbewußtsein, wird dann aber auf eine verschwommene, vage Weise bewußt. Der Betreffende mag die zweite Wahl abtun, indes war sie die ganze Zeit über vorhanden. Jesus sagte: „Was ihr sät, werdet ihr ernten." Der Verbrecher zieht es vor, nicht daran zu glauben, weil er nicht daran glauben will. Neigungen aus der Vergangenheit zwingen einen Menschen nicht, sondern er benutzt sie unbewußt als eine Ausrede und behauptet, er könne nicht anders handeln. Der Wille wird ausgedrückt, selbst wenn es den Anschein hat und der Mensch der Meinung ist, daß er gezwungen wurde, auf eine gewisse Weise zu handeln. Er wird ausgedrückt durch die mentale Einstellung zu den Situationen, in denen er sich befindet. Jedesmal, wenn er die durchschnittliche, materialistische, negative und egoistische Sicht einer Lage annimmt, entscheidet er sich tatsächlich dafür. Er *entscheidet sich*, auch wenn er das Gegenteil annimmt.

Wo man keine Wahl hat, wo die Umstände entscheiden, muß man sich ihnen beugen. Fatalismus ist nur vertretbar in dem Sinne des Erkennens, was – und was nicht – unabwendbar ist. Aber als ein blinder, fragloser, hilfloser Gehorsam gegen alles, was geschieht, ist er nicht zu vertreten.

26

Die orientalische Art, immer das Schicksal für unglückliche Ereignisse verantwortlich zu machen, macht es dem Individuum möglich, sich in keiner Weise für das verantwortlich zu fühlen, was es dazu beigetragen hat.

27

So groß ist die Macht der Einflüsterung, Tradition und Umwelt, daß der Durchschnittseuropäer und –Amerikaner das ausgeprägte Gefühl verspürt, er sei frei und könne seine eigenen Entscheidungen treffen und sei imstande, in der Welt so zu handeln, wie er wolle; aber der Durchschnittsinder fühlt nichts dergleichen. Er ist der Meinung, er handele nach einem vorherbestimmten Plan. Wiewohl diese zwei Gesinnungen so widersprüchlich sind, beruht jede auf einer unverrückbaren Tatsache. Der Widerspruch kommt auf, weil sie nur unzureichend verstanden werden. Im Falle des westlichen Menschen leitet sich das Gefühl ursprünglich aus der Freiheit des Überselbst ab. Im Falle des Inders leitet es sich aus dem vom Überselbst zugeteilten Karma ab.

28

Angesichts der Grenzen, die einem nicht nur das von der persönlichen, vergangenen Geschichte, sondern auch das von der Gesellschaft Geerbte setzt, wäre es ein Unding, vom Besitz vollkommener Wahlfreiheit zu sprechen. Indes wäre es denkerisch und im Benehmen ein Irrtum, wenn man sich so verhielte, als ob man keinerlei Freiheit besäße. Es existiert ein Maß von Freiheit, da man in den meisten Lebenslagen, wenn nicht in allen, stets vor mindestens zwei Möglichkeiten steht – vor einer höheren und einer niederen.

29
Eine einzige Entscheidung mag die nächsten fünzig Jahre in der Zukunft eines jungen Menschen gänzlich gestalten.

30
Die Lebenslage, in der man sich befindet, und die Vorfälle, die einem widerfahren, sind für einen Menschen nur das, was er davon hält und wie er sich ihnen gegenüber verhält, nicht mehr. Denn seine Reaktion und Einstellung hat er häufiger in der Gewalt als sie.

31
Was uns heute geschieht, ist eine notwendige Folge von dem, was in der Vergangenheit geschehen ist – nicht nur mit uns, sondern auch mit den anderen, die heute mit uns zusammen davon betroffen sind. Das Maß an tätiger freier Wahl und freiem Willen, das wir heute, in dieser Lage, zum Tragen bringen können, ist jedoch nicht etwa nicht vorhanden, es ist nur beschränkt vorhanden.

32
Wir Menschen im Westen haben uns so sehr und so nachhaltig an die Vorstellung gewöhnt, daß unser Wille und unsere Wahl frei seien, daß uns der östliche Glaube an das Gegenteil höchst fadenscheinig erscheint.

33
Die Menschen haben meistens nicht die Freiheit, zwischen zwei überaus begehrenswerten Dingen zu wählen, sondern nur zwischen zwei unvollkommenen.

34
Die meisten unserer Entscheidungen sind, was sie aus Not sind; nur bei den wenigsten von ihnen handelt es sich in irgendeinem wirklichen Sinn um freie.

35

Nichts hindert euch daran, diese Seite umzublättern, wenn ihr wollt – die Wahl ist ganz die eure; was ihr aber nicht so deutlich seht, ist, daß die Wahl vorherbestimmt war durch alles, was euch zu dem gemacht hat, was ihr seid, und eure Umwelt zu dem, was sie ist. Denkt gründlich genug darüber nach, und ihr werdet sehen, daß die Freiheit Fesseln trägt.

36

Es gibt Zeiten, da ein Mensch mutig vorangehen und etwas wagen kann, sobald das Rad des Geschickes sich zu seinen Gunsten dreht. Aber so gute Zeiten füllen nicht das Ganze des Lebens, und während der schlechten sollte man sich zurückziehen und kein Risiko eingehen.

37

Wenn das Schicksal oder der vermeintliche Zufall eine Gelegenheit bringt, die sich zu lohnen scheint oder dringend gebraucht wird, ist es ein Fehler, sie nicht wahrzunehmen und bis später aufzuschieben. Durch eben diesen Aufschub mag sie auf alle Zeiten verlorengehen; und außerdem werden die Umstände später anders sein und die Gelegenheit selbst womöglich abschwächen.

38

Falls es überhaupt geschieht, dann geschieht es zum günstigen Augenblick – weder einen Tag zu früh, noch einen Tag zu spät.

39

Keine Lage, in der wir uns befinden, wird sich je auf genau dieselbe Art und Weise wiederholen. Infolge der durch die Zeit hervorgerufenen Veränderungen ist die Wahrscheinlichkeit, daß die in Frage stehenden Faktoren wieder in einer identischen Kombination auftauchen, praktisch null.

40

Wenn man aufgrund der Umstände vor der Wahl steht, sich für eine von zwei Möglichkeiten zu entscheiden, ist die von ihm getroffene Entscheidung meistens das Ergebnis der kollektiven Tendenzen seines Charakters. Aus den daraus resultierenden – ob angenehmen oder schmerzlichen – Ergebnissen dieser Wahl kann man, wenn man will, lernen, wie richtig oder wie falsch diese Tendenzen sein mögen.

41

Wenn wir uns aus Freiheitsliebe dazu entschließen, keine Rolle auf der Bühne der Ereignisse zu spielen, dann wird das Leben zu einer reinen Travestie.

42

Die von Physikern wie Jeans erhobenen Ansprüche, daß die neue Physik mit ihrer Theorie der Unbestimmbarkeit die Lehre von der Willensfreiheit untermauere, entbehren jeder Grundlage. Denn die Idee von der Willensfreiheit ist eine psychologische oder theologische und kann nicht auf ein Gebiet wie die Physik übertragen werden, mit der sie überhaupt nichts zu tun hat.

43

Führe zur rechten Zeit neue Faktoren ein, und du magst den Fluß der Ereignisse beeinflussen.

44

Den rechten Zeitpunkt für unser Handeln zu wählen, ist nicht weniger wichtig als das rechte Denken, das ihm vorausgehen sollte.

45

Das Leben bietet uns nur eine einzige günstige Chance, die von der gleichen Art ist. Wenn wir sie im Unverstand oder aus Blindheit vertun, haben wir es niemandem als uns selbst zu verdanken, wenn sie niemals wiederkehrt. Die gleiche Chance taucht nicht zweimal auf. Wenn wir sie nicht unverzüglich am Schopfe packen, ist sie für diese Lebenszeit *in dieser Form* verloren.

46

Richtiges Handeln bedarf des richtigen Zeitpunktes und des passenden Umstandes, andernfalls mag es voreilig sein oder sogar zu Mißerfolg statt zu Erfolg führen.

47

In der Stunde der günstigen Gelegenheit handeln wir nach dem Gleichgewicht, das sich zwischen unserem Temperament und Charakter, unserem Wesen und unseren geistigen Fähigkeiten, unserem Wissen und unserem Wollen einstellt.

48

Der materialistische Wissenschaftler glaubt, der Mensch handele gemäß des chemischen Aufbaus seines physischen Körpers und könne aus diesem Grunde nicht wirklich frei entscheiden, auf welche Weise er handeln soll.

49

Unter den Orientalen gibt es sogar jene, für die jede Art von Eigenhilfe einen Versuch darstellt, den göttlichen Willen unter Druck zu setzen und daher einer Gotteslästerung gleichkommt!

50

„Es wäre jedes einzelne Gebot unnütz, wenn das Individuum nicht die Freiheit besäße, es zu befolgen oder nicht zu befolgen. "

Maimonides

51

Der Optimist stellt sich vor, der Mensch besäße eine große Entscheidungsfreiheit, während der Pessimist der Meinung ist, sie sei geringfügig.

52

Es steht ihm offen, jede Situation auf zweierlei und gegensätzliche Weise zu sehen, frei, das in der Metaphysik Bekannte entweder als die unmittelbare oder als die höchste Sicht zu verstehen. Einerseits vermag er sie physisch und materiell zu sehen und andererseits mental und spirituell.

53

Der Mensch ist völlig unfähig, einen Akt vollkommener Willensfreiheit zu vollziehen. Er sieht sich in jeder Lage vor eine begrenzte Reihe von Alternativen gestellt und muß eine annehmen und die anderen verwerfen.

54

Wo auf gute Beurteilung Glück folgt, ist das Ergebnis gesichert.

55

Shakespeare: „Es gibt in den Angelegenheiten der Menschen Gezeiten, die, wenn man die Flut wahrnimmt, zu Glück und Wohlstand führen. Läßt man sie aus, dann reisen sie ihr ganzes Leben in seichten Gewässern, von Elend umspült. Wir müssen die Strömung ausnützen, wenn sie günstig ist, oder unsere Abenteuer verlieren."

56

Es genügt nicht, die Fähigkeit zu haben. Sie muß auch mit günstiger Gelegenheit zusammenfallen, andernfalls verödet sie im Leeren. Noch genügen diese zwei. Es bedarf auch der Urteilskraft, die günstige Gelegenheit als solche zu erkennen.

Die Freiheit, die wir haben, um uns zu entwickeln

57

Zu einer Zeit, da sein Geschick auf der Wagschale liegt und von seiner Entscheidung abhängt, mag ihm die Weisheit bitter fehlen, wenn er niemals nach ihr getrachtet hat.

58

Keiner hat einen freien Willen, wenn er Dingen verhaftet ist oder von Ereignisse beeinträchtigt wird, die außerhalb seiner selbst liegen. Er hat ihn nur, wenn er sich innerlich von ihnen losgelöst hat.

59

Wieviel diejenigen reden, die sich stets durchsetzen wollen, aber vergessen, daß Selbstzucht nicht weniger wichtig ist als Selbstausdruck!

60

„Wir sollten uns in allen (Dingen) so anstrengen, als ob sie völlig frei wären, und GOTT wird nach seinem Gutdünken handeln." – Maimonides

61

Wo ist für den Menschen, der, weil er von seinen fünf Sinnen beherrscht wird, mechanisch auf seine Umwelt reagiert, die Freiheit der Wahl? Nur wo er Objektivität gegenüber seinem Körper erlangt hat, statt ganz und gar in ihm aufzugehen, können wir von der Existenz einer solchen Wahl sprechen.

62

Man mag das, was einem widerfährt, als unabänderliches Geschick oder brauchbare Gelegenheit betrachten. Die Zukunft geht nicht völlig über seine Kräfte, aber sie mag es, wenn er seinen Willen nicht auf – und manchmal gegen – die instinktiven und automatischen Tendenzen in sich selbst richtet.

63

In der bloßen *Tatsache* der Unwirklichkeit der Zeit, in der Tatsächlichkeit der ewigen Gegenwart, liegt unsere beste Hoffnung, unsere edelste Gelegenheit. Denn das bedeutet, daß man die Zukunft gestalten *kann*, freilich innerhalb der vorgeschriebenen Grenzen. Wir können das, was morgen kommt, mitgestalten, können dazu beitragen, zumindest dadurch, daß wir es schon heute anschneiden. Indes bleibt dies alles nur eine bloße Möglichkeit, wenn wir uns diese paradoxe und erstaunliche Wahrheit nicht zunutze machen. Uns obliegt es, damit zu beginnen, etwas von dem Schutt abzutragen, mit dem vergangene Angewohnheiten, vergangene Denk- und Fühlweisen und alte Haltungen unser Inneres vollgestopft haben.

64

Wenn die Willensfreiheit völlig illusorisch ist, dann müssen wir uns die Frage stellen, warum der im Sterben liegende Buddha, der hervorragendste aller Vertreter der Wahrheit von der Unerbittlichkeit des Karma, dessen Erleuchtung unanfechtbar ist, seinen Schüler folgende Worte als Vermächtnis hinterließ: „Arbeitet eure eigene Erlösung aus." Wenn das nicht eine Aufforderung ist, vom Willen, einem freien Willen, Gebrauch zu machen, was dann? Dem Abendländer fällt es schwer, eine völlig fatalistische Lehre gutzuheißen, und daran ist nicht allein seine Unkenntnis jener für den Inder so grundlegenden spirituellen Tatsachen Schuld. Diese Schwierigkeit beruht auch auf der instinktiven Weigerung, sich seine Entschlußkraft nehmen zu lassen und auf der Überzeugung, daß er die Verantwortung für ethische Entscheidungen und Handlungen trägt.

65

Auf Freiheit haben nur jene ein Recht, die die damit verbundenen Pflichten verstehen und auf sich nehmen. Und selbst sie haben nur auf so viel Recht, als dem Ausmaß ihres Verständnisses und ihres Pflichtbewußtseins entspricht. Äußere Disziplin kann nur dann und nur in dem Maße schwinden, in dem sie von innerer ersetzt wird.

66

Man kann nicht sagen, ein Mensch, dessen Schwäche in einer verführerischen Lage so groß ist, daß sein Nachgeben eindeutig absehbar ist, habe dieselbe Freiheit der Wahl wie ein Mensch, der außerordentlich selbstbeherrscht ist.

67

Die meisten erleben Ereignisse, die durch ein Gemisch aus Vererbung, Umwelt, Einflüssen anderer Leute und Karma zustandegekommen sind; nicht viele strengen ihren Willen gezielt an, gebrauchen ihre Denkkraft richtig und teilen sich ihre Energie und Zeit so ein, daß sie gewollte Ergebnisse schaffen.

68

Freiheit an sich ist weder etwas Gutes noch etwas Schlechtes; ihr Wert sieht sich dadurch bestimmt, wie man sie gebraucht, ob weise oder leichtsinnig.

69

Wahlloses Gewähren von Freiheit würde bei der gegenwärtigen Verfassung der menschlichen Natur zumindest soviel Schlechtes bedeuten wie Gutes. Ohne in das Extrem der Reglementierung zu fallen, ist es unerläßlich, ihr eine gewisse Einschränkung aufzuerlegen.

70

Welche Art von Wahl, welche andere Möglichkeit hat das bedauernswerte, ins ärmste Armenviertel geworfene, umnachtete Opfer eines kriminellen oder verrückten Erbes?

71

Wir brauchen ein Maß an äußerer Freiheit, wenn wir nach der inneren Freiheit suchen und sie auch finden sollen.

72

Wenn ihr Freiheit fordert, müßt ihr die damit einhergehende Verantwortung übernehmen. Dies ist nicht nur ein menschliches und soziales Gesetz, sondern auch ein göttliches und karmisches.

73

Der gespaltene Mensch leidet unter inneren Konflikten, weil er sich des Risikos und der Verantwortung bewußt ist, die ihm aus der Macht der Entscheidung erwachsen.

74

Weil ein Mensch seinen Willen GOTTES Willen anheimstellt, heißt das noch lange nicht, daß er sich auf die faule Haut legen soll.

75

Wer der Meinung ist, die Freiheit erlaube ihm, ein ungezügeltes Leben zu führen, ist ein ausgemachter Trottel.

76

Die Wirklichkeit der Freiheit eines Menschen wird danach beurteilt, daß er Verantwortung übernimmt.

77

Zu sagen, die Umwelt als Ausdruck des Denkens könne ausschließlich durch einen Wandel der Denkweise geändert werden, ist richtig, aber nur als die letzte und höchste Wahrheit. Dann aber zu sagen, man fühle sich zu schwach, seine Denkweise zu ändern, schafft einen Teufelskreis, aus dem es kein Entrinnen zu geben scheint. Als Gegengewicht muß man die unmittelbare Wahrheit einführen; und sie besagt, daß eine äußere Veränderung die innere erleichtern wird.

78

Eng ist die Ansicht, die Annahme der Lehre von der Gnade führe notwendigerweise zur Ablehnung der Lehre vom freien Willen. Sie wurde von Christen wie Luther und Augustinus vertreten, indes nicht von Christus selbst. Sie verurteilt den Sünder zu seiner Sünde, die zerbrechliche Menschheit zu Irrtum und Unrecht. Der Glaube, der den freien Willen des Menschen fälschlicherweise in Abrede stellt, weil er die göttliche Absolutheit richtigerweise bejaht, leugnet die menschliche Verantwortung für begangenes Unrecht und stellt eine Beleidigung der menschlichen Würde dar. Die moralischen Ergebnisse in der gefühlsmäßigen Haltung und im Benehmen können nur beklagenswert sein, wenn einer glaubt, er könne nicht frei handeln oder unabhängig wählen und sei nur eine Puppe, die von Kräften gelenkt wird, über die er keine Macht hat, wenn er anderen oder anderem die Schuld an der eigenen Sündhaftigkeit in die Schuhe schiebt oder sie bekennt und an GOTT weitergibt. Er meint, er könne tun und lassen, was er wolle und trage keine persönliche Verantwortung für den Schaden, der anderen daraus erwächst.

79

Ein wirklich freier Wille würde nicht die rein zufälligen Aufwallungen eines unverantwortlichen, vernunftwidrigen Wesens sein. Er muß aus Selbstbeherrschung entwickelt werden.

80

Die Vorstellungen einiger Sekten, innere Spiritualität schütze vor äußeren Schwierigkeiten oder vor körperlichem Tod, bedürfen einer Richtigstellung. Freiheit, ob der Wahl oder von Grenzen, ist mental. Die Folgen, zur Menschheit zu gehören, beinhalten Teilnahme an den menschlichen Bedingungen. Der Körper wird geboren, wächst und stirbt. Die Menschen, unter denen einer leben muß, reagieren nach ihrem eigenen Charakter auf ihn, üben einen günstigen oder ungünstigen Einfluß auf ihn aus.

81

Der spirituell wirklich zielstrebige Mensch verfügt über einen vielseitigeren freien Willen als andere – er hat die Kraft, sein Leben zu gestalten, die Kraft, seinem Karma entgegenzuwirken, und er kann gutes Karma schaffen, um drohendes oder vorhandenes schlechtes Karma auszulöschen.

82

Wenn die Vergangenheit nicht in seiner Hand liegt, dann ist die Zukunft in sie gefallen.

83

Besitz und Macht des Willens sind lediglich eine Annahme, aber nicht eine gänzlich falsche. Wer die Zügel in der Hand hält, dem bleibt, nachdem die ungeheuren Triebkräfte des Temperaments und der Umgebung, des Charakters und der Gesellschaft, der geistigen Fähigkeiten und des rassischen Erbes mit ihm fertig sind, doch noch eine beschränkte Macht der freien Wahl.

84

Das Leben zeigt, daß der Mensch nicht gänzlich frei ist, seinen eigenen Weg zu gehen und seinen eigenen Willen durchzusetzen, noch daß er gänzlich von äußeren Kräften und Umständen hin und hergeworfen wird; beides ist gleichzeitig vorhanden, wenn auch nicht unbedingt in gleichem Maße. Die menschliche Existenz ergibt sich aus ihrer Verbindung.

85

Manchmal sitzt der Ring der Umstände zu fest, als daß es dem fest Entschlossenen gelänge, ihn vom Finger des Daseins zu ziehen.

86

Am Ende zwingt den Menschen das Leben selbst, sich den Regeln der Selbstzucht zu unterwerfen, die ihn anwidern oder von denen er nichts wissen will. Aber um der eigenen persönlichen Entwicklung willen sieht der Anfänger in der Philosophie sie voraus, willigt er in sie ein und arbeitet er mit ihnen zusammen.

87

In dem – oft sehr großen – Maße, in dem die Zukunft aus dem eigenen Charakter und den eigenen geistigen Fähigkeiten des Menschen entsteht, läßt sie sich beherrschen und ändern, und doch muß sie gleichzeitig auch so geschehen, als ob sie sich unerbittlich dem Schicksal anpassen müsse. Was er ist, schränkt seine Freiheit ein; wenn es sie aber nicht gäbe, dann wäre er von Inkarnation zu Inkarnation so geblieben, wie er war. Aber die Umweltveränderungen, die Ereignisse in seiner persönlichen Geschichte, leiten sich aus dieser Freiheit ab.

88

Wer ist völlig unabhängig? Wer besitzt alle Freiheit, die er will? Wer vermag Entscheidungen zu treffen, die frei sind, nicht beeinflußt von seinen Umständen, gesellschaftlichen Zwängen, Vorkommnissen oder Vererbung? Die Antwort ist natürlich: niemand. Aber in dem Maße, in dem einer lernt, seine Gedanken zu lenken, lernt, Herr seiner selbst zu werden, in dem Maße beginnt er, sein Schicksal zu lenken.

89

Wenn freie Wahl im größeren Sinne illusorisch ist, – andernfalls würde der Kosmos ein Chaos werden –, so hat sie im engeren, im Bezug auf die mentale Einstellung, den spirituellen Gesichtspunkt, die Gedanken, die wir uns über eine Lage machen, doch genug Wirklichkeit. Die Welt-Idee muß in Erfüllung gehen, aber innerhalb dieser Grenze gibt es ein Maß an persönlicher Freiheit.

90

Das Geschick eines ganzen Lebens mag durch einen einzigen Fehler bestimmt werden, einen Fehler, der selbst eine Folge emotionaler Unbeherrschtheit oder zügelloser Leidenschaft ist.

91

Das Rad des GESCHICKES dreht sich auf und ab, und der Mensch selbst trägt zu seiner Bewegung bei. Ohne Ehrgeiz würde der bedauerliche junge Mensch nicht aus dem hoffnungslosen eintönigen Dasein im Armenviertel, in dem er zufällig geboren ist, ausbrechen können.

92

Das Schicksal überreicht ihm die günstigen Gelegenheiten und die Schwierigkeiten, was er damit tut, ist seine freie Wahl, dafür ist *er* verantwortlich.

93

Auf welche Weise sind die Menschen frei, die irgendwie und bis zu einem gewissen Grad gefesselt sind an Sex, Gesellschaft, anschwellende Begierden, Eigentum, Nachbarn, Kollegen und Familie?

94

In der einen Inkarnation von Freude betört, in der anderen von Schmerz getrieben, – so lernt der Mensch allmählich, seine Fähigkeiten und Kräfte richtig zu gebrauchen.

95

Kann es uns wundern, daß einige Menschen sich gegen das passive Leiden aufgelehnt haben, das sie auf Geheiß einer irregeführten Religionslehre ertragen sollen? Warum sie die Geduld mit ihren Beratern verlieren und andernorts nach Lehrern suchen?

96

„Erfahrung ist die beste Lehrerin", das ist ein Sprichwort, das, so dachte ich oft, eigentlich geändert werden und so heißen sollte: „Erfahrung ist fast immer die einzige Lehrerin." Es ist sicher besser, bei der Reflexion und Intuition in die Schule zu gehen.

97

Die Methode, sich persönliche Schwierigkeiten durch praktisches Herumprobieren vom Halse zu schaffen, ist riskant und unzulänglich, während die Methode, sie durch gefaßte, unpersönliche und sachliche Reflexion loszuwerden, sicherer ist und mehr Gewißheit vermittelt.

98

Es gibt einen kürzeren und besseren Weg zu praktischer Weisheit. Was der normale Mensch erst nach den vielen Ereignissen vieler Jahre erreicht, erreicht der klügere früher durch Intuition und Reflexion.

99

Weil den Menschen eine gewisse Freiheit gegeben ist, zwischen Möglichkeiten zu wählen, ist ihnen die Chance gegeben, sich geistig und charakterlich durch praktisches Ausprobieren, Denken und Handeln zu entwickeln.

100

Selbst die unbekannteste und unwichtigste Person, die das Gefühl hat, sie könne wenig oder nichts tun, um ihr Geschick in der Zukunft zu ändern, weil es die Folge ihres Lebens in der Vergangenheit und ihrer Umwelt in der Gegenwart ist, selbst sie hat nicht ganz recht. Sie mag machtlos sein und nicht von dessen Hauptrichtung abweichen können, aber es steckt eine schöpferische Kraft und ein unangezapftes Wissen in ihr, nur muß sie danach suchen und sie finden.

101

Das Ego ist es, das in der Zeit lebt und diese verschiedenen Abstraktionen von Vergangenheit, Gegenwart und Zukunft erlebt; aber das wirkliche Wesen hinter dem Ego befindet sich auf einer völlig anderen Ebene. Wenn nun der Mentalismus ein Licht auf das Problem der Zeit, des Wirklichen und des Unwirklichen wirft, dann wirft er auch ein Licht auf die Frage nach dem freien Willen und Determinismus. Da alles im Geist liegt, sind wir fähig, unseren freien Willen in dem Maße auszuüben, in dem wir lernen, den Geist zu lenken. Aber dort macht er halt.

102

Das Gesetz der Unbestimmbarkeit, das am tiefen Mittelpunkt eines jeden Atoms im Weltall herrscht, sichert dem Menschen die Freiheit des Willens in seinem eigenen Mittelpunkt zu. Aber genauso wie das Verhalten des Atoms nur innerhalb gewisser Grenzen unbestimmbar ist, kommt auch des Menschen Freiheit nur innerhalb gewisser Grenzen zur Geltung. Aber weder im Fall des Atoms noch im Fall des Menschen gibt es eine absolute Freiheit.

103

Im Leben ist nichts so fest gefügt, als daß der Mensch es nicht auf irgendeine Weise beeinflussen, abschwächen oder sogar abwenden könnte. Das ist deswegen so, weil der vorherbestimmende Faktor nicht gänzlich außerhalb seiner selbst liegt. Er liegt in seiner eigenen Vergangenheit, die durch das Gesetz in seine Gegenwart gebracht worden ist. Wenn er die Gegenwart zu einer wirklich neuen Erfahrung machen und die Vergangenheit nicht nur nachahmen will, dann arbeitet er schöpferisch an seinem Erbe. Wenn ein Mensch z.B. in seinen besten Jahren sterben soll, weil er seinen Körper vernachlässigt, keine

Rücksicht auf seine Gesundheit nimmt, sich aus lauter Ehrgeiz, seinen Besitz zu mehren oder seine Stellung zu verbessern, so abschindet, daß er sich niemals Ruhe gönnt, dann wird er es auch. Aber in einem ähnlichen Fall wird ein Mensch, der sich dieser Gefahr bewußt ist, der das Leben nicht so schwer nimmt und sich zu entspannen lernt, der sich weder zeitlich noch kräftemäßig zuviel zumutet, noch seine Energien auf andere Weise verschleißt, die Zahl seiner Jahre mehren.

104

Zwei Dinge gibt es im Leben des Menschen, vor denen er sich hilflos neigen muß. Das eine ist das UNWIDERRUFLICHE; das andere das UNAUSWEICHLICHE.

105

Der Glaube, der Mensch könne nichts tun, um sein Los zu ändern, ist unter der Würde des Menschen!

106

Die ganze, seit Jahrhunderten währende und auch heute noch gärende Debatte von Schicksal versus freier Wille, würde wegfallen, wenn die Debattierenden wüßten und verstünden, wo beide Kräfte ihren *Standort* haben. Sie stehen *in* der Zeit, relativ zu ihr. Was sie bewirken, liegt in der Vergangenheit, der Gegenwart oder der Zukunft, während die Quelle, aus der sie entstehen, ein ewiges JETZT ist. Zeit ist im Geist, und die Annahme ihrer letzten und höchsten Wirklichkeit bedeutet eine Verfälschung der Erlebnisse und Geschehnisse in ihr.

107

Der Wille an sich ist frei, aber nicht seine Tätigkeit, und zwar deswegen, weil die Auswirkungen vergangener Handlungen und die Zwänge der Evolution ihn in eine bestimme Richtung lenken.

108

Ein Mensch mag kriechend oder gehend, rennend oder schwimmend, fahrend oder tauchend zu einem gegebenen Punkt gelangen; das Wie zu entscheiden, steht ihm im großen oder ganzen frei. Aber das Karma schreibt vor, wo dieser Punkt liegen soll, und hier hört seine Freiheit auf.

109

Die Frage, in welchem Maß ein Mensch den Lauf seines Leben zu lenken vermag und in welchem es das übermächtige Geschick für ihn lenkt, ist von den Weisen vielfältig beantwortet worden.

110

Über den Ablauf seines persönlichen Geschickes als eines Teiles der Welt-Idee, hat ein Mensch keine Gewalt, aber das heißt nicht, daß er keinerlei Einfluß darauf zu nehmen vermag. Inwieweit er dazu imstande ist, hängt von seinem jeweiligen Entwicklungsstand ab, von seinen Kenntnissen der höheren Gesetze, seinem Gehorsam gegen sie und von seiner intelligenten oder intuitiven Voraussicht.

111

Es steht einem frei, die eigenen Zwecke auf das Muster der Welt-Idee abzustimmen oder ihm keine Beachtung zu schenken. In beiden Fällen muß man die Folgen tragen. In dem einen ist man immer wieder gezwungen, sein Ego freiwillig, wenn auch ungern unterzuordenen. Im anderen wird man es zu befriedigen suchen und gelegentlich sogar befriedigen können. Indes wird man sich dann jenen Folgen stellen müssen, weil ihm das Gesetz vom Karma sein Eigentum zurückzugeben hat.

112

Es herrscht Gesetzmäßigkeit im Weltall. Es hätte nicht so mathematisch, so numerisch geordnet ersonnen werden können, wenn nicht alle Dinge in Übereinstimmung mit der Welt-Idee stünden und ihr gehorchten. Die Funktion des Karma ist ein Teil dieser kosmischen Notwendigkeit. Aber innerhalb dieser Bedingung gibt es eine gewisse – freilich sehr begrenzte, aber dennoch vorhandene – Entscheidungs- und Handlungsfreiheit.

113

Wir sind Teil eines Vorgangs, dessen Ablauf und Ergebnis gleichermaßen vom Willen des HIMMELS bestimmt ist. In diesem Sinne ist die viel gerühmte Freiheit des Menschen ein bloßes Hirngespinst. Aber innerhalb dieser Grenzen stehen ihm stets zwei oder mehrere Möglichkeiten offen, und darin liegt seine freie Wahl. Der Philosoph und der Dummkopf sind auf diesen Stern geworfen; beide müssen denselben Weg gehen und an dasselbe Ziel gelangen. Aber jeder kann ihn auf seine eigene individuelle Art und Weise beschreiten, mag den einen oder anderen Umweg machen oder ein langsameres oder schnelleres Tempo einschlagen, je nach Lust und Laune.

114

Wo ist der freie Wille des Menschen? Er hat die Wahl, ob er sich dem Muster der Welt-Idee anpaßt, ob er den höheren Gesetzen folgt oder nicht.

115

Das größere Muster des Geschickes ist bereits für uns vorgezeichnet, aber nicht die kleineren, die in das größere passen; sie zu zeichnen, ist unsere Aufgabe.

116

Die Struktur des physischen Gehirns trägt in großem Maße zur Handlungsweise des Menschen bei. Das läßt ihm weniger Platz für freien Willen, als er denkt. Aber die Gehirn- (und gesamte Körper-) Struktur ist selbst ein Produkt von vergangenem selbst-geschaffenem Karma, das jetzt tätig ist.

117

Die Tätigkeiten des gegenwärtigen Lebens tragen notwendigerweise zu den Ergebnissen bei, die jetzt als Geschick aus früheren Leben erlebt werden. Sie können sogar noch weiter gehen als das und sich auf ein vom Geschick gefügtes Erlebnis auswirken, das in der Zukunft liegt und noch nicht eingetreten ist, können es abschwächen oder einfach aufheben. Daher hat es in dieser Lehre keinen Platz für einen hoffnungslosen Fatalismus. Geschick läßt sich ändern. Unsere guten Taten machen es erfreulicher, unsere klugen Entscheidungen machen es erträglicher, unsere schlechten Taten machen es schmerzlicher und unsere dummen Entscheidungen machen es unerträglicher.

118

Wenn die äußeren Umstände sich nicht ändern lassen, so lassen sie sich vielleicht abschwächen. Wenn sie sich nicht abschwächen lassen, so vermag man sie mit einer gewandelten geistigen Haltung zu betrachten.

119

Der Mensch, der gewinnt, ist der Mensch, dessen Würfel mit unerschütterlichem Optimismus, unermüdlichem Bemühen und mit schöpferischer Denkkraft geladen sind.

120

Wahre Freiheit muß Befreiung von dem davor Entstandenen beinhalten.

121

Da die Gabe der Schöpferkraft uns allen zu eigen und in allen Sphären des Leben eines Menschen zu gebrauchen ist, vermag man, wenn man seine Kräfte anstrengt und sich nicht von seinem Entschluß abbringen läßt, viel zu tun, dieses Leben zu gestalten.

122

Die Zukunft des Planeten steht in der göttlichen Welt-Idee geschrieben, und diese beinhaltet notwendigerweise die Zukunft aller, die auf ihm leben. Aber innerhalb dieses vorgezeichneten Musters steht dem menschlichen Bewohner ein gewisser Spielraum zur Verfügung.

123

Er handelt aus eigener freier Wahl, und doch war diese Wahl gleichzeitig auch ein Teil des universellen Musters der Welt-Idee. Seine persönliche Freiheit steht nicht allein, isoliert, absolut. Sie ist untrennbar verknüpft mit einem hilflosen Determinismus. Darin liegt das Paradox der menschlichen Lage.

124

Jene, die von der Freiheit des Menschen, den Lauf der Dinge zu ändern, sprechen, sollten sich vor ihren Worten hüten. Sie stecken nicht nur als Erwachsene, sondern auch als Kinder und mehr noch als Embryos in einer Zwangsjacke. Unterschiedlich ist nur das Ausmaß ihrer Freiheit sowie der Größe und Zahl dieser Zwänge. Innerlich haben die Gedanken eine größere Freiheit, Haltungen zu schaffen, aber äußerlich sind die Zwänge stärker. Im Grunde genommen hängen alle Situationen von der Welt-Idee oder, volkstümlich religiös gesprochen, vom GÖTTLICHEN WILLEN ab.

125

Ein jeder ist eingeschränkt von dem, was seiner eigenen speziellen Persönlichkeit möglich ist, aber dem gegenüber verfügt ein jeder auch über ungenutzte innere Hilfskräfte.

126

Glaubt einer an völligen Fatalismus, meint einer, er würde zur Erfüllung eines vom Schicksal gefügten Geschickes getragen, dann ist das vielleicht der Fall. Aber das bedeutet, daß er die schöpferische Kraft auf der tieferen Schicht seines Wesens verleugnet. Das bedeutet, daß er sich selbst betäubt hat mit den falschen Vorstellungen über sich selbst und über die Zwecke, zu denen er auf die Erde gestellt worden ist.

127

Kein menschliches Geschöpf wage es zu behaupten, es sei frei: Ein solches Attribut – wenn man überhaupt einen beschreibenden Begriff zu gebrauchen wagt – läßt sich nur dem unendlichen, transzendenten, unbegreiflichen GEIST zuschreiben.

128

Die Wahrheit ist, daß im Leben beides vorhanden ist, das vom Karma vorherbestimmte Geschick und die Freiheit, um die wir kämpfen. Beide sind in jedem menschlichen Dasein vorhanden, aber nur die fortgeschrittene Seele hat jenes feine Gleichgewicht zwischen ihnen schaffen können, das beide harmonisch vereint.

129

Die Kraft des Karma ist der Kraft des persönlichen Einsatzes ebenbürtig, und die von Klugheit gestützte Erwägung beider wird stets ein besseres Ergebnis erzielen.

130

Schicksal, Notwendigkeit, Geschick, Determinismus – im Hinblick auf die breite, allgemeine Evolution der ganzen Rasse sind sie unerbittlich, zwanghaft und unausweichlich. Aber innerhalb dieses größeren Kreises ist der kleinere relativ frei, sich auf seiner eigenen Bahn zu drehen. Dies ist das große Geheimnis, die endgültige Lösung des Rätsels der Freiheit des Menschen.

Der menschliche Wille in der Welt-Idee

131

Stünde es den Menschen wirklich frei, zu wählen und zu entscheiden, zu wollen und zu handeln, dann wäre GOTT begrenzt durch eben das Maß, zu dem sie frei wären! Mit anderen Worten – GOTT wäre überhaupt nicht GOTT! Dies stellt das letzte Argument dar, das die Vernunft darüber darzulegen vermag.

132

Die Unwissenheit und Hilflosigkeit eines Menschen entspricht seinen Ansichten über den Universellen Geist. Wenn er dessen eigentliche Existenz leugnet, wenn er ein hartgesottener Materialist ist, dann arbeitet er unabsichtlich gegen die NATUR und wird eines Tages die Entdeckung machen, daß seine Macht und sein Wissen wie nichts sind. Wenn er an die Existenz eines Universellen Geistes glaubt, ihn aber als ein von ihm völlig Getrenntes und Entferntes erachtet, dann ist seine Lage erheblich gesicherter. Wenn er erkennt, daß er im Universellen Geist wurzelt und sein Gewahrsein von ihm zu entwickeln sucht, wird er im Verhältnis zu dieser Entwicklung stark und klug. Im ersten Fall stellt die Haltung des Menschen eine Gefahr für ihn selbst dar; im dritten eine Befreiung von sich selbst.

133
Es wird uns das Leben in dieser Welt aufgezwungen. Damit entlarvt schon der Anfang die Arroganten, die behaupten, der menschliche Wille sei frei.

134
Das Leben wird jedem einzelnen in einem Muster dargebracht, das von einer höheren Macht gegeben ist − nenne es Karma oder GOTT, Geschick oder Göttlichkeit. Man mag die kleineren Details hinzufügen können, aber die großen Umrisse sind vorherbestimmt. Die Freiheit, die man zu besitzen wähnt, ist unwirklich. Aber wo er es nicht vermutet, da hat er Freiheit, und das ist in seinem höheren Selbst, seinem ÜBERSELBST.

135
Wenn sich eine von Unglück gezeichnete Zukunft nicht umschreiben läßt, und wenn sie sich auf eine zukünftige Geschichte auswirken soll, dann liegt seine beste und tatsächlich einzig wahre Ausflucht in der Hinwendung zum EWIGEN JETZT. Aber um das zu tun, hat er den mittleren Weg einzuschlagen.

136
Der orientalische Fatalismus, der GOTTES Macht und Wille als die einzige Macht und den einzigen Willen aufstellt, macht die menschliche Kraft untauglich und seinen Willen überflüssig. Für den westlichen Geist ist das etwas entmutigend und läßt ihm die Hand erzittern. Indes braucht er ihn nicht anzunehmen; er stellt auch den einseitigen, halb-gefährlichen Fatalismus eines Halbwissens dar. Die Bestimmung des Menschen liegt darin, eine Bewußtwerdung seiner göttlichen, absoluten Substanz zu entwickeln und zugleich zu einer freudigen Mitarbeit mit GOTT und einer gezielte Teilnahme an GOTTES Welt-Idee zu finden.

137

Niemand ist wirklich und völlig frei, da alle Menschen die Welt-Idee ausführen; daß man meistens im Besitz des Gefühls ist, man handele aus eigner Befugnis und fälle seine eigenen Entscheidungen, resultiert aus der eigenen Unkenntnis.

138

Wenn die Erde, die uns durch den Raum trägt, keine Wahl hat, sondern ihre Aufgabe in der Welt-Idee erfüllen muß, das heißt, wenn sie keinen freien Willen hat, auch nur für eine Sekunde von der ihr vorgeschriebenen Umlaufbahn abzuweichen, wie unwahrscheinlich ist es dann, daß uns winzigen Geschöpfen auf ihrem Rücken das ihr Untersagte gestattet ist!

139

Wenn der Mensch in euch durch seinen Körper, seine Umwelt, sein Karma niedergehalten wird, so nicht das Gottgleiche in euch – es ist frei. Aber durch diese Freiheit entscheidet es sich, mit GOTT zu harmonieren.

140

Eines Menschen Einstellung zu der Frage nach der Freiheit des Willens wandelt sich, nachdem er sich dem Überselbst anheimgestellt hat. Sie muß sich wandeln. Denn von nun an soll er nicht den Begierden des Egos getreu sein, sondern den Geboten des Überselbst. Wenn die zwei zusammenfallen, ist es gut und angenehm für ihn. Wenn nicht, und wenn er, wie er muß, seinem höheren Selbst gehorcht, dann kann man nicht mehr sagen, er habe uneingeschränkte Willensfreiheit. Aber es kann auch nicht gesagt werden, er habe sie nicht. Denn das Überselbst *liegt in ihm*, nicht außerhalb, ist nicht etwas Fremdes und Ferngelegenes; es ist tatsächlich er selbst auf seiner besten und höchsten Ebene. Weil das Überselbst an kein anderes Gesetz gebunden ist als an das seines eigenen Seins, dem es stets Folge leistet, sind sowohl Freiheit als auch Schicksal harmonisch in ihm vereint. Daher versöhnt und vereinigt der wahre Weise den Lehrsatz vom Karma mit dem von der Willensfreiheit. Er weiß, nur eine beschränkte Sicht ordnet sie als Gegensätze ein.

141

Die Sonnen, Planeten und Sterne müssen auf ihrer regelmäßigen Umlaufbahn kreisen. Es steht ihnen nicht frei, sie täglich zu ändern. Kann der Mensch, dieses kleine Geschöpf, ein bloßer Fleck unter ihnen, eine Freiheit in Anspruch nehmen, die größer ist als die ihrige, ohne verrückt zu sein?

142

Am Ende besteht die einzige Freiheit, die wir haben, darin, uns der Ordnung des Universums anzupassen und das *zu sein*, was zu sein uns möglich ist, das heißt, uns zu erheben, unser kleines Ego zu übersteigen und die versteckte Größe des Überselbst zu entdecken.

143

Des Menschen freier Wille und GOTTES vorherbestimmender Wille werden gleichzeitig zusammenfallen, zusammenwirken. Es ist nicht wichtig, welche Handlung die menschliche Freiheit ihn ausführen heißt, am Ende wird sie dazu nutzbar gemacht, das evolutionäre Ziel GOTTES zu erreichen. Durch GOTTES Gnade wird aus seiner Schlechtigkeit sogar ein Gutes. Er ist gezwungen, sich letztlich zu entwickeln.

144

Ich tauche auf aus einer Versenkung der Selbstverwirklichung, und die weiße Sonne geht in goldenen Streifen über der Themse unter. Mein Körper sitzt in der halben Buddha-Haltung am grasbedeckten Flußufer. Ich stoße auf die Lösung des Problems, das mich den ganzen Tag bedrückt hat. Ich unseliges Opfer eines harten Schicksals habe mit mir selbst Zwiesprache gehalten! Indes bin ich mir jetzt der Wahrheit bewußt, denn ich bin wie ein Neugeborenes aus der ganzen Angst um die Zukunft, aus dem ganzen Kummer um Vergangenes gehoben worden. Im spirituellen Selbst empfinde ich ein zeitloses Leben. Ich sauge die ruhige Luft des EWIGEN ein. Ich fühle mich geborgen und könnte mir keine Sorgen machen, selbst wenn ich es wollte. Im wahren SELBST zu leben, bedeutet von den ängstlichen Fragen erlöst zu sein, was der morgige Tag wohl bringen mag. Dies ist wirkliche *Freiheit*. Selbst wenn das Schicksal übermächtig ist, selbst wenn mir ein unangenehmes Schicksal bevorsteht und ich nicht imstande bin, es zu ändern, so vermag ich mich doch selbst zu verändern. Ich kann in mein inneres Selbst treten und dort vor meinem Schicksal Zuflucht suchen.

145

Wenn vollkommene Willensfreiheit unmöglich ist, so kommt ihr zumindest der am nächsten, der ausschließlich aus seinem innersten Sein handelt und nicht aus Leidenschaft oder weil er emotional unter Druck steht oder es ihm ein körperliches Bedürfnis ist, zumindest der, der von Weisheit gelenkt und nicht ein Sklave der Begierden des Egos oder der Unwissenheit des Tieres ist.

146

Jene, die den Menschen über das Schicksal gesetzt haben, sollten an seine Machtlosigkeit angesichts der kürzlichen Ereignisse in der Welt denken. Erst wenn er das Leben im Überselbst erlangt hat, wird die Lösung rückgängig gemacht; erst wo er Gewalt über sich selbst erlangt, wird seine Geschichte für den Willen zugänglicher.

147

Inbrünstig ersuchte Jesus jeden Menschen, den eigenen höheren Möglichkeiten gemäß zu leben. Der Mensch, der nach einem Standard lebt, der niedriger ist als sein bester, erfüllt nicht seine eigentliche Funktion im Leben. Diese Haltung Jesu stand in unmittelbarem Gegensatz zu dem weitverbreiteten Fatalismus der Orientalen.

148

Was er in seinen höchsten Augenblicken will, ist eine freie und eine notwendige Handlung in einem. In diesen Augenblicken verschwindet der Konflikt, taucht das Paradoxon auf. Nur in ihnen erlangt das Ego seine vollste Kraft und wird doch zugleich auch aller Kraft beraubt.

149

Wenn Schwierigkeiten hereinbrechen oder Wünsche nicht in Erfüllung gehen, ist es leicht, den Glauben an die höhere Macht zu verlieren, leicht, sogar an ihrer Existenz zu zweifeln oder ihre Güte in Frage zu stellen; und zwar deswegen, weil wir wollen, daß unser eigener Wille geschehe, wenn auch GOTTES Wille am Ende besser für uns sein wird.

150

Der Bauer, der Mais anpflanzt, pflanzt ihn nur deswegen an, weil er aus seiner Arbeit einen Nutzen – eine Ernte – zu ziehen hofft. Er baut auf das Gesetz der NATUR. Er weiß, es ist untadelig, weiß, daß er nichts ernten kann, wenn er nichts sät.

151

Daß dem Überselbst im voraus bekannt ist, auf welche Weise das Ego handeln wird, ist etwas anderes, als diese Weise zu erzwingen. Das begrenzte Element der menschlichen Freiheit bleibt unangetastet, das göttliche Element der Gnade ist nach wie vor möglich.

152

Es steht die unendliche Weisheit des Welt-Geistes hinter der Welt und lenkt ihren Lauf, der nicht dem reinen Zufall überlassen wird.

153

Wiewohl ich in meinen Schriften besonderen Nachdruck auf den Glauben an den freien Willen gelegt habe, habe ich das nur deswegen getan, weil ich die gängige Kritik widerlegen wollte, daß die mystische Philosophie geradezu zu Faulheit und Teilnahmslosigkeit führen müsse. Aber unter dem Gesichtspunkt, daß alles, was existiert, auch wir, sich letztlich diesem Plan anpassen muß, vermag ich dem freien Willen nur einen äußerst begrenzten Spielraum einzuräumen. In diesem Sinne bin ich ein größerer Determinist als Indeterminist, muß aber darauf hinweisen, daß dies nicht mit der materialistischen Auslegung des Determinismus zu verwechseln ist.

154

Die Leute gehen in ihrem Denken nicht soweit auseinander, wie es manchmal scheint. Es mag sich einer für einen spiritualistischen Deterministen halten, aber eher eine flexible, als eine strenge Form des Determinismus vertreten. Eine solche Flexibilität muß die Einführung der GNADE gelten lassen, die für den fortgeschrittenen Mystiker eine überaus wirkliche Sache ist. Freilich mag sich diese Idee noch nicht im Denken desjenigen niedergeschlagen haben, der sich einer rein intellektuellen Untersuchung befleißigt hat.

155

Die Gedanken kommen zu einem Menschen, ohne daß er den Versuch macht, sie herbeizuführen, ohne daß er sie ins Dasein zwingt: sie sind einfach da, als ein Teil seiner menschlichen Bedingtheit. Das gleiche trifft auf die Gefühle zu. Wo ist dann die Freiheit der Wahl, und was nützt es dann, ihm zu predigen, er solle gut sein oder nach höheren Dingen streben? Wozu sind Lehren gut, die ihn einschläfern und glauben machen, es stünde ihm frei, seine eigenen mentalen, gute wie schlechte, Stufen zu schaffen, wenn Stimmlagen, Emotionen und Ideen von selbst geschehen oder von sich aus zu ihm kommen? Ist es nicht besser, wenn er seine Grenzen versteht und sich nichts vormacht; ist es nicht besser, wenn er weiß, was er tun und was er nicht tun kann und er sich damit falsche Vorstellungen von seinem spirituellen Fortschritt oder seinem spirituellen Versagen erspart? Wenn außerdem alles nach dem Willen des Welt-Geistes geschieht und alles in der Welt-Idee enthalten ist, dann tut er wirklich nichts, denkt er wirklich nichts, weil alles trotz seines Egos erzielt wird. Diese Lage zu verstehen und anzunehmen und sich von der Idee zu befreien, daß *man* denkt, daß *man* fühlt, daß *man* tut, bedeutet, sich von der Illusion zu befreien, daß persönliche Wirksamkeit, Tätigkeit und Egoismus, die höchste und letzte Wahrheit über das eigene Erleben darstellten.

156
Die Welt-Idee arbeitet sich auf jeden Fall aus, oder die NATUR wird, wie man sagt, ihren Lauf nehmen. Die Welt-Idee war die ganzen vergangenen Jahrhunderte über tätig, ist jetzt tätig und wird auf absehbare Zeit tätig sein. Gleich, was der Mensch tut, er vermag sie nicht auszulöschen, noch vermag er sie zu ändern, und jedesmal, wenn er das Gegenteil annimmt, führt er die Welt-Idee aus und weiß es nicht.

157
Was ihren zweiten Punkt – Schicksal und freier Wille – betrifft, so wollte ich sagen, daß der Mensch meistens vom Schicksal abhängig ist und gleichzeitig auch seinen Willen zur Geltung bringt. Die beiden Faktoren sind stets zugegen. Weil er aber jenes Schicksal in früheren Leben selbst geschaffen hat und die Freiheit besaß, es nach seinem Wunsch zu gestalten, gibt es letztlich eine Freiheit. Sie stellen die Frage: „Warum das Dilemma selbstgeschaffen ist und in der NATUR nicht existiert." Ich muß gestehen, daß ich mich absichtlich nicht deutlicher ausgedrückt habe. Ich konnte das Problem nicht erklären, ohne ausführlicher auf die esoterische Philosophie einzugehen, deren Studien beweisen, daß der individuelle Wille und das individuelle Schicksal dort, wo alles EINES ist, vom Standpunkt des EINEN oder der *Natur* aus wegfallen. Der Weise ist der Mensch, der dieses Einssein verwirklicht hat, und daher tauchen solche Fragen für ihn nicht auf.

158
Es gibt gewisse Handlungen, die ein Mensch nicht für einen Augenblick in seine Pläne einbaut, aber wenn die Zeit kommt, begeht er sie. Warum? Wird er von einer höheren Macht getrieben? Handelt es sich um die Erfüllung der Welt-Idee?

159
Die Wahrheit ist, daß wir zweierlei sind – frei und nicht frei. Das eine ist eine Illusion, weil die versteckten Faktoren, das Karma in jeder Situation, unsere Geschichte gestalten. Das andere ist eine Tatsache, weil wir uns in Kenntnis dieses Sachverhaltes unnötigerweise erniedrigen. Das Ego ist von Wahrheit und Güte umgeben. Warum nicht nach Höherem, nach dem Überselbst greifen?

160

Es ist kurzsichtig zu behaupten, man sei nicht für sich selbst oder sein Verhalten gegen die Eltern verantwortlich, weil man nicht darum gebeten habe, auf die Welt zu kommen. Dieser Anspruch resultiert aus der Vernachlässigung oder Ablehnung der Idee von der Wiedergeburt (die selbst ein Teil der Welt-Idee ist).

161

K.S. Gutherie, *Plotins Philosophie*: „Seine Stellung zum freien Willen ist nahezu die gleiche wie die von Kant. Tugend und Bewegung der Seele im Reich des Intelligiblen sind frei; aber die Taten der Seele in der Welt sind ein Teil des Gesetzes von der Kontinuität. Plotin findet keinen Gefallen an der plumpen Vorherbestimmung des Fatalismus und ähnlichen unmoralischen Lehren ... Die Seele ist streng bedingt in Hinblick auf ihre drei niederen, zur Welt-Ordnung gehörenden Fähigkeiten, aber im höheren Selbst ist sie so frei wie das eigene Dasein sie machen kann. Daher ist die Freiheit der Seele genau danach bestimmt, ob sie sich mit ihren niederen oder höheren Fähigkeiten identifiziert; und aus diesem Grunde ist der Mensch ein Sklave des Geschickes, wo seine Vernunft sich mit seiner Sinnenwelt identifiziert, aber frei, wo sie sich mit seinem individuellen Nous identifiziert und aus allen Dingen Intellekt macht."

162

Die Macht, die die Welt-Idee bewirkt, ist die gleiche, die die Vorgänge dessen bewirkt, was die Asiaten Karma nennen. Das Gesetz vom Karma oder von der Rückkehr der Folgen, von den Ursachen und Wirkungen, ist untrennbar mit der Welt-Idee verknüpft. Hinter der Welt-Idee liegt der Welt-Geist. Hinter Karma liegt GOTT.

163

Sind wir lediglich Gestalten in einem Traum, die sich also selbst täuschen, oder sind wir nur Puppen auf einer Bühne, die sich selbst spielen? Wenn eines von beiden wahr ist, dann scheint der Wert, das Rechte dem Unrechten vorzuziehen, in Verruf geraten und die Freiheit, das Gute dem Schlechten vorzuziehen, verlorengegangen zu sein. Warum, wenn es sich so verhält, warum sollte es dann notwendig sein, nach den moralischen Geboten der Religion oder Philosophie zu leben? Warum sich den lästigen Bedingungen unterwerfen, die uns die SUCHE auferlegt, wenn das Ende der SUCHE nicht mehr wert ist als ihr Anfang? Die Antwort lautet, daß es sich dabei um Halbwahrheiten handelt, die allein genommen die ganze Wahrheit gefährlich verfälschen. Das menschliche Wesen ist nicht das Opfer seines eigenen unwirklichen Lebens in einer Welt, die durch und durch vorgespiegelt ist; es ist letztlich und in seinem wahren Selbst ein Strahl des Göttlichen Geistes. Seine Gedanken über sich selbst sind es, die in ihrer eigenen unwirklichen Scheinwelt leben, aber es selbst lebt in einer Welt der Wahrheit und Wirklichkeit.